"十三五"国家重点出版物出版规划项目

面向可持续发展的土建类工程教育丛书

桥 梁 施 工

主 编 张志国 邓年春

副主编 孙丽娟 赵 伟 张 磊 吴国松

机械工业出版社

本书共分9章，主要包括绪论、基础工程构造与施工、下部结构构造与施工、简支梁桥构造与施工、连续梁（刚构）桥构造与施工、拱桥构造与施工、斜拉桥构造与施工、悬索桥构造与施工、钢梁桥制造技术等内容。

本书以桥梁结构构造、施工方法及关键技术为主线，并体现桥梁建设发展中的新工艺，主要依据《公路桥涵施工技术规范》（JTG/T 3650—2020）进行编写，部分章节包含了铁路桥涵相关规范的内容。

本书可作为土木工程专业普通本科和职业本科的教材，也可作为桥梁工程技术人员的参考书。

本书配有授课PPT、思考题参考答案、视频等资源，免费提供给选用本书的授课教师，需要者请登录机械工业出版社教育服务网（www.cmpedu.com）注册下载。

图书在版编目（CIP）数据

桥梁施工/张志国，邓年春主编. —北京：机械工业出版社，2021.11
（面向可持续发展的土建类工程教育丛书）
"十三五"国家重点出版物出版规划项目
ISBN 978-7-111-69395-6

Ⅰ.①桥… Ⅱ.①张… ②邓… Ⅲ.①桥梁施工-高等学校-教材
Ⅳ.①U445

中国版本图书馆CIP数据核字（2021）第212348号

机械工业出版社（北京市百万庄大街22号　邮政编码100037）
策划编辑：李　帅　　　　　　责任编辑：李　帅　高凤春
责任校对：樊钟英　刘雅娜　　封面设计：张　静
责任印制：郜　敏
三河市国英印务有限公司印刷
2022年3月第1版第1次印刷
184mm×260mm·22.5印张·555千字
标准书号：ISBN 978-7-111-69395-6
定价：69.90元

电话服务　　　　　　　　　网络服务
客服电话：010-88361066　机　工　官　网：www.cmpbook.com
　　　　　010-88379833　机　工　官　博：weibo.com/cmp1952
　　　　　010-68326294　金　书　网：www.golden-book.com
封底无防伪标均为盗版　　　机工教育服务网：www.cmpedu.com

前　言

　　桥梁作为跨越障碍的构筑物，在交通建设中占有重要的位置。改革开放以来，尤其近30年，我国修建了一批跨越江河湖海的标志性重大桥梁工程，面向未来，仍有诸多领域等待有志于桥梁建设的学习者们去探索。本书编写的主要目的是为普通高等学校土木工程及相关专业的学生，提供一个了解桥梁建设成就的窗口，重点帮助学习者掌握桥梁构造与施工的内容，为学习者提供丰富的工程实践素材。

　　本书在编写过程中，遵循工程教育回归工程的育人理念，将构造类型、设计参数和关键施工技术、施工方法这条主线贯穿始终，除对常规方法进行介绍外，还特别注重对桥梁工程中新技术、新材料、新工艺的介绍。选材既突出重点，又注重施工细节，强化了实用性，在内容上深入浅出，力求符合学习者学习的特点和要求。

　　本书由张志国、邓年春担任主编，孙丽娟、赵伟、张磊、吴国松担任副主编，刘兵伟、王建立、王兴珍、高伟、牛润明、张士彩、马亚丽、刘彦清、吴冀桥、白洁担任参编。具体分工如下：第1、8章由张志国、邓年春编写，第2、3章由王兴珍、高伟、张士彩、张磊编写，第4章由孙丽娟、张志国、高伟编写，第5、6章由孙丽娟、张志国、刘兵伟、吴国松编写，第7章由牛润明、张志国、吴冀桥、刘彦清编写，第9章由赵伟、王建立、白洁、马亚丽编写。

　　本书编者结合多年的教学、科研和技术服务经验，梳理了桥梁构造与施工的内容。本书在编写过程中，得到了石家庄铁道大学的专项支持，同时还得到了河北省公路工程质量安全监督站、河南省交院工程检测科技有限公司、河北道桥工程检测有限公司、河北正道重钢结构有限公司等单位同行的大力支持，他们为本书无偿提供了大量的工程案例，在此一并表示感谢。本书在编写过程中参阅了大量文献，在此向文献的作者表示感谢。

　　由于编者的水平有限，书中难免有不妥之处，敬请读者批评指正。

编　者

目　　录

第1章 绪　　论

■ 1.1　桥梁分类及发展历史

本节主要介绍桥梁的基本组成、分类及施工建造的发展简史，主要目的是使学生对桥梁工程有个基本认识。

1.1.1　桥梁概述

桥梁是为跨越障碍物而修建的使道路连续的人工构筑物，是铁路、公路和城市道路等庞大交通网络的重要组成部分。桥梁又是一种服务性公共建筑物，具有广泛的社会性。造型优美的桥梁往往会成为一个城市乃至一个地区或国家的象征。桥梁的发展可以反映出当时当地社会的发展状况和技术工艺水平的高低，可以折射出一个国家和地区科学、技术、政治、经济、文化等各方面的情况。随着我国经济的高速发展，我国桥梁的数量、规模、质量也在同步增长，桥梁结构形式从传统的梁桥、拱桥、悬索桥到复杂的组合体系桥梁，桥梁跨径从几百米到千米级以上，修建了杭州湾跨海大桥、港珠澳大桥等一批标志性工程。这清楚地表明了我国社会经济发展的速度和历程，也是国家综合经济实力的一个显著体现。

桥梁通常分为上部结构（桥跨结构）和下部结构。上部结构指桥梁位于支座以上的部分，包括桥跨结构和桥面构造两大部分。下部结构指桥梁支座以下的支承结构，包括桥墩、桥台和墩台以下的基础，是将上部结构自重及桥梁承受的活荷载传入地基的结构物。

在一座连续的桥梁结构中，习惯上把跨越大江、大河、山谷、海峡等主要障碍物的桥跨称为主桥，把主桥和路堤连接起来的这一部分桥梁称为引桥。把桥梁两相邻墩（台）支座中心间的距离称为计算跨径，把两桥台侧墙或八字墙尾端之间的距离称为桥梁全长。两桥台台背前缘（铁路桥为两桥台挡碴前墙）之间的距离称为桥梁总长。把设计通航水位与桥梁结构最下缘标高之间的垂直距离称为桥下净空高度，把桥面（铁路桥梁的轨底）到桥梁结构下缘底的距离称为桥梁建筑高度。

1.1.2　桥梁分类

桥梁结构类型较多，一般来说，桥梁的分类方式主要有以下几种：

1. 按工程规模分类

桥梁总长和单孔跨径是桥梁建设规模的标志，其分类见表1-1。

表 1-1　桥梁按建设规模分类

分　类	公　路　桥		铁　路　桥
	桥梁总长 L	单孔跨径 l	桥梁总长 L
特大桥	$L \geq 500\text{m}$	$l \geq 100\text{m}$	$L > 500\text{m}$
大桥	$100\text{m} \leq L < 500\text{m}$	$40\text{m} \leq l < 100\text{m}$	$100\text{m} < L \leq 500\text{m}$
中桥	$30\text{m} \leq L < 100\text{m}$	$20\text{m} \leq l < 40\text{m}$	$20\text{m} < L \leq 100\text{m}$
小桥	$8\text{m} \leq L < 30\text{m}$	$5\text{m} \leq l < 20\text{m}$	$L \leq 20\text{m}$
涵洞	$L < 8\text{m}$	$l < 5\text{m}$	$L < 6\text{m}$ 且顶上有填土

上述分类在一定程度上反映了桥梁的建设规模，但不反映桥梁的复杂性。国际上一般认为单孔跨径小于 150m 的属于中小桥，大于 150m 即为大桥，而特大桥的起点跨径与桥型有关，悬索桥为 1000m，斜拉桥和钢拱桥为 500m，其他桥型为 300m。

2. 按桥梁主体结构用材分类

按桥梁主体结构用材可分为木桥、圬工桥（包括砖、石、混凝土桥）、钢桥、混凝土桥、钢混结合梁桥、钢管混凝土桥等。其中混凝土桥又可分为钢筋混凝土桥、部分预应力混凝土桥、全预应力混凝土桥等。

3. 按桥梁用途分类

按桥梁用途可分为铁路桥、公路桥、公铁两用桥、城市桥、人行桥、输水桥（渡槽）、管线桥、农用桥及其他专用桥梁。

4. 按结构体系分类

按结构体系可分为梁桥、拱桥、悬索桥、刚架桥、斜拉桥和其他组合体系桥等。按结构体系划分，桥梁有梁、拱、索三大基本体系，其中梁式桥以受弯为主，拱式桥以受压为主，悬索桥以受拉为主，由上述三大基本体系中的一种或两种与梁、塔、斜索等构件相互组合可以派生形成多种组合体系，如斜拉桥和刚架桥等。

5. 按行车道位置分类

按行车道位置可分为上承式桥、中承式桥、下承式桥。

6. 按平面布置分类

按平面布置可分为直桥、斜桥、弯桥、坡桥和匝道桥等。直桥是指桥梁所在线路与所跨河流或线路相互垂直的情况，绝大多数桥梁都做成直桥。当桥梁与所跨河流或线路斜交时，桥梁在平面上呈平行四边形，称为斜桥。曲线线路上有时也把桥梁设计成与线路一致的曲梁，称为弯桥。斜桥和弯桥因其受力和结构更复杂，所以设计与施工也相对麻烦，其好处是给线路设计带来较多的方便和自由。城市立交桥常设坡桥和匝道桥，前者是使高处的主车道与低处的另一线路快速相连的一种方法，后者则是通过螺旋状下降的空间曲线方式实现这种连接的，两种方式都可以有效减少所占用的土地。

7. 按梁截面形式分类

按梁截面形式可分为板梁桥、T 梁桥、箱梁桥等。

8. 按跨越对象分类

按跨越对象可分为跨河桥、跨谷桥、跨线桥、旱桥等。

9. 按跨越方式分类

按跨越方式可分为固定式桥梁、开启桥、浮桥、漫水桥等。开启桥是指桥跨结构可以转动或移动的桥梁，依据开启桥的活动方式又可以分为立转式、平转式、升降式三种。

10. 按桥跨结构施工及架设方法分类

按桥跨结构施工及架设方法可分为预制安装法、支架浇筑法、悬臂浇筑（拼装）法、顶推法、转体施工法等。

1.1.3 桥梁发展历史回顾

现代桥梁的建设一般要经过规划、工程勘察设计、施工和竣工验收等几个阶段，其中桥梁施工是指桥梁建造过程相关技术的总称，是将设计图变成现实的过程，即具体实现桥梁设计思想和设计意图的过程。影响桥梁发展的主要因素有材料、设计计算理论和施工技术三个方面，桥梁施工的技术水平与同时代的生产力发展水平是密不可分的。

我国历史悠久，是四大文明古国之一。我们的祖先在科学技术和文化艺术方面，书写了不少光辉灿烂的篇章。桥梁是科学技术和文化艺术的典型代表之一，在世界桥梁建筑史上，我国占有重要的地位。我国的古代桥梁不仅数量多，而且类型也多种多样，几乎包含所有近代桥梁中的主要形式。

据史料记载，在距今 3000 年前的周文王时，我国已在渭河上架设过大型浮桥。汉唐以后，浮桥的运用日益普遍。春秋战国时期，在黄河流域已修建用木桩和木梁或石梁的多孔桩柱式桥梁。在秦汉时期，我国已广泛修建石梁桥。隋、唐时期是我国古代桥梁的兴盛年代，其间在桥梁形式和结构构造方面有很多创新。宋代之后，建桥数量大增，桥梁的跨越能力、造型和功能水平又有所提高，充分体现了我国古代工匠的智慧和艺术水平。福建泉州洛阳桥（也称为万安桥）建于 1053—1059 年间，该桥全长 834m，有 46 个桥墩，是世界上现存最早、最长的石梁桥。在当时尚无现代施工设备的条件下，在波涛汹涌的海口，首创采用筏形基础，并用牡蛎将基础加固成整体，解决了在海湾上建桥的最大难题——桥梁基础，巧妙地将生物工程技术运用到桥梁工程实践中，体现了我国古代劳动人民卓越的设计思想，这也是桥梁建造历史上的一大创举。1241 年建成的福建漳州虎渡桥，也是一座著名的梁式石桥，该桥单个石梁重达 200t（长 23.7m、宽 1.7m、高 1.9m），在缺乏起重机械的古代，人们是如何运输和架上桥墩的？这至今仍然是个谜，其中一种观点认为，在建造该桥时，人们巧妙利用潮水涨落采用浮运法架设。无论采用何种方法架设，都说明我国古代已经掌握高超的桥梁构件加工和安装工艺。

举世闻名的赵州桥（也称为安济桥，主孔净跨径为 37.02m）是我国古代石拱桥建筑的杰出代表，它建于隋朝（公元 605 年左右），距今已有 1400 多年的历史，是世界上最早出现的敞肩式拱桥（空腹拱桥），比西方出现同类桥梁要早 1200 多年。该桥采用纵向并列方法砌筑拱圈，为了提高拱圈的强度和整体性，拱石表面凿有斜纹，并安放腰铁，拱背设置铁拉杆，拱顶石采用剎尖方法使拱石挤压紧密，这些措施完全符合拱桥受力特性，是其能完好保存至今的重要原因。该桥在设计和施工上均体现出高超的技艺。

我国也是公认的悬索桥的起源地，迄今至少有 3000 多年的历史。在铁索桥的设计施工上，我们的祖先掌握了先进的技术。据文献记载，我国早在公元前 50 年就建成了跨径达百米的铁索桥，而欧美直到 17 世纪尚未出现铁索桥。1665 年徐霞客的《铁索桥记》详细描述了建于 1629 年在贵州境内的一座长约 122m 的铁索桥。法国传教士于 1667 年出版了一本《中国奇迹览胜》，书中也介绍了中国铁索桥。这两本书直接启发了西方人尝试建造铁索桥，但直到 1741 年，英国才建成欧洲第一座永久式铁索桥。目前还存在的如大渡河铁索桥等，是我国古代铁索桥梁建筑技术成就的典型实例。

18 世纪，欧洲的工业革命使经济快速崛起，这也促使西方的桥梁建设技术得到了飞速发展。在这一时期，建桥材料从天然的石木材料逐渐过渡到现代的混凝土和钢材，也极大促进了桥梁结构的创新与发展。1824 年英国泥水工人阿斯普丁发明波特兰水泥，1861 年钢筋混凝土结构的工作原理被发现，1866 年美国工程师杰克逊（P. H. Jackson）及 1888 年德国的道克林（C. E. W. Dochring）首先把预应力用于混凝土结构，但受当时预应力材料所限，这些最初的运用并不成功，所使用的低强度钢筋因松弛与混凝土收缩徐变使混凝土结构未能保持持久有效的预应力。1928 年，法国工程师弗来西奈（E. Freyssinet）成功研制预应力混凝土，并提出必须采用高强钢筋和高强混凝土。第二次世界大战后，预应力混凝土得到了蓬勃发展。20 世纪 40 年代，部分预应力混凝土的概念出现，20 世纪 50 年代，高性能混凝土、碳纤维混凝土等在工程中开始得到应用。1952 年成立的国际预应力混凝土协会（FIP）更是促进了世界各国预应力技术的进步。

19 世纪中期，钢材的出现使钢结构桥梁得到蓬勃发展。美国人罗伯林总结组织建造悬索桥的经验，于 1844 年最先提出了"空中纺线法（AS 法）"进行编纺主缆，后来这种方法又被改进并广泛应用于美国大跨悬索桥建设。为提高架缆效率，20 世纪 50 年代，在建造悬索桥时又提出了预制索股（PPWS）编缆技术，这种方法后来被日本所采用，我国目前也主要采用这种方法。

桥梁结构施工可以分为现浇和预制安装法，现浇施工一般需要搭设临时支架，由此发展起来了满堂支架、梁式支架、移动模架等建造方法。支架法的临时设施投入较大，对大跨径桥梁实施起来也存在困难。悬臂施工技术是一种先进的无支架施工技术，依据桥梁梁体制造的方式，可分为悬臂浇筑和悬臂拼装两大类。这种方法最早在德国被提出，于 1952 年利用悬臂浇筑法首次成功地建成了莱茵河上的沃伦姆斯 T 形刚构桥，后来这种方法又被广泛推广到连续梁、斜拉桥的主梁架设等。悬臂施工方法也可以用于拱桥拱肋的施工，这一技术的推广为钢筋混凝土拱桥的发展开辟了广阔的前景，并且大大地提高了拱桥的跨越能力。

20 世纪 50 年代末，预应力混凝土梁桥的顶推施工法问世，并于 1959 年首次在奥地利的阿格尔桥上成功采用。近 30 年来，顶推施工法由于施工安全、设备简单等优点，在世界上发展较快。

20 世纪 50 年代，世界上出现了第一座现代钢斜拉桥，到 20 世纪 60 年代，预应力混凝土斜拉桥已开始大量修建。20 世纪 60 年代后，又创造了逐孔施工法、转体施工法等施工技术。

新中国成立以来，我国桥梁施工技术得到高速发展，建成了很多工程艰巨、技术复杂的桥梁。1955 年，我国铁路部门研制成功了我国第一片跨径 12m 的预应力混凝土铁路桥梁；1956 年，建成 28 孔 24m 跨的新沂河大桥；1957 年，公路部门在北京周口店建造第一座预应力混凝土公路试验桥，从而开启了预应力混凝土技术在我国桥梁上应用的新篇章。在钢筋混凝土与预应力钢筋混凝土梁式桥方面，我国从 20 世纪 50 年代起就已广泛采用装配式工厂化生产的标准设计，用架桥机架设。它不但经济、适用，而且施工方便，能加快建桥速度。

在建造大跨径预应力混凝土刚构桥、连续梁桥和悬臂梁桥方面，在设计、施工工艺和施工机具的研制上，我国都已达到世界先进水平。1997 年建成的虎门大桥辅航道连续刚构跨径达 270m，建成时创下世界同类桥跨径最大纪录。悬臂浇筑法、悬臂拼装法和顶推施工法架桥等先进工艺和施工技术，已在各类桥梁施工中得到普遍应用。

在斜拉桥方面，我国自 1975 年开始建跨径 76m 四川云阳汤溪河桥以来，全国已建成跨径 200m 以上的斜拉桥 100 多座，成为目前世界上建造这种桥梁数量最多的国家。此外，我国在跨径方面也已达到世界先进水平，如已建成的香港昂船洲大桥（主跨 1018m）是第一座超千米的斜拉桥，苏通长江大桥（主跨 1088m）是目前世界第二大跨径的斜拉桥；正在施工的江苏省常泰过江通道主跨公铁合建桥的跨径达 1176m，建成后将成为世界上最大跨径的斜拉桥；刚刚开通运营的沪通长江大桥主跨 1092m，是世界首座跨径超千米的公铁两用斜拉桥。在悬索桥方面，先后建成汕头海湾桥（主跨 452m）、虎门大桥（主跨 888m）、西陵长江大桥（主跨 900m）、江阴大桥（主跨 1385m）、润扬大桥（主跨 1490m）、西堠门大桥（主跨 1650m）、南沙大桥（主跨 1688m）、杨泗港大桥（主跨 1700m）等。五峰山长江大桥是世界首座高速铁路悬索桥，其主跨达 1092m。汕头海湾大桥主桥为预应力混凝土悬索桥，中孔跨径为 452m，两边孔跨径各为 154m，在世界同类桥梁中占领先地位。

在拱桥建设方面，我国不仅历史悠久，而且成就非凡。特别是近年来，各种新型拱桥更是层出不穷。在石拱桥方面，我国建成了最大跨径 54m 的铁路石拱桥和主跨跨径 146m 的世界最大跨径的公路石拱桥。钢筋混凝土拱桥则有跨径 150m 的铁路中承式拱桥和跨径 240m 的公路中承式桥梁。上海卢浦大桥主跨 550m，是一座中承式全钢结构箱形拱桥。重庆朝天门长江大桥主跨 552m，采用钢桁架拱，建成时为世界上跨径最大的拱桥。四川万县（现为万州）长江大桥是钢管混凝土劲性骨架拱桥，跨径达 420m，为世界同类桥梁第一跨径。正在施工的龙滩天湖桥是一座主跨达 600m 的上承式劲性骨架混凝土拱桥，建成后将成为世界最大跨径的拱桥。钢管混凝土拱桥具有质量轻、适用于大跨、施工方便等优点，因此近年来成为国内拱桥建设的一种热门形式。我国已建成的跨径超过 100m 的钢管混凝土拱桥已有一百多座，其中典型的有跨径 530m 的四川泸渝高速波司登桥，跨径 575m 的平南三桥。平南三桥是一座中承式钢管混凝土拱桥，是目前世界最大跨径拱桥，该桥开创了在不良地质条件下修建大跨径钢管混凝土拱桥的历史，极具创新性。

20 世纪后期以来，世界各国的桥梁建设事业方兴未艾，特别是大跨深水桥梁日益增多。到目前为止，在世界各国已建成的桥梁中，悬索桥的最大跨径已达 1991m（日本明石海峡大桥），斜拉桥已达 1104m（俄罗斯岛大桥），钢管混凝土拱桥已达 575m（我国平南三桥），预应力混凝土与钢混合梁桥已达到 330m（我国重庆石板坡长江大桥复线桥），预应力混凝土梁桥已达 301m（挪威 Stolmasundet 桥）。正在施工的悬索桥最大跨径已达 2023m（土耳其的恰纳卡莱桥），斜拉桥的最大跨径已达 1176m（我国江苏常泰过江通道主跨桥），拱桥的最大跨径已达 600m（我国龙滩天湖桥），可以预测随着技术的进步和施工手段的改进，将有更多超大跨径的桥梁被设计和建设。

信息化、数字化、智能化建造技术的运用，将促进桥梁施工水平的跨越式发展。未来的桥梁建设将更注重新材料、新技术、新工艺、新设备等方面的广泛应用。与之相关的桥梁施工技术将在各种施工方法和施工工艺上不断创新，以适应桥梁结构在体系、跨径、材料和结构性能等方面的发展要求。

■ 1.2 桥梁施工方法

1.2.1 桥梁下部结构施工

桥梁下部结构施工包括桥梁基础施工及墩台施工等。

1. 桥梁基础施工

桥梁基础作为桥梁的重要组成部分，连接桥梁与地基，同时将荷载传递给地基，因此，基础的稳定和安全至关重要。基础形式和施工方法的选用要考虑桥跨结构的特点和要求、现场地形、地质条件等因素。根据目前国内外已建成的桥梁基础施工，其类型主要有扩大基础、桩基础、沉井基础、管柱基础等。

（1）扩大基础　扩大基础是将基础底板直接设在承载地基上，来自上部的荷载通过基础底板直接传递给承载地基的一种基础形式，一般采用明挖法进行，故又常称为明挖扩大基础。扩大基础适用于基础不深、土层稳定、有排水条件、对于机具要求不高的情况。扩大基础施工的主要工作是基坑开挖，其主要内容包括：基础的定位放样、基坑开挖、基坑排水、坑壁支撑、基底处理以及砌筑（浇筑）基础结构物等。基坑开挖可用人工开挖或机械开挖，根据土质情况和基坑深度选择相应的支撑方式，以保证坑壁不坍塌，常采用土石围堰和板桩围堰等进行辅助支护。

（2）桩基础　桩基础主要用在当地基浅层土质较差，持力土层埋藏较深，地基强度不能满足承载、变形和稳定性要求时。基桩按材料可分为木桩、钢筋混凝土桩、预应力混凝土桩与钢桩；按制作方法可分为预制桩和灌注桩。预制桩也称为沉入桩，其施工方法有锤击法、振动法、静力压桩法，以及射水或预钻孔辅助沉桩法。具体应依据地质条件、设计荷载、施工设备、工期限制及对附近建筑物产生的影响等来选择基桩的施工方法。灌注桩是采用人工挖孔或机械钻孔，在土中形成一定直径的孔深，达到设计高程后，将钢筋骨架（笼）吊入孔中，灌注混凝土形成桩基础。根据机械钻孔成孔的方法主要可归纳为三种类型：旋转法（又分为正循环法、反循环法）、冲击法和冲抓法。旋转法是通过钻机钻杆带动锥或钻头旋转切削土，用泥浆浮起排出钻渣形成钻孔，适用于较厚的黏土层、砂土层、砂软层等。冲击法是用冲击钻机带动冲锥，借助锥头自重下落产生的冲击力反复冲击破碎土石或把土石挤入孔壁中，用泥浆浮起钻渣，或者用抽渣筒或空气吸泥机排出钻渣而形成钻孔，适用于各种土。冲抓法是用冲抓锥靠自重产生冲击力切入土层或破碎土层，通过叶瓣抓土、弃土以形成钻孔，适用于黏性土、砂黏土、碎石类等松软土层，不宜在强度较大的基岩中钻孔。

（3）沉井基础　沉井基础主要用在当表层地基承载力不够、地下深处有较好的持力层，或者山区河流中冲刷较大或河水较深，河中有较大卵石不便于桩基施工等不宜采用天然基础或桩基础时。根据施工工艺，可将其分为就地制作沉井和浮式沉井。沉井本身既是基础，又是施工时的挡土、防水围堰结构物，是用钢筋混凝土制成的井筒结构物，一般由刃脚、井壁、隔墙、封底混凝土、井孔顶盖板等组成。沉井可采用自重下沉或压重、高射压水、抽水、泥浆润滑套或空气幕等辅助下沉措施。沉井施工工期一般较长，当遇粉砂类土时在井内抽水易发生流砂现象，造成沉井倾斜；下沉时如遇有孤石等坚硬障碍或井底岩层表面倾斜过大，均会造成下沉困难。因此，施工前应详细钻探，探明地层情况及获取有关资料，以利于制定沉井下沉方案；下沉过程中应严格进行沉降观测及精度控制，必要时应及时采取纠偏措施，以保证施工的顺利进行。

（4）管柱基础 管柱基础适用于各种土质的基底，尤其是在深水、岩面不平、无覆盖层或覆盖层不够，不宜修建其他类型基础时。管柱基础施工是在水面上进行的，优点是不受季节限制，按施工条件不同，又分为需要设置防水围堰的基础和不需要设置防水围堰的基础。管柱施工时，必须设置控制管柱倾斜和防止位移的导向结构，导向结构的布置应便于下沉和接高管柱。

2. 桥梁墩台施工

桥梁墩台按建筑材料可分为圬工墩台、钢筋混凝土墩台、预应力混凝土墩台和钢墩台等多种形式；按施工方法可分为石砌墩台、就地浇筑式墩台和预制装配式墩台等。桥梁墩台的施工方法多种多样，对于结构形式简单的中小桥墩台，通常采用立模现浇施工。但对于高墩及斜拉桥、悬索桥的索塔，可供选择的方法有很多。近年来，滑升模板、爬升模板和翻升模板等在高墩和索塔上被广泛采用。

1.2.2 桥梁上部结构施工

桥梁上部结构施工方法多种多样，但是从总体上来讲，桥梁上部结构施工方法主要分为现浇法和预制法。这两种方法又可以根据桥梁结构的形成方式细化，较为常见的施工方法有以下几类：

1. 就地浇筑法

就地浇筑法又称为支架浇筑法，是指在桥位处搭设支架，在支架上浇筑桥体混凝土，待混凝土达到设计强度后拆除模板、支架。

该法的主要优点是：不需要预制场地、大型起吊、运输设备等；省去梁间或节间的连接工作，可不截断梁体的主筋，桥跨结构整体性好。它的缺点是：施工工期长，施工质量易受影响，现场作业质量不容易控制；施工中的支架、模板耗用量大，施工费用高，经济性差；搭设支架影响排洪、通航，可能受到洪水和漂流物的威胁。因此，就地浇筑法一般多用于小跨径桥梁建造。

2. 预制安装法

在预制工厂或在运输方便的桥址附近设置预制场进行梁的预制工作，然后进行梁的运输、架设、安装与连接，完成主体结构的施工。与就地浇筑法相比，预制安装法在"集中的工厂"进行混凝土浇筑等工序，更有利于确保构件的质量，便于推广机械化施工；在施工组织时，可以上、下部结构平行作业，缩短现场施工工期，施工速度较快；可以有效利用劳动力，经济性较高。不足之处是该施工方法对运输条件、起吊设备有一定的要求。

传统的预制安装法一般是指钢筋混凝土或预应力混凝土简支梁的预制安装。近年来，在跨海工程、市政道路等条件苛刻的桥梁施工中，桥墩墩身、承台、盖梁也有采用预制安装法施工的，大跨径桥梁也有采用先预制节段再用拼接法进行架设的。随着装配式建造技术的推广，预制安装法将会进一步得到发展。

3. 悬臂施工法

悬臂施工法是从桥墩开始，两侧对称进行现浇梁段或将预制节段对称进行拼装。前者称为悬臂浇筑施工，后者称为悬臂拼装施工。悬臂浇筑一般将梁体划分为零号段（支架法施工)、悬臂浇筑段、边跨现浇段和合龙段进行施工，悬臂浇筑施工是通过挂篮将待浇筑梁段支撑于已浇筑梁段，按节段逐步推进施工的，挂篮是悬臂浇筑施工最重要的临时结构。悬臂拼装施工的主要工序包括节段预制、移运、吊装定位、预应力张拉、施工缝接缝处理等。节段拼装接缝一般分为湿接缝与胶接缝，湿接缝用高强细石混凝土为接缝料，胶接缝则用环氧树胶为接缝料。

该法的主要特点：

1）桥梁在施工过程中要产生负弯矩，桥墩也要承受由于施工而产生的弯矩。因此，该施工法适用于运营状态下的结构受力与施工状态下结构受力比较接近的桥梁，如变截面连续梁、斜拉桥、T形刚构桥等。

2）对非墩、梁固接的预应力混凝土梁桥，在施工时需采取措施，使墩、梁临时固接，保证施工期间结构的稳定；悬臂浇筑施工过程中结构受力体系和成桥状态存在较大差别，因而要进行多次的结构体系转换，从而增加了施工控制的难度。

3）采用悬臂施工的机具设备种类很多，就挂篮而言就有桁架式、斜拉式等多种不同的形式，在施工时可根据实际情况选用。

4）悬臂浇筑法施工简便、结构整体性好，施工中可以不断对线形进行调整，常用于跨径大于100m的桥梁。

5）悬臂拼装法施工速度快，桥梁上、下部结构可平行作业，但对施工精度要求较高，可在跨径小于100m的大桥中选用。

6）悬臂施工法可不用或少用支架，施工不影响通航或桥下交通，从而节省施工费用，降低工程造价。

4. 转体施工法

转体施工法是指将桥梁结构在非设计轴线位置制作，根据现场桥位实际条件可选在岸边、路边及适当标高位置进行制作，待混凝土达到设计强度后再旋转构件就位。它可以将在障碍上空的作业转化为岸上或近地面的作业。根据桥梁结构的转动方向，它可分为竖向转体施工法、水平转体施工法以及水平转体与竖向转体相结合的方法，其中以水平转体施工法应用最多。在常用的墩顶转体施工中，桥梁结构的支座位置一般设定为施工时的旋转支承和旋转轴，待桥梁完工后，再按设计要求改变支承情况，以满足设计要求。

该法的主要特点有：可利用施工现场的地形安排构件制造的场地；施工期间不中断通航，不影响桥下交通；施工设备少，装置简单，容易制作和掌握；减少高处作业，施工工序简单，施工迅速；转体施工适用于单跨和三跨桥梁，可在深水、峡谷建桥中采用，同时也适用于平原区以及城市跨线桥。近年来，越来越多的跨铁路以及跨公路桥梁都选用了转体施工法。

5. 顶推施工法

顶推施工法是在沿桥纵轴方向的台后设置预制场地，分节段预制，并用纵向预应力筋将预制节段与施工完成的梁段连接成整体，在梁体前端安装长度为顶推跨径70%左右的钢导梁，然后通过顶推装置施力，将梁体向前顶推出预制场地，在预制场继续进行下一节段梁的预制，循环操作直至施工完成。顶推施工法可分为单点顶推和多点顶推。

由于预制梁被顶推悬出，梁跨中截面通过墩顶时将由正弯矩变更为负弯矩，因此除了配设足够的下部受力钢筋以外，还需将梁的上部钢筋加强，以满足负弯矩的要求。桥跨中间如有必要设置临时支墩时，其施工技术要求应按照设计规定进行。

在顶推前，应根据梁长度、设计顶推跨径、桥墩能承受的水平推力，以及顶推设备和滑动装置等条件，选择适宜的顶推方式，以抵抗顶推过程中的摩阻力。

顶推施工法结合了先张法和悬浇法的优点，弥补了其缺点，具有分段预制的好处而无节段间的拼接接缝问题，结构整体性好。此外，还具有如下优点：

1）主梁预制台集中于台后附近较小范围，节省施工用地，工厂化制作，能保证构件质量；可以连续作业，便于加强施工管理。

2）主梁在固定场地分段预制，这样可以改善施工现场的条件，方便搭设临时工棚，有利于冬期、雨期施工控制。同时，也避免了危险高处作业，安全系数较高；可减少构件、材料运输，节省劳动力和减轻劳动强度。

3）机具设备简便。由于临时设备只是预制台附近的设备和顶推装置，不需要大型起吊设备、大量的施工脚手架。只需制作梁段节段单元长度的模板和设备，并可多次周转使用。

4）实现了使用简单的设备建造大中跨桥梁，施工时不用中断交通，可在深水、山谷和高桥墩上采用，也可在曲率相同的弯桥和坡桥上使用。

顶推施工法也有其自身的一些缺点，例如不适用于多跨变高梁、曲率变化的曲线桥和竖向曲率大的桥梁。顶推过程中梁体上下缘会出现应力反复变化，使设计梁高增大，预应力钢束布置要同时考虑满足施工与运营的受力要求，施工临时约束较多，张拉工序烦琐。受顶推悬臂弯矩的限制，顶推跨径大于 70m 时一般不经济。随着桥长的增大，施工进度较慢等。

6. 逐孔施工法

逐孔施工法是中等跨径预应力混凝土简支梁和连续梁的一种施工方法。它使用一套设备从桥梁的一端逐孔施工，直到对岸。每一施工梁段的长度可取用一孔梁长，并将连续梁施工的接头位置设在受力较小的部位。逐孔施工法一般是通过一套移动模架来实现的，它是一种自带模板可在桥跨间自行移位，可完成由移动模架到浇筑成形等一系列施工，逐跨完成混凝土箱梁施工的大型造梁设备。按照过孔方式不同，移动模架可分为上行式和下行式两种。模架主梁在待制混凝土箱梁上方，借助已成箱梁和桥墩移位的为上行式；模架主梁在待制箱梁下方，完全借助桥墩移位的为下行式。

逐孔施工法的主要优点有：不需独立设置地面支架，不影响通航和桥下交通，施工安全、可靠；一套模架可多次周转使用，具有在预制场生产的优点，施工整体性好；机械化、自动化程度高，节省劳动力，降低劳动强度，上、下部结构可以平行作业，可缩短工期。不足之处主要有：移动模架设备一次性投资较大，适用于桥梁标准跨径较多且连续布设的情况，一般宜在桥梁跨径小于 50m 的多跨长桥上使用。

7. 横移施工法

横移施工法是在待安装结构的位置旁预制该梁体，并通过横向移运该梁体，将其安放在设计位置上。在横移期间，需要通过预设临时支座来支承梁体的自重。

横移施工法的主要特点是在整个作业期间该结构的支撑位置可以保持不变，即没有改变桥梁的受力结构体系，施工控制简便容易。该法多用于正常通车线路上桥梁的换梁作业项目，也可以与其他施工方法配合使用。如一座分离式箱梁桥，可先采用顶推施工法按单箱完成，再采用横移施工法就位，之后在原位置上继续进行另一单箱梁顶推施工，这样可以使用一套顶推设备完成全桥的施工。

横移施工法多采用卷扬机、液压装置并配以千斤顶进行。由于混凝土桥具有较大的自重，横移施工法常在钢桥上使用。

8. 提升与浮运施工法

提升与浮运施工法是一种采用竖向运动施工就位的方法。提升施工法是先在待安装结构物以下的地面上预制该结构，当其满足强度等设计要求后再把它提升就位的方法。浮运施工法是将桥梁在岸上预制，通过大型浮船移运至桥位，利用船的上下起落安装就位的方法。

采用提升和浮运施工法时，常选取整体结构，重达数千吨，并且该结构下面需要有一个适宜的场地，被提升结构下的地面要有一定的承载力，且拥有一台支承在一定基础上的大型提升设备，该结构在提升操作期间应满足自平衡。采用浮运施工法时要有一系列的大型浮运设备。

■ 1.3 桥梁施工方法的选择

选择确定桥梁的施工方法需要充分考虑桥位的地形地质条件、环境特征，以及安装方法的安全性、经济性和施工进度等因素。同时，桥梁结构的施工与设计方案有着十分密切的关系，桥跨结构类型、桥梁跨径、桥梁规模及工程造价等都是确定桥梁施工方法的关键因素。施工单位的施工技术水平、现有机具设备条件也是相当重要的因素。虽然桥梁的施工方法很多，但对于不同的桥梁类型，有的适合，有的就不适合，有的则在特定的条件下可以使用。表1-2列出了各类型桥梁上部结构可选择的施工方法和适用跨径范围，可以在选择施工方法时参考。

表1-2 各类型桥梁上部结构可选择的施工方法和适用跨径范围

施工方法	适用跨径/m	梁 桥			刚架桥	拱 桥			斜拉桥	悬索桥
		简支梁	悬臂梁	连续梁		圬工拱	组合体系拱	桁架拱		
就地浇筑法	20~60	√	√	√	√	√	√		√	
预制安装法	20~50	√	√	√	√	√	√	√	√	√
悬臂施工法	50~320		√	√	√		√	√	√	
转体施工法	20~140		√	√	√		√	√	√	
顶推施工法	20~70		√	√			√		√	
逐孔施工法	20~60	√	√	√			√		√	
横移施工法	30~100		√	√					√	
提升施工法（浮运施工法）	10~80	√	√	√			√			

在进行桥梁施工方法具体选择时可综合考虑以下因素：

1）使用因素：桥梁结构形式、桥梁跨径、墩台形式及高度、桥下空间限制条件、平面场地限制等。

2）施工因素：工期要求、起重能力及机械设备要求，施工时是否需要封闭交通、施工临时设施需要情况、材料可供应情况，施工队伍管理经验、施工经济核算等。

3）自然环境因素：山区或平原、地质条件及软弱层状况，跨河桥的水位变化，施工对河道可能造成的影响，运输线路的限制等。

4）环境影响因素：对施工现场环境的影响，如公害、景观、污染、架设孔下的障碍、道路交通的阻碍、公共道路的使用及建筑限界等。

■ 1.4 桥梁施工技术的成就与创新

伴随着经济发展，改革开放为我国桥梁工程的发展带来了前所未有的机遇，桥梁建设规模不断扩大。截至 2019 年年底，我国已建成的公路桥梁数量超过 87.8 万座，铁路桥梁数量超过 20 万座，城市桥梁将近 8 万座，已建成许多有重大国际影响的著名桥梁工程，在世界排名前十的各类桥梁中，我国的桥梁占据了一大半。桥梁已成为我国基础设施建设中最重要的品牌之一。我国拥有不同施工条件下各类型桥梁施工的全套技术。例如，在桥梁基础施工技术与装备方面，成功研发了大直径钻孔桩、大直径钢管桩、预应力高强混凝土（PHC）管桩、钢管复合桩、大型群桩基础、大型沉井基础、超深地下连续墙基础等施工技术，自主研发的装备包括打桩船、液压打桩锤、钻机、混凝土搅拌船、双轮铣槽机等在内的桥梁施工装备；在超高索塔施工技术及装备方面，研发了混凝土索塔液压爬模技术、混凝土超高泵送技术、预制构件吊装施工技术与钢索塔高精度拼装施工技术；在主梁施工技术及装备方面，研发了钢箱梁数字化制造生产线、混凝土箱梁整孔预制与架设技术、梁上运梁与架设技术、短线匹配法预制拼装施工技术、钢箱梁整体吊装施工技术，以及与缆载吊机、桥面吊机、顶推法和滑模法相结合的主梁架设与施工技术；在拱肋施工技术及装备方面，研发了斜拉扣挂悬拼悬浇、劲性骨架、钢筋混凝土拱桥转体及钢拱桥大节段提升等施工技术，其中采用劲性骨架施工法建设的沪昆铁路北盘江特大桥主跨跨径达到了 445m，桥梁跨径远超国外 210m最大跨径水平，采用斜拉扣挂悬拼架设法建设的朝天门大桥主跨跨径达到了 552m；在拱肋转体施工法方面，水平转体施工法的最大吨位被提升至 17300t，还提出了上提式竖向转体施工法，大节段吊装法的最大起重量达到了 2800t。此外，还研发了大吨位缆索起重机（最大起重量为 420t，最大高度为 202m）等施工装备。我国桥梁的建设成就已获得了全世界的认可。

目前，新一轮科技革命和产业转型正在兴起，全球科技创新呈现出智能化、信息化的发展趋势。新一代信息技术正在改变人类的生活方式，并给传统产业带来了革命性的变化。面对时代的新要求，机遇与挑战并存，桥梁建造技术仍需要不断创新，主要体现在以下几个方面：

（1）智能建造技术 未来桥梁工程建设必将向预制装配化、机械化和智能化的方向发展，因此人们亟须研制与新一代智能建造相适应的大型及特种装备设施。在桥梁先进建造技术的基础上，将融合大数据、云计算、物联网、虚拟现实和人工智能等先进技术，实现桥梁智能建造，最终形成覆盖全寿命周期的智能管理体系。

（2）新材料的开发和应用 研发应用高强和高性能钢，提高钢材的焊接性和耐候性等性能。研发具有高强度、高弹性模量、轻质特点的新材料，研究超高强混凝土、聚合物混凝土、高强双相钢丝钢纤维增强混凝土、纤维增强复合材料等一系列材料来取代目前桥梁采用的钢和混凝土。

（3）大型深水基础工程 随着经济发展的需要和桥梁设计施工建造水平的进步，21 世纪初跨海大桥的建设正式拉开序幕，我国已经积累了大直径、超长钻孔灌注桩的施工技术，但是跨海大桥面临着多变的气象环境、复杂的海底地质与水文条件、混凝土设计使用年限要求长等诸多复杂因素，100～300m深海基础施工技术及施工装备仍是需要进一步研究的主要问题。

（4）超大跨桥梁建造技术　随着新材料的发展、设计计算理论的完善，桥梁将向更长、更大、更柔的方向发展，进行超大跨径复杂体系桥梁施工技术及装备的研发仍然十分紧迫。

（5）智能化监测设备和技术的研发与应用　随着传感器、高性能检测仪及智能机器人的技术创新和升级，桥梁的施工控制将实现自动化、智能化、即时化，工程的集中监控和远程管理也成为可能。应开发测试数据稳定可靠、具有高精度和长寿命周期的传感器等智能化监测设备以满足工程施工，乃至寿命周期全过程监测的需要。

（6）设计、施工与运营的参数化管理技术　利用 BIM（Building Information Modeling）技术，通过参数模型整合各种相关信息，实现信息的共享和传递，满足从桥梁的规划、设计、施工、运营乃至拆除的全寿命过程信息管理要求，充分实现 BIM 技术所具有的信息共享、减少能耗、消除错漏、降低成本、缩短工期和实现建养一体化的价值。BIM 技术带来的将是一场工程界的重大变革，未来比较长的一段时间需要人们做的是全面系统地研究应用BIM 技术。

1. 简述桥梁施工的发展历史。

2. 简述桥梁的分类。

3. 说明桥梁有哪些主要施工方法？选择施工方法时应考虑哪些主要因素？

4. 简述桥梁建设未来的发展趋势。

第 2 章 基础工程构造与施工

■ 2.1 桥梁基础类型

桥梁基础是桥梁结构与地基直接接触的最下部分，是桥梁下部结构的重要组成部分。地基与基础受到各种荷载后，其本身将产生附加的应力和变形。为保证桥梁的正常使用和安全，地基和基础必须具有足够的强度和稳定性，变形也应在允许范围之内。根据地基土的土层变化情况、上部结构要求和荷载特点，桥梁基础可采用不同方案。在方案选择上，应力争做到使用上安全可靠，施工技术上简便可行，经济上合理。同时，桥梁基础均在地面或水面以下，其施工条件和受力状况都和上部结构不同，且完工后属于隐蔽工程，检查和修补都很困难。所以，在设计和施工中对它进行深入的研究是很有必要的。

桥梁基础根据埋置深度的不同可分为浅置基础和深置基础两类。它们的设计计算原理不同，施工方法也不同。浅置基础是在墩台处直接修建的埋深较浅的基础（一般小于 5m），最为简单，也最常用。由于浅层土质不良，有时需把基础埋置于较深的良好地层上，这样的基础称为深置基础（一般埋深大于 5m）。常用的深置基础有桩基础、挖井基础和沉井基础，特殊桥位也可能采用其他大型基础或组合基础形式。有水时的桥梁基础称为水中基础。桥梁基础类型如图 2-1 所示。

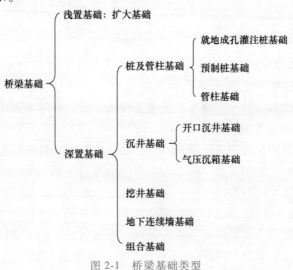

图 2-1 桥梁基础类型

在桥梁设计和施工中，地基和基础占有很重要的地位，对桥梁的安全、造价、施工工期都有很大影响，因此正确选择地基基础类型十分重要。基础类型主要取决于地基土的工程性质、水文地质条件、荷载特性、桥梁结构形式及使用要求，以及材料的供应和施工技术等因素。

■ 2.2　天然地基浅置基础施工

明挖扩大基础是浅置基础，也为刚性基础，其构造如图 2-2 所示。明挖扩大基础是直接在墩台下开挖基坑修建而成的实体基础，适用于在岸上或水流冲刷影响不大的浅水处，且浅层地基承载力合适的地层。它构造简单，施工方便，最为常见。

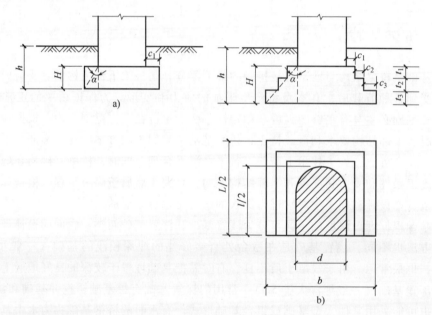

图 2-2　明挖扩大基础的构造
a）单层基础　b）多层台阶基础

明挖扩大基础的平面形状常为矩形，也有其他形式（视墩台身底面的形状而定）；立面形状可为单层或多层台阶扩大形式，其与地基承载力及上部荷载大小有关。如图 2-2 所示，自墩台身边缘至基顶边缘的距离 c_1 以及台阶宽度 c_2、c_3 称为襟边，其作用一方面是扩大基底面积以增加基础承载力，另一方面是便于调整施工误差，同时也为了支立墩台身模板的需要，襟边值为 20~50cm。基础每层厚度不宜小于 1.0m，且一般情况下各层台阶宜采用相同厚度。基础的刚性角 α 不应超过某一限值 α_{max}，以防止基础开裂破坏。α_{max} 与基础材料有关，对于混凝土基础应不小于 45°。

明挖扩大基础的常用材料有混凝土、片石混凝土、浆砌片石等。混凝土强度等级一般不宜小于 C25，浆砌片石一般用 M20 以上水泥砂浆和 MU50 以上石料。

明挖扩大基础的特点是稳定性好，施工简便，取材容易，能承受较大荷载，所以只要地基承载力能满足要求，它便是桥梁的首选基础形式。其缺点是自重大，当持力层为软弱土时，由于基础面积不能无限扩大，需要对地基进行处理或加固后才能采用。所以，对于荷载较大、上部结构对沉降变形较为敏感、持力层土质较差且较厚的情况，不宜采用明挖扩大基础。

在明挖扩大基础的施工中，可采用明挖的方法进行基坑开挖，开挖工作应尽量在枯水或少雨季节进行，且不宜间断。当基坑挖至基底设计高程时，应立即对基底土质及坑底进行检验，验收合格后应尽快修筑基础，不得将基坑暴露过久。基坑可以人工或机械开挖，接近基底设计高程应留30cm高度由人工开挖，以免破坏基底土的结构。基坑开挖过程中要注意排水，基坑尺寸要比基底尺寸每边大0.5~1.0m，以方便设置排水沟及立模板和砌筑工作。基坑开挖时，根据土质及开挖深度对坑壁予以围护或不围护，围护方式多种多样，详见后续章节。水中开挖基坑还需先修筑防水围堰。浅置基础施工程序与主要工作内容如图2-3所示。

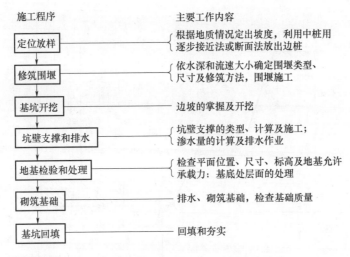

图2-3 浅置基础施工程序与主要工作内容

2.2.1 陆地基坑的开挖和支护

在陆地基坑开挖的过程中，根据土质条件和水位情况对坑壁可采取不支护或有支护的开挖方法。常用的方法有以下几种：

1. 坑壁无支护的基坑

当基坑较浅、地下水位较低或渗水量较少、不影响坑壁稳定时，坑壁可不加支护，此时可将坑壁挖成竖直或斜坡形。竖直坑壁只有在岩石地基或基坑较浅又无地下水的硬黏土中采用。在一般土质条件下开挖基坑时，应采用放坡开挖的方法。当基坑深度在5m以内、施工工期短、地下水在基底标高以下且土的湿度接近最佳含水率、土质构造又较均匀时，基坑坡度可参考表2-1选用。当地基的湿度较大可能引起坑壁坍塌时，坑壁坡度应适当放缓。当基坑顶缘有活动荷载时，基坑边缘与动荷载之间至少应留1m宽的护道。当地质水文条件较差时，应增宽护道或采取加固措施，适当放缓或加设施工平台，如图2-4所示。当穿过不同土层时，层间应留够平台。

表 2-1　基坑坡度

土壤种类	基坑顶缘无重载	基坑顶缘无静载	基坑顶缘无动载
砂类土	1：1	1：1.25	1：1.5
碎石类土	1：0.75	1：1	1：1.25
黏砂土	1：0.67	1：0.75	1：1
砂黏土	1：0.33	1：0.5	1：0.75
黏土带有石块	1：0.25	1：0.33	1：0.67
未风化页岩	1：0	1：0.1	1：0.25
岩石	1：0	1：0	1：0

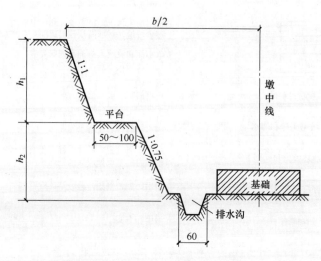

图 2-4　无支护基坑示意图（单位：cm）

当土的湿度正常时，不放坡开挖深度一般为：对松软土质基坑深度不超过 1.0m；中等密实（锹挖）土质基坑深度不超过 1.5m；密实（镐挖）土质基坑深度不超过 2.0m。

对黏性土，不放坡开挖的最大深度可用下式估算

$$h_{max} = \frac{2c}{K\gamma\tan\left(45° - \dfrac{\varphi}{2}\right)} - \frac{q}{\gamma}$$ （2-1）

式中　K——安全系数，一般采用 1.25；

　　　γ——坑壁土的重度（kN/m³）；

　　　q——坑壁均布荷载（kN/m²）；

　　　φ——坑壁土的内摩擦角（°）；

　　　c——坑壁土的黏聚力（kN/m²）。

土的内摩擦角 φ 及黏聚力 c 由试验决定。当缺乏试验资料时，可采用表 2-2 中的值。

表 2-2 土的内摩擦角与黏聚力

液 性 指 数	内摩擦角 $\varphi/(°)$			黏聚力 $c/(kN/m^2)$		
	黏砂土	砂黏土	黏土	黏砂土	砂黏土	黏土
0	28	25	22	19.62	58.86	98.1
>0~0.25	26	23	20	14.72	39.24	58.86
>0.25~0.50	24	21	18	9.81	24.53	39.24
>0.50~0.75	20	17	14	4.91	14.72	19.62
>0.75~1.00	18	13	8	1.96	9.81	9.81
>1.00	≤14	≤10	≤6	≤0.98	≤4.91	≤4.91

2. 坑壁有支护的基坑

当基坑较深、开挖土方工程数量较大、土质条件较差、地下水影响较大或放坡开挖受场地条件限制时，可对基坑坑壁进行支护。在基坑开挖过程中，支护形式的选择要综合考虑开挖深度、土质条件、地下水位高低、施工技术条件、材料供应等因素。现仅就目前常用的坑壁支护方法介绍如下：

（1）用衬板支护的基坑 当地下水位较低、水位在坑底以下时，可用衬板支护。衬板支护一般采用水平衬板挡土，如图 2-5 所示，通过立木、顶撑，再加木楔，使之紧贴在坑壁上。衬板是在一次挖到坑底设计标高后铺设，还是边开挖边铺设；是满铺，还是间断铺设，需要根据土质和

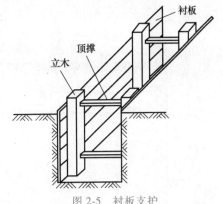

图 2-5 衬板支护

坑深等因素确定。衬板支护在边开挖边支护的情况下施工是很不方便的，图 2-6 所示的衬板支护，其立柱是工字钢，这种支护结构在城市明挖地铁工程中应用较广。挖坑前，沿基坑两侧每隔 1~2m 打入一根工字钢至坑底以下，然后边向下挖土，边在两相邻工字钢之间安设水平衬板，并用木楔使衬板紧贴坑壁，同时用圆木或钢管作为顶撑，通过腰梁把工字钢桩顶紧。

当基坑过宽、过深或由于支护过多而影响基坑出土时，可采用图 2-7 所示的拉杆锚碇，也可采用图 2-8 所示的锚杆拉撑。在土层中钻孔时，为增加锚杆拉撑的抗拔力，可采用端部扩大的锚杆，放入钢筋，注入砂浆，形成锚杆拉撑。

（2）用板桩支护的基坑 衬板支护防渗性差，当基坑在地下水面以下时，可用板桩支护（图 2-9），或称为板桩围堰。板桩是在开挖前垂直打入土中至基坑底以下。板桩打完后，基坑就可以边开挖边支护，因而开挖基坑是在板桩的支护下进行的。

常用的板桩材料有木、钢和钢筋混凝土三种。木板桩成本较低，容易加工制造，但强度较低，故不适合在含卵石或坚硬土层中使用。同时受木材长度限制，基坑深度在 3~5m 时采用，木板桩的榫口如图 2-10 所示。

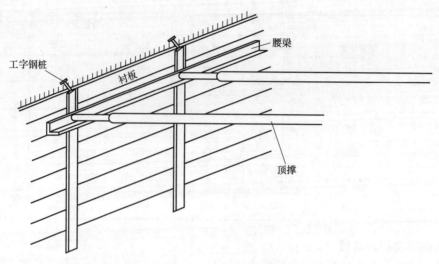

图 2-6　工字钢桩衬板支护

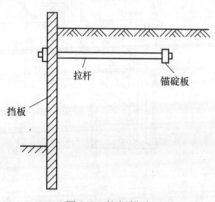

图 2-7　拉杆锚碇

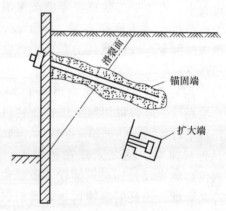

图 2-8　锚杆拉撑

钢板桩的优点是强度高，能穿过半坚硬黏土层、碎卵石类和风化岩层；具有锁口，连接紧密不易漏水，且能够承受锁口拉力，并可焊接加长，能多次使用。它的截面形式较多，可适应不同的基坑形状要求。

钢筋混凝土板桩的优点是可根据受力需要进行截面设计，可满足厚度较大板桩的要求，一般采用工厂预制，用锤击施打或液压静力沉桩方法施工；其缺点是沉桩过程中挤土严重，成本较高，锤击施打存在振动噪声，在城市工程中受到一定限制。

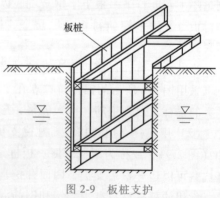

图 2-9　板桩支护

板桩支护也可分为支撑式和锚固式（图 2-11a、c）两种，根据基坑的不同深度，支撑可分为单层支撑和多层支撑（图 2-11a、b）。

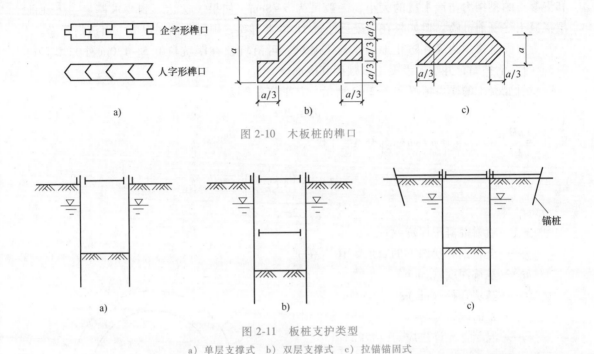

图 2-10　木板桩的榫口

图 2-11　板桩支护类型

a）单层支撑式　b）双层支撑式　c）拉锚锚固式

（3）用喷射混凝土护壁的基坑　喷射混凝土护壁一般用于土质稳定性较好，渗水量不大、深度小于 10m、直径为 6~12m 的圆形基坑。

喷射混凝土护壁的基本原理是以高压风为动力，将搅拌均匀的砂、石、水泥和速凝剂干料，由喷射机经输料管吹送到喷枪；通过喷枪的瞬间，加入高压水进行混合，混凝土自喷嘴射出，喷射到坑壁，形成环形混凝土结构，以承受土压力，如图 2-12 所示。

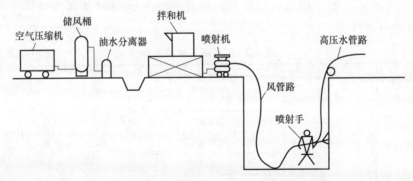

图 2-12　喷射混凝土护壁的基本原理

采用喷射混凝土护壁时，坑壁坡度可根据土质和渗水情况采用 1:（0.07~0.1），且应每开挖一层喷护一层。为便于喷射作业，每层高度为 1m 左右，当土层不稳定时，应将此高度酌减；当有较大渗水时，层高不宜超过 0.5m。混凝土的喷射顺序，一般应自下而上一环一环地进行；但对渗水的坑壁，则应由上向下施工，以免新喷混凝土流淌；对于集中的流水，可从无水或水小处开始，逐步向水大处喷护，最后用竹管将集中的流水引出。喷射作业应沿坑周分若干区段进行，区段长度一般不超过 6m。每次喷护的混凝土厚度，取决于土层和混凝土的黏结力与渗水量的大小，一般可为 5~8cm。如果一次达不到要求厚度，可在前层混凝土终凝前补喷。但如果在终凝后经过 1h 以上再喷，则应将前层混凝土面清扫干净。

为加固坑口顶边缘并防止地面水流入基坑，可沿坑顶在距坑口 0.5~1.0m 处夯填高约 0.3m 的弃土护圈，并喷射混凝土以加固其表面。

喷射混凝土的受力情况如图 2-13 所示，其平衡条件为

$$pD=2\sigma t \tag{2-2}$$

即有 $t=\dfrac{pD}{2\sigma}$，以土压力 $p=\gamma h\tan^2\left(45°-\dfrac{\varphi}{2}\right)$ 代入，得

$$t=\frac{\gamma hD\tan^2\left(45°-\dfrac{\varphi}{2}\right)}{2\sigma} \tag{2-3}$$

式中　t——喷射混凝土厚度（cm）；

　　　γ——土在饱和状态下的重度（10^2N/cm^3）；

　　　h——基坑深度（cm）；

　　　D——基坑直径（cm）；

　　　φ——土的内摩擦角（°）；

　　　σ——混凝土允许压应力（MPa）。

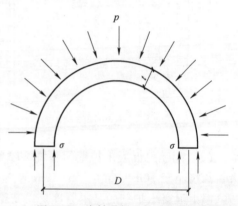

图 2-13　喷射混凝土的受力情况

规范规定的混凝土允许应力为混凝土达到 28d 强度时的允许应力，不能用以计算需要提前承受土压力的喷射混凝土厚度。此处可用喷射混凝土立方体试件的 3d 强度乘以 0.7，折合成棱柱体强度，再除以安全系数 2，作为喷射混凝土的允许压应力进行计算。

喷射层厚度除按上述理论公式计算外，对直径不大于 10m 的圆形基坑，一般可参照表 2-3 所列经验数据选用。

表 2-3　喷射层厚度参考表　　　　　　　　　　　　　　（单位：cm）

地 质 类 别	无 渗 水	少 量 渗 水	大 量 渗 水
砂土（夹层）	10~15	15（加少量木桩）	15~20（加较多的木桩并塞草袋竹片）
轻亚黏土	5~8	8~10	
亚黏土	3~5	5~8	
碎石土	3~5	5~8	
砂类卵石	3~5	5~8	

上述理论计算公式和经验数据均未考虑基坑顶边缘的附加荷载。如果沿基坑周围有均匀附加荷载，可酌量加大喷射层厚度，但在土的破坏棱体范围内仍不得有高堤、深坑或其他不均匀荷载，以免喷射混凝土环形结构因荷载不均而破坏。

当基坑很深或通过不同土层时，喷射层厚度可分段计算，按不同厚度施工，以节约材料。

混凝土配合比可参照水灰比 0.4~0.5，灰骨比 1：4~1：5，含砂率 45%~60%，速凝剂

掺量为水泥质量的 2%~4%，通过试验选配。要求混凝土初凝时间不大于 5min；当水灰比有 ±0.1 误差时，3d 试件强度不低于 10.0MPa。

考虑基坑开挖不宜洒水，且喷射混凝土具有速凝早强的特点，喷射混凝土护壁一般可不予养护。喷射混凝土冬期施工时，应采取措施使喷射作业区的气温不低于 5℃，混合料和水进入喷枪的温度也不低于 5℃。

（4）混凝土围圈支护的基坑　射喷混凝土护壁要求有熟练的技术工人和专门设备，对混凝土用料的要求也较严，用于超过 10m 的深基坑尚无成熟经验，因而有其局限性。图 2-14 所示的混凝土围圈护壁则适应性较强，可以按一般混凝土施工，基坑深度可达 15~20m，除流砂及呈流塑状态黏土外，可适用于其他各种土类。

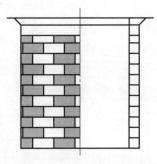

图 2-14　混凝土围圈护壁

混凝土围圈护壁也是用混凝土环形结构承受土压力，但其混凝土壁是现场浇筑的普通混凝土，壁厚较喷射混凝土大，一般为 15~30cm，也可按土压力作用下的环形结构计算。

采用混凝土围圈护壁时，基坑自上而下分层垂直开挖，开挖一层后随即浇筑一层混凝土壁。为防止已浇筑的围圈混凝土施工时因失去支承而下坠，顶层混凝土应一次整体浇筑，以下各层均间隔开挖和浇筑，并将上下层混凝土纵向接缝错开。开挖面应均匀分布对称施工，及时浇筑混凝土壁支护，每层坑壁无混凝土壁支护的总长度应不大于周长的一半。分层高度以垂直开挖面不坍塌为原则，一般顶层高 2m 左右，以下每层高 1~1.5m。

围圈混凝土应紧贴坑壁浇筑，不用外模，内模可做成圆形或多边形。施工中注意使层、段间各接缝密贴，防止其间夹泥土和有浮浆等而影响围圈的整体性。围圈混凝土一般采用 C20 早强混凝土。为使基坑开挖和支护工作连续不间断地进行，一般在围圈混凝土抗压强度达到 2.5MPa 时，即可拆除模板，以承受土压力。

与喷射混凝土护壁一样，要防止地面水流入基坑，避免在坑顶周围土的破坏棱体范围内有不均匀附加荷载。

目前也有采用混凝土预制块分层砌筑来代替就地浇筑的混凝土围圈，它的优点是可以省去现场混凝土浇筑和养护时间，使开挖与支护砌筑连续不间断进行，且质量容易得到保证。

除上述支护方法外，根据地质条件、基坑深度、周边施工环境等的不同，还可以采取喷锚混凝土支护、旋喷桩支护等支护方式，此处不再一一介绍。

2.2.2　基坑排水

如果基坑在地下水位以下，则在基坑开挖过程中，地下水会不断地渗入基坑。因此，在施工过程中，必须不断地排水，以保持基坑干燥，便于基坑开挖，以及基础的砌筑和养护。目前常用的基坑排水方法有表面排水法、井点降水法和止水帷幕法三类。

1. 表面排水法

表面排水法是在基坑整个开挖过程及基础砌筑和养护期间，在基坑四周开挖集水沟以汇集坑壁及基底的渗水，并引向一个或数个比集水沟挖得更深一些的集水坑。集水沟和集水坑应设在基础范围以外，在基坑每次下挖前，必须先挖集水沟和集水坑，集水坑的深度应大于抽水机吸水龙头的高度，在吸水龙头上套竹箅围护，以防土石堵塞龙头。

这种排水方法设备简单、费用低，一般土质条件下均可采用。但当地基土为饱和粉细砂土等黏聚力较小的细颗粒土层时，由于抽水会引起流砂现象，造成基坑的破坏和坍塌，因此当基坑为这类土时，应避免采用表面排水法。

2. 井点降水法

井点降水法是沿基坑周围设置若干井管，从连接井管的集水管中抽水，使地下水位降低到基底以下，如图 2-15 所示。

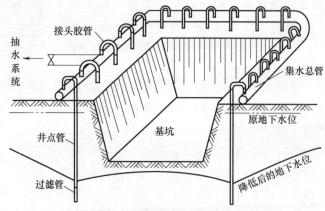

图 2-15　轻型井点降水法示意图

井点降水法可使基坑无水，将坑壁边坡放陡。在有支护的基坑中，支护结构可按较小的土压力设计。由于地下水位降低，原状土失去浮力，自重加大，可对基底土进行预压，从而增加基底承载力，减少基础沉降量。但所使用的设备较多，施工较复杂，成本较高。

井点分为轻型井点、喷射井点和管井井点。轻型井点是在地面上安装真空泵或射流泵以产生负压，井管中的水由于压力差被提升至地面后排走；喷射井点是在井管底部安设喷射扬水器，使 0.7~0.8MPa（7~8 个大气压）的高压水通过喷射扬水器的细小喷嘴高速喷出，因在喷出后流速骤减，形成负压，将水吸出地面；管井井点则是通过钻井安装高压水泵抽水。

轻型井点降水法可用于渗透系数大于 0.1m/d 的土层中，而以渗透系数大于 1.5m/d 时效果最好。渗透系数小于 80m/d 时可用轻型井点或喷射井点，大于 80m/d 时需用管井井点。土的渗透系数可根据土的颗粒成分估计，必要时应钻井做抽水试验后确定，一般可参照表 2-4 进行估计。

表 2-4　土的渗透系数

土 的 种 类	渗透系数/（m/d）	土 的 种 类	渗透系数/（m/d）
黏土	0.001	中砂	5.0~20
亚黏土	0.001~0.05	粗砂	20~50
轻亚黏土	0.05~0.5	砾石	100~125
粉砂	0.5~1.0	砂夹卵石	20~60
细砂	1.0~5.0	裂隙发育的岩层	>60

轻型井点的吸程约为 7m，扣除水泵安装高度后，可将地下水位降低到地面下 3~6m。采用喷射井点，降低水位可达 18~20m。采用管井井点，其降水深度等于深井水泵的扬程，可达数十米或上百米。

井点装置可根据经验布置，一般轻型井点的井管间距常用 1.0~1.6m，井管距基坑顶缘 1.5m 左右，井管沿基坑周围（或在基坑两侧）布置。集水管用 125~150mm 钢管，沿抽水方向设 0.25%~0.5% 的上仰坡度。集水管与井管的连接用胶管，以免井管沉降时损坏管件。井管及其下端滤管用 φ40~φ50mm 钢管，滤管长 1.5~2.0m，其构造可按图 2-16 选用。滤管上滤孔的总面积为钢管表面积的 20%~25%。抽水设备则按集水管长度每 80~100m 安装一套。

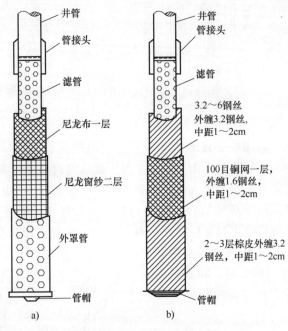

图 2-16　滤管的构造

井管用钻机成孔后插入，井孔要求垂直，孔深应超过滤管底 0.5m 左右。插入井管时不能加压，更不允许将井管硬打入土内，以防滤管外包扎的过滤层破坏。井管插入后，四周应以粗砂填实，粗砂回填至距地面 0.5~1m 处，再以黏土填塞严密，防止漏气。井管系统各部件均应安装严密，保证不透气，否则就会影响排水效果。为提高降水效率，集水管和水泵应尽可能装在较低标高处。采用真空泵抽水设备时，其布置如图 2-17 所示。

真空泵 15 将集水箱 7 内的空气经由进气管 11 吸出，在集水箱内形成真空，使地下水经滤管 1、井管 2、总管 3 进入集水箱，然后由离心水泵 10 排走。为防止集水箱内的水被吸入真空泵内，集水箱内设浮筒 8，当箱内水位过高时，浮筒升高，关闭进气管阀门 9，箱内水量减少后，浮筒又下落，阀门打开，真空泵继续抽气提水。在进气管 11 上装有分水器 12，利用挡水板 13 将空气中的水分挡住，由放水口 14 排走，以确保水不进入真空泵（用水环式真空泵可不设分水器）。真空泵的冷却是用循环水泵 16 将热水抽出，经冷却水箱 17 和集水箱内的蛇形管冷却后，再送回真空泵内循环使用。在总管与集水箱之间的管路上设有过滤室 4，利用滤网 5 将水中所含砂粒滤除，并从淘砂孔 6 清除。

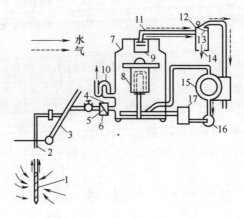

图 2-17　真空泵井点法的布置

1—滤管　2—井管　3—总管　4—过滤室　5—滤网　6—淘砂孔　7—集水箱　8—浮筒
9—进气管阀门　10—离心水泵　11—进气管　12—分水器　13—挡水板
14—放水口　15—真空泵　16—循环水泵　17—冷却水箱

采用射流泵的抽水设备如图 2-18 所示，包括一台电动离心泵，一个喷射器和一个内有挡板的水箱。射流泵的抽水原理是由离心泵送来的水流从喷射器的喷嘴喷出时流速剧增，压力水头相应骤降，将喷嘴周围空气吸入激流中带走，形成高度真空，把井管中的地下水提升出地面。射流器的效率取决于喷嘴直径、喷嘴和扩散管的锥角、喷嘴直径与喉管直径的比值，以及喷嘴至喉管末端的距离与直径的比值等。通常，喉管直径为喷嘴直径的 2 倍左右，扩散管锥角以 8° 为宜。图 2-19 所示的喷射器用于 90 根井管，总管长 180m 时，降水深度约 7m；用于 30 根井管，总管长 60m 时，降水深度约 8m。

射流泵抽水的关键在于喷流器的效率。喷流器的效率取决于其各部位的尺寸配合能否避免紊流。射流泵没有运动的工作元件。结构简单，工作可靠，无泄漏，也不需要专门人员看管，因此很适合在水下和危险的特殊场合使用。

喷射井点降水法可用于渗透系数为 0.1~2m/d 的土层中，其构造如图 2-20 所示。井

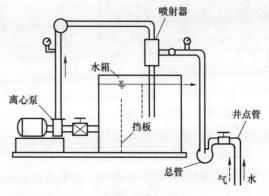

图 2-18　采用射流泵的抽水设备

管的滤管以上部分有内外两层，内管下部连接喷射扬水器。高压水将 0.7~0.8MPa（7~8 个大气压）的高压水从侧管送进外管，向下经由内管下部的进水管进入喷射扬水器，再向上由喷嘴喷出。喷出时流速剧增，压力水头相应骤降，将喷嘴口四周空气吸入激流带走，形成高度真空。管内外压力差使地下水吸入井管，和高速水流一起经喷嘴、混合室、喉管而进入扩散室，流速渐减，速度水头渐转为压力水头，将地下水提升到地面。喷射井点的原理与前述射流泵的原理基本相同，但由于喷射井点使用流速较大的高压水，压力水头较大，提水高度也相应加大。

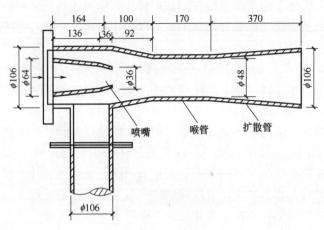

图 2-19　喷射器

3. 止水帷幕法

止水帷幕法是在基坑边线外设置隔水幕，用以加长地下水渗流路线，以阻止或限制地下水渗流到基坑中去，防止流砂、突涌、管涌、潜蚀等地下水的作用。采用止水帷幕法施工时应进行具体设计并符合有关规定，止水帷幕的厚度应满足基坑防渗要求，渗透系数宜小于 1.0×10^{-6} mm/s。

当地下含水层渗透性较强、厚度较大时，可采用止水帷幕与坑内井点降水相结合的方案或采用竖向止水帷幕与水平止水帷幕相结合的方案。其施工方法、工艺和机具的选择应根据场地工程地质、水文地质及施工条件等综合确定。

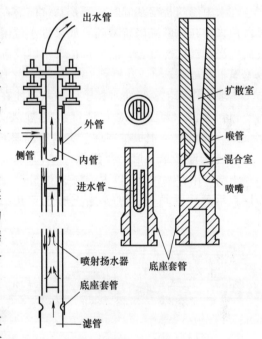

图 2-20　喷射井点降水的构造

常用的止水帷幕有以下几种类型：

（1）钢板桩　钢板桩作为止水帷幕的有效程度取决于板桩之间的企口锁合程度及钢板桩的长度。因其板缝间易漏水，故钢板桩止水帷幕只能阻挡较大水流。对水中小工程的施工，可在四周打设钢板桩，进行水下挖土，然后水下浇筑混凝土以止水，而水下混凝土封闭必须能承受上升的压力。一般基坑工程还需结合降水或其他止水措施以增强止水效果。

（2）水泥搅拌桩　水泥搅拌桩相互搭接形成止水帷幕是近年来常用的止水措施。水泥搅拌桩桩身渗流系数极小，可以达到较好的挡水效果。水泥搅拌桩间搭接处间断施工可能会造成搭接处结合不严而漏水，这可以通过合理组织施工或采取局部注浆措施来进行防治。

（3）地下连续墙　地下连续墙墙身为钢筋混凝土，挡水效果很好，我国首次应用地下连续墙是作为水库截水防渗之用，但其造价昂贵，作为止水帷幕一般仅在超大型重要工程中采用。在基坑工程中，地下连续墙一般作为支护墙体，同时起到挡水的作用。当地下连续墙用于挡水时，需注意其槽段间接头处的施工质量以防止漏水，必要时可采取局部注浆措施以加强挡水效果。

（4）注浆止水帷幕　注浆止水帷幕多采用高压旋喷法施工，它是沿基坑边采用压密注浆形成密闭止水帷幕，用以截阻地下水流或防止洪水对桥涵基础的冲刷。其有效程度取决于能否形成连续的帷幕，以及注浆浆体本身的均匀性，要求施工时严格控制其质量以防止内部形成水流通道。一般注浆措施常结合其他形式的止水帷幕以达到较好的止水效果。

（5）冻结法　采用冻结法将基坑周围或基底土体一定范围内地下水冻结，一方面起到加固土体同时作为支护的作用，另一方面达到止水以防范流砂的目的。但由于需要进行专门的施工设计和运转设施，造价昂贵，所以冻结法一般常用于大型基坑工程中，如润扬长江大桥南锚碇基础施工采用冻结帷幕法止水并配合井点降水等措施，取得了较好的效果。

2.2.3　基坑围堰

在水中修筑桥梁基础时，开挖基坑前需在基坑周围先修筑一道防水围堰，把围堰内的水排干后，再开挖基坑修筑基础。如果排水较困难，也可在围堰内进行水下挖土，挖至预定高程后先浇筑封底混凝土，然后再抽干水继续砌筑基础。在围堰内不但可以修筑浅基础，也可以修筑桩基础等。

围堰的作用主要是防水挡土，使基础能在无水或静水环境中进行。围堰的结构形式和材料要根据水深、流速、地质情况及通航要求等条件确定。常用的围堰类型有土围堰、草（麻）袋围堰、钢板桩围堰、钢吊箱围堰、双壁钢围堰及锁口钢管桩围堰等。

1. 土围堰和草（麻）袋围堰

土围堰用在水深 2m 以内，流速 0.5m/s 以下，河床土层不透水或渗水较小的情况。土围堰宜用黏性土填筑，缺少黏土时也可用砂土。土围堰的截面一般为梯形，如图 2-21a 所示。

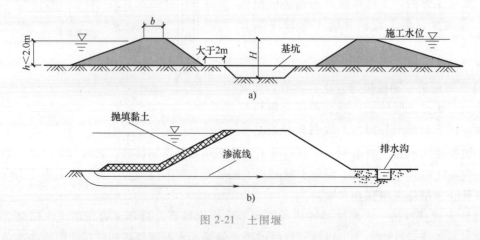

图 2-21　土围堰

土围堰边坡坡度与土质的种类、水流速度、河床土层的透水性等有关。用黏性土修筑的土围堰，顶宽度 b 不应小于 1.5m，临水面的坡度可为 1:2；内坡可为 1:1。当用砂土作为围堰土料时，堰顶宽度不小于 2m，外坡的坡度可为 1:3~1:5，内坡为 1:3。

围堰内抽水时应让内水位缓慢连续下降，使得河水中漂浮的细土粒渗过堰体时在外坡面形成一层黏土屏障以减少渗流量。抽水开挖基坑时，土围堰采用砂类土料，当河床土层为透水土时，可在土外侧抛填黏土覆盖以减少渗流，如图 2-21b 所示。

在填筑土围堰之前，应先清理河床上的块石、树枝等杂物，否则，可能造成局部渗漏而使堰堤穿孔。填筑围堰时，水面以下的部分通常不便于夯实。但应注意不得直接向水中倾土，而应将土倾倒在已筑出水面的岛堤上，让其顺土的天然坡下滑。

当流速较大时，为保证堰堤不被冲刷，可用草（麻）袋装土码砌堰堤边坡，这种围堰称为草（麻）袋围堰，如图 2-22 所示。这种围堰适用于水深不大于 3m，流速小于 1.5m/s，河床为渗水性较小的土。草（麻）袋围堰堰顶宽可为 1~2m，外侧边坡坡度为 1.0 : 0.5~1.0 : 1.0，内侧坡度为 1.0 : 0.2~1.0 : 0.5。草袋内装填松散黏性土，一般装至草袋容量的 60% 为宜。草袋应错缝码砌。

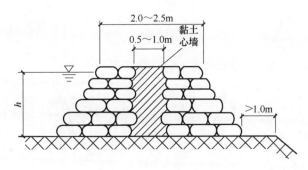

图 2-22　草（麻）袋围堰

土围堰的堤顶宽度较大，边坡又较平坦，所以堰堤的抗滑稳定性一般是能够得到保证的。若需要加以检算，可按下式计算其抗滑稳定性：

$$抗滑力 = \frac{1}{2}\mu(\gamma - 10kN/m^2)(a+b)h \qquad (2-4)$$

$$滑动力 = \frac{1}{2} \times 10kN/m^2 \times h^2 \qquad (2-5)$$

$$抗滑安全系数\ K = \frac{\mu(\gamma - 10kN/m^2)(a+b)}{h} \qquad (2-6)$$

式中　μ——堰堤底面与河床面之间的摩擦系数，对于黏性土 $\mu = 0.3$；

　　　γ——填土的重度（kN/m^2）；

　　　h——堰堤高（m），通常堤顶应高出施工水面 0.7m；

　　　a、b——堰堤底宽（m）和顶宽（m）。

2. 钢板桩围堰

钢板桩本身强度大，防水性能好，打入时穿透能力强。因此，钢板柱围堰的适用范围相当广。从我国桥梁基础施工的实践来看，10~20m 的围堰用钢板桩是适宜的。在特殊情况下，30m 深的围堰也使用过钢板桩。钢板桩不但能穿过砾石层、卵石层，也能切入软岩层内。

（1）钢板桩的构造形式　钢板桩是碾压成形的，截面形式多种多样。图 2-23~图 2-25

和表2-5给出了几种常用钢板桩的截面形式和特性参数。我国常用的是拉森式槽形钢板桩（图2-23），钢板桩的成品长度有几种规格，最大可达31m（HZ组合钢板桩可以达到33m），还可根据需要接长。钢板桩之间的连接采用锁口形式，这种锁口既能加强连接，又能防渗，还可以做适当的转动，以适应弧形围堰的需要。矩形钢板桩围堰的转角处要使用一块特制的角桩，如图2-24所示。

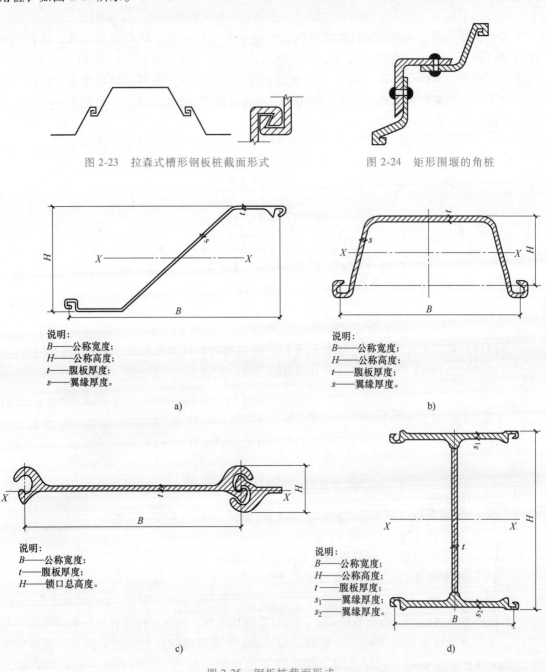

图 2-23　拉森式槽形钢板桩截面形式　　　　图 2-24　矩形围堰的角桩

说明：
B——公称宽度；
H——公称高度；
t——腹板厚度；
s——翼缘厚度。

a)

说明：
B——公称宽度；
H——公称高度；
t——腹板厚度；
s——翼缘厚度。

b)

说明：
B——公称宽度；
t——腹板厚度；
H——锁口总高度。

c)

说明：
B——公称宽度；
H——公称高度；
t——腹板厚度；
s_1——翼缘厚度；
s_2——翼缘厚度。

d)

图 2-25　钢板桩截面形式
a）Z型钢板桩　b）U型钢板桩　c）直线型钢板桩　d）H型钢板桩

表 2-5　U 型热轧钢板桩（HRSP-U）特性参数

型　号	公称宽度 B/mm	公称高度 H/mm	厚　度		截面面积 S_a/（cm²/m）	质量 W		惯性矩 I_x/（cm⁴/m）	截面模量 W_x/（cm⁴/m）
			腹板厚度 t/mm	翼缘厚度 s/mm		单根/（kg/m）	每延米/（kg/m²）		
HRSP-U-530	400	85	8.0	—	113.0	35.5	88.7	4500	530
HRSP-U-870	400	100	10.5	—	153.0	48.0	120.1	8740	870
HRSP-U-1340	400	125	13.0	—	191.0	60.0	149.9	16800	1340
HRSP-U-1560	400	145	12.7	9.4	197.3	62.0	155.0	22580	1560
HRSP-U-1785	400	146	15.0	9.7	220.8	69.3	173.3	26090	1785
HRSP-U-1520	400	150	13.1	—	186.0	58.4	146.0	22510	1520
HRSP-U-2270	400	170	15.5	—	242.5	76.1	190.4	38600	2270
HRSP-U-3150	500	200	24.3	—	267.6	105.0	210.1	63000	3150
HRSP-U-2000	500	210	11.5	—	197.4	77.5	155.0	42000	2000
HRSP-U-2500	500	210	15.6	—	222.0	87.5	175.0	52500	2500
HRSP-U-3040	500	210	20.0	—	262.0	103.0	206.0	63840	3040
HRSP-U-3820	500	225	27.6	—	306.0	120.1	240.2	86000	3820
HRSP-U-1000	600	130	10.3	—	131.2	61.8	103.0	13000	1000
HRSP-U-735	600	155	7.5	—	99.6	46.9	78.2	11437	735
HRSP-U-835	600	155	8.2	—	115.0	54.1	90.2	12960	835
HRSP-U-625	600	154.5	6.0	6.0	89.0	41.9	69.9	9670	625
HRSP-U-675	600	155	6.5	6.4	93.7	44.1	73.5	10450	675
HRSP-U-1165	600	155	9.7	—	138.1	65.0	108.4	18100	1165
HRSP-U-740	600	155.5	7.2	6.9	100.3	46.3	77.1	11540	740
HRSP-U-745	600	156	7.3	6.9	100.7	47.4	79.1	11620	745
HRSP-U-770	600	156	7.5	7.1	103.1	48.5	80.9	12010	770
HRSP-U-820	600	156.5	8.0	7.5	107.8	50.8	84.8	12800	820
HRSP-U-995	600	158	9.0	6.8	118.6	55.8	93.0	15700	995
HRSP-U-1095	600	159	10.0	7.4	127.8	60.2	100.3	17450	1095
HRSP-U-1200	600	160	11.0	8.0	137.2	64.6	107.7	19220	1200
HRSP-U-1200	600	180	9.8	9.0	140.0	66.1	110.1	21600	1200
HRSP-U-1255	600	180	10.0	—	147.8	69.6	116.0	22580	1255
HRSP-U-1260	600	180	10.0	10.0	151.0	71.0	118.3	22660	1260
HRSP-U-1800	600	180	13.4	—	173.2	81.6	136.0	32400	1800
HRSP-U-1600	600	190	10	—	156.1	73.5	122.6	30400	1600
HRSP-U-1270	600	209	9.0	7.4	127.2	59.9	99.8	26590	1270
HRSP-U-1400	600	210	10.0	8.0	136.5	64.3	107.1	29410	1400
HRSP-U-2020	600	210	12.5	—	177.5	83.6	139.3	42426	2020
HRSP-U-2700	600	210	18.0	—	225.5	106.2	177.0	56700	2700

（续）

| 型　号 | 公称宽度 B/mm | 公称高度 H/mm | 厚　度 | | 截面面积 S_a/（cm²/m） | 质量 W | | 惯性矩 I_x/（cm⁴/m） | 截面模量 W_x/（cm⁴/m） |
			腹板厚度 t/mm	翼缘厚度 s/mm		单根/（kg/m）	每延米/（kg/m²）		
HRSP-U-1530	600	211	11.0	8.6	145.9	68.7	114.5	32260	1530
HRSP-U-1670	600	215	10.2	8.4	154.2	72.6	121.0	35950	1670
HRSP-U-1800	600	215	11.2	9.0	163.3	76.9	128.2	38650	1800
HRSP-U-1920	600	215	12.2	9.5	172.3	81.1	135.2	41320	1920
HRSP-U-2410	600	217.5	13.9	—	200.6	92.2	153.7	52420	2410
HRSP-U-2060	600	225	11.1	9.0	173.9	81.9	136.5	46380	2060
HRSP-U-2200	600	225	12.1	9.5	182.9	86.1	143.6	49460	2200
HRSP-U-2335	600	225	13.1	10.0	192.0	90.4	150.7	52510	2335
HRSP-U-2680	600	226	14.2	9.7	206.8	97.4	162.3	60580	2680
HRSP-U-2840	600	227	15.2	10.1	216.1	101.8	169.6	64460	2840
HRSP-U-3065	600	226	18.5	10.6	233.3	109.9	183.2	69210	3065
HRSP-U-3200	600	226	19.0	—	241.7	114.0	190.0	72320	3200
HRSP-U-3200	600	226	19.5	11.0	242.3	114.1	190.2	72320	3200
HRSP-U-3340	600	226	20.5	11.4	251.3	118.4	197.3	75410	3340
HRSP-U-2700	600	228	15.8	—	206.1	97.1	161.8	61560	2700
HRSP-U-3000	600	228	16.2	10.5	225.6	106.2	177.1	68380	3000
HRSP-U-1150	700	200	9.0	—	120.0	65.1	93.0	23000	1150
HRSP-U-1340	700	200	10.0	—	137.6	75.6	108.0	26800	1340
HRSP-U-1535	700	220	9.7	—	140.9	77.4	110.6	33770	1535
HRSP-U-1405	750	204	10.0	8.3	132.3	77.9	103.8	28680	1405
HRSP-U-1600	750	205.5	11.5	9.3	146.5	86.3	115.0	32850	1600
HRSP-U-1780	750	220.5	10.5	9.1	150.3	88.5	118.0	39300	1780
HRSP-U-2000	750	222	12.0	10.0	164.6	96.9	129.2	44440	2000
HRSP-U-2270	750	223.5	13.0	9.5	173.4	102.1	136.1	50700	2270
HRSP-U-2500	750	225	14.5	10.2	187.5	110.4	147.2	56240	2500

（2）钢板桩围堰的施工要点　插打钢板桩的次序：对圆形围堰，应自上游开始，经两侧至下游合龙；对矩形围堰应从上游一角开始，至下游合龙。这样不仅可以使围堰内避免淤积泥砂，而且还可以利用水流冲走部分泥砂，以减少开挖工作量，更重要的是可以保证围堰施工的安全。例如，某特大桥的钢板桩围堰因为特殊条件限制，不得已而在上游合龙，结果，临近合龙之前，已插好的整个右半圈的钢板桩墙在瞬息之间被急流冲倒，大多数钢板桩被撕裂和扭歪，造成重大事故。

钢板桩下插以前，应以黄油填充锁口。沿上游方向的钢板桩底端应以木楔封闭锁口，以防止泥砂堵塞锁口。

钢板桩围堰在合龙处往往形成上窄下宽的状态，这就使得最后一组钢板桩很难插下。常用的办法是将邻近一段钢板桩墙的上端向外推开，以使上下宽度接近；必要时，可根据实测宽度，做一块上窄下宽的异形钢板桩，合龙时，先将异形钢板桩插下，再插最后一块标准钢板桩。从围堰内排水时，若发现锁口漏水，可在堰外抛投煤灰拌锯末，效果显著。

钢板桩是多次重复使用的设备，基础或墩身筑出水面后即可拔出钢板桩，拆除围堰。为了使拔出钢板桩的工作得以顺利进行，可将钢板桩与水下封底混凝土接触的部位涂以沥青，在拔除钢板桩前，向围堰内灌水，使堰内水面高出河水面 $1\sim1.5m$，利用静水压力将钢板桩推开，使其与水下封底混凝土脱离；必要时，可用打桩锤击打待拔的钢板桩，再行拔出。钢板桩顶应制备圆孔，便于连接起吊卡环。

3. 钢吊箱围堰

为实现深水高桩承台的无水施工，钢吊箱围堰被越来越多地采用。其工作原理是在深水桩基础的基桩施工完成后，用起吊设备将内装有扁担梁且已拼装成整体的钢吊箱围堰悬挂在定位桩桩顶，然后浇筑水下混凝土封底，封底混凝土达到强度后抽水浇筑承台混凝土。钢吊箱的底板是封底混凝土的控制面和底模，侧板为封底混凝土和承台混凝土的侧模；同时，钢吊箱围堰的顶面也作为浇筑混凝土施工的工作面。图 2-26 所示为典型的平台式钢吊箱围堰的施工步骤，具体如下：

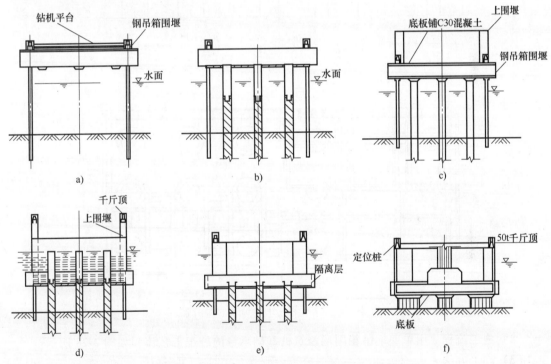

图 2-26 典型的平台式钢吊箱围堰的施工步骤

1）钢吊箱顶面整体安装井形平台及插打钢护筒的导向设备。

2）平台上安装钻机完成钻孔桩施工。

3）在钢吊箱上铺筑一层混凝土并绑扎承台钢筋，然后安装上围堰。

4）起顶吊挂设备将钢吊箱围堰沉放至其设计标高，并在钢吊箱底板的喇叭口与钢护筒间用止水带和细石混凝土封堵，浇筑封底混凝土。

5）抽干围堰内的积水，切割高出的钢护筒。

6）完成桩基施工，浇筑承台及墩身混凝土。

（1）钢吊箱围堰构造　吊箱主要由侧板、底板、内支撑、支吊系统等四部分组成，其中侧板和底板是有底钢吊箱围堰的主要防水结构。某工程采用的钢吊箱围堰构造如图 2-27 所示。

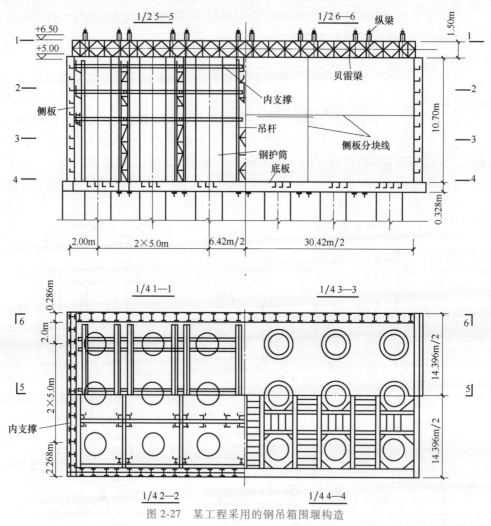

图 2-27　某工程采用的钢吊箱围堰构造

（2）施工流程　用单壁钢吊箱围堰修筑桩基础承台的施工工艺流程如图 2-28 所示。

（3）施工方法

1）加工钢吊箱。底板加工在江边船厂简易船台滑道上进行，底板加工完成后直接在上面拼装底层内支撑系统及底层侧板，侧板加工完成并试拼检验合格后，分块装船运至拼装现场。内支撑系统在加工车间加工，内梁及水平支撑钢管均购买成品。

2）钢吊箱拼装及下沉。底层钢吊箱浮运至桥位，用浮吊吊装下沉到预定位置后，安装支吊系统并将钢吊箱悬挂其上，随后拼装中、上层内支撑及侧板，最后用浮吊下沉整体钢吊箱至设计高程。

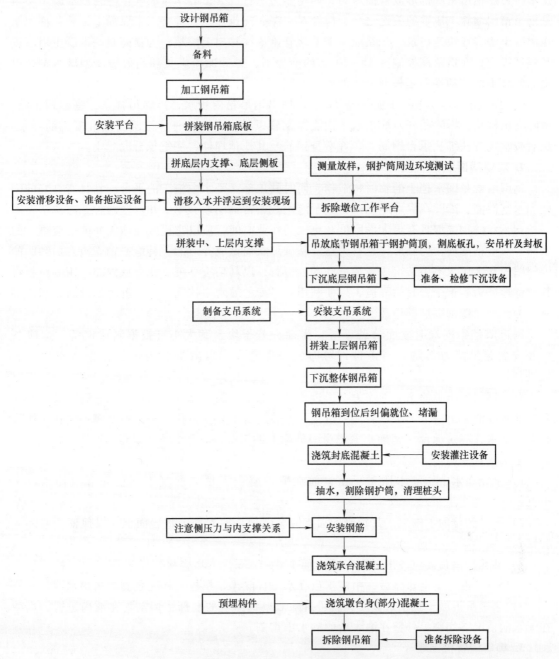

图 2-28　用单壁钢吊箱围堰修筑桩基础承台的施工工艺流程

3）钢吊箱定位与堵漏。钢吊箱下沉至设计高程后，复核其平面位置，如不满足要求，可将千斤顶安放在四角的 4 个钢护筒外壁与钢吊箱侧板之间以调整钢吊箱位置，待其满足要求后，在四个角的 4 个钢护筒外壁与钢吊箱侧板之间用定位器焊接定位。然后潜水员下水，将底板堵漏封板紧固在钢护筒上。

4）浇筑封底混凝土。封底混凝土的作用：一是作为平衡重；二是防止水渗漏；三是抵抗水浮力在钢吊箱底部形成弯曲应力；四是作为承台混凝土的承重底模。因封底混凝土浇筑是钢吊箱围堰施工成败的关键之一，应针对水深、浇筑面积大等特点采取如下措施：使用泵送混凝土法多点快速浇筑，浇筑应从下游端开始依次移向上游端；为提高封底混凝土坍落度及强度级别，在坍落度控制在 18～20cm 的前提下，另掺加粉煤灰和高效缓凝型减水剂，以提高混凝土的流动性和延长混凝土的初凝时间。

5）浇筑承台混凝土。封底完成 5d 后，抽出钢吊箱内积水，拆除吊杆梁，割除钢护筒，凿除高出桩头，拆除吊杆及底层水平内支撑钢管以下竖向支撑柱，清除封底混凝土的浮浆。最后按常规方法绑扎承台钢筋，预埋墩身钢筋及其他预埋件，浇筑承台混凝土。

4. 双壁钢围堰

钢围堰既是围水挡土的临时构造物，同时其顶部又是水中施工的平台。它具有良好的刚度和水密性能，因此在深水施工中得到了应用。通常钢围堰有单壁和双壁两种，与单壁钢围堰相比，双壁钢围堰具有更大的刚度和更大的作业空间，所以它更方便施工并能适应更大的水深。双壁钢围堰常为圆形，也有为适应基础形状而做成异形的，其堰壁钢壳由有加劲肋的内外壁板和多层水平桁架组成。堰壁底端设刃脚，以利切土下沉。在堰壁内腔，用隔舱板将其对称地分为若干个密封的隔舱，以便利用不平衡的灌水来控制其在下沉时的倾斜，图 2-29 所示为典型双壁钢围堰的构造。

制造双壁钢围堰时立面分若干层，平面分若干块，其大小可根据制造设备、运输条件和安装起吊能力而定。当条件许可时，块件宜大，以减少工地焊接，提高质量，加快进度。

双壁钢围堰施工的主要工序为：岸边或拼装船上拼装→浮运→起吊下沉→钢壁接高并在壳内灌水或混凝土→下沉至基岩面→清基→安装施工平台及钻孔桩护筒→封底→钻孔灌注桩施工→抽水，浇筑承台（基础）及墩身→拆除上部钢壁→墩身继续浇筑至墩帽。

施工要点说明：

1）钢壳在水中靠灌水压重下沉，而在覆盖层中靠填充混凝土压重和堰内抽水取土下沉。

2）下沉到位的钢围堰，其钢壳的刃脚应全部稳妥地支立于基岩面上，以保证清基和顺利钻孔。

3）钻孔护筒顶面应高出封底混凝土面 1.0～1.5m，下端应接近基岩面，并连接成整体固定。当封底混凝土浇筑完后，由潜水员在水下拆除连接螺栓，将固定支架吊出水面。

4）当墩身混凝土筑出水面后，就可拆除双壁钢围堰的上部，切割均在堰内进行，内壁在无水的情况下切割，外壁在灌水后的静水中切割。

5. 锁口钢管桩围堰

锁口钢管桩围堰是以带锁口的钢管桩代替钢板桩，通过导向框打入下沉到位。结构上可视作是将双壁钢围堰化整为零，由各根钢管桩穿过地下障碍物。所以，这种由钢管桩相互间通过锁口相连构成的基础施工防水围堰的特点是：钢管桩截面模数大，具有很好的抗弯能力，可大大简化围堰的内支撑体系，方便施工；同时，钢管桩的刚度和稳定性好，可采用强制下沉方式，因此它更适合在有地下障碍物的地方使用。也就是说，锁口钢管桩围堰综合了钢板桩围堰和双壁钢围堰的结构特点。图 2-30 所示为锁口钢管桩围堰的平面及其锁口构造。

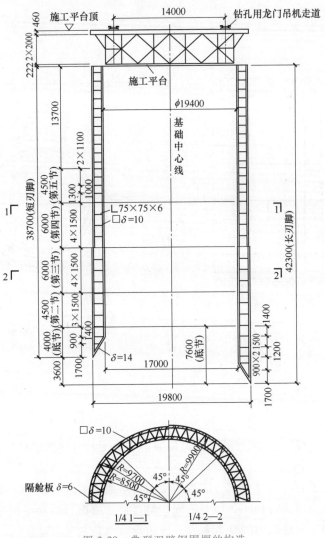

图 2-29 典型双壁钢围堰的构造

锁口钢管桩围堰的施工过程如下：

（1）锁口钢管桩的插打及围堰合龙 沉桩方法有两种：振动打桩机振沉和滑车组加分配梁对称下压。钢管桩下沉前在钢管桩锁口内涂上黄油，用振动打桩机插打，沉桩过程中辅以高压射水。钢管桩的下沉导向用导向框，为了控制锁口缝隙，在导向框上分别标出每根桩锁口的中心位置。钢管桩插打的工序是从围堰上游中部开始，顺次逐根向两侧插至角桩，再逐次从上游向下游插，最后在下游中部合龙。整个钢管桩围堰合龙并插打到位后，将导向平台拆除，在钢管桩上焊牛腿，拼装围堰内支撑，完成从单桩受力到整体围堰的内支撑体系的转换。

（2）钢管桩内除土和围堰内除土 主要除土工具是吸泥机、抓土斗和高压射水设施等。钢管桩内可采用冲击或吸泥的方法除土；围堰内采用边吸泥边补水的方法除土。

（3）锁口钢管桩围堰的止水与排水 钢管桩的止水主要是依靠精密加工的锁口来实现的。可利用 P38 钢轨作为阳扣，型钢加钢板焊接作为阴扣，形成锁口连接。其止水堵漏措施包括在围堰外堆煤渣，同时在锁口内镶止水木条；围堰排水使用抽水机。

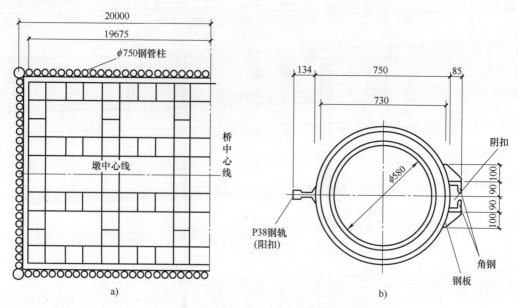

图 2-30　锁口钢管桩围堰的平面及其锁口构造

a）半平面　b）钢管桩锁口

2.2.4　基底检验与处理

1. 基底检验

基坑开挖至设计标高后，应对基底进行检验，以确定是否达到设计要求，通常检验的主要项目为：

1）基底土质是否符合设计要求，能否满足墩台承载力要求。

2）基底各部位土质是否相同，如有不同，是否会造成墩台出现不均匀沉降。

3）基底承重面与墩台压力线是否垂直，能否导致墩台发生滑动。

4）基底平面尺寸能否保证基础圬工按设计尺寸顺利施工。

5）基坑防水措施是否恰当，能否保证基础圬工施工质量。

6）基底高程是否符合设计要求。非岩石基底约每 $10m^2$ 测量 1 点，全基坑不少于 8 点，其平均误差应在 ±50mm 之内；岩石基底则应清理至岩面。

2. 基底处理

（1）微风化的岩石基底　全部开挖到新鲜岩面。岩面倾斜时，应予凿平或凿成台阶，使承重面与墩台压力线垂直。岩面上的淤泥、苔藓及松碎石块应清除干净。岩面如有部分溶沟、溶洞或破碎带等难以清理到新鲜岩面的情况时，应会同设计人员研究处理。位于基底中部的狭窄溶沟，可在基底标高以下设置混凝土拱将力传递到两侧岩石上；小面积溶洞可用混凝土或浆砌片石回填。

（2）风化岩基底　岩石的风化程度对其承载力影响很大，应会同设计、地质勘察人员分析判断岩基底能否满足设计承载力的要求，并注意基底各部位的风化程度是否相同。如基底承载力不够，可适当降低基底高程，如风化层不厚，宜清理到新鲜岩面。

（3）碎石土或砂土基底　将基底修理平整并夯实，砌筑基础坞工时，先铺一层 2cm 厚的水泥砂浆。

（4）黏土基底　基底分两阶段开挖，先挖到距设计标高 20～30cm 处，大致整平，做好排水和砌筑坞工的准备工作后，再开挖到基底并铲平。铲平时要注意不得扰动基底原状土，超挖处不得用土回填。基底铲平后应在最短时间内砌筑基础坞工，以免原状土暴露过久浸水变质。如果基底原状土含水率较大或在施工中被浸水泡软，可向基底夯入 10cm 以上厚度的碎石，但碎石顶面应不高于基底设计高程。基底土质应符合设计要求，如有不符或有怀疑时，应请设计人员研究处理。当基底土质不匀，部分软土层厚度不大时，可挖除后分层夯填砂土或碎石。

（5）泉眼　泉眼应用堵塞或导流的方法处理。可先用水玻璃和水泥以 1∶1 比例调匀捻团后，堵塞泉眼。如经多次堵塞无效，应改用导流方法处理。可将钢管插入泉眼，封闭钢管四周，使水沿钢管上升；或在泉眼处设置小井，将水引出基础坞工之外抽排，然后再用水下混凝土填井，如泉眼位置不明确，可在基底以下设置暗沟或盲沟，将水引至基础坞工以外的汇水井中抽排。基坑有渗漏水时，基坑抽水应待基础坞工终凝后才能停止，以免坞工早期浸水，影响质量。

（6）基底大面积透水　地下水位较高的砂土或碎石土基底会大面积透水，大量抽水会将土中细小颗粒随水抽走，从而又加大渗水量，形成恶性循环。一般按水中施工设计，在基底以下设置水下混凝土封底予以封闭。明挖基础遇到基底大面积渗水时，如渗水量不太大，可沿基础周边打木板桩，靠加大渗流长度来减小渗流量；也有在基础范围外打一圈黏土桩的成功经验。黏土桩间隔 1m，以 ϕ60cm 钢管打入地面作为护筒，向护筒内填干黏土，用质量为 300kg 以上的穿心锤将土夯入地层，边打边填黏土，直到打不下去时为止。如渗水量较大，则须在基底以下设置水下混凝土封底，由于封底混凝土增加了基底荷载，应通过验算确定。

■ 2.3　桩基础施工技术

当墩台所处位置的覆盖层很厚，适于承载的地基很深，或同时水深也较大时，往往需要采用深基础，桩基础就是一种常用的深基础。

桩基础由若干根桩和承台两部分组成，桩在平面排列上可为一排或几排，桩的顶部由承台连成一个整体，再在承台上修筑桥墩或桥台及上部结构，如图 2-31 所示。桩身可全部或部分埋入地基土中。

我国桥梁桩基础大多采用钢筋混凝土桩、预应力混凝土桩和钢桩。钢筋混凝土桩的截面形式有圆形、环形、方形、六角形等，钢桩的截面形式有圆形、H 形等，在桩轴方向上，也分为竖直桩和斜桩（通常用于拱桥墩台基础）。目前，在桥梁实践

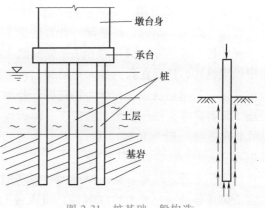

图 2-31　桩基础一般构造

中已形成各种形式的桩基础，它们在构造及桩土相互作用性能上都具有各自的特点，分类方式也有多种，现分别阐述如下。

1. 按承台位置分类

按承台位置的不同，桩基础可分为高桩承台桩基础和低桩承台桩基础，如图 2-32 所示。高桩承台桩基础的承台底面位于地面或冲刷线以上，低桩承台桩基础的承台底面则位于地面或冲刷线以下。高桩承台桩基础的桩身外露部分称为桩的自由长度，而低桩承台桩基础的自由长度为零。高桩承台桩基础由于承台位置较高或设在施工水位以上，可减少墩台的圬工数量，避免或减少水下作业，施工较为方便。然而由于承台和基桩外露部分无侧边土层来共同承受水平外力，对基桩受力较为不利，桩身内力和位移都将大于在同样水平力作用下的低桩承台桩基础，稳定性也较低桩承台桩基础差。近年来由于大直径钻孔灌注桩的采用，桩的刚度、强度都较大，因而高桩承台桩基础也采用得较多。

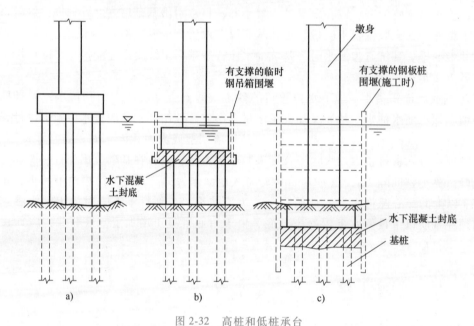

图 2-32　高桩和低桩承台

a）水上高桩承台桩基础　b）水下高桩承台桩基础　c）低桩承台桩基础

2. 按施工方法分类

按施工方法的不同，桩基础可分为钻挖孔就地灌注桩和沉入桩。

灌注桩是采用就地成孔的方法来完成的一种深基础。其施工方法是：先用机械或人工在土中做成桩孔，然后在孔内放入钢筋笼，再浇筑桩身混凝土而形成桩身，最后在桩顶浇筑承台或系梁。若用钻机成孔，称为钻孔桩；若用人工开挖桩孔，则称为挖孔桩。灌注桩的特点是施工设备简单，操作方便，适用于各种砂性土、黏性土，也适用于碎卵石类土层和岩层。钻孔桩的直径一般为 0.8～3.0m，其长度可由几米至百米。挖孔桩的直径不宜小于 1.2m，长度不宜大于 20m，以便人工挖土。

沉入桩是通过汽锤、柴油锤或振动锤等打桩机械将各种预制好的桩（主要是钢筋混凝土实心桩或管桩，也有木桩或钢桩）沉入或打入地基中所需深度。这种施工方法适用于桩径较小（一般直径在 0.6~1.5m），地基土质为砂性土、塑性土、粉土、细砂以及松散的不含大卵石或漂石的碎卵石类土的情况。

3. 按单桩竖向承载方式分类

按单桩竖向承载方式的不同，桩基础可分为柱桩和摩擦桩。柱桩是将桩尖通过软弱的覆盖层以后再嵌入坚硬的岩面，荷载由桩尖直接传到基岩中，桩像柱子一样受力，如图 2-33a 所示。摩擦桩是当基岩埋藏很深、桩尖不可能达到时，荷载通过位于覆盖层中桩的侧壁与土壤间的摩擦力和桩端部的支承力共同承受的桩基础，如图 2-33b 所示。柱桩承载力较大，较安全可靠，基础沉降也小，但若岩层埋置很深，就需要采用摩擦桩。由于柱桩和摩擦桩在土中的工作条件不同，它们与土共同作用的特点也就不一样，因此在设计计算时所采用的方法和有关参数也不一样。

桩基础内基桩的布置应根据荷载大小、地基土质、基桩承载力等决定。对于采用大直径钻孔灌注桩的公路，中小跨径的桥梁常用单排式，在大型桥梁基础中，或桩承受的水平力较大时，则采用多排式。考虑桩与桩侧土的共同工作条件和施工条件的需要，桩与桩间的中心距不得小于桩径的某一倍数，一般为 2.0~2.5 倍桩径。此外，为避免承台边缘距桩身过近而发生破裂，边桩外侧到承台边缘的距离不能太小，一般要求不小于桩径的 30%~50%。

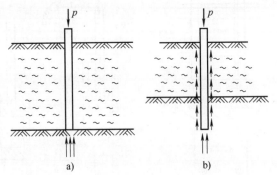

图 2-33 柱桩和摩擦桩
a）柱桩 b）摩擦桩

桩基础承台的平面尺寸和形状，应根据其上部墩台身底面尺寸和形状及其桩的平面布置而定，一般采用矩形和圆端形。承台厚度应保证承台有足够的强度和刚度。一般采用钢筋混凝土刚性承台，承台厚度不宜小于 1.5m，混凝土强度等级不低于 C30。承台底部需布置一层钢筋网，确保承台受力均匀，避免在桩顶荷载作用下开裂或破碎。承台与桩之间的连接，靠伸入承台的桩顶主筋来实现，桩身一般也需伸入承台 10cm。

桩基础是深基础方案的首选形式，它耗用材料少，施工简便，适应性强。但当上层软弱土很厚，桩底不能达到坚实土层，需使用较多、较长的桩来传递荷载时，桩基础的稳定性稍差，沉降量也较大；当覆盖层很薄时，桩的稳定性也可能存在问题。

2.3.1 沉入桩施工

沉入桩是靠桩锤的冲击能量将桩打入土中，因此桩径不能太大，一般土质中桩径不大于 60cm，桩的入土深度也不能太深，对于一般土质，桩的入土深度为 20~30m，否则对打桩设备要求较高，且打桩效率低。现在主要使用的桩为钢筋混凝土桩、预应力混凝土桩和少量钢柱。

1. 打桩设备

打桩设备主要是桩锤、桩架、起重机具和动力设备等，下面主要介绍前两个。

（1）桩锤 桩锤的类型很多，构造也不一样。桩锤可分为坠锤和机动锤两大类。常用的有坠锤（吊锤）、单动汽锤、双动汽锤、柴油锤及振动锤等。

坠锤是最简单的桩锤，常用的穿心锤质量为 200~750kg，龙门锤质量为 500~4500kg，如图 2-34 所示。用绳索或钢丝绳通过吊钩由人力或卷扬机沿桩架导杆提升一定高度，然后使锤自由落下击打桩顶，将桩打入土中。坠锤打桩设备简单，但效率低，仅用于小型工程打木桩或小直径钢筋混凝土预制桩。

汽锤是利用蒸汽或压缩空气为动力将锤顶起落下击打基桩，按其工作原理可分为单动汽锤和双动汽锤两种，如图 2-35 和图 2-36 所示。单动汽锤因一次冲击能大，适用于击打钢筋混凝土桩。双动汽锤的一次冲击能较单动汽锤小，只适用于击打轻型钢筋混凝土桩和钢板桩。它除了打桩外，还可用于拔桩。

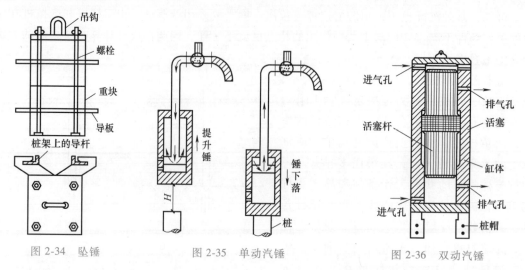

图 2-34　坠锤　　　　　　图 2-35　单动汽锤　　　　　　图 2-36　双动汽锤

国产东风 7135 型筒式柴油打桩机（图 2-37）可打木桩、钢桩和钢筋混凝土桩，能打直桩，也能打斜度为 1∶3 的斜桩，适用于桥梁、码头及高层建筑的桩基础施工。

振动锤的形式很多，目前施工中较为常用的是液压振动锤，通常采用液压动力站为动力源，通过振动箱产生高频振动，将桩打入土中，具有噪声小、效率高、不损桩等优点。其工作原理如图 2-38 所示。

与传统的打桩设备相比较，振动锤具有高效能（施工速度比汽锤、柴油锤高 40%～100%）、操作简便（通常仅需起重机配合即可操作，且打桩、拔桩为同一套设备）、低噪环保、节约成本等优点。

（2）桩架　桩架用来吊桩锤、插桩、打桩和控制桩锤的上下运动方向。桩架包括导杆（又称为龙门，控制桩锤在打桩时的上下运动和打桩方向）、起吊设备（滑轮、绞车、动力设备等）、撑架（支撑导杆）及底盘等。桩架在结构上必须有足够的强度、刚度和稳定性，桩架的高度应保证桩吊立、就位时的需要及锤击时的必要冲程。常用的桩架有木桩架和钢桩架。汽锤的桩架多用型钢制成；柴油锤本身带有钢制桩架，底盘设有转动和移动设备，撑架可以调整导杆的斜度。图 2-39 所示为目前常用的桩架形式之一。

射水沉桩（图 2-40）是锤击或振动沉桩的一种辅助方法，其设备由随桩沉入土中的高压射水管和供应高压水的高压水泵组成。原理是利用高压水流经过空心桩内部的射水管来冲松桩尖附近的土层，以减少桩下沉时的阻力，于是桩便在自重和锤击下沉入土中。此法用于砂土层时效率较高；在锤击遇到砂卵石层受阻而打不穿时，也可辅以射水穿过。当桩尖沉至距设计标高 1.0～1.5m 时，应停止射水，而用锤击法将桩沉到设计标高。

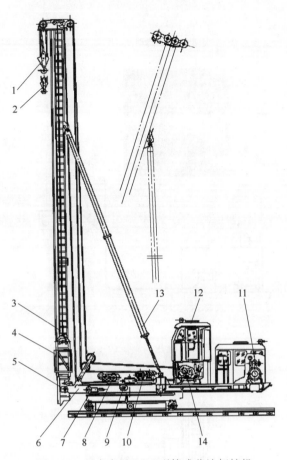

图 2-37 国产东风 7135 型筒式柴油打桩机

1—主钩 2—副钩 3—立柱 4—升降梯 5—水平伸缩小车 6—上平台 7—下平台 8—升降梯卷扬机
9—水平伸缩机构 10—副吊锤吊桩卷扬机 11—电气设备 12—操纵室
13—斜撑 14—主吊锤吊桩卷扬机

2. 打桩施工

预应力混凝土桩及钢筋混凝土圆桩一般在工厂制造，而钢筋混凝土方桩多在工地预制。制造不良或装卸、搬运、堆放方法不当，都可能使桩受到损伤，因此在打桩前，必须加以检验，选择质量良好的桩施工，检验标准如下：

1）允许偏差尺寸。方桩边长为 ±5mm，桩顶对角线为 ±10mm，管桩直径为 ±5mm，壁厚为 ±5mm。

2）桩尖对桩中心线偏距不大于 10mm，桩身弯曲段矢高不大于 0.1%。

3）每节桩的端面应平整，并与桩轴线垂直。

4）桩的表面应平直光滑，表面蜂窝深度不大于 15mm。

5）方桩的棱角破损深度不大于 10mm，其总长不大于 50cm。

6）桩顶与桩尖均不应有蜂窝和破损；桩身不得有钢筋外露。

7）桩身收缩裂纹深度不大于 15mm，宽度不大于 0.2mm；横向裂纹长度：方桩不得超过边长的 1/2，管柱及多角形桩不得超过直径或对角线的 1/2；纵向裂纹长度：方桩不得超过边长的 2 倍，管桩及多角形桩不得超过直径或对角线的 2 倍。

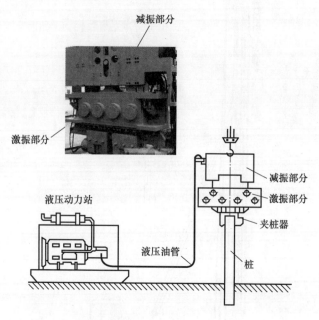

图 2-38　液压振动锤的工作原理

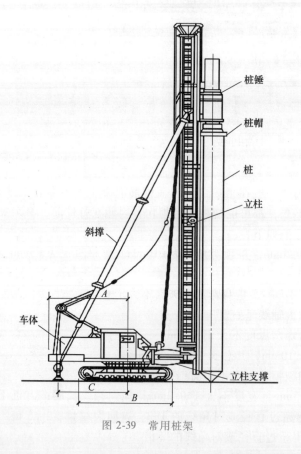

图 2-39　常用桩架

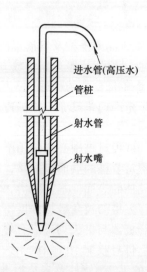

图 2-40　射水沉桩

钢筋混凝土桩的堆放场地必须平整、夯实；堆放层数不宜超过四层。吊点位置应根据吊点处由于桩重产生的负弯矩与吊点间桩重产生的正弯矩相等原则确定。一般吊（支）点如为两点，垫木应在距两端 0.21L（L 为桩长）处；如为三吊点，各垫木必须保持在同一平面上，垫木应在距两端 0.15L 及中点处，各层垫木应在同一垂直线上；当插桩时，单吊点起吊，可将吊点设在 0.3L 处，如图 2-41 所示。

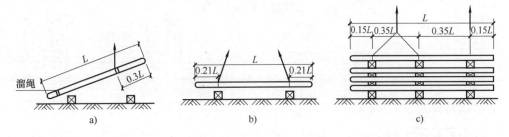

图 2-41　桩的堆放与吊装
a）单吊点　b）两吊点　c）三吊点

在旱地打桩时，只需将打桩设备移动范围内的地面整平、夯实，再铺设垫木、钢轨及简单脚手架。在浅水中打桩时，先打脚手桩，组成桩排架后再搭设工作平台。在深水中，则需拼组打桩船在船上打桩。设置脚手时，都应留出桩位。桩位根据墩（台）的纵横中心线测定并做出标志；水中的桩位须用导向框控制。

当承台座板底面位于地面以下时，需开挖基坑，具体施工时有两种方法：一是先打桩后挖基坑，即将桩顶打到地面下适当深度（须用送桩），再挖基坑，如图 2-42a 所示；另一种是先挖后打，即先将基坑挖到设计标高后，再在坑内打桩，如图 2-42b 所示。两种做法各有优缺点：先打后挖，桩架在地面上移动方便，但须用送桩，会影响判断桩承载力的准确性；先挖后打，可以较准确地判断桩的承载力，但桩架在坑内移动较困难，特别是在渗水量较大的土层中，困难更大。

桩架一般都是在地面上拼组后，再用起重机或扒杆以及桩架本身的起吊设备将其竖立起来，也有采用逐节向上拼组的。立好后应按规定设平衡重，再拉好缆风绳，保持桩架稳定。

打桩前应合理安排打桩顺序，安排打桩顺序时要考虑两个问题：一是要尽量减少桩架移动距离；二是要考虑打桩时，土壤被挤紧和隆起，致使后续的桩不易打下去，特别是桩数多、间距小时，问题更加严重。因此，当基坑较小，土质密实时，应由中间向两端进行，如图 2-43a 所示。当基坑较大，桩数较多时，应分段进行，如图 2-43b 所示。当桩距大于 4 倍桩径时，打桩顺序可不考虑土壤挤紧的影响。

当桩架组立好后即可吊、插桩，吊点应符合规定，各吊点必须同时受力。插桩时要对准桩位，做到桩位、桩中心线及锤中心线在同一直线（直桩为铅垂线，斜桩为斜直线），然后徐徐放下桩锤，利用锤重把桩压入土中，开打时应慢打低击，因为桩入土浅，重心高，锤击过猛容易把桩打歪，随着桩入土深度逐渐增加应加大锤击力量。在打桩过程中应有专人负责填写打桩记录。

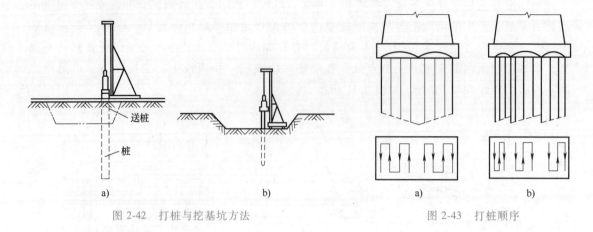

图 2-42 打桩与挖基坑方法   图 2-43 打桩顺序

3. 沉桩工艺与冲击试验

在正式打桩前，在设计桩位或附近地质相同地点，先打试桩。施工阶段的试桩，主要是用来确定施工工艺、选定施工机具设备及检验桩的承载力等。其内容包括工艺试验、冲击试验及静压、静拔和静推试验。冲击试验的桩数，一般不得少于基桩总数的 2%。每一基坑内的基桩或每一种类及大小尺寸的基桩，至少应有 2 根试桩。施工阶段的工艺试验和冲击试验的主要目的为：

1）检验桩沉入土中的深度能否达到设计要求。

2）选定桩锤、衬垫（即锤垫、桩垫）及其参数。

3）选定射水设备及射水参数（水压、水量）等。

4）查明打桩时土质有无"假极限"或"吸入"现象，并确定是否需要复打，以及从停打到复打之间应该"休息"的天数。

5）确定施工工艺和停止沉桩的控制标准，如果在类似土中有施工经验，施工阶段可以不做工艺试验和冲击试验。

打入桩施工时，应根据桩的类型、桩重、桩的设计承载力、土质及施工动力设备等因素综合考虑选取桩锤质量。桩锤太轻，桩难以打下，效率低，还可能将桩头打坏，所以应按"重锤轻击"的原则选锤。但若桩锤过重，各种机具和动力设备都需要加大，不经济。锤重与桩重的比值一般不宜小于表 2-6 所列数值。

表 2-6 锤重与桩重的比值

桩 类 别	锤型与土质							
	坠 锤		柴 油 锤		单 动 汽 锤		双 动 汽 锤	
	硬土	软土	硬土	软土	硬土	软土	硬土	软土
木桩	4.0	2.0	3.5	2.5	3.0	2.0	2.5	1.5
钢筋混凝土桩	1.5	0.35	1.5	1.0	1.4	0.4	1.8	0.6
钢桩	2.0	1.0	2.5	2.0	2.0	0.7	2.5	1.5

试验过程中应记录下列内容：

1）用坠锤、单动汽锤沉桩，记录每下沉 1m 的锤击数和全桩的总锤击数；记录最后 1m

左右每下沉 10cm 的锤击数；最后加打 5 锤，记录桩的下沉量。算出每锤平均值，作为停打贯入度，单位以 mm 计。

2）用柴油锤、双动汽锤、振动锤沉桩，记录每下沉 1m 的锤击时间和全桩的总锤击时间；在剩余 1m 左右时，记录每 10cm 的锤击时间，取最后 10cm 的每分钟平均值作为停打贯入度，单位以 mm 计。

在打桩过程中，开始时第一锤沉入（或称为沉入度）较大，随着桩入土深度的增加，沉入度变小。沉入度越小，承载力越大，由此可知沉入度与桩的承载力存在着一定关系。桩打到设计标高时的沉入度称为最后沉入度，可由实测得到。

冲击试验就是当一根桩打完后，经过几天休息，再用同样的设备、同一落锤高度去打桩。有关规范规定：对坠锤、单动汽锤打 5 锤；对柴油锤、双动汽锤、振动锤沉桩，取复打最后锤击 10cm 所需时间每分钟的平均值。检查复打后的沉入度与复打前的沉入度有无变化，复打应达到最终贯入度小于或等于停打贯入度。

对于冲击试验的休息时间，有关规范规定：桩穿过砂类土，桩尖位于大块碎石类土或密实的砂类土或坚实的黏性土上，至少停歇 1d；打入粗砂、中砂和不饱和的粉细砂的基桩，在打桩完毕后，至少停歇 3d；打入饱和粉细砂或黏性土的基桩，在打完桩后，至少停歇 6d。

沉桩过程中应注意：桩帽与桩周围应有 5～10mm 的间隙，以便锤击时桩在桩帽内可做微小的自由转动，避免桩身产生超过许可的扭转应力；打桩机的导向杆应予以固定，以便锤打时稳定桩身；导向杆设置应保证桩锤上、下活动自由；预制桩顶面应附有适合桩帽大小的桩垫，其厚度视桩垫材料、桩长及桩尖所受抗力大小决定；桩垫破碎后应及时更换；选用的桩帽，应将锤的冲击力均匀分布于桩顶面。

4. 沉桩方法

沉桩方法主要有以下几种：

（1）射水沉桩　射水施工方法的选择，应视土质情况而异，在砂夹卵石层或坚硬土层中，一般以射水为主，锤击或振动为辅；在亚黏土或黏土中，为避免降低承载力，一般以锤击或振动为主，以射水为辅，并应适当控制射水时间和水量；下沉空心桩，一般用单管内射水。当下沉较深或土层较密实时，可用锤击或振动，配合射水；下沉实心桩，将射水管对称地装在桩的两侧，并能沿着桩身上下自由移动，以便在任何高度上射水冲土。

吊、插基桩时要注意及时引送输水胶管，防止拉断与脱落；基桩插正立稳后，压上桩帽桩锤，开始用较小水压，使桩靠自重下沉。初期应控制桩身不使其下沉过快，以免阻塞射水管嘴，并注意随时控制和校正桩的方向；下沉渐趋缓慢时，可开锤轻击，沉至一定深度（8～10m）已能保持桩身稳定后，可逐步加大水压和锤的冲击动能；沉桩至距设计高程一定距离（>2.0m）时停止射水，拔出射水管，进行锤击或振动使桩下沉至设计要求高程。

（2）振动沉桩　振动沉桩适用于砂质土、硬塑及软塑的黏性土和中密及较松散的碎、卵石类土。对于软塑类黏土及饱和砂质土，当基桩入土深度小于 15m 时，可只用振动沉桩机。除此情况外，宜采用射水配合沉桩。在选择沉桩机（锤）时，应验算振动上拔力对桩身结构的影响。

振动配合射水下沉管桩的施工方法：

1）初期可单靠桩自重和射水下沉。

2）吊装振动沉桩机和机座（桩帽）与桩顶法兰盘连接牢固。在射水下沉缓慢或不下沉时，可开动振动沉桩机并同时射水，以振动力强迫桩下沉。振动持续一段时间后，当桩下沉又趋缓慢或桩顶大量涌水时，即停止振动，用射水冲刷。经过相当时间的射水后，再振动下沉。如此交替下沉，沉至接桩高度时，拆去振动沉桩机及输水管，在接桩的同时接长射水管，再装上振动沉桩机，然后继续沉桩。

3）沉桩至最后阶段离设计标高尚有适当距离时，提高射水管，使射水嘴缩入桩内，停止射水，立即进行干振。将桩沉至设计标高，并且最后下沉速度不大于试桩的最后下沉速度，振幅符合规定时，即认为合格，并拆除沉桩设备。

4）一个基础内的桩全部下沉完毕后，为了避免先沉下的桩周围的土被后来的沉桩射水所破坏，影响其承载力，应将全部基桩再进行一次干振，使其达到合格要求。

（3）静力压桩　静力压桩是采用静压力将桩压入土中，即以压桩机的自重克服沉桩过程中的阻力，适用于黏质土层，但不宜用于坚硬状态的黏质土和中密以上的砂类土。沉桩速度视土质状况而异。同一地区、相同截面尺寸与沉入深度的桩，其极限承载能力与锤击沉桩大体相同。

该法的施工要点：按照施工顺序，压桩机就位，吊桩前的准备工作就绪，即可将桩吊至导向龙口内，当吊桩竖直后用撬杠将桩稳定，并推至底盘插桩口，缓慢放下，到离地面10cm左右时，再用几根撬杠协助，对准桩位插桩。2台卷扬机同时启动，放下压梁，套住桩顶顺势下压。开启专门压桩的卷扬机进行压桩。

5. 打桩施工的质量控制与事故处理

（1）打桩施工的质量控制

1）在打桩过程中，桩不被打坏。

2）打到设计标高的基桩，在承台座板底面位置的偏差不超过允许值，规范规定：边排桩的允许偏移量为 $0.5d$（d 为桩径或短边尺寸），但仍应保持桩身至座板边缘的最小净距符合要求。中排桩的允许偏移量为 d；斜桩倾斜度的偏差不得大于倾斜角（桩纵轴线与竖直线间的夹角）正切值的15%。

3）打到设计标高的基桩的承载力必须满足设计要求。柱桩以基桩置于设计规定的坚硬层上为准；摩擦桩除了穿过软弱下卧层、滑动弧度或因冲刷控制须按桩尖标高控制外，均按土的阻力决定桩的允许承载力。

（2）打桩施工中的常见事故与处理办法

1）桩打不下去。可能是遇到孤石、坚硬土层或桩锤的冲击能不够等原因。如果周围大多数桩都能通过某一深度，而只有少数桩在该深度受阻，则很可能是遇到孤石，此时若不能将孤石打碎，只有将桩拔出换位重打。如果附近大多数的桩都在同一深度受阻，说明遇到了坚硬土层；如桩缓慢打入，达不到设计深度时，说明桩锤的冲击能不够。遇到这两种情况，应改用重锤或配合射水沉桩。

2）偏桩或斜桩。偏桩或斜桩是指桩偏离设计位置或与桩的设计轴线斜交，这种情况多数是由于桩尖制作不良，插桩不正，开始阶段锤击过猛或被土中障碍物挤压造成的。当桩入土不深，可用拉或顶的方法矫正（钢筋混凝土桩禁用此法）；如果桩入土较深，不易矫正或桩位偏移量超过规定时，应拔出重打，拔不出来，就补桩。

3）裂桩。由于桩的质量不好，原来就有裂纹，或在打桩中桩身偏斜造成偏心锤击而劈裂。对于木桩，劈裂不大时，可用钢丝或铁箍加固，严重劈裂者，则须锯掉或拔出换桩重打；对钢筋混凝土管桩，如破裂不严重，可用铁箍加固，继续打到设计深度后在桩内安放钢筋笼，浇筑混凝土加固。

4）断桩。由于桩本身质量不好，或遇障碍而锤击过猛以及偏心锤击等都可能把桩打断。如断桩发生在地面以上，可把损坏部分（木桩）锯掉接桩再打。判断是否断桩的征兆是：桩在较长时间内打不进去，又突然产生大量下沉，且有偏斜，很可能是断桩，应根据具体情况，在附近补桩。

2.3.2　钻（挖）孔灌注桩施工

钻（挖）孔灌注桩是指采用不同的钻（挖）孔方法，在地层中按要求形成一定形状（截面）的井孔，达到设计标高后，将钢筋笼吊入井孔中，再灌注混凝土（有地下水时灌注水下混凝土），形成桩基础的一种施工工艺。

钻孔灌注桩混
凝土浇筑

1. 钻孔灌注桩施工

钻孔灌注桩的施工程序和主要内容为：施工准备［钻机及配套设备选择、施工场地布置（钻孔平台搭设、便道便桥修建、场地平整等）、供水供电系统设置、桩位测量及放样、护筒埋设、泥浆制备等］、钻孔、桩孔检查、清孔、钢筋笼制作及吊装、水下混凝土灌注等，然后再进行承台施工。

（1）施工准备工作　主要包括场地准备、埋设护筒、制备泥浆等，具体如下：

1）场地准备。钻孔施工场地的平面尺寸，应满足钻孔成桩作业的需要；其顶面高程应高于桩施工期间可能的最高水位1.0m以上，在受波浪影响的水域，尚应计及波高的影响。根据桩位所处地理环境的不同，施工场地准备也有所区别。当桩位位于旱地时，可在原地适当平整并填土压实形成施工平台。当桩位位于浅水区时，宜采用筑岛法施工；位于深水区时，宜搭设钢制平台，当水位变动不大时，也可采用浮式工作平台，但在水流湍急或潮位涨落较大的水域，不宜采用浮式工作平台。

2）埋设护筒。钻孔成功的关键是防止孔壁坍塌。当钻孔较深时，在地下水位以下的孔壁土在静水压力下会向孔内坍塌，甚至发生流砂现象。钻孔内若能保持比地下水位高的水头，增加孔内静水压力，能稳定孔壁、防止塌孔。护筒除起到这个作用外，同时还有隔离地表水、保护孔口地面、固定桩孔位置和起到钻头导向作用等。

护筒一般用钢板或钢筋混凝土制成。钢护筒常用4~8mm的钢板制作，既易拼装接长，又可多次重复使用，采用较多；钢筋混凝土护筒一般用于深水，节长一般为2~3m，壁厚8~10cm。壁厚和配筋应根据吊装、下沉加压等计算确定，通常与桩身混凝土浇筑在一起，不拔出，位于桩身范围以上的部分，可以取出再用。

护筒的内径应比钻头直径稍大，用旋转钻孔时，应比钻头直径大20cm；用冲击或冲抓钻孔时，应比钻头直径大40cm。护筒的长度要考虑桩位处地质和水位情况确定。对于易坍塌的地层，护筒顶要高出施工水位或地下水位2.0m以上；对不易坍塌的地层，护筒顶也应高出施工水位1.0~1.5m；在无水地层钻孔，护筒顶宜高出施工水位0.5m。护筒底部在岸滩上埋深，黏性土、粉土不小于1m，砂性土不小于2m。当地表层为淤泥等松软土层时，应将护筒底设置在较密实的土层中至少0.5m；在河滩或水中筑岛埋设护筒，其底部应埋置在地下水位或河床面以下 1.0m。

护筒埋设应坚固，防止在钻孔过程中发生孔口变形、坍塌、护筒底土层穿孔，使筒底悬空，造成塌孔、向外漏水及泥浆等事故。当地下水位在地面以下 1m 时，可用挖孔埋设法，如图 2-44a 所示。在砂土、粉砂和砂砾等松散土层埋设护筒时，挖坑至少比护筒底深 50cm，直径比护筒大 40~50cm，然后在坑底回填 50cm 厚的黏土，分层夯实。如在黏性土中埋设，则坑深与护筒底面平，坑底稍加修整，即可埋设护筒。填筑护筒四周黏土时也应分层对称夯实。

当地下水位较高时，可用填筑埋设法，如图 2-44b 所示。在含水率较大的松软地层埋设护筒时，应将软土清除换填黏土，护筒底及四周的处理同上法；如换土不能解决问题，可加长护筒，使护筒底落到较坚实土层上。在浅水中用筑岛法埋设护筒，如图 2-44c 所示，这时孔壁的薄弱处是由水面到河底这一段，护筒底宜低于水面，下面回填黏土厚度应不小于 50cm，并夯实。在水深超过 3m 处埋设护筒时，护筒底部入土深度不小于 3m，其中不包括淤泥层，应尽量将护筒插入黏土层中。若有冲刷现象，则护筒底应在施工水位冲刷线以下不小于 1m。在深水中下沉护筒，采用导向架导向，保证护筒下沉至正确的位置，导向架一般用型钢制成方形或圆形的框架，每节长 3~5m，两端用法兰连接。护筒吊起后顺导向架下沉，可采用压重、射水、抓泥或锤击等方法沉至预定深度，如图 2-44d 所示。护筒平面位置应正确，一般要求护筒埋设好后其顶面中心与设计桩位偏差不得超过 5cm，斜度不得大于 1%，斜度大的护筒容易被钻头碰刮或使桩偏离设计位置，造成桩身钢筋的保护层厚度不足等弊病。

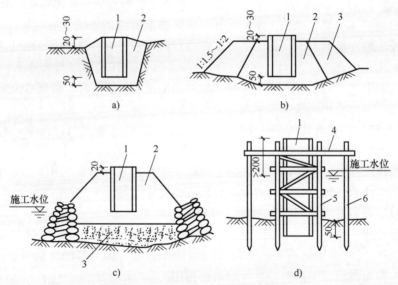

图 2-44 护筒的埋设（单位：cm）

1—护筒 2—夯实黏土 3—砂土 4—工作平台 5—导向架 6—脚手桩

3）制备泥浆。钻孔泥浆一般由水、黏土和添加剂按适当比例配制而成。在钻孔过程中，由于泥浆的相对密度比地下水的大，且通常保持孔内泥浆液面高于孔外地下水位，故孔内泥浆的液柱压力足以平衡孔外地下水压力而形成孔壁土体的一种液体支撑。同时，促使泥浆渗入孔壁土体并能在其表面形成一层细密而透水性很小的泥皮，保护孔壁免于坍塌。另外，泥浆还有悬浮钻渣的作用，利于钻进正常进行。

为了充分发挥泥浆的护壁和浮渣作用，必须选用符合要求的黏土。一般选塑性指数大于25，粒径小于 0.005mm 的黏土粒含量大于 50%，具有吸水性强，遇水膨胀分解的优质黏土；当缺少上述优质黏土时，可用略差的黏土，并掺入 30% 的塑性指数大于 25 的黏土，另掺入碳酸钠 0.3%～0.4% 以提高其黏度。若采用黏砂土时，其塑性指数不宜小于 15，粒径大于 0.1mm 的颗粒不宜超过 6%。黏土的备料数量对砂质河床为成孔体积的 70%～80%；对砂卵石层为成孔体积的 100%～120%。

（2）钻孔

1）成孔方法。根据其破碎土层（岩层）的方式，钻孔灌注桩的成孔方法可分为：冲击钻机成孔、回旋钻机成孔、旋挖钻机成孔、全套管钻机成孔、螺旋钻机成孔、潜水钻机成孔、冲抓钻机成孔等；根据出渣的方式，则可分为正循环钻孔和反循环钻孔两种方式。此外，当桩径较大或在较坚硬地层进行钻孔施工，钻机能力不能满足成孔的要求时，还可采取先用较小钻头成孔，再换符合孔径要求的钻头二次扩孔至设计桩径及孔底高程的二次成孔工艺。

钻机是钻孔灌注桩成孔施工的主要设备，钻机的选择宜综合考虑各种因素，如工程地质条件、水文条件、设计桩径及孔深、现场运输条件及设备性能等，力求经济实用。各类钻孔方法及适用范围见表 2-7。

表 2-7　各类钻孔方法及适用范围

钻孔方法	适用范围			泥浆作用
	土　层	孔径/cm	孔深/m	
正循环回旋钻	填土层；淤泥及淤泥质土层；在卵石含量不大于 15%，粒径小于 10mm 的部分卵石层和软质基岩，较硬基岩层中也可使用	80～250	30～70	悬浮钻渣并护壁
反循环回旋钻	填土、淤泥及淤泥质土、黏性土、粉土、砂土、砂砾，当采用圆锥式钻头可进入软岩，采用滚轮式钻头可进入硬岩	80～400	用真空系统<40；用空气吸泥机可达 70；用气举式，可达 130	护壁
冲击钻	黄土、黏土、粉质黏土、粉土、人工填土，特别适用于有孤石的砂砾土层、漂石层、坚硬土层、岩层，对流砂层可克服，对淤泥及淤泥质土则要十分慎重。对地下水大的土层，会使桩端承载力和摩阻力大幅度降低，不宜采用	实心锥：80～250 空心锥（管锥）：60～150	≤60	悬浮钻渣并护壁

（续）

钻孔方法	适用范围			泥浆作用
	土 层	孔径/cm	孔深/m	
旋挖钻	填土层，黏性土层，粉土层，淤泥层，砂石层，含有部分卵石、碎石的土层；采取特殊措施。可在强度不超过30MPa的岩层中钻进	80~300	30~90	悬浮钻渣并护壁
螺旋钻	适用于地下水位以上的一般黏性土、粉土、黄土、密实黏性土、砂土、粒径不大的砂砾层	长螺旋：40~80 短螺旋：150~300	长螺旋：12~30 短螺旋：40~80	干作业时不需要泥浆
潜水钻	填土、淤泥、黏土、粉土、砂土，也可在强风化地层中使用，但不宜用于碎石土层。尤其适用于地下水位较高的土层中成孔，不太适合在基岩中钻进，对非均质不良地层，适应性较差	非扩孔型：80~300 扩孔型：80~655	标准型：50~80 超深型：50~150	正循环：悬浮钻渣并护壁 反循环：护壁
冲抓钻	淤泥质土、密实黏性土、砂类土、砂砾石、卵石等	100~200	一般≤20，>20时进度慢	护壁
全套管钻机	黏性土、填土、黄土、季节性冻土、膨胀土、淤泥和淤泥质土、粉土、砂土、碎石土	60~250	≤60	—

2）钻孔施工。在钻孔灌注桩施工中，钻孔是关键性的工序，不仅决定施工进度，而且关系到施工的成败。下面以冲击钻机为例，介绍钻孔施工要点。

钻孔及泥浆护壁

① 开孔阶段钻机宜用小冲程，简易冲击钻具冲程不宜大于1m，当孔底已在护筒脚下3~4m时，可适当加大冲程。

② 要随土层的变化适时调整冲程。在砂卵石地层冲进时，泥浆相对密度应大一些，可用1.3左右，以加强护壁防止渗漏。冲程也可较大，以便松动和破碎卵石。在黏土层冲进时，在孔内可以自行造浆，故可只加清水，保持一定的水头。冲程不宜过大，以防吸钻。用简易冲击钻具时，冲程宜在2m以内。在砂层中或淤泥层中冲进时，将黏土掺适量片石投入孔内，用小冲程冲击将黏土和片石挤进孔壁加固。在基岩中冲进时，可用大冲程，但对钻头磨损大，应用高强、耐磨钢材修补，泥浆相对密度以满足浮渣为度，约为1.2。如果岩面倾斜，可向孔内回填高约50cm的片石，用小冲程快打，待冲平岩面后，方可加大冲程，以免发生斜孔。同时，钻机操作时，应保证钻头转动灵活，避免出现梅花孔以保证钻孔圆顺。在掏渣后或因其他原因停钻后再次开钻时，应由小冲程逐渐加大到正常冲程，以免卡钻。

③ 在钻大直径桩孔时，可采用先导钻后扩钻的方法钻进。当用十字形钻头钻150cm以

上的桩孔时，可分两级钻进，第一级钻头直径可为设计桩径的 40%~60%。

④ 在开孔阶段，为了使钻渣泥浆尽量挤入孔壁，可少抽渣。待冲进 4~5m 后，即应勤抽渣。一般钻进 0.5~1.0m 抽一次，每次抽 3~5 筒。也可按钻孔进尺的变化来确定抽渣时间，当 1h 的进尺在卵、漂石地层小于 5cm、软土地层小于 15cm 时，即应抽渣。

（3）桩孔检查 桩孔钻至设计标高后，必须对桩孔质量进行检查。仪器有超声波井斜仪和 DM-686 型超声波孔壁测定仪等，可直接测出桩孔各项质量特征值（倾斜度、偏位值、扩孔率、孔径、孔深和壁面状况等），并用数值和图像直接显示，直观清楚。

（4）清孔 桩孔钻至设计标高后，孔内一部分泥渣沉淀，一部分呈悬浮状态，还有一部分附着在孔壁上，同时随间歇时间的增加，后两部分泥渣还会继续沉淀，从而使孔底形成一层沉渣，降低桩的承载能力。所以在灌注桩身混凝土前，必须将其清除，这项工作称为清孔。有关规范规定沉渣的允许厚度为 10~30cm。清孔的方法应根据钻孔方法、设计对清孔的要求、机具设备和孔壁土质情况而定，常用的方法有：

1）抽渣法。用抽渣筒抽掏孔底沉渣，边抽边加水，保持一定的水头高度。抽渣后，用一根水管插到孔底注水，水流从孔口溢出。在溢水过程中，孔内的泥浆相对密度逐渐降低，达到所要求的标准后停止。此法适用于冲抓、冲击成孔的各类土质的摩擦桩。

2）吸泥法。吸泥法清孔用吸泥机或简易吸泥机进行，清孔时由风管将高压空气输进排泥管，使泥浆形成密度较小的泥浆空气混合物，在水柱压力下沿排泥管向外排出泥浆和孔底沉渣，同时向孔内注水，保持孔内水位不变，直至喷出的泥浆指标符合规定时为止。此法适用于不易坍塌的柱桩和摩擦桩清孔，如图 2-45a 所示。

若在易发生坍塌的钻孔内清孔，可在灌注水下混凝土的导管内吸泥，清孔后立即灌注混凝土，这样可以减少桩底泥渣沉淀厚度，如图 2-45b 所示。若清孔后孔底沉淀层仍较厚，可在导管外安装 30m 射水（风）管，冲射 3~5min，使沉淀层翻出，然后立即灌注水下混凝土，射水压力比孔底泥浆压力大 50kPa 即可，如图 2-45c 所示。

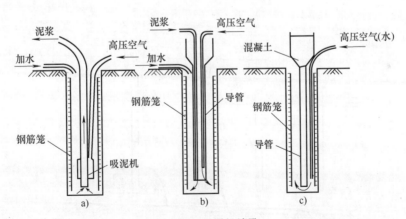

图 2-45 吸泥机清孔

3）换浆法。正循环旋转钻孔在终孔后，停止进尺，保持泥浆正常循环，以中速压入符合规定标准的泥浆，把孔内相对密度大的泥浆换出，使含砂率逐步减小，最后换成纯净的稠泥浆，这种泥浆短时间不会沉淀，使孔底沉淀层在允许范围内。其具体步骤是：当钻孔距设计标高 1m 时，改用纯净的稠泥浆，钻至设计标高，然后钻头提离孔底 20cm 左右空转，继续供给稠泥浆，保持泥浆正常循环，经数十分钟后，待孔内泥浆换完直至稳定状态为止，此时迅速拆除钻机，下放钢筋笼，灌注水下混凝土。若用于柱桩，在完成上述换浆要求后，还应加入清水继续循环，直至孔底沉淀层不大于10cm为止。

（5）钢筋笼的制作及吊装　钢筋笼应根据设计要求、起重设备能力，整体或分节制作。一般钢筋笼较长时分节制作，分节长度根据起重设备的能力确定。制作时要求主筋平直，箍筋圆顺，尺寸准确，主筋接头应错开，同一截面内的接头根数不多于主筋总根数的50%，两接头的距离应大于50cm。然后分节吊装并焊成整体，并保证轴线为一条直线。为防止钢筋笼搬运及吊装时变形，每隔2m左右设一道与主筋直径相同的加劲箍筋，主筋与箍筋连接处应点焊牢固，必要时可用方木临时加固。

钢筋笼就位后应与孔壁保持设计要求的保护层距离，可在钢筋笼主筋上每隔2m左右对称设置"钢筋耳环"或混凝土垫块，也可用导向钢管控制保护层厚度，钢管的数量不少于4根，其长度与钢筋笼长相等，钢管可在混凝土灌注过程中逐步拔出。钢筋笼入孔后，要固定牢固，定位标高准确，并使钢筋笼底部处于悬吊状态下灌注水下混凝土。

（6）灌注水下混凝土　采用垂直导管法灌注水下混凝土，该法是在内外水位无高差的静水条件下施工的，即在各桩孔内垂直设置 $\phi200 \sim \phi300$mm 的钢导管，管底距孔底土面30~40cm，在导管顶部连接一个有一定容量的漏斗，在漏斗的颈部安放球塞，并用绳系牢。漏斗内先盛满并留足一定数量坍落度较大的混凝土，灌注时割断球塞的系绳，同时不断地向漏斗内灌入混凝土，此时导管内的球塞、空气和水均受混凝土重力挤压由管底排出，瞬间，混凝土在管底周围堆成一个圆锥体，将导管下端埋入混凝土内，使水不能流回管内。然后再灌注的混凝土是在无水的导管内进行的，管内重力形成的超压力作用使其源源不断地向周围流动、扩散与升高。由于最初与水接触的混凝土面层始终被后续混凝土顶推上升而保持在最上层的位置不变，从而保证了后续灌注的混凝土质量。只要留有适当的富余量，抽水后将表层浮浆层凿除即可。图2-46所示为灌注水下混凝土的步骤。

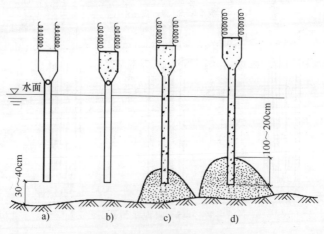

图 2-46　灌注水下混凝土的步骤

灌注水下混凝土的施工要点如下：

1）灌注水下混凝土的准备工作应迅速，防止塌孔和泥浆沉淀过厚。开始灌注前应再次核对钢筋笼标高、导管下口距孔底距离、孔深、泥浆沉淀层厚度、孔壁有无塌孔现象等，如不满足要求，经处理后方可开始灌注。

2）每根桩灌注的时间不应太长，尽量在 8h 内灌注完毕，以防止顶层混凝土失去流动性，提升导管困难，增加事故发生的可能性，要求每小时灌注高度宜不小于 10m。一经开灌，中途任何原因中断灌注皆不得超过 30min。

3）灌注所需的混凝土数量，一般较成孔桩径计算值大，约为设计桩径体积的 1.3 倍。

4）测量水下混凝土面的位置用测绳吊着重锤进行，锤过重则陷入混凝土内，过轻则浮在泥浆中沉不下去。一般用锤底直径 13～15cm、高 18～20cm 的钢板焊制的圆锥体，内灌砂配重，重度为 $15～20kN/m^3$。

5）导管埋入混凝土的深度取决于灌注速度和混凝土的性质，任何时候均应不小于 1m，一般控制在 2～4m。

6）浇筑的标高应高出桩顶设计标高不少于 0.5m，以便凿除浮浆和消除测量误差。

2. 挖孔灌注桩施工

挖孔灌注桩的构造除桩径稍大外与钻孔灌注桩基本相同，但施工方法简单，只需用很少的机械设备，以人力开挖为主。桩有圆形、方形和矩形几种。挖孔灌注桩适用于无水或少水的较密实的各类土层中，桩的直径（或边长）不宜小于 1.4m，孔深不宜超过 20m，并可将桩尖扩大，以提高桩的承载力。一般情况下是在无水或抽水条件下灌注桩身混凝土，质量容易保证。

挖孔灌注桩分无护壁和有护壁开挖两种。无护壁开挖只在孔内无水，深度不超过 10m 的密实地层中采用。其他多采用有护壁开挖，支护形式应视土质、渗水情况而定。若土质密实，开挖后短期不会塌孔者，可不设支撑或间隔设置支撑或采用喷射混凝土支护。若土质不好，则应采取框架支撑或混凝土预制圈支撑。一般情况下采用排架支撑，沿桩深每 1～1.5m 设一横向排架，排架后设挡土板；或用壁厚 10～20cm 的混凝土护壁，每掘进 1.2～1.5m 时，立模浇筑混凝土一次。

挖孔灌注桩施工必须在保证安全的前提下，不间断地进行。在软土地层，同一墩台内不宜两相邻孔同时开挖。如情况较好，以对角两孔或间隔开挖为宜。若孔较深应经常检查孔内 CO_2 浓度，并加强通风。开挖时允许孔壁稍有不平，以提高桩侧的摩擦力。桩的截面尺寸须满足设计要求，桩孔中线误差不得大于孔深的 0.5%。挖孔中遇有大漂石或基岩时，可进行孔内爆破，但严禁裸露药包，必须严格掌握眼深和药量，以防因爆破引起孔壁坍塌。对于软岩石，炮眼深不超过 0.8m；对于硬岩石，炮眼深不超过 0.5m。炮眼数目和位置及斜插方向，应按岩层情况确定，中间一组集中掏心，四周主要挖边，以松动为主，放炮后应及时通风排烟。

施工期间应做好防水、排水工作，除在墩台四周挖截水沟外，还要注意防止挖孔内排出的水渗入孔内。孔内渗水量不大时，可用人力提升排水，渗水量较大时，则应用机械排水。同一墩台数孔同时开挖时，渗水量大的孔应超前开挖，集中抽水，降低其他桩孔水位。在灌注混凝土时，若数个桩孔仅有少量渗水，应采取措施同时灌注，以免将水集中于一孔而增加施工困难。若水量大，影响浇筑质量时，则应集中于一孔抽水，降低其他孔水位，此孔最后采用水下混凝土灌注。

3. 桩基质量检测

对灌注桩而言，桩基质量检验包括成孔、成桩质量检验和施工完成后桩身混凝土质量检验两个方面。

灌注桩的成桩质量检验主要包括成孔及清孔、钢筋笼制作及吊装、混凝土拌制及灌注等，具体如下：

1）混凝土拌制应对其原材料质量与计量、混凝土配合比、坍落度、混凝土强度等级等进行检查。

2）钢筋笼制作应对钢筋规格、焊条规格、品种、焊口规格、焊缝长度、焊缝外观和质量、主筋的制作偏差等进行检查。

3）灌注混凝土前，应严格按照施工质量要求对已成孔的中心位置、孔深、孔径、垂直度、孔底沉渣厚度、钢筋笼安放等进行认真检查。

4）检查灌注桩的实际混凝土灌注量及灌注记录。混凝土质量检验一般采用预埋管超声波检测法（声波透射法）进行。如果对桩的质量有怀疑，可以采用钻孔取芯法，检测数量可根据规范或由监理和业主确定。

■ 2.4 沉井基础施工

沉井基础是桥梁工程中一种较常见的基础形式，它是用一个事先修筑好的混凝土井筒，一边挖土，一边靠它的自重不断下沉直至设计标高。其优点是埋置深度可以很大，整体性强，稳定性好，能承受较大的垂直荷载和水平荷载；沉井既是基础，又是施工时挡土和围水的结构物，施工工艺也不复杂。其缺点是工期较长，对细砂及粉砂类土在井内抽水易发生流砂现象，造成沉井倾斜；沉井下沉过程中遇到大孤石、树干或井底岩层表面倾斜过大，均会给施工带来一定困难。

沉井基础的适用条件如下：

1）上部荷载较大，而表层地基土的允许承载力不足，做扩大基础时开挖量又大以及支撑困难，或场地狭窄，与既有结构物有干扰，但在一定深度下有较好的持力层，采用沉井较其他深基础经济合理时。

2）地震区土质液化深度大；山区河流中，土质较好，但冲刷大，或河卵石较大不便于桩基施工时。

3）岩层表面较平且覆盖层较薄，但河水较深，采用扩大基础施工围护困难时，可采用浮运沉井。

2.4.1 沉井的分类

按下沉方式，沉井可分为就地建造下沉的沉井和浮运就位下沉的沉井。按建筑材料，沉井可分为混凝土沉井、钢筋混凝土沉井等。桥梁上常用的是钢筋混凝土沉井，它的抗拉及抗压能力较好，下沉深度可以很大，可达几十米。当下沉深度不大时，沉井井壁大部分用混凝土，下部（刃脚）用钢筋混凝土。浮运沉井的底节也有用钢质的。

按平面形式，沉井可分为圆形沉井、矩形沉井及圆端形沉井等，如图 2-47 所示。圆形沉井（图 2-47c）受力好，适用于河水主流方向易变的河流；矩形沉井（图 2-47b）制作方便，但四角处的土不易挖除；圆端形沉井（图 2-47a）兼有上述两者的特点。沉井的平面形状常取决于墩台底部的形状。对矩形墩或圆端墩，可采用相应形状的矩形沉井和圆端形沉井。采用矩形沉井时为了保证下沉的稳定性，沉井的长边和短边之比不宜大于3。当墩的长宽比较为接近时，可采用圆形沉井或方形沉井。

沉井的竖直剖面形式主要有竖直式、倾斜式及阶梯式等，如图2-48所示。采用何种形式主要视沉井需要通过的土层性质和下沉深度而定。外壁竖直的沉井（图2-48a），在下沉过程中不易倾斜，井壁接长较简单，模板可重复使用，故当土质较松软、沉井下沉深度不大时，可以采用这种形式。倾斜式（图2-48b）及阶梯式（图2-48c）沉井井壁可以减少土与井壁的摩阻力，其缺点是施工较复杂，消耗模板多，同时沉井下沉过程中容易发生倾斜，故在土质较密实、沉井下沉深度大、本身质量不大的情况下采用这类沉井。倾斜式沉井井壁坡度一般为1/40~1/20，阶梯式沉井井壁的台阶宽度为100~200mm。

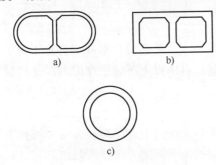

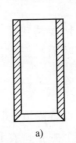 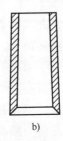 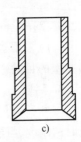

图2-47 沉井的平面形式

a) 圆端形 b) 矩形 c) 圆形

图2-48 沉井的竖直剖面形式

a) 竖直式 b) 倾斜式 c) 阶梯式

2.4.2 沉井的构造

现以最常用的钢筋混凝土沉井为例，沉井的构造如图2-49所示。沉井通常由刃脚、井壁、隔墙、井孔、射水管、封底混凝土、顶盖等部分组成，必要时还应设置井顶围堰。现将各部分的作用及构造要求简介如下。

1. 刃脚

沉井井壁最下端做成刀刃状，故称为刃脚，如图2-50所示。其作用在于使沉井下沉时，减少土的正面阻力。刃脚的形式应根据沉井下沉时所穿越的土层的紧密程度和刃脚单位长度上的反力选择，以利于切入土中。刃脚下面有一水平的支撑面，称为刃脚踏面。踏面宽度 b 一般采用15~30cm，当在坚硬土层或岩层中下沉时，刃脚踏面宽度可减小至15cm以下，甚至可做成不带踏面的尖刃脚。为防止下沉中遇障碍或需用爆破法清除刃脚下硬物时，可用角钢加固或用钢板包裹，如图2-50c所示。刃脚斜面倾角 α 应大于或等于45°，斜面高度 h 视井壁厚度，及以便于拆除刃脚下垫木和挖土而定，一般在1.0m以上。

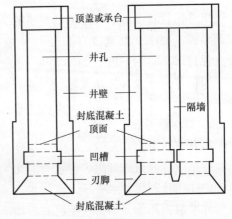

图2-49 沉井的构造

2. 井壁

井壁是沉井的主体，它在下沉过程中起挡土、挡水的围护结构作用。当施工完毕后，即成为基础或基础的外壳保存下来，而将上部荷载传至地基。

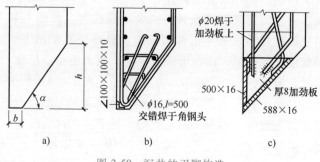

图 2-50　沉井的刃脚构造

　　井壁厚度除考虑沉井结构强度、刚度需要外，还应根据下沉需要的自重确定。对于薄壁沉井，应采用触变泥浆润滑套、壁外喷射高压空气等措施，以降低下沉时的摩阻力，达到减薄井壁的目的。

　　3. 隔墙

　　沉井长宽尺寸较大，应在井筒内设置隔墙，以减小外井壁的受力计算跨径，增加沉井下沉时的刚度，同时将井筒分隔成若干个井孔，有利于控制挖土下沉的方向。因隔墙不直接承受土压力，所以厚度较外壁要薄些。

　　隔墙底面距刃脚踏面的高度与土层性质有关，当在软土层及淤泥质土层中下沉时，为防止突然下沉或下沉过速，隔墙底面高出刃脚踏面 0.5m 左右。当在硬土层及砂类土层中下沉时，为防止隔墙被下方土搁住，造成井壁断裂或妨碍纠偏和下沉，可将隔墙底提高至距刃脚踏面 1.0~1.5m，并在刃脚与隔墙连接处设置梗肋来加强两者的连接。如为人工开挖，应在隔墙下端设置过人孔，便于过人和排水。

　　4. 井孔

　　沉井内设置了隔墙而形成的格子称为井孔，它是挖土出土的工作场所和通道。井孔尺寸应满足施工要求，其宽度（直径）一般不小于 3m。井孔的布置应简单对称，便于对称挖土，保持沉井均匀下沉。

　　当沉井到达设计标高并进行封底后，一般用低强度混凝土充填。若是带钢筋混凝土顶盖的空心沉井，井孔可用砂砾石或水充填。

　　5. 射水管

　　沉井在砂类土或黏砂土中下沉深度较大，预计沉井自重不足以克服井壁摩阻力时，可考虑在井壁中预埋射水管组。射水管应均匀布置，以利于控制水压和水量来调整下沉方向。射水管的作用是利用射水管压入高压水（一般水压不小于 600kPa），把井壁四周的土冲松，减少侧向摩阻力和端部阻力，使沉井较快地下沉到设计标高。

　　6. 封底混凝土

　　沉井沉至设计标高进行清基后，便可进行封底混凝土灌注。当井中的水无法排干时，可采用水下混凝土封底，达到强度后即可抽水，凿除与水接触的表层混凝土。

　　7. 顶盖

　　不以混凝土填心的沉井，需设置 1.5~2.0m 厚的钢筋混凝土顶盖，以承受墩身传来的力。

8. 井顶围堰

当沉井顶面按设计要求位于地面或岛面以下一定深度时，井顶需接筑围堰，以挡土防水，待刃脚沉至设计标高后，直至墩身混凝土高出地面或水面时，即可将这一临时结构拆除。围堰用材料，应视井顶埋入深度和水位（含地下水位）高低而定，常用的有木板、砖石、钢板桩，如图 2-51 所示。

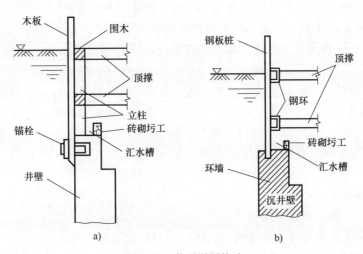

图 2-51 井顶围堰构造

a）木板井顶围堰 b）钢板桩井顶围堰

2.4.3 沉井基础的施工

沉井基础的施工方法与地质和水文情况紧密相关。在水中修筑沉井时，应对河流汛期、通航、河床冲刷等进行调查研究，然后制订施工计划，并尽量在枯水季节进行施工。当施工须经过汛期时，应采用相应的措施。

沉井基础施工可概括为旱地施工、水中筑岛施工及浮运沉井三种方式，前两种方式在无水或浅水处采用就地制造和下沉，是常见的施工方法；最后一种是在深水中才能采用的岸边制造、浮运就位下沉的施工方法。

1. 旱地的沉井施工

桥梁墩台位于旱地时，沉井可就地制造、挖土下沉、封底、充填井孔以及浇筑顶板。在这种情况下，一般较容易施工，工序如下：

（1）清整场地 要求施工场地平整干净。若天然地面土质较硬，只需将地表杂物清净并整平，就可在其上制造沉井。否则采取浅层置换加固或在基坑处铺填一层不小于 0.5m 厚夯实的砂或砂砾垫层，防止沉井在混凝土浇筑之初因地面沉降不均匀产生裂缝。为减少下沉深度，也可挖一浅坑，在坑底制作底节沉井，但坑底应高出地下水面 0.5~1.0m。

（2）制造第一节沉井 制造第一节沉井前，应先在刃脚处对称铺设垫木，垫木的作用是扩大刃脚踏面的支承面积，常用普通枕木与短方木相间对称铺设，沿沉井刃脚满铺一层。在刃脚的直线部分垂直刃脚铺放，圆弧部分则径向铺放，沉井的隔墙下也须铺设垫木。隔墙

与刃脚连接处的垫木应搭接成整体，以免灌注混凝土时发生不均匀沉陷，导致开裂。由于隔墙底面较高，其底模与垫木间的空隙，可设置桁架或垫方木抄紧。

垫木中心应正对井壁中心铺设，垫木的顶面应与钢刃脚的底面贴合。在钢刃脚下应加垫10mm厚的钢板；相邻两垫木顶面高差不得大于5mm；沉井各垫木顶面高差不大于30mm。

为抽垫方便，垫木下应用砂填实，其厚度一般不小于30mm。垫木间应用砂填平，调整垫木标高时，不得在其下垫塞木块、木片、石块等。

定位垫木的位置，一般根据沉井在自重作用下受挠的正负弯矩大体相等而定，圆形沉井应布置在相隔90°的四个点上。矩形沉井则应对称布置于长边，每个长边各设两点。

垫木铺好后就可制作底节沉井，其工序有立内模、焊接刃脚角钢、绑扎钢筋、立外模、灌注混凝土。

沉井制造工序多、时间长，加上养护时间，在整个沉井施工中，用于制造沉井的时间占很大比例。所以要组织平行作业，搞好各工序的衔接，采取必要措施，尽量缩短制作时间。

（3）拆模及抽垫　先拆除沉井内外模板，待底节沉井混凝土达到设计强度后方可抽垫下沉。抽垫应依次分区、对称、同步地按顺序进行，并随即用砂土回填捣实。抽垫顺序一般需要考虑：

1）先抽内隔墙下的垫木。

2）矩形沉井，先抽短边下的垫木。

3）从远离定位支垫处开始逐步抽出，最后同时抽出定位垫木。

抽出垫木，应于沉井内外两边配合进行。先掏挖垫木下砂垫层，于沉井内锤打、棍撬，从沉井外向外逐根迅速抽出。抽出几根后，随即以碎石填塞刃脚并砸紧，再分层填塞并洒水夯实。必要时，可将沉井内填砂面提高，以增加支承面积，使定位垫木不致被压断。沉井刃脚斜面上的底模，一般在抽垫时拆除。为使拆模与抽垫互相配合，底模应按抽垫顺序分成若干段拼接，且使各段间的连接便于分段拆除。抽垫后回填的砂土，虽经夯实砸紧，但承受沉井质量后仍有沉降。因此，沉井在抽垫过程中必然下沉，其下沉的程度则因回填质量而有所不同。一般在抽出2/3垫木以前，下沉量不大，下沉也比较均匀。继续抽垫时，下沉量逐步加大；抽垫和回填工作也越来越困难，甚至有下沉很快来不及回填并压断垫木的现象。所以，应在沉井下沉量不大有条件做好回填时，切实将回填土夯实，以减小沉井后期抽垫的沉降。抽垫至最后阶段，则应全力以赴、尽快地将剩余垫木同时全部抽出，使沉井平稳地落入土层。

在抽垫过程中如发生下列情况：沉井倾斜超过1%，且有继续倾斜的可能；一次抽垫下沉量超过上一次抽垫下沉量的1倍；回填砂土被挤出隆起，或开裂；垫木被压断，应立即停止并及时研究处理，防止事态扩大，必要时可用变更抽垫顺序或加高回填土的方法处理。

（4）挖土下沉　沉井下沉主要是通过从沉井内均匀除土以消除或减小沉井刃脚下的正面阻力，有时也同时采用减小井壁外侧土摩阻力的办法，使沉井依靠自身的重力逐渐地从地面沉入地下。沉井下沉施工可分为排水下沉和不排水下沉两种，一般依据沉井所处的水文、地质情况而定。沉井下沉示意图如图2-52所示。

在渗水量不大（每1m² 沉井面积渗水量小于1m³/h）的稳定黏性土中，一般采用排水开挖井内土，即排水下沉；当渗水量较大或当地层上部为黏性土，下部为砂土或卵石土，地下水位高于其交界面时，黏性土挖出后可能会漏水翻砂，一般采用水下抓泥、射水吸泥方法除土，即不排水下沉。具体工艺如下：

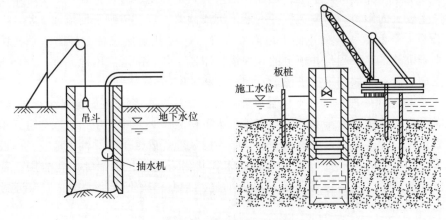

图 2-52　沉井下沉示意图

1）排水下沉。排水下沉是抽水降低井内水位，工人直接下到井底进行挖掘作业的方法，这种方法施工条件较好。其优点是：容易控制下沉方向，有利于防止下沉过程中出现较大的偏斜；易于处理下沉中遇到的障碍，下沉速度一般较快；便于基础底层的检验和处理。

开挖前应先挖一个较深的汇水坑，在有横隔墙的沉井中，汇水坑宜挖在横隔墙下，以免影响挖土。抽水宜用电动离心水泵。当井深大于水泵有效吸程时，可将水泵安放在井孔内，使其在井孔内随抽水深度变化而升降。一般先从中央下挖 40~50cm，逐层开挖，每层 20~30cm，对称一圈一圈地向刃脚方向逐步扩大，每一圈均从远离定位支垫处开始，使定位支垫处的土最后同时挖除。土质松软时，在分层开挖的过程中沉井即逐渐下沉。在坚硬的土层中，可能出现挖平刃脚仍不下沉的现象，如挖平刃脚仍不下沉，就需掏空刃脚下土壤，这时，应比照抽垫方法分段顺序掏土至刃脚底，随即回填砂砾，最后将支垫位置的土换成砂砾后，再分层分圈逐步挖出砂砾使沉井下沉。

2）不排水下沉。不排水下沉是在沉井内外水头相同的静水条件下利用抓土斗、吸泥器等机具出土的井上作业方法，它可以有效地防止"流砂"，确保安全，因而特别适用于地下水位较高的粉砂、细砂地层。

水中除土，可将沉井中部挖成锅底状。在砂及砾石类土中，一般当锅底比刃脚低 1~1.5m 时，沉井即可下沉，并将刃脚下的土挤向中央锅底，只要继续在中间挖土，沉井就继续下沉。在黏性土或胶结层中，四周的土不易向中间塌落，除需要靠近井壁偏挖外，还须辅以高压射水松土。为避免沉井发生较大倾斜，锅底深度不宜超过 2m，相邻土面高差不宜大于 0.5m。靠近刃脚处，除处理胶结层和清理风化岩外，除土和射水都不得低于刃脚，还应注意提前挖深隔墙下的土，勿使其顶住沉井。

（5）接高沉井　沉井一般在井顶下沉至距地面 1m 左右接高（此距离不宜过低），模板及支架不宜直接支承于地面，以免沉井因自重增加而下沉时，模板及支架与混凝土发生相对位移，致使混凝土受损。可利用下节的混凝土拉杆来固定上节模板，并在下节混凝土中预埋牛腿以支承支架。

沉井接高前应尽可能调平。在倾斜的沉井上接高，应顺沉井的轴线倾斜上延，以使沉井纠正倾斜后保持竖直而不弯折。

沉井接高加重，促使沉井下沉，往往在加重到一定程度、超过地基承载力极限时突然下沉，同时产生较大的倾斜。为避免沉井突然下沉或倾斜，可在刃脚下回填或支垫。

（6）设置井顶围堰　若沉井低于地面或水面，应在井顶接筑临时性防水挡土围堰，围堰尺寸略小于沉井，其下端与井顶上的预埋锚杆相连。井顶围堰应因地制宜，合理选用，常见的有木围堰、砖石围堰和钢板桩围堰。

（7）基底检验和处理　沉井下沉至设计高程后，应检验基底地质情况是否与设计相符。排水下沉时可直接检验；不排水下沉则应进行水下检验，必要时可用钻机取样进行检验。

当基底达到设计要求后，应对地基进行必要的处理。砂性土或黏性土地基，一般可在井底铺层砾石或碎石至刃脚底面以上200mm。未风化岩石地基，应消除风化岩层，若岩层倾斜，还应凿成阶梯形。要确保井底地基尽量平整，浮土、软土清除干净，以保证封底混凝土、沉井与地基结合紧密。

（8）沉井封底　基底经检验合格后应及时封底。排水下沉时，如水量上升速度≤6mm/min可采用普通混凝土封底；否则宜用水下混凝土封底。若沉井面积大，可采用多导管先外后内、先低后高依次浇筑。封底一般为素混凝土，但必须与地基紧密结合，不得存在有害的夹层、夹缝。

（9）井孔填充和顶板浇筑　封底混凝土达到设计强度后，再排干井孔中的水，填充井内圬工。如井孔中不填料或仅填砾石，则井顶应浇筑钢筋混凝土顶板，以支承上部结构，且应保持无水施工。然后浇筑墩台身混凝土，当墩台身筑出水面后，就可拆除井顶围堰。

2. 水中沉井施工

（1）筑岛法　一般在浅水中或地面可能被水淹没的旱地上，需筑岛制作沉井。

1）筑岛的基本要求。

① 筑岛的岛面应高出最高施工水位0.5m以上，并另加浪高，有流冰时，还应适当加高。

② 应避免在斜坡上筑岛。因新筑楔形土体容易在沉井重力的作用下沿斜坡下滑，楔形土体沉陷不均匀也容易使沉井发生倾斜，甚至引起沉井开裂；若不得已需在斜坡上筑岛时，应将斜坡表面挖成台阶形或将筑岛底面取平，再行筑岛。

③ 筑岛应用透水性好、易于压实的土料（砂类土、砾石、较小的卵石），且不应含有影响岛体受力及抽垫下沉的块体，土的颗粒不能过细，以免被水冲走。

④ 筑岛处河床如有淤泥等软土、杂物时，应彻底清除干净，填土一般由中央开始向四周均匀扩大，临水面坡度一般采用1∶2，水面以上应分层夯实，岛面土的允许承载力应在100kPa以上。为防止土岛受水流冲刷，可在其上游修建分水尖，并以土袋、片石等护坡。

2）筑岛的分类及使用条件。常用的筑岛方法有土岛、草（麻）袋围堰筑岛、板桩围堰筑岛、石笼围堰筑岛，如图2-53所示。就其实质来说，可概括为无围护和有围护筑岛两类；采用各种围护的目的是缩小阻水断面，减少冲刷影响并提高岛体抗冲刷的能力，以保证筑岛在施工期间的安全。

常用筑岛方法说明如下：

① 土岛。不用围堰填筑的土岛只适用于流速不大的浅水中，通常水深不超过1.5m，岛后流速不超过筑岛土壤的允许流速（即不冲刷流速），见表2-8。土岛的护道宽度不小于2m，与水接触的土坡坡度不应大于1∶2。

表 2-8 各类筑岛土壤的允许流速

筑岛土种类	允许流速/（m/s）	
	土 表 面 处	平 均 流 速
细砂（粒径 0.05~0.25mm）	0.25	0.3
粗砂（粒径 1.0~2.5mm）	0.65	0.8
中等砾石（粒径 25~40mm）	1.0	1.2
粗砾石（粒径 40~75mm）	1.2	1.5

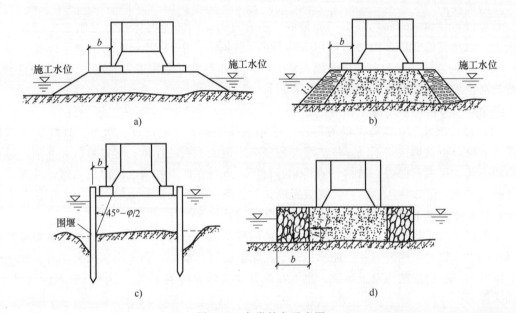

图 2-53 各类筑岛示意图

a）土岛 b）草（麻）袋围堰筑岛 c）板桩围堰筑岛 d）石笼围堰筑岛

②草（麻）袋围堰筑岛。用草袋或编织袋装土或砂先堆筑围堰，然后再在围堰内填砂筑岛，如图 2-53b 所示；一般在水深 4.0m 以下，流速 1~2m/s 时采用。草袋装土不宜过满，一般装其容量的 1/3~1/2 即可，袋口须用麻线或细钢丝封口。施工时，要求草袋上下左右互相错缝搭接，草袋分层之间，应用土填实，并堆放整齐。草袋围堰因边坡较陡可以减少阻水面积，且材料易得，施工又不复杂，故在一般水深和流速中应用较广泛。

③板桩围堰筑岛。在水深流急的河道中，因填筑土岛和草（麻）袋围堰筑岛困难很大时，或因修建断面较大的土岛使河道压缩过多时，可采用板桩围堰筑岛（图 2-53c），但河床土质应能适用于打入板桩。板桩有木板桩、钢板桩等。木板桩因受木料长度限制，一般只宜用在水深不超过 5m 处。钢板桩一般不受水深限制，用于筑岛非常理想，当调集困难时，可用槽钢来代替钢板桩。

在围堰内筑岛时，如假定围堰只需承受土压力而不考虑沉井重力的影响，则护道宽度 b 应满足下式

$$b \geqslant H\tan\left(45° - \frac{\varphi}{2}\right) \tag{2-7}$$

式中 H——筑岛高度；

      φ——筑岛饱和土体内摩擦角。

④ 石笼围堰筑岛。这种岛体主要使用在水深流急，且不宜打板桩的岩石、砂类卵石等河床上。石笼有木、竹、钢筋笼等数种。木笼体积较大，拆除不便；钢筋笼则耗用金属材料较多，但可根据水上起吊能力加工，拆除方便。我国南方盛产竹林，故也有用竹笼的。

石笼围堰筑岛，首先要用其他材料做成笼，然后向笼内填装块石或卵石，筑成围堰，再向围堰内填砂筑岛，如图2-53d所示。为保证筑岛安全，应进行偏心距、抗滑稳定性和倾覆稳定性的检算。

竹笼以直径50~60cm，长2~3m较好，不宜过大。钢筋笼的体积宜控制在 $1~2m^3$，不宜太大，以免钢筋变形，四边边框用 $10~12mm$ 的钢筋，中间用6mm的钢筋，焊成尺寸为 $20cm×20cm$ 的方格，然后向笼内抛填大块石，深水处石笼可采用工作船或水上起重船投放。填砂筑岛工作一般应待石笼围堰合龙后再进行。

其余施工方法与旱地施工相同。

（2）浮运沉井 在筑岛困难的条件下修筑沉井基础，可使用浮式沉井，即先将底节沉井浮运就位，再就地接高下沉。浮式沉井的底节需做成水密的浮体，可以将沉井外墙，或连同隔墙一起，做成双壁中空结构，使其能够自浮；也可在四周外墙之间加设临时性井底，待沉井接高下沉、落在河床后，再将底板拆除，继续下沉。加临时井底的沉井，必须保证底板水密，且便于在水下拆除，仅宜用于浅水、低流速的场合。

当水深不大，且浮力足以承托落到河床前的底节沉井重力时，底节浮运就位后即可接高下沉。如水深较大，底节沉井不能承托落到河床前的沉井重力，则须设法加大浮力。如将外墙、隔墙的双壁中空结构向上延伸，也可在沉井井孔内安装若干气筒，向气筒内压气排水，以加大浮力。

双壁中空沉井的底节，一般使用钢壁，水深不大时，可使用钢丝网水泥制壁。为减轻沉井在悬浮状态下的自重，沉井底节以上，可根据浮力要求，采用单壁钢壳或就地浇筑的薄壁钢筋混凝土外墙，内墙可采用预制或现浇薄壁钢筋混凝土结构，待沉井落在河床以后，再根据需要填充混凝土并接高。

底节浮运就位，灌水下沉落在河床后，壳体内填充混凝土，成为通常的重力式沉井，然后接高除土下沉。

2.4.4 沉井基础施工注意事项

1. 下沉困难时的辅助措施

沉井下沉发生困难，主要是由于沉井自身重力克服不了井壁摩阻力，或刃脚下遇到大的障碍所致。解决第一个问题可从增加沉井自重和减小沉井外壁的摩阻力两个方面着手。

（1）增加沉井自重 具体方法有：

1）提前接筑上一节沉井，以增加沉井自重。

2）在井顶上压重物（钢轨、铁块或片石等），但由于沉井自重很大，能够增加的压重有限，除为了纠正沉井偏斜而采取偏心压重外，很少使用。

3) 在不排水下沉的井内抽水减小沉井浮力，促使沉井下沉。但在砂土等容易翻砂涌水的地层中使用时，井内水头降低容易引起翻砂，而且会导致沉井突然大量下沉而倾斜。因此，沉井入土不深，稳定性较差时，不宜使用；一般抽水不宜过大，以防井孔内突然大量涌水危及安全。

(2) 减小沉井外壁的摩阻力　除在设计时对外壁形状、错台宽度以及施工制作中外模光滑度等提出较高要求外，通常采用以下方法减小沉井外壁摩阻力：

1) 井外射水。在井壁上留有射水嘴的管组（施工中须防止泥砂堵死），利用高压水流冲松井壁附近的土，且水流沿井壁上升而润滑井壁，使沉井摩阻力减小。

2) 井外挖土。沉井周围挖除部分覆盖土，可减小摩阻力。

3) 炮振下沉。当刃脚下土已挖空，采取其他措施仍不能克服外壁摩阻力时，可考虑采用炮振下沉。使用时必须严格控制用药量及操作方法（可只在沉井中央泥面放置炸药，且每次只起爆一处），炸药量一次不宜超过 100g。应当指出，爆压通过水介质的传播，将形成很大的内外压力，极易引起沉井开裂，因而在水中炮振时，应严格控制每次用药量，以策安全。

2. 沉井下沉中的防偏与纠偏要求

沉井下沉的全过程，就是防偏与纠偏的过程。有偏移，就有偏心距和附加应力，对地基承载不利。若偏移过大，墩台身还可能偏位悬空，致使沉井报废。因此，在施工过程中应均匀除土，防止沉井偏斜，并及时调整沉井的倾斜和位移，这在下沉初期尤为重要，《铁路桥涵工程施工质量验收标准》（TB 10415—2018）对竣工后的沉井位置误差规定如下：

1) 沉井底面平均高程应符合设计要求。

2) 沉井的最大倾斜度不得大于 1/50。

3) 沉井顶、底面中心与设计中心在平面纵横向的位移（包括因倾斜而产生的位移）均不得大于沉井高度的 1/50，对浮式沉井允许位移值可另加 25cm。

4) 矩形、圆端形沉井平面扭角允许偏差值：就地制作的沉井不得大于 1°；浮式沉井不得大于 2°。

3. 沉井位置偏差的原因和防止措施

1) 沉井位于滑坡体上，沉井下沉时土体下滑。防止措施：设计时应避免将桥墩建于滑坡体上，施工时发现此种情况，应与设计人员共同研究，采取防止滑坡的措施或将桥墩移位。

2) 沉井下的硬土层或岩面有较大倾斜，沉井沿倾斜层下滑。防止措施：可在沉井倾斜较低的外侧填土，增加被动土压力，阻止沉井滑动，并尽快使刃脚嵌入此层土内。

3) 沉井部分刃脚下有孤石、树干、铁件、胶结物等障碍物，致使沉井的下沉不均匀。防止措施：施工前经钻探查明有胶结硬层时，可采用钻孔投放炸药爆破的方法，预先破碎硬层；铁件一般可采用水下切割排除；孤石可由潜水员水下排除，或爆破炸碎；如爆破，炮眼应与刃脚斜面平行，并应堵好，上加覆盖物，严格控制炸药用量。

4) 井外弃土高差过大或沉井一侧的土因水流冲刷，偏土压致使沉井偏斜或位移。防止措施：弃土不应靠近沉井；水中下沉时，可利用弃土调整井外土面高差，必要时对河床进行防护。

5) 沉井刃脚下土层软硬不均致使沉井下沉不匀。防止措施：通过挖土调整刃脚下支承面积，或适当回填，或支垫土层较软的一边。

6）抽垫不对称或抽垫后回填不及时，或回填砂土夯实不够。防止措施：严格按抽垫工艺施工。

7）除土不均匀，井内泥面相差过大。防止措施：严格控制泥面高差。

8）刃脚下掏空过多，沉井突然下沉。防止措施：严格控制刃脚下的除土量。

9）井内水头过低，沉井翻砂，翻砂通道处刃脚下支承力骤降。防止措施：一般情况下保持井内水头不低于井外，砂土层中开挖不靠近刃脚。沉井入土不深时不采用抽水下沉的方法。

10）在软塑至流动状态的淤泥质土层中下沉沉井，由于土的内摩擦角很小，用井内偏除土的方法效果不明显。防止措施：可在沉井顶面的两边施加水平力，并根据沉井的倾斜情况及时调整水平力的大小，勿使倾斜恶化。

4. 沉井纠偏方法

对已出现偏斜的沉井必须根据偏移情况、下沉深度等条件分析制定纠偏方法。在以往的工程实践中，曾积累了许多宝贵的经验，纠偏方法尽管多种多样，但其共同的规律是在下沉中纠偏，边沉边纠。下面介绍几种常用的纠偏方法。

（1）井内偏挖、加垫法　这是偏挖土与一侧加支垫相结合的纠偏方法，是一种有效的方法。即在刃脚较高的一侧井内挖土而在刃脚较低的一侧加支垫，随着沉井的下沉，高侧刃脚可逐渐降低下来，如图 2-54 所示。

（2）井外偏挖、井顶偏压或套拉法　这是偏挖土与偏压重或偏挖土与一侧施加水平力相结合的纠偏方法，其目的是提高单纯偏挖土的纠偏效果。井外挖槽因土方量大，一般只挖 1.5～2m，此法多用在入土较深时的纠偏，如图 2-55 所示。由于钢丝绳套拉时施加的水平力很大，滑车组的锚固须有强大的地笼，采用这一方法时，应如图使用平衡重，而不是卷扬机牵引，使作用力持续不变，避免沉井位移时钢丝绳松弛，也可防止沉井结构或千斤绳因受力过大而受损。

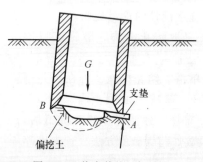

图 2-54　井内偏挖、加垫法

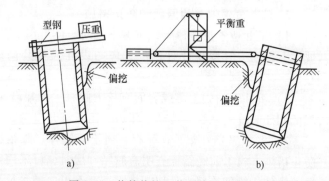

图 2-55　井外偏挖、井顶偏压或套拉法

（3）井外支垫法　如图 2-56 所示，用枕木梁托住栓于沉井顶面的挑梁，借枕木梁下的大面积支承力阻止该侧沉井下沉，可以比较有效地纠正沉井倾斜，但须防止千斤绳受力过大而断裂。

（4）井外射水法　在沉井刃脚较高的一侧井外射水，破坏其外壁摩阻力，促使该侧沉井下沉，是水中沉井纠偏的一种方法。使用时，射水管的间距不宜超过2m。

（5）摇摆法下沉 当沉井入土深度不大，但偏移量较大，且沉井结构中心线与设计中心线平行时，可采用摇摆法下沉逐渐克服土的侧压力以正位。其做法是：将偏移方向一侧先落低15~20cm，再将另一侧落低与该侧水平，如此反复下沉使沉井回到正确位置。

（6）倾斜法下沉 当沉井入土深度不大，且偏移量较大，沉井结构中心线与设计中心线相交于刃脚下一定深度时，可沿沉井倾斜方向下沉，使沉井刃脚向设计位置接近，然后把沉井调到正确位置（图2-57）。

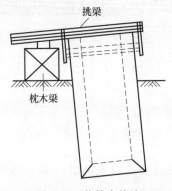

图 2-56 井外支垫法

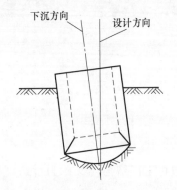

图 2-57 倾斜法下沉

思 考 题

1. 简述明挖基础基坑无支护开挖条件。如果采用坑壁支护开挖，有哪些常用的支护方法？

2. 简述基坑排水的种类及使用条件。

3. 简述桩基础的分类及适用范围。

4. 桩基础施工有哪些类型？各自的特点是什么？

5. 简述沉井施工过程。

6. 打入桩施工的要点是什么？

7. 围堰的作用是什么？有哪些类型？

第 3 章　下部结构构造与施工

■ 3.1　下部结构类型及特征

3.1.1　概述

桥梁一般由上部结构（又称为桥跨结构，包括支座及以上部分）和下部结构（墩台结构）两部分组成。

桥梁墩台是用来承受上部结构的荷载，将不同的荷载及桥体本身的重力传到地基基础上。桥墩一般是指多跨桥的中间支承结构物，它除了承担桥跨结构的荷载和自重外，还需要在某些情况下承担水压力、风力、冰荷载、船只、排筏或漂流物的撞击力。桥台的作用包括支承桥跨结构的结构物和衔接两岸路堤的构筑物，设计要求既能挡土护岸，又能承受台背填土及填土上可能出现的荷载所产生的附加侧压力。因此桥梁墩台本身必须具有足够的强度、刚度和稳定性，同时为了避免墩台结构和地基之间有过大的水平位移、转动或沉降，在修筑墩台结构时对地基的承载力、沉降量、地基与基础之间的摩擦力等都提出了一定的要求。

当前，世界各国的桥梁建设随着出行新需求的提出而迅速发展，这种发展和进步在桥跨结构的造型和墩台结构向轻型合理的方向发展上体现得尤为明显。尤其是城市立交桥，对墩台结构的造型提出了更高的要求，它既要在结构上轻巧合理，又要具有艺术造型上的美观性。例如，既能适应大跨径桥梁桥跨结构的受力和施工，又能节省圬工的 X 形、V 形、Y 形墩及其他各种优美立面形式的桥墩；既能适应城市宽广桥面而又具有较高的审美价值和节省空间的独柱、排柱、倾斜式、双叉形、四叉形、T 形等多种多样的桥墩；适应高墩施工和受力的空心桥墩等。

桥梁基础是桥梁结构物直接与地基接触的部分，是桥梁墩台结构与地基之间的重要组成部分。地基与基础受到各种荷载后，其本身将产生附加的应力和变形。为了保证桥梁的正常使用和安全，地基和基础必须具有足够的强度和稳定性，变形也应在允许范围之内。桥梁基础均在地面或水面以下，其施工条件和受力状况都和上部结构不同，尤其是在深水中修筑埋于河床很深的大型桥梁基础，它的技术特别复杂，完成后即埋于水土中，进行检查和修补很困难，属于隐蔽工程。所以，在设计和施工中对它进行深入的研究和考虑是很有必要的。

桥梁结构是一个整体，上、下部结构和地基是共同工作、相互影响的。一座桥梁的成功修筑和正常的运行离不开桥梁每一部分结构的成功修筑。每一个结构的任何变形都必然引起结构之间的相应位移，每一个结构的力学特征也必然关系到桥梁整体的安全性和稳定性。所以，一座桥梁的设计及施工都应紧密结合桥梁各个结构的特点和要求，全面分析，综合考虑。

3.1.2 墩台的类型及特点

常用的墩台根据力学特征可以分为两大类，即重力式墩台和轻型墩台。

1. 重力式墩台

重力式墩台的主要特点是利用自身的重力和材料的受压性能来承受外荷载和维持自身的稳定性。因此墩、台身截面尺寸较大，可以不用钢筋。重力式墩台的优点是坚固耐久、抗震性能较好、对偶然荷载有较强的抵抗能力、施工简便、养护工作量小等，适用于地基良好的大中型桥梁或位于流冰、漂浮物较多的河流中修建的桥梁。目前，重力式墩台已经成为铁路桥梁领域的主要类型，在公路桥梁上也获得了较为普遍的认可。

2. 轻型墩台

轻型墩台是相对于重力式墩台定义的，墩、台身截面尺寸相对较小，减轻墩、台身自重，达到轻型化的目的。由此针对重力式墩台的特点，进行了一定的改进。如改变建筑材料，使用抗拉压性能均较好的材料，以减少截面尺寸，如钢筋混凝土空心墩等。采用杆系结构，将单独的有较大偏心的压杆改成杆系结构，可以进一步节约工程量而保持必要的整体抗压弯能力，如塔架、刚架墩等。改变结构的受力体系，使墩台内各构件的内力重新分配，如将墩梁用固定支座联系起来的柔性墩体系和将重力式台身承受的土压力由单独的锚碇板承受，从而减小锚碇板桥台的台身尺寸等。

总之，墩台的形式很多，而且都有各自的特点和使用条件，选用时需要根据桥位处的地形、地质、水文和施工条件等因素，综合考虑确定。

3.1.3 桥墩的类型及特点

1. 重力式桥墩

在桥梁建设上，广泛使用的是重力式桥墩。不同种类的重力式桥墩在墩帽构造上有一定的区别，其他部分的构造和外形大致相同。在此，选取一些使用广泛的重力式桥墩，介绍其特点。

（1）梁桥重力式桥墩 重力式桥墩种类很多，选用时主要考虑它修筑位置的流水特性，以减轻河床的局部冲刷和不妨碍航运为前提，力求节省圬工和施工简单方便，常用的重力式桥墩有以下几种截面形式：矩形、圆形、圆端形、尖端形。

矩形桥墩如图 3-1a 所示，外形简单，施工方便，节省圬工，但产生的水流阻力较大，引起的局部冲刷较大，一般无水或静水的情况下经常采用，常用于高桥墩最高水位以上部分。

圆形桥墩如图 3-1b 所示，截面为圆形，流水特性较前种形式好，适用的水流条件也更广泛，常用于桥轴法线与水流交角大于15°或流向不定的河流中。圆形桥墩也有一定的局限性，圆形截面导致各方向具有相同的抵抗矩，在纵横向受力差异较大的桥墩上使用时，浪费圬工，用石料砌筑时施工费时费力。圆形桥墩在单线直线铁路高墩中使用较广泛，在公路桥梁上极少采用。

圆端形桥墩如图 3-1c 所示，截面是矩形两端各接一个半圆，有利于水流通过，产生的局部冲刷较少，适用于水流与桥轴法线交角小于 15°的水流情况。圆端形桥墩被广泛使用在铁路跨河桥上，局限性是施工复杂。

尖端形桥墩如图 3-1d 所示，外形比较简单，但对水流条件有着较为严格的要求，只有水流斜交角小于 5°及河床不允许有严重冲刷的小跨径桥梁会采用尖端形桥墩。桥墩的尖端在有流冰的河流中能起到破冰的作用，因此桥墩的尖端也需要承受更严重的撞击，因此迎水端必须采取特殊的加固措施。另外可只在迎水端位置设置该种截面形式，其他位置可设置为常用的形式，节省一定圬工。

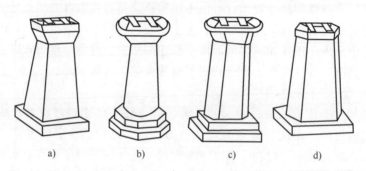

图 3-1 重力式桥墩的几种截面形式
a) 矩形桥墩 b) 圆形桥墩 c) 圆端形桥墩 d) 尖端形桥墩

铁路系统和公路系统各自针对自身要求编制了相应的标准设计图，它们适用于各种不同跨径的钢筋混凝土梁、不同的墩身高度和不同地基承载力的扩大基础。标准图中不仅给出了各部分的具体尺寸，还给出了细部构造和各部分的工程数量，对于一般桥梁的设计，使用起来极为方便。

（2）拱桥重力式桥墩（图 3-2） 拱桥与梁桥有明显区别，拱桥是一种推力结构，桥墩受到来自上部结构的力，除了竖向力外，还有较大的水平推力，这是与梁桥的最大不同。根据抵御恒荷载水平力的能力划分，拱桥桥墩可分为普通墩和单向推力墩（也称为制动墩或固定墩）两种。普通拱桥重力式桥墩一般不承受恒荷载水平推力。而单向推力墩的要求是在其一侧的桥孔坍塌后，能承受住另一侧的单向恒荷载水平推力，以保证另一侧的拱桥不致连续坍塌。多跨连续拱桥的制动墩一般 3~4 跨设置一个。为了满足桥梁修筑的实际需求以及结构强度和稳定，拱桥普通墩的墩身不需要做得太厚，而拱桥制动墩的墩身则要求更厚实一些。

与梁桥重力式桥墩相比较，拱桥重力式桥墩在构造上还有以下特点：梁桥桥墩的顶面要设置传力的支座，且支座距顶面边缘保持一定的距离；而装配式拱桥重力式桥墩则在其顶面的边缘设置呈倾斜面的拱座，直接承受由拱圈传来的压力。故无铰拱的拱座总是设计成与拱轴线呈正交的斜面。由于拱座承受着较大的拱圈压力，故一般采用 C25 以上的整体式混凝土、混凝土预制块或 MU50 以上的块石砌筑。肋拱桥的拱座由于压力比较集中，故应用高强混凝土及数层钢筋网加固。装配式肋拱以及双曲拱桥的拱座，也可事先预留供插入拱肋的孔槽（图 3-3），就位以后再浇筑混凝土连成整体。混凝土强度等级应不低于 C30，有时孔底或孔壁还应增设一些加强钢筋网，孔槽底部可加设 U 形槽，以加强肋底与拱座的连接。拱座的位置也比较特殊，一般当桥墩两侧孔径相等时，拱座均设置在桥墩顶部的起拱线高程上，根据桥面的纵坡，两侧的起拱线高程也可略有不同。而当桥墩两侧的孔径不等，恒荷载水平推力不平衡时则需要将拱座设置在不同的起拱线高程上，如图 3-4 所示。

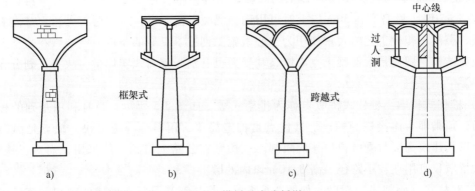

图 3-2　拱桥重力式桥墩

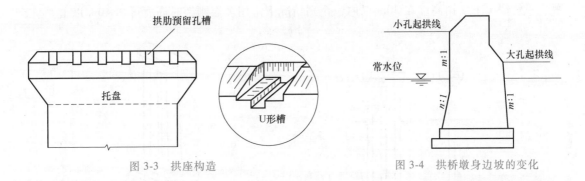

图 3-3　拱座构造　　　　　　　　　　图 3-4　拱桥墩身边坡的变化

拱桥重力式桥墩墩顶以上构造也有自身的特殊需求，墩顶以上结构常采用各种不同的形式。由于上承式拱桥的桥面与墩顶顶面相距有一段高度，故墩顶以上结构常采用各种不同形式。对于实腹式石拱桥的墩顶以上部分通常做成与侧墙平齐的形式，如图 3-2a 所示。对于空腹式石拱桥或双曲拱桥的普通墩，常采用立墙式、立柱式或者跨越式，如图 3-2b、c、d 所示。对于单向推力墩常采用立墙式，如图 3-2d 所示。当采用立墙式时，为了检修的方便，墙中应设置过人孔；当采用立柱加盖梁或框架时，则应按照钢筋混凝土结构进行配筋。立柱和盖梁可以采用装配式构件（不低于 C30 的钢筋混凝土），架设时可以将预制立柱插入墩顶预留的孔槽内，方便施工。普通铁路拱桥桥墩的顶宽，对于混凝土墩一般可按拱跨的 1/25～1/15 采用，石砌墩可按拱跨的 1/20～1/10 估算，其比值将随跨径的增大而减小，且不宜小于 80cm。对于单向推力墩，则按具体情况计算确定。

为了减小墩身截面长度，拱桥墩顶部分也可做成托盘形式。托盘可采用 C30 素混凝土圬工或仅布置构造钢筋。墩身材料可以采用块石、片石或混凝土预制块砌筑，也可用片石混凝土浇筑。

公路拱桥墩顶构造与铁路相比，除了横向宽度更大，其他基本相同。

2. 轻型桥墩

（1）梁桥轻型桥墩　一般在地基土质条件较差时，为了减轻地基的负担或者为了减轻墩身质量，节省圬工，会修筑轻型桥墩。轻型桥墩主要包括空心墩、板式墩、桩柱式桥墩、双柱式桥墩及各式柔性墩等。

1）空心墩。墩身高度在30m以上的高墩，如将实体墩身改为厚壁式空心墩身，可节省圬工20%～30%，墩身高在50m以上时可用钢筋混凝土空心墩，节省圬工可达50%左右。滑动模板、翻模、爬模工艺的大量使用为空心墩施工创造了良好的条件。空心墩在力学上属于空间板壳结构，即使是素混凝土空心墩，其受力也有别于重力式实体墩，故将其划分在轻型桥墩中。

2）桩柱式桥墩。桩柱式桥墩也称为排架式墩，如图3-5所示，墩身利用基础的桩延伸到地面，顶帽即为连接桩的帽梁。其优点是构造简单，用料少、施工快，缺点是纵向刚度小，所以其建筑高度常受墩顶位移的限制。该桥墩在公路上得到广泛采用，而对于铁路桥，桩柱式桥墩只宜用在较小跨径、高度10m以内的墩上。

3）双柱式（刚架式）桥墩。如图3-6所示，其是钢筋混凝土做成的刚架，该桥墩的基础可为桩基或其他类型的基础。南京长江大桥和九江长江大桥的引桥都采用了双柱式桥墩。一般情况下使用高度在30m以内，个别情况下采用多层刚架时高度可达40m以上。

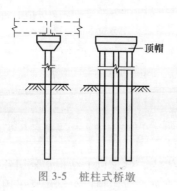

图3-5　桩柱式桥墩　　　　　　　　图3-6　双柱式（刚架式）桥墩

以上轻型桥墩是通过改变建筑材料或改变桥墩的结构形式达成桥墩轻型化的目的。

4）各式柔性墩。柔性墩则是通过改变桥梁的受力体系，使墩台由单独承受纵向水平荷载变为与其他墩台和梁组成的受力体系共同承受荷载，以此来达到轻型化的目的，如图3-7所示。柔性墩结构的特点是将若干个小截面柔性桥墩和一个大截面刚性桥墩，通过桥跨结构用固定支座连接起来（称为一联），形成一个可以共同承受纵向水平力的框架体系。在这种框架体系下，活荷载引起的纵向力作用产生的对各柔性墩的内力就大为减小。

目前，国内已建成的铁路桥梁柔性墩所采用的形式主要有刚架式、排架桩、板式及"上柔下刚墩"等。

① 刚架式柔性墩如图3-8所示，它在横向为一刚架。单线桥的刚架式柔性墩通常由两根立柱、数根横撑和顶帽所组成，墩身采用钢筋混凝土。

② 排架桩柔性墩如图3-9所示，其特点是墩身直接由基桩延伸至顶帽，地面下不需设置承台。在上端，顶帽把各个桩顶连接在一起。

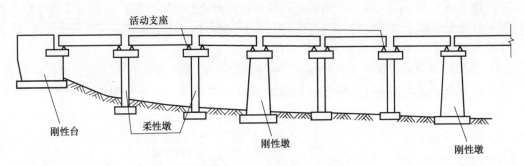

图 3-7　柔性墩桥梁布置

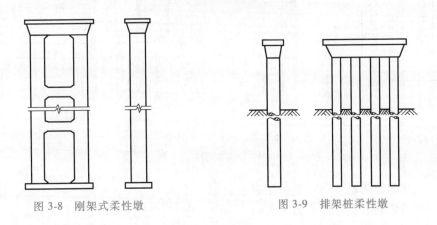

图 3-8　刚架式柔性墩　　　　　图 3-9　排架桩柔性墩

③ 板式柔性墩如图 3-10 所示，板式柔性墩墩身为一实体矩形板壁。它的设计计算和施工都较为简单，特别便于滑模施工，已被广泛地采用。

④ 上柔下刚墩如图 3-11 所示，当墩身高度较大或墩处在有漂流物的水流湍急的河流中时，为增加墩身的稳定性和加强抵抗漂流物撞击的能力，将墩身的上半部选取小截面，下半部选取大截面，这类桥墩称为"上柔下刚墩"（或半柔半刚墩）。该桥墩的特点是利用桥墩上部的柔性结构减少阻力，下部的刚性墩身在桥墩受到的总的阻力较小的条件下也可减小一定的截面面积，需要注意的是在刚柔相接部分的应力集中问题。

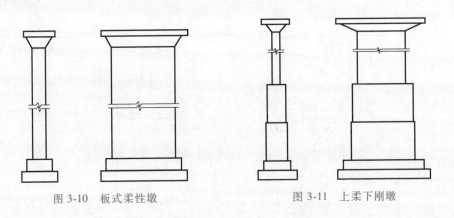

图 3-10　板式柔性墩　　　　　图 3-11　上柔下刚墩

柔性墩也有自身的局限性，柔性墩的截面纤细，抗撞击能力较低，若要在山坡有落石的傍山谷架桥上或有泥石流、流冰、通航、有漂流物的河流上修筑桥梁，不宜采用柔性墩。根据桥梁运营经验得出：为保证桥梁运营中有较高的安全性，柔性墩墩高一般不宜大于30m，曲线半径不宜小于500m，联长不宜大于132m。

（2）拱桥轻型桥墩　拱桥上所使用的轻型桥墩，一般为配合钻孔灌注桩的桩柱式桥墩。从外形上看，与梁桥的桩柱式桥墩非常相似，如图3-12所示。主要区别就是梁桥桥墩墩帽上设支座，而在拱桥墩顶部分则设置拱座。

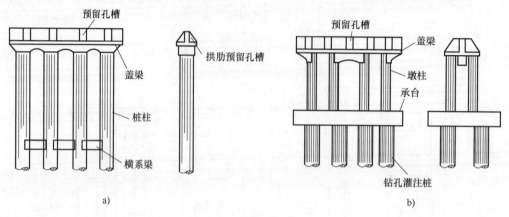

图 3-12　拱桥桩柱式桥墩

与重力式实体推力墩类似，在采用轻型桥墩的多孔拱桥中，每隔3～5个桥孔也应设单向推力墩。当桥墩较矮或单向推力不大时，可以考虑一些轻型的单向推力墩，其优点是阻水面积小，并可节约圬工。轻型单向推力墩的形式如下：

1）带三角杆件的单向推力墩如图3-13a所示，其特点是在普通墩的墩柱上，通过从两侧对称地增设钢筋混凝土斜撑和水平拉杆，来提高抵抗水平推力的能力。也可以采用预应力钢筋混凝土结构来提高构件的抗裂性。该墩适于在旱地上修筑矮桥时采用。

2）悬臂式单向推力墩如图3-13b所示，当该墩的一侧桥孔遭到破坏以后，可以通过另一侧拱座上的竖向分力与悬臂长度所构成的稳定力矩来平衡由拱的水平推力所导致的倾覆力矩。这种推力墩用在两铰双曲拱桥时，由于墩身较薄，后悬臂端受力会有一定位移；用在无铰拱时，会产生附加内力。

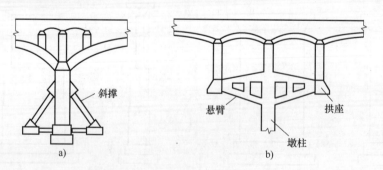

图 3-13　拱桥轻型单向推力墩

拱桥轻型桥墩主要用于公路桥，铁路桥较少采用。

3.1.4　桥台的类型及特点

1. 重力式桥台

梁桥和拱桥上使用重力式桥台比较普遍，两者除在台帽部分有所差别外，其余部分基本相同。从尺寸上看，一般情况下拱桥较梁桥的大。重力式桥台根据其截面形状可以分为矩形桥台、U 形桥台、T 形桥台、埋式桥台及耳墙式桥台等多种形式。

（1）矩形桥台与 U 形桥台　矩形桥台如图 3-14a 所示。该桥台的主要优点是造型简单、整体性好，对抗震有利。但其缺点也很明显，台身较高时，圬工量大，不经济。为节省圬工，通常可做成 U 形桥台，如图 3-14b 所示，中空部分用适合的土料填实。由于中间填土部分易积水，会因冻胀而使两翼裂损，所以宜选用渗水性好的土填充，并应有良好的排水设施。这两种桥台一般用于填土高 $H \leqslant 4\mathrm{m}$ 的小跨径桥梁。

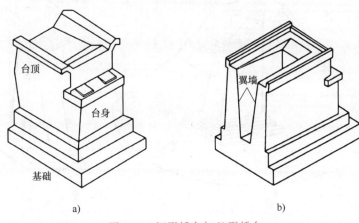

图 3-14　矩形桥台与 U 形桥台

（2）T 形桥台　在铁路桥中使用较多，从经济性的角度出发，该桥台适用于填土高度 $H = 4 \sim 12\mathrm{m}$ 的情况，如图 3-15 所示。一般情况下，根据锥体填土的构造要求和锥体填土的坡脚不超出桥台前缘的原则可以确定出 T 形桥台的纵向长度。若填土较高，则台长因此增加，圬工数量增大，为了节省圬工，有时可将锥体适当伸入台前一部分或将 T 形改造成如图 3-16 所示的带洞的形式，或做成工字形截面。

（3）埋式桥台　如图 3-17 所示，埋式桥台部分台身埋在锥体护坡之中，这样可减少台长，对跨谷高桥非常有利。但这种桥台修筑方式占据了桥孔的一部分空间，会压缩涉水桥梁的部分过水面积。因此，在选择施工方案时，应综合权衡减小台长与增大孔跨两者的利弊。

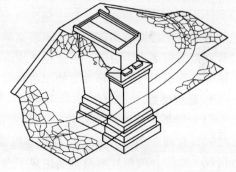

图 3-15　T 形桥台

图 3-17a 所示为矩形埋式桥台，图 3-17b 所示为十字形埋式桥台。前者结构简单，宜用于混凝土施工，但圬工数量大；后者台宽变化，一般用石砌施工，但节省圬工。比较方案时，要根据实际需求权衡利弊。

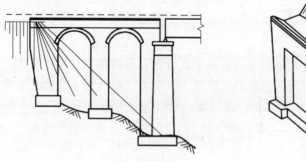
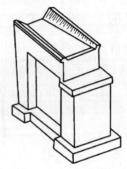

图 3-16　带洞式桥台和工字形桥台

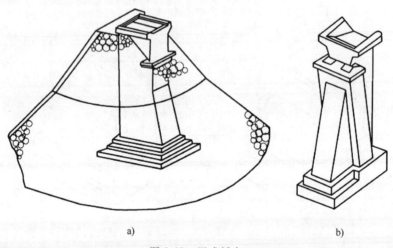

a)　　　　　　　　　　　　　　　b)

图 3-17　埋式桥台

a）矩形埋式桥台　b）十字形埋式桥台

（4）耳墙式桥台　如图 3-18 所示，耳墙式桥台是将两片钢筋混凝土耳墙代替台尾一部分实体圬工与路堤相连，达到缩短实体台身长度的目的，同时又能节省圬工。但这种桥台的两片耳墙位于地面较高部位，要求较高的施工工艺，如果施工质量不好，很容易导致耳墙与台身连接的根部产生裂缝，因此也要求耳墙不宜做得太长。当填土高大于 7m 时，此类桥台的锥体往往也可根据实际需要伸出桥台前墙，形成埋式桥台。

2. 轻型桥台

（1）梁桥轻型桥台　铁路上已采用的梁桥轻型桥台主要有桩柱式桥台和锚碇板桥台。桩柱式桥台如图 3-19 所示。桩柱既是基础，也是台身，适用于地基承载力较低、填土不高的情况。帽梁、两侧耳墙及胸墙组成了台顶。

锚碇板桥台如图 3-20 所示，是利用在桥台后设置由挡墙、拉杆和锚碇板组成的锚碇结构来承受土压力，以达到本身轻型化目的的一种桥台。挡墙一般采用整体式或用预制的钢筋混凝土立柱与挡土板拼装而成，钢拉杆一端与立柱连接，另一端与锚碇板连接，如图 3-20a所示。墙后土体的侧压力通过墙传至拉杆，拉杆的力由土体抗剪强度对锚碇板所产生的抗拔力来平衡。它的台身与锚碇结构分开，土压力全部由锚碇结构承受，台身仅受桥跨传来的竖向压力和水平力，相当于一个桥墩。分离式锚碇板桥台受力明确，但构件较多，施工工艺较烦琐，操作也不方便。

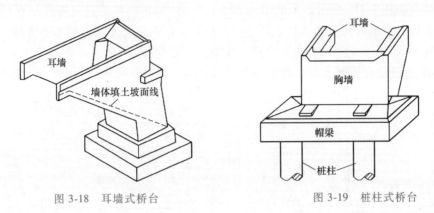

图 3-18　耳墙式桥台　　　　　　　　　图 3-19　桩柱式桥台

锚碇板桥台的另一种形式是将台身和挡墙合为一体，如图 3-20b 所示。整体式与分离式相比，其构造简单，施工方便，材料也较省。

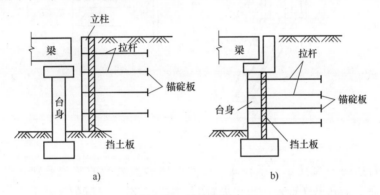

图 3-20　锚碇板桥台

a）分离式　b）整体式

构筑可以承受土压力的锚碇结构，改变了重力式桥台靠自重来平衡土压力的受力状态，促使桥台向轻型化方向发展。此举可节省圬工 50%～70%，在经济性上可大幅度地降低造价。

公路桥除桩柱式桥台使用较多外，对小跨径旱桥采用设有支撑梁的轻型桥台。其特点是台身是直立薄壁墙，台身两侧有翼墙。在两桥台下部设置钢筋混凝土支撑梁，上部结构与桥台用锚栓连接，成为四铰框架系统。其翼墙可以布置为一字形、八字形或耳墙式。

（2）拱桥轻型桥台　拱桥轻型桥台的适用范围较窄，仅可以在公路跨径 13m 以下的小跨径拱桥和桥台水平位移量很小的情况下采用。当桥台受到拱的推力后，会产生绕基底形心轴向路堤方向的转动，可以利用台后的土产生抗力平衡拱的推力，减小桥台尺寸。常用的轻型桥台有八字形和 U 形轻型桥台以及由此派生出来的 Ⅱ 形和 E 形等背撑式桥台。此外，我国近年来在有些地区还修建了改进基础布置方式的背靠式框架桥台。

八字形轻型桥台如图 3-21a 所示，构造简单，台身由前墙和两侧的八字形翼墙构成。前墙既可等厚度也可变厚度，变厚度台身的背坡坡度为 2∶1～4∶1。翼墙的顶宽一般为 40cm，前坡坡度为 10∶1，后坡坡度为 5∶1。基础必须有一定的埋置深度才能防止基底向河心滑动，为防止受水流冲刷侵蚀，应分层夯实台后填土，做好防护措施。

U 形轻型桥台如图 3-21b 所示，由前墙和平行于车行方向的侧墙组成，构成 U 形的水平截面。U 形轻型桥台前墙的构造和八字形轻型桥台相同，但侧墙却是拱上侧墙的延伸，它们之间应设变形缝，以适应桥的可能变位。轻型桥台侧墙的顶宽一般为 50cm，内侧坡度为 5∶1，若有人行道，则上端做成等厚直墙，直到与按坡度为 5∶1 的内坡相交为止，以下仍采用 5∶1 的坡度。

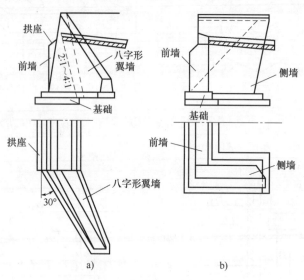

图 3-21 八字形和 U 形轻型桥台

背撑式桥台如图 3-22 所示，是在八字形和 U 形轻型桥台的基础上发展出来的。相比前两种轻型桥台而言，背撑式桥台适用于更宽的桥台。在桥台更宽的条件下，为保证结构的强度和稳定性，在八字形或 U 形轻型桥台的前墙背后加一道或几道背撑，就构成了 Ⅱ 形、E 形等背撑式桥台的水平截面形式的前墙。背撑顶宽为 30～60cm，厚度也为 30～60cm，背坡为坡度等于 3∶1～5∶1 的梯形。这种桥台比八字形轻型桥台的稳定性要好，但增加了开挖土方及圬工。然而加背撑的 U 形轻型桥台却能适用于较大跨径的高桥和宽桥。

背靠式框架桥台如图 3-23 所示，用三角形框架把台帽、前壁、耳墙和设置在不同高程且具有不同斜度的分离式基础连接而成。一方面，它的水平和仰斜基底能满足桥台在施工期间的稳定性；另一方面，由于底板比柱脚基础位置高，具有与老土紧贴的斜背面，能合理地承受主拱作用力；水平基础主要承受结构自重及部分荷载，在施工期间，整个结构类似于锚杆式挡土墙。这种桥台的优点是受力合理、结构轻巧、节省圬工、基坑挖方量小，尤其是水中的挖方量要减少很多；缺点是钢筋用量稍多。这种桥台适用于在非岩石地基上修建拱桥桥台。

（3）拱桥其他形式桥台 常用的其他形式的桥台有下述几种：

1）组合式桥台。组合式桥台如图 3-24 所示，由台身和后座两部分组成。台身基础承受竖向力，拱的水平推力则主要由后座基底的摩阻力及台后土侧压力来平衡，因此后座基底高程应低于拱脚下缘的高程。台身与后座间应设置沉降缝，以应对两者的不均匀沉降情况，后座基础在地基土质较差时应适当处理，防止后座向后倾斜，导致台身和拱圈的位移和变形。

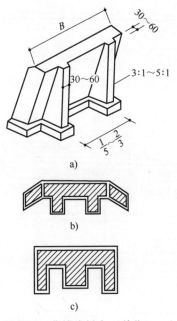

图 3-22 背撑式桥台（单位：cm）

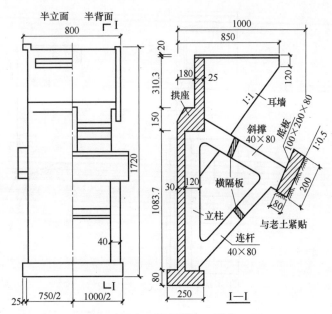

图 3-23 背靠式框架桥台（单位：cm）

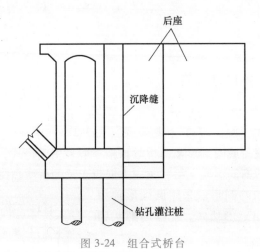

图 3-24 组合式桥台

2）空腹式桥台。空腹式桥台如图 3-25 所示，由前墙、后墙、基础板和撑墙等部分组成。前墙承受拱圈传来的荷载，后墙支承台后的土压力。在前后墙之间设置撑墙 3~4 道，它们在起传力作用的同时对后墙起到扶壁作用和对基础板起到加劲作用。最外边的撑墙可以做成阶梯踏步，供人们上下河岸。空腹可以是敞口的，也可以是封闭的。如地基承载力许可时，也可在腹内填土。这种桥台一般适用于软土地基、河床无冲刷或冲刷轻微、水位变化小的河道上。

3）齿槛式桥台。齿槛式桥台如图 3-26 所示，由前墙、侧墙底板和撑墙组成。其结构特点是：基底面积较大，可以支承一定的垂直压力；底板下的齿槛可以增加摩擦和抗滑的稳定性；台背做成斜挡板，用它背面的原状土和前墙背面的新填土，共同平衡拱的水平推力；前墙与后墙板之间的撑墙可以提高结构的刚度。齿槛的宽度和深度一般不小于 50cm。这种桥台适用于软土地基和路堤较低的中小跨径拱桥。

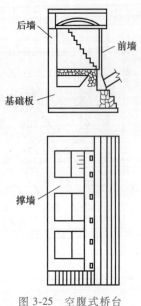

图 3-25 空腹式桥台

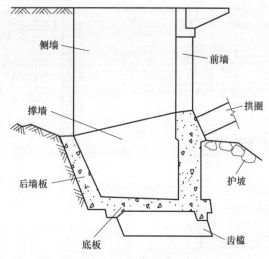

图 3-26 齿槛式桥台

3.2 墩台构造

3.2.1 桥墩构造及主要尺寸拟定

1. 顶帽的类型与构造

顶帽的类型有飞檐式（图 3-27a）和托盘式（图 3-27b）两种。跨径 8m 及以下的普通钢筋混凝土梁配用的矩形截面或圆端形截面桥墩顶帽一般采用飞檐式，顶帽的形状均随墩身形状而定。跨径 10~32m 的钢筋混凝土梁和预应力混凝土梁的桥墩顶帽常做成托盘式，可节省圬工。托盘式顶帽的形状除圆形墩采用圆端形顶帽外，其他形状桥墩常采用矩形顶帽。托盘的形状则按墩身形状需要确定。

顶帽（图 3-28）的作用是安放梁的支座，将桥跨传来的集中压力均匀地分散给墩身，另外顶帽还要有一定宽度以满足架梁施工和养护维修的需要。因此，《铁路桥涵设计规范》（TB 10002—2017）规定：顶帽应采用钢筋混凝土结构，混凝土强度等级不应低于 C30，厚度不小于 0.4m；顶帽的顶面应设置不小于 3% 的排水坡；同时在顶帽上设安放支座的钢筋混凝土支承垫石，支承垫石面应高出顶帽排水坡的上棱；顶帽除满足构造要求，还应满足局部承压及抗剪检算的要求；支承垫石边缘距顶帽边缘距离、墩台顶帽尺寸应满足架设、检查、养护、维修

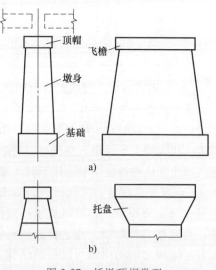

图 3-27 桥墩顶帽类型

和支座更换的要求。

采用托盘式顶帽时，托盘缩颈处存在应力集中，因此，施工时不允许在此处留施工缝，常在此处以下 40cm 处开始用与托盘相同强度等级的混凝土连续浇筑顶帽，且在托盘与墩身的连接处沿周边布置直径 10mm、间距 0.2m 的竖向短钢筋。

图 3-28 所示为配合 10m、12m、16m 钢筋混凝土梁用的圆端形桥墩的托盘式顶帽的构造。

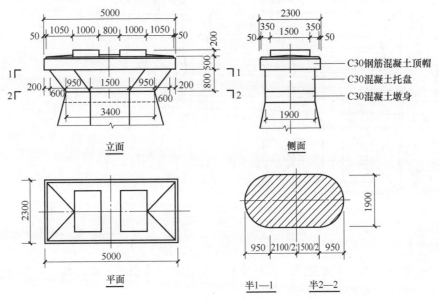

图 3-28　圆端形桥墩的托盘式顶帽的构造

2. 顶帽尺寸拟定

（1）顶帽厚度　一般有支座的顶帽厚度都采用 0.5m（因顶梁或维修需要的支承垫石加高部分不包括在内）；无支座的顶帽厚度可采用 0.4m。

（2）顶帽平面尺寸　支座底板的尺寸及位置是决定顶帽平面尺寸的主要依据。因此，应先搞清楚梁的跨径、梁全长、梁梗中心线位置、支座底板尺寸及梁端缝隙的大小。此外，确定顶帽的平面尺寸时，还要考虑架梁和养护时移梁、顶梁的需要。

顶帽纵向宽度 c 如图 3-29 所示，可写为

$$c \geqslant c_0 + 2c_1 + c_2 + 2c_3 + 2c_4 \tag{3-1}$$

式中　c_0——考虑梁及墩台的施工误差设置的梁缝，对钢筋混凝土或预应力混凝土简支梁，
当跨径 $L \leqslant 16m$ 时，$c_0 = 60mm$；当 $L \geqslant 20m$ 时，$c_0 = 100mm$；

c_1——支座中心至梁端的长度；

c_2——支座底板的纵向宽度，可根据梁的资料确定；

c_3——支座底板边缘至支承垫石边缘的距离，一般为 0.15～0.2m，它是为了调整施工
误差和防止支承垫石表面劈裂或支座锚栓松动所需的距离；

c_4——支承垫石边缘至顶帽边缘的距离，用以满足顶梁施工的需要，当跨径 $L \leqslant 8m$
时，为 0.15m；当 $8m < L < 20m$ 时，为 0.25m；当 $L \geqslant 20m$ 时，为 0.4m。

矩形顶帽的横向尺寸 B 按图 3-29 确定，可写为

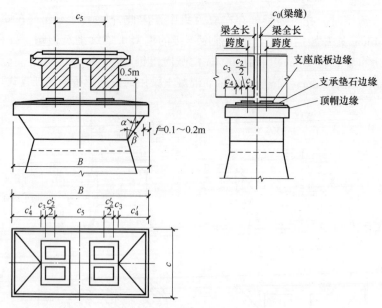

图 3-29　托盘式顶帽尺寸的拟定

$$B \geqslant c_5 + c_2' + 2c_3 + 2c_4' \tag{3-2}$$

式中　c_5——梁梗中心横向间距，采用标准设计的桥跨，c_5 值可从梁的技术参数表中查出；

　　　c_2'——支座底板的横向宽度；

　　　c_4'——支承垫石边缘至顶帽边缘的横向距离，为了养护及架梁作业的需要，矩形顶帽的 c_4' 不小于 0.5m；圆端形顶帽支承垫石角至顶帽最近边缘的最小距离与纵向 c_4 相同。

对于分片式钢筋混凝土梁及当预应力混凝土梁分片架立时，考虑第一片梁横向移梁的需要，为了保证施工、养护人员的安全作业，顶帽横向宽度一般应采用下列数值：当跨径 $L \leqslant 8m$ 时，不小于 4m；当跨径 $8m < L < 20m$ 时，不小于 5m；当跨径 $L \geqslant 20m$ 时，不小于 6m。

在顶帽纵、横向尺寸较大时，为使墩身尺寸不致因此过分增大而多用圬工，常在顶帽下设置托盘，将纵、横向尺寸适当收缩，一般在横向收缩较多，纵向不收缩或少收缩。

托盘顶面的形状与桥墩截面形状有关，如矩形截面桥墩的托盘顶面仍是矩形，而圆形、圆端形桥墩者则为圆端形。托盘顶面纵、横向尺寸就等于顶帽纵、横向尺寸减去两边飞檐的宽度。

托盘底面与墩身相接，其形状与墩身截面相同。为保证悬出部分的安全，《铁路桥涵设计规范》（TB 10002—2017）规定：托盘底面横向宽度不宜小于支座下底板外缘的间距；托盘侧面与竖直线间的 β 角不得大于 45°；支承垫石向边缘外侧 0.5m 处顶帽底缘点的竖向线与该底缘点同托盘底部边缘处的连线夹角 α 不得大于 30°，如图 3-29 所示。

3. 非对称式顶帽

（1）曲线桥桥墩顶帽　虽然曲线桥梁常为了简化设计和制造而采用与直线上的梁相同的外形，但为了适应曲线的线路，各孔梁常成折线布置，这就使相邻两孔梁之间的缝隙内窄外宽（其内侧梁缝最小值要求与直线桥相同），梁的端部和桥墩横向中心线不平行（图 3-30），平面上梁端支座斜交放在支承垫石上。曲线上桥墩的垫石平面形状虽可做成梯形，但为便于施工，实际上仍将垫石按布置要求适当加宽加长而做成矩形。支座中心和锚栓位置则要根据曲线桥的实际布置另行计算确定。

现行各重力式桥墩的标准设计中，曲线桥都采用图 3-31 所示的横向预偏心桥墩。所谓预偏心是指将桥墩纵向中心线向线路外侧移动一定距离，而桥跨中线和支承垫石位置不动，这样修筑可使桥跨自重和列车竖向活荷载对桥墩的压力产生向曲线内侧的力矩，以此平衡列车离心力引起的外侧力矩。

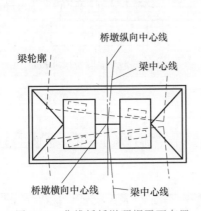

图 3-30　曲线桥桥墩顶帽平面布置

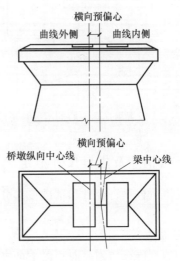

图 3-31　横向预偏心桥墩

（2）不等跨桥墩顶帽　如图 3-32 所示，当桥墩上相邻跨梁的跨径不等时，为了减少桥墩的偏心力矩，通常将大跨梁的支座中心布置在离桥墩中心线较近的地方，使桥墩中心线与梁缝中心线错开一定的纵向距离，形成纵向预偏心。此外，为适应不同的梁高，在小跨梁一端应加高顶帽做成小支墩。两相邻梁的梁缝规定最小为 100mm（如在曲线上指内侧），并使小支墩背墙位于梁缝中心线。顶帽（包括支墩加高部分）必须设置钢筋。

4. 墩身构造

实体墩身可根据情况采用混凝土或混凝土块砌体。其中的混凝土强度等级不应低于 C30；水泥砂浆强度等级不应低于 M20。为了节约水泥，在整体浇筑混凝土墩身时，可掺入不超过总体积 20% 的片石做成片石混凝土，其石料强度等级不应低于 MU50。

5. 墩身尺寸

墩身尺寸拟定如图 3-33 所示，采用托盘式顶帽时，墩身顶面尺寸就是托盘底部的尺寸；采用飞檐式顶帽时，墩身顶面尺寸就是顶帽纵、横向尺寸减去两边飞檐的宽度。

墩身坡度一般用 $n:1$（竖：横）表示，n 越大，坡度越陡；n 越小，坡度越缓。当墩身较低时（在 6m 以内），其墩顶及墩底受力相差不大，为方便施工，可设直坡。墩身较高时，墩身的纵、横两个方向均做成斜坡，坡度不缓于 20:1，具体数值应根据墩身的受力要求，由试算决定。墩身高根据墩顶高程（由轨底高程减去梁在墩台顶处的建筑高度和顶帽高度求得）和基底埋置深度、基础厚度来确定。墩身底部尺寸可根据墩身顶部尺寸加上（$2×1/n×$墩身高）来确定。

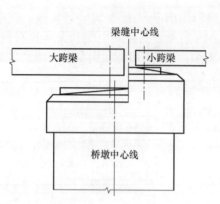

图 3-32 设置纵向预偏心的不等跨桥墩顶帽

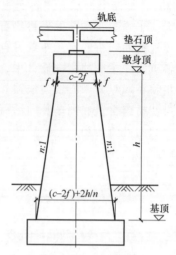

图 3-33 墩身尺寸拟定

3.2.2 桥台构造及主要尺寸拟定

桥台主体由台顶、台身和基础三部分组成,此外尚有锥体填土、锥体护坡和检查台阶等附属建筑物。

1. 台顶构造

台顶指的是桥台顶帽底面线以上的部分。顶帽底面线在 T 形桥台后墙和 U 形桥台翼墙中也是材料分界线,分界线上下两部分采用不同强度等级的圬工材料。在 T 形桥台中,台顶由顶帽、道砟槽和承托道砟槽的台顶圬工组成。

道砟槽(图 3-34)是用来铺放道砟、承托轨枕、钢轨等线路设备的。道砟槽的两侧及前端有挡土墙,以防止道砟向外塌落。为满足大型养路机械养护桥梁的需要,新建 I 级铁路道砟桥面的道砟槽挡砟墙内侧距线路中心不应小于 2.2m,轨下枕底道砟厚度应符合《铁路桥涵设计规范》(TB 10002—2017)的相关规定。U 形桥台利用翼墙作为侧面挡砟墙,耳墙式桥台利用耳墙顶部作为侧面挡砟墙,T 形桥台及埋式桥台因台身宽度较道砟槽窄而采用托盘式道砟槽。道砟槽前端直立的挡砟墙又称为胸墙,胸墙中心是桥台定位的控制点,胸墙线的平面投影就是桥台的横向定位线。为防止道砟向外塌落,道砟槽的两侧及前端设有挡砟墙。

为防止雨水渗入道砟槽板,引起道砟槽板冻胀开裂并锈蚀道砟槽内的钢筋,影响道砟槽的使用寿命,道砟槽应设有不小于 3% 的排水坡和防水设施。现有标准设计的 T 形桥台及埋式桥台的道砟槽顶面均做人字形横向排水坡,排水坡垫层用素混凝土做成,道砟槽两侧设有泄水管,将台顶水排出,钢筋混凝土道砟槽顶面防水层的构造与钢筋混凝土道砟槽的要求相同。但在雨水极少的西北地区,只需在排水坡面上铺一层 10mm 厚沥青砂胶防水层。U 形桥台和耳墙式桥台的台顶设纵向排水坡,但为了保证台顶水不致流入路堤内,需要在 U 形槽和台后路基的顶面上做由石灰、炉渣、黏土组成的三合土隔水层和泄水沟排水;U 形桥台的混凝土道砟槽(台顶和翼墙顶)和耳墙式桥台的道砟槽(台顶和耳墙切角及梗肋顶)铺设 10mm 厚沥青砂胶防水层,它们的 U 形槽内侧均涂两层热沥青的防水层。

桥台顶帽的作用和构造要求与桥墩的顶帽基本相同。

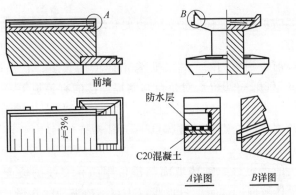

图 3-34 道砟槽示意图

2. 台身构造

台身是顶帽底面线以下、基墙顶面以上的部分。台身的横截面形状常被用来为桥台命名。T 形桥台的前墙承托顶帽，后墙承托台顶道砟槽。

台身后墙背部常做成后仰形式，可使台身的重心后移，平衡一部分台后路基填土推力所产生的力矩，并使台后土压力有所减少。非埋式桥台台身前墙表面常做成竖直的。

3. 附属建筑物

（1）锥体填土 如图 3-35 所示，路基前方伸入桥台部分呈锥体状，称为桥台锥体填土。其作用是保持台后路基稳定，加强桥台与路基的衔接，增加桥台的稳定。锥体及台后一段路基填方，在顺线路方向上，上方不小于桥台高度加 2m、下方不小于 2m 长度范围内，均应以渗水土填筑，并严格夯实；确有困难时，除严寒区外，可用一般黏土填筑，但应夯实达到最佳密度的 90%，且需加强排水措施。

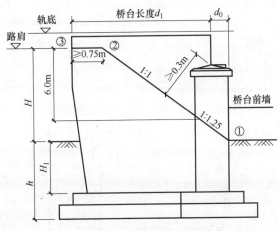

图 3-35 非埋式桥台长度的确定

（2）锥体护坡 锥体护坡是为了保护锥体填土免受洪水冲刷，保证台后线路稳定而设置的。锥体护坡一般沿锥体填土坡面全高进行铺砌，并根据水流流速及流冰、流木等情况决定铺砌标准。铺砌标准有浆砌片石和混凝土预制块。锥体护坡坡脚埋入河床的深度，应考虑一般冲刷的影响。

旱桥锥体是否需要防护以及如何防护，视边坡和填料的安息角等情况决定。

4. 桥台长度的确定

桥台长度是指胸墙前缘到台尾的长度，也是道砟槽的长度，它是根据填土高度和《铁路桥涵设计规范》（TB 10002—2017）对桥台与路堤连接的有关规定来决定的，具体如下：

非埋式桥台的锥体坡脚一般不超出桥台前缘。其长度的拟定步骤为：在设计图上将桥台前缘与铺砌面或一般冲刷线的交点当成坡脚点①（图3-35），这时，将路肩至铺砌面的高度作为填土高度 H。

为了保证锥体填土的稳定性，锥体坡面与桥台侧面相交线的坡度不应陡于表3-1所列值，根据填土高度及锥体坡面的规定，自坡脚点①将锥体坡面线在设计图上作出，从而决定锥体在路肩高度处的位置②。

表 3-1 桥台锥体顺线路方向坡度

填土高度/m	设 防 烈 度		
	≤7 度	8 度	9 度
0~6	1：1	1：1.25	1：1.5
6~12	1：1.25	1：1.5	1：1.75

桥台台尾上部应伸入路堤最少0.75m，以保证桥台与路堤可靠连接。按此要求从点②水平地向路堤方向延伸0.75m，即可确定台尾位置③和求得桥台长度 d。

为了保护支座，使其不被冰雪或杂物污染阻塞，还应保证垫石后缘至锥体填土坡的距离不小于0.3m。

埋式桥台（图3-36）的锥体坡度、锥体坡面与垫石后缘的距离及台尾伸入路基的要求与非埋式桥台相同，但埋式桥台的锥体可伸入桥台前缘。

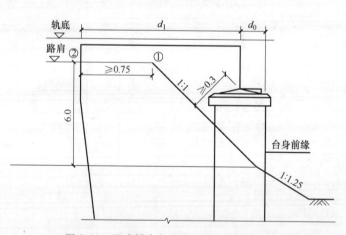

图 3-36 埋式桥台长度的拟定（单位：m）

埋式桥台的长度拟定步骤是：先按锥体坡面距垫石后缘不小于0.3m的要求作1：1坡面线与路肩相交得①点；再自①点水平地向路堤方向延伸0.75m确定台尾位置②并得出桥台长度 d；然后按要求画全锥体坡面线。为了使伸入桥孔的锥体保持稳定，《铁路桥涵设计规范》（TB 10002—2017）要求锥体坡脚浸水时，锥体顺桥台坡脚不宜伸出台身前缘。

5. 桥台顶帽尺寸拟定

桥台顶帽尺寸拟定原则及各项规定和桥墩顶帽基本相同，如图 3-37 所示，桥台顶帽纵向尺寸 d 为

$$d \geq c_0 + c_1 + \frac{c_2}{2} + c_3 + c_4 \tag{3-3}$$

式中　　　　c_0——梁台缝（梁端与桥台胸墙的空隙）；对跨径 $L \leq 16m$ 的梁，一般用 60mm；对跨径 $L \geq 20m$ 的梁，用 100m；

c_1、c_2、c_3、c_4——各值与桥墩部分所述相同。

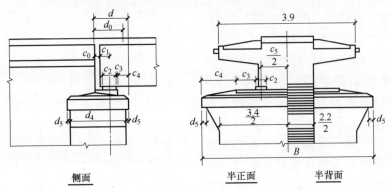

图 3-37　桥台顶帽尺寸（单位：m）

桥台前墙至胸墙间的距离 $d_0 = d - d_5$，一般顶帽的飞檐 d_5 采用 0.10～0.20m。

桥台顶帽横向尺寸的拟定方法与桥墩顶帽相同。一般对跨径 $L \leq 8m$ 的梁，顶帽横向尺寸 $B \geq 4m$；对 $8m < L < 20m$ 的梁，$B \geq 5m$，对 $L \geq 20m$ 的梁，$B \geq 6m$。

■ 3.3　桥梁墩台施工

3.3.1　概述

桥梁墩台是桥梁结构的重要组成部分。桥梁墩台主要支承桥梁上部结构的荷载和活载，并将荷载产生的压力传递给地基基础，同时桥墩还要承受风力、流水冲刷、可能发生的浮冰、船只和漂流物的撞击力等。桥台还要承受背后的路基土压力等。

墩台施工在桥梁施工中占有重要的比例，并伴有高处作业，所用材料和设备较多，有时会成为控制工期的关键工程。墩台有就地浇筑的混凝土墩台、砌石墩台、混凝土块墩台和预制杆件拼装式墩台等多种形式。就地浇筑的混凝土墩台应用最广泛，施工主要包括模板工程、钢筋工程和混凝土工程，而使用的模板类型主要有翻模、滑模、爬模等。

3.3.2　混凝土墩台及钢筋混凝土墩台施工

就地浇筑的混凝土墩台施工有两个主要工序：一是制作与安装墩台模板；二是浇筑混凝土。

1. 墩台模板

模板是混凝土墩台成形的重要结构，其构造、制作质量、拼装速度和周转次数，直接影响墩台混凝土质量、施工进度和工程成本，因此，模板是混凝土施工的重要环节。混凝土墩台翻升模板按材料划分，有木模板、钢模板和钢木混合模板。

（1）拼板式木模板　将整个墩台模板分成若干节，每节模板由若干块组成。分节时，应尽量使其中大部分板块可以互相倒用（图 3-38）。为便于模板运送、吊装和拆除，拼板尺寸不宜过大，一般长 3~4m，宽 1~2m，并且与现场的板料长度和起吊能力相适应。

拼板式木模板由面板、横撑、立柱、拉杆及撑木等构件组成，如图 3-39 所示。面板紧贴混凝土，直接承受混凝土的侧压力，常用 3~5cm 厚的木板制造。面板由横撑装订成整块拼板，横撑支承面板传来的压力，常用方木或鼓形木制作，横撑间距根据混凝土侧压力大小及立柱间距而定，一般为 0.8~1.2m。将拼板分块组装成形后，用立柱支承横撑、加固模板及连接上下节模板。在两侧相对立柱间，用拉杆（常用 20mm 左右钢筋制成）拉紧，在拉紧前需在模板内侧设临时撑木，以保持模板设计尺寸，同时拉杆又是立柱的支承点。撑木随混凝土的灌注而逐根

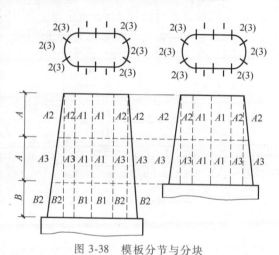

图 3-38　模板分节与分块

拆除，拉杆则留在混凝土中。拉杆两端宜用可拆卸式螺栓（图 3-40），以便拆除再用，拉杆的头部在拆模后用与墩身同一配合比的砂浆将孔眼填塞抹光。曲面模板用铁箍箍住，防止弧形部分因受混凝土的侧压力而胀鼓跑模，铁箍间距同拉杆。

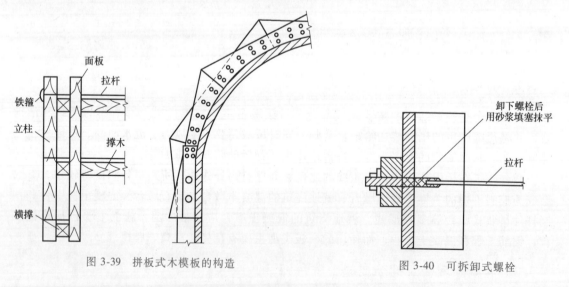

图 3-39　拼板式木模板的构造

图 3-40　可拆卸式螺栓

（2）整体吊装模板　整体吊装模板是在墩台附近地面上预先将整节模板组装好，然后一次吊装就位，使混凝土连续灌注，从而减少高处作业量，对提高施工速度和工程质量都

有利。分节高度可视起吊设备能力而定，一般为 2~4m。整体吊装前，应在模板内临时加固，防止吊装时变形。起吊时应多设吊点，使模板受力均匀，图 3-41 所示为圆形桥墩的整体吊装模板，由纵横四根扁担梁起吊，模板靠外侧用铁箍拉紧，由于其刚度较好，故内部未设支撑。

（3）组合钢模板 组合钢模板由各种标准长度（1500mm、900mm、600mm）、宽度（300mm、200mm、100mm）的钢模板及转角模板组成，用定型的连接件将模板组拼成形。它具有体积小、质量轻、运输方便、装拆简单、接缝紧密等优点。尤其是组合钢模板的连接件，不用螺栓而采用 U 形卡及 L 形插销，使安装拆除简化，大大加快了施工进度。组合钢模板宜用于模板可在地面拼装、整体吊装的结构中，也可在结构上分片安装。

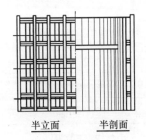
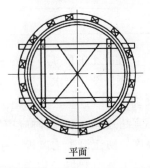

半立面　半剖面

平面

图 3-41　圆形桥墩的整体吊装模板

组合钢模板精度较高，组拼时要求预拼场地平整，宜用砂浆抹平。在使用搬运时必须轻拿轻放，不得抛摔。使用完毕后，要及时清理修整，涂油防锈。存放时要按规格分类堆放，如存放在现场，应用篷布遮盖。

2. 混凝土工程

（1）混凝土材料 桥涵工程一般宜使用硅酸盐水泥或普通硅酸盐水泥。受水流冲刷或冰冻作用部分不得使用火山灰质水泥。对大体积的实体墩台，为减少水化热反应，要优先使用大坝水泥或矿渣水泥，不宜使用快硬和高等级水泥。C50 及以下混凝土的最大水泥用量为 $480kg/m^3$；水泥的强度等级应根据所配制的混凝土等级选定，其与混凝土的强度等级之比对于 C30 及以下的混凝土，宜为 1.1~2.2；对 C35 及以上的混凝土，宜为 0.9~1.5。粗细集料应清洁并具有良好的级配，才能保证混凝土的强度、耐久性及和易性。粗细集料的用量应精确至±2%。拌和用水不得含有影响水泥正常凝结和硬化的有害杂质、油类和糖类，水的用量精确至±1%。

（2）混凝土的搅拌 混凝土应用搅拌机或在搅拌站拌和，以保证质量。桥梁工程常用的搅拌机是自落式搅拌机和强制式搅拌机。强制式搅拌机由于具有较好的拌和质量及较短的拌和时间，得到了越来越广的应用。搅拌机的容量为干装料容量（进料容量），每次搅拌出的混凝土体积称为出料容量。出料容量与进料容量的比值称为制成量系数，一般为 0.65 左右。

混凝土搅拌时间、搅拌设备的台数、投料次序及搅拌机容积的装满程度等，都将直接影响混凝土的质量。搅拌时间太短，混凝土拌和不均，将降低混凝土的强度及和易性。《铁路混凝土工程施工技术规程》（Q/CR 9207—2017）规定的混凝土搅拌时间为全部材料装入搅拌机开始至搅拌结束所用的时间，混凝土延续搅拌时间应根据配合比和搅拌设备情况通过试验确定，但最短搅拌时间不宜少于 2min。另外，冬期施工混凝土搅拌时间宜较常温施工延长 50% 左右。

（3）混凝土的运输 混凝土从搅拌站运到模板中，一般需要进行水平运输、垂直运输和混凝土分配三道工序。混凝土在运输过程中应不发生离析分层、灰浆流失、坍落度变化及凝结等现象。混凝土运输延续时间是指由搅拌机卸出到捣固完毕所需的时间。运输过程中，应采取有效措施保证运至浇筑地点的混凝土仍保持规定的拌合物性能。根据工程经验，混凝土拌合物运输时间限值见表 3-2。墩台混凝土施工常用的输送设备有钢塔架、缆索吊机、起重机及混凝土输送泵车等。

表 3-2　混凝土拌合物运输时间限值　　　　　　　　　（单位：min）

施工时段最高气温/℃	无搅拌运输	有搅拌运输
>30	30	60
≤30，>20	45	75
≤20，>10	60	90
≤10，≥5	60	105
<5	30	60

（4）混凝土的浇筑　浇筑混凝土前，应检查模板的位置和尺寸是否正确，钢筋及预埋件等是否符合设计要求。模板应湿润，必须清除模板内一切杂物并用水冲洗干净。墩台混凝土的浇筑应连续进行，分节施工或因故停工时，必须做好接头处理。混凝土浇筑的自由落体高度不宜超过 2m，超过时应用串筒、溜管或振动溜管等辅助设施进行混凝土浇筑，以减小倾落高度，防止混凝土离析。

混凝土浇筑和捣固应分层进行，分层厚度（指捣实后厚度）应根据搅拌与运输能力、浇筑速度、振捣能力和结构特点等条件确定。泵送混凝土的最大摊铺厚度不宜大于 600mm，其他混凝土最大摊铺厚度不宜大于 400mm，并且应在新浇筑完成的下层混凝土初凝前完成上层混凝土的浇筑。混凝土捣固密实的标志是：混凝土不再下沉，表面平整并浮现一层薄水泥浆，此时应立即停止振捣，否则将造成离析。

为了节约水泥，在实体混凝土墩台中，可以填放抗压强度不低于 30MPa 的片石，填放量不超过全部混凝土体积的 20%。片石应分层竖放且其间距不小于 10cm，石块与模板净距不小于 25cm，最上层片石顶面有不小于 25cm 厚的混凝土。

（5）混凝土的养护　混凝土的养护直接影响其质量。混凝土浇筑完成后应在一段时间内保持适当的温度和湿润状态，以维持良好的硬化条件和防止不正常的收缩。

《铁路混凝土工程施工技术规程》（Q/CR 9207—2017）规定自然养护时，应在混凝土浇筑完毕后 1h 内对混凝土进行保温保湿养护，直至规定的养护时间。操作时，不得使混凝土受到污染和损伤。当环境温度低于 5℃时，禁止对混凝土表面进行洒水养护，但应采取保温、保湿养护。

混凝土拆模后，应及时对新暴露的混凝土表面进行保湿养护。混凝土浇筑完毕后的保温保湿养护的最短时间应满足表 3-3 的规定，洒水次数应以混凝土表面保持湿润状态为度。养护用水应与拌制用水相同。

当混凝土拆模后可能与流动水接触时，养护时间应满足表 3-3 规定的时间，并不得少于 14d，且混凝土的强度应达到设计强度的 75% 以上。当混凝土直接与海水或盐渍土接触时，其强度应达到设计强度，且养护时间不少于 6 周。

表3-3 不同混凝土保温保湿养护的最短时间

水胶比	大气潮湿（RH≥50%），无风，无阳光直射		大气干燥（20%≤RH<50%），有风或阳光直射		大气极端干燥（RH<20%），大风，大温差	
	日平均气温 T/℃	养护时间/d	日平均气温 T/℃	养护时间/d	日平均气温 T/℃	养护时间/d
>0.45	$5≤T<10$	21	$5≤T<10$	28	$5≤T<10$	56
	$10≤T<20$	14	$10≤T<20$	21	$10≤T<20$	45
	$T≥20$	10	$T≥20$	14	$T≥20$	35
≤0.45	$5≤T<10$	14	$5≤T<10$	21	$5≤T<10$	45
	$10≤T<20$	10	$10≤T<20$	14	$10≤T<20$	35
	$T≥20$	7	$T≥20$	10	$T≥20$	28

（6）混凝土拆模 《铁路混凝土工程施工技术规程》（Q/CR 9207—2017）规定，混凝土拆模时的强度应符合设计要求。当设计未提出要求时，应符合下列规定：非承重模板在混凝土强度达到2.5MPa以上，且其表面及棱角不因拆模而受损时，方可拆除。承重模板在混凝土强度符合表3-4的规定后方可拆除。桥梁墩台可根据规范和各部位的受力状态参照执行。

表3-4 混凝土拆模强度要求

结构类型	结构跨径/m	达到混凝土设计强度的百分率（%）
板、拱	≤2	50
	2~8	75
	>8	100
梁	≤8	75
	>8	100
悬臂梁（板）	≤2	75
	>2	100

3. 高桥墩施工

高桥墩适用于通过深沟宽谷或大型水库的公路和铁路桥梁。高桥墩的优点：缩短线路长度，经济性高，提高运营效益，减少日常的维护工作。

高桥墩又有实体墩、空心墩和刚架墩几类，空心墩较为常见。特别是自20世纪70年代以后，较高的桥墩广泛采用空心墩设计。高桥墩的特点是墩高、圬工数量多而且工作面小，施工条件差，因此需要独特的高桥墩施工工艺。

高桥墩的施工设备与普通桥墩基本相同，但模板却与普通桥墩不同，一般有滑升模板、翻升模板、爬升模板等。

（1）滑升模板施工 滑升模板（简称滑模）是用一节模板，连同工作脚手架以整体形式安装在基础顶面，依靠自身的支承和提升系统，在浇筑混凝土的同时，模板也慢慢向上滑升，这样可连续不断地浇筑混凝土。此法施工的墩台整体性好，施工速度快，高处施工安全。缺点是由于使用了半干硬性混凝土，表面质量难以控制。

1）滑模的构造。根据桥墩类型、墩身坡度、截面形状和提升方式的不同，滑模可以设计成不同的形式。这里介绍电动液压千斤顶提升的圆形空心墩滑模的构造。

滑模主要由卸料平台、工作平台、内外模板、内外吊架和提升设备等组成，如图 3-42 所示。下面对各个组成部件的功能加以介绍。

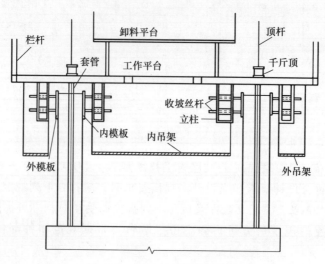

图 3-42　圆形空心墩滑模构造

① 卸料平台。卸料平台由钢环、横梁、立柱、栏杆、步板和串筒等组成，是堆放、浇筑混凝土和起重指挥的作业台。

② 工作平台。工作平台由内外钢环、辐射梁、栏杆和步板等组成，是整个模板结构的骨架。它除了为捣固混凝土、绑扎钢筋、操纵液压系统、测量纠偏、存放部分钢筋和顶杆等施工材料提供场地外，还用它将滑模其他部分互相连接起来，并将整个滑板通过液压千斤顶支承到顶杆上。

③ 内外模板。内外模板采用钢面板、角钢和槽钢制成，分固定模板和活动模板两种。固定模板为焊成整块的模板，如图 3-43a 所示。每块活动模板由 5 块可拆卸的小模板组成，这些小模板的竖带上都焊有螺母，再用螺栓与横带组装在一起，如图 3-43b 所示。活动模板安装在收坡丝杆上，收坡丝杆安装在立柱上，立柱固定在辐射梁上。活动模板则搭接在两块固定模板之间，支承在固定模板的横带上。

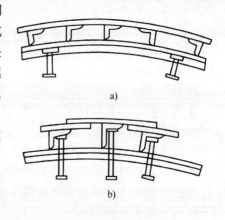

图 3-43　模板
a) 固定模板　b) 活动模板

④ 内外立柱和收坡丝杆。内外立柱安装在辐射梁上，是内外模板的支承。收坡丝杆为一根车有螺纹的螺杆，它穿入焊在立柱上的螺母中固定模板位置，又是控制模板收坡的构件。

⑤ 内外吊架。内外吊架由竖杆、横杆、步板和安全网等组成，为抹面、养护和收坡作业的脚手架。

⑥ 提升设备。提升设备由电动液压千斤顶、顶杆与套管、液压操纵台和输油管路等组

成。顶杆既是液压千斤顶的爬行杆，又是整个模板的支承杆。顶杆用 $\phi25mm$ 圆钢制成，每节长 2~3m，两端分别车有丝扣用来接长，顶杆接头应错开；套管内径应比顶杆稍大，长度应不小于 1.5m，套在顶杆的外面并连接在辐射梁上，随模板上升，其作用是防止混凝土与顶杆黏结，以便桥墩竣工后，回收顶杆；常用的液压千斤顶有三种型号（HQ-30、HQ-35、HQ-40），其工作行程分别为 30mm、35mm 与 40mm，采用的顶杆直径都是 25mm 圆钢，构造相同。HQ 型千斤顶的特点是支承顶杆从千斤顶中心穿入，千斤顶只能上升，不能下降，故又称为穿心式单作用液压千斤顶。施工时将千斤顶底座连接在工作平台辐射梁上，顶杆从上插入千斤顶中心孔内并抵至硬底，接通液压管路，千斤顶即可开始工作。

2）滑模提升。液压千斤顶及其工作原理如图 3-44 所示。

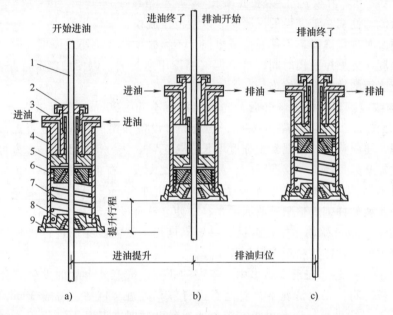

图 3-44　液压千斤顶及其工作原理

1—顶杆　2—行程调整帽　3—缸盖　4—缸筒　5—活塞　6—上卡头
7—排油弹簧　8—下卡头　9—底座

① 进油提升。利用油泵将油压入缸盖与活塞之间，在油压作用之初，上卡头立即卡紧顶杆，使活塞不能向下移动。随着缸盖与活塞间进油量的增加，高压油使缸盖连接缸筒、底座及整个滑模结构一起上升，直至上下卡头顶紧时，提升暂停。此时，弹簧处于完全压缩状态。

② 排油归位。开通回油管路，解除油压，利用排油弹簧推动下卡头使其与顶杆顶紧，同时推动上卡头向上运动将油排出缸筒，在千斤顶及整个滑模位置不变的情况下，使活塞回到进油位置。至此，完成一个提升过程。为了使各液压千斤顶协调一致地工作，应使油泵与各千斤顶用高压油管连通，由操纵台集中控制。

3）滑模收坡。滑模收坡主要靠转动收坡丝杆移动模板，使内、外模板在提升的同时，根据墩内外半径缩小的情况，在辐射方向变更模板位置。在提升过程中，随着墩身直径缩小，模板的周长也相应缩短。因此，固定模板之间的活动模板，相互搭叠（图 3-45），随着墩身截面周长的缩短，模板搭叠范围将不断增大，待搭叠增大至一定限制时，可抽出部分活动模板，再继续提升收坡。

4）施工程序要点如下：

① 组装滑模。在墩位上就地进行组装，组装步骤如下：在基顶定出桥墩中心线，并用墨线弹出内外模板上下口的投影，搭设拼装枕木梁。在枕木梁上先安放内钢环并准确定位。再依次安装辐射梁、外钢环、立柱与收坡丝杆、模板、千斤顶、套管、顶杆及输油管路等。待模板提升 2m 后，再安装内外吊架和安全网。

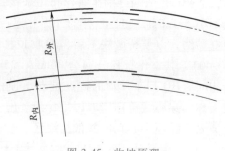

图 3-45　收坡原理

② 浇筑混凝土。滑模施工要求混凝土早强，所以常采用低流动性或半干硬性的混凝土，以便及早脱模，加快提升速度；要分层、分片对称地浇筑，并及时进行捣固，不得漏捣或重捣，不得碰顶杆、钢筋或模板；脱模时，混凝土应达到拆模强度，为缩短脱模时间，可根据气温掺用速凝剂，以便使混凝土早强；脱模后，立即对混凝土表面的缺陷进行修饰。

③ 提升与收坡。当滑模组装好后，先浇筑混凝土 50~70cm，进行试提升（初升）3~5cm，以防止已浇筑的混凝土与模板黏结，检查提升设备和模板各部分是否正常工作，发现问题及时处理，还应检查脱模混凝土强度增长是否正常。认为符合要求时，方可进入正常提升阶段。正常提升是每浇筑一层混凝土，就提升一次模板，在正常情况下，前后两次提升模板时间不超过 1h。提升后模板上口距混凝土面不宜超过 50cm，以防模板走动。随着模板的提升，应转动收坡丝杆，调整墩壁曲面的半径，使之符合设计要求的收坡坡度。

④ 接长顶杆、绑扎钢筋。模板每提升一定高度后，就需要穿插进行接长顶杆、绑扎钢筋及按设计要求做好预留孔和预埋构件等工作。

⑤ 混凝土停工处理。在滑模施工中，工序的改变，或意外事故的发生，会使混凝土浇筑工作停止较长时间，在此情况下，要注意进行停工处理，例如，每隔 30min 提升模板一次，一般提升 3~4 次即可，以免模板与混凝土黏结；同时在混凝土表面插入短钢筋，以加强新老混凝土的连接，复工时要将混凝土表面凿毛并清理干净。

（2）翻升模板施工　翻升模板（简称翻模）由滑模演变而来，将翻模技术引入铁路桥梁施工后，经实际使用，效果良好。翻模由上、中、下三节模板组成，随着混凝土的连续浇筑，下层混凝土达到拆模强度后，由下向上将模板拆除，连续支立，如此往复循环，完成桥墩的浇筑施工。翻模施工技术适用于圆形、圆锥形、矩形等各种截面形式的高桥墩施工。

实际使用中，翻模又分为塔式起重机翻模和液压翻模两类。

1）塔式起重机翻模。施工工序：首先进行模板的设计与制作、塔式起重机的选择及施工测量等工作；然后立模浇筑首节墩身，待混凝土达到强度要求后，进行第二节墩身施工。具体是绑扎钢筋，再组织塔式起重机进行翻模施工。翻模时，保留顶层模板作为翻模的持力部分，然后拆除最下层模板并逐一滑出，利用塔式起重机配合手拉葫芦将模板吊起，并放置在顶层模板相应位置上，通过模板的企口缝和法兰盘与上下层及周边模板相连接。重复以上操作至墩身浇筑完成。

施工要点如下：

① 模板的起吊。模板翻升前，需认真计算每块模板的重心，翻升时，在模板重心位置

挂钩起吊，避免起吊时翻转倾斜或碰撞其他模板造成危险。

② 模板的校立。由于高桥墩施工均在高处作业，立模后对模板的校立比较困难。因此，经过现场的实践总结，在每层模板翻升就位时，应及时穿入对拉杆进行加固，并处理好模板拼缝，调整垂直度，做到层层控制，避免多种偏差积累，同时，要注意模板的扭曲和变形。

③ 墩身混凝土的浇筑。在混凝土施工中要保证混凝土的内部强度与外观质量，以确保墩身混凝土达到内实外美的目的。

④ 模板的拆除。翻模施工中，待浇筑的混凝土达到拆模强度后，可拆除底节两层模板。底层模板采用人工配合手拉葫芦拆除，最上层一节模板不动，作为下一墩段的持力点，手拉葫芦挂在上面，拆除的模板用钢丝绳或手拉葫芦直接吊在最上层一节模板上。当钢筋绑扎完毕后，用塔式起重机将模板安放到位。拆除的模板清除板面上的混凝土后涂刷脱模剂进入下道工序。

2）液压翻模。

① 液压翻模的基本构造：液压翻模的基本结构包括工作平台、提升收坡机构、液压提升系统、吊架和模板等部分，总重一般不超过25t。

② 液压翻模的工作原理：利用液压提升系统提供的工作动力，带动操作平台系统沿支杆往上爬。通过控制液压操作台的滑升与回油，反复进行，使液压千斤顶带动操作平台不断上升。模板翻升利用2t的倒链滑车吊运。

③ 工艺流程：翻模组装→绑扎钢筋→浇筑混凝土，提升平台→模板翻升。

实施作业时，模板的翻升和浇筑混凝土可同时进行，平台就位后再进行立模，立模应先内后外，内模调整到位后再立外模，外模通过撑木和对拉螺栓定位。施工期间穿插进行顶杆接长和混凝土养护等作业。

（3）爬升模板施工 爬升模板（简称爬模）多采用自动液压爬模，具有以下特点：自重轻、刚度大，采用车间组拼，现场安装，利用爬模架上设置的模板悬挂及纵、横向调节系统，效率高；爬模架采用整体爬升，速度快，工人劳动强度低；采用高强度螺栓作为爬模架附墙螺栓，安全性高。

1）工艺原理。自动液压爬模的爬升通过液压油缸对导轨和爬模架交替顶升来实现。导轨和爬模架两者之间可进行相对运动。当爬模架处于工作状态时，导轨和爬模架都支撑在埋件支座上，两者之间无相对运动。退模后在退模留下的爬锥上安装连接螺杆、挂座体及预埋件支座，调整上下轭棘爪方向来顶升导轨，待导轨顶升到位，就位于该预埋件支座上后，操作人员转到下平台，拆除导轨提升后露出的位于下平台处的预埋件支座、锥形接头等。在解除爬模架上所有拉结之后就可以开始进入爬模架升降状态，顶升爬模架。这时候导轨保持不动，调整上下轭棘爪方向后启动油缸，爬模架开始相对于导轨向上运动。通过导轨和爬模架这种交替附墙，互相提升对方，爬模架向上爬升。

2）自动液压爬模构造。自动液压爬模体系的爬升系统主要由预埋件部分、导轨部分、液压系统和操作平台系统组成。

3）自动液压爬模施工。自动液压爬模的施工流程如图3-46所示。

① 架体组装。架体运至现场后，组织专门班组组装，并由技术和安全部门进行施工技术、安全交底。施工时，按照施工图的设计顺序及设计要求进行爬模架的组拼。组装完成后，铺置底笼，外周边兜底，封闭布设安全网。

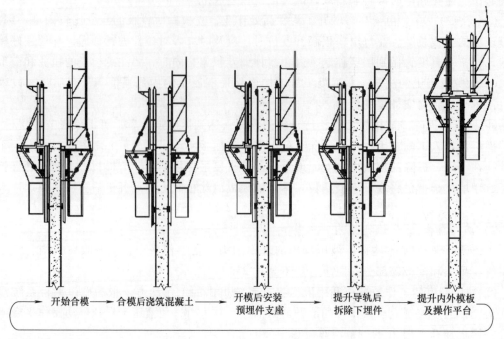

开始合模 → 合模后浇筑混凝土 → 开模后安装
预埋件支座 → 提升导轨后
拆除下埋件 → 提升内外模板
及操作平台

图 3-46　自动液压爬模的施工流程

② 导轨的爬升。混凝土强度达到 10MPa 以上；上部爬升悬挂件安装完成；清洁爬升导轨，导轨表面涂上润滑油；液压油缸上、下顶升装置方向一致向上。

经确认爬升条件具备后，打开液压油缸的进油阀门，启动液压控制柜，拆除导轨顶部插销，导轨开始爬升。

当导轨顶升到位后，从右到左插上爬升导轨顶部插销，以确保锁定装置到位。下降导轨顶部插销与悬挂件完全接触。

导轨爬升完成后，关闭液压油缸进油阀门，关闭控制柜，切断电源。

③ 爬模架架体及模板爬升。清理爬模架上的荷载；改变液压油缸上下顶升弹簧装置状态，使其一致向下；解除塔柱与爬模架的连接件；完成前节段同螺栓孔的修补。

经确认爬模架爬升条件具备后，打开液压油缸的进油阀门，启动液压控制柜，拔去安全插销，开始爬模架爬升。

当爬模架爬升两个行程后，拔除悬挂插销。

3.3.3　拼装式墩台施工

1. 拼装式墩台类型及施工概述

在跨越山谷、险沟、海洋的大桥建设中，由于施工场地狭窄，机械设备难以达到施工现场，或施工条件恶劣不适合现场浇筑等原因，大桥的墩台常采用拼装式墩台。拼装式墩台的优点为结构形式轻便，拼装速度快，不需要大型水上拌和船等大型设备，节省施工造价，并能保证预制构件的质量。

拼装式墩台的施工主要有：

（1）砌块式墩台施工 砌块式墩台施工大体上与石砌墩台相同，只是预制砌块的形式因墩台形状不同而有很多变化。砌块式墩台不仅节约木材、混凝土量和大量预埋件，而且砌缝整齐、美观，施工速度快。

（2）柱式拼装墩台施工 柱式拼装墩台是将桥墩分解成若干轻型部件，在工厂或工地集中预制，再运送到现场拼装形成桥梁。柱式拼装墩台的常用形式有双柱式、排架式、板凳式和刚架式。施工工序为预制构件、安装连接与混凝土养护等。图 3-47 所示为刚架式拼装墩台。

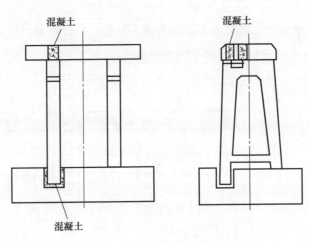

图 3-47 刚架式拼装墩台

1）拼装接头形式。拼装接头是拼装式墩台施工的关键工序，既要牢固安全，又要结构简单，便于施工，常用的拼装接头有：

① 承插式接头。将预制构件插入相应的预留孔内，插入长度一般为 1.2~1.5 倍的构件宽度，底部铺设 2cm 砂浆，四周用半干硬性混凝土填充。该接头常用于立柱与基础的接头连接。

② 钢筋锚固接头。构件上预留钢筋或型钢，插入另一构件的预留槽内，或将钢筋互相焊接，再浇筑半干硬性混凝土。该接头多用于立柱与顶帽处的连接。

③ 焊接接头。将预埋在构件中的预埋件与另一构件的预埋件用电焊连接，外部再用混凝土封闭。这种接头易于调整误差，多用于水平连接杆与主柱的连接。

④ 扣环式接头。相互连接的构件按预定位置预埋环式钢筋，安装时柱脚先坐落在承台的柱芯上，上下环式钢筋互相错接，扣环间插入 U 形短钢筋焊牢，四周再绑扎一圈钢筋，立模浇筑外围接头混凝土。要求上下扣环预埋位置正确，施工较为复杂。

⑤ 法兰盘接头。在相连接构件两端安装法兰盘，连接时用法兰盘连接，要求法兰盘预埋位置必须与构件垂直，接头处可不用混凝土封闭。

2）柱式拼装墩台施工要点。

① 墩台柱构件与基础顶面预留杯形基座应编号，并检查各个墩、台高度和基座高程是否符合设计要求。

② 墩台柱吊入基杯内就位时，应在纵横方向测量，使柱身垂直度或倾斜度以及平面位置均符合设计要求；对重大、细长的墩柱，需用风缆或撑木固定，方可拆除吊钩。

③ 在墩台柱顶安装盖梁前，应先检验盖梁口的预留槽眼位置是否符合设计要求，否则应先修凿。

④ 柱身与盖梁（顶帽）安装完毕并检查符合要求后，可在基柱空隙与盖梁槽眼处灌注稀砂浆，待其硬化后，撤除楔子、支撑或风缆，再在楔子孔中灌填砂浆。

（3）拼装式预应力混凝土墩台施工　拼装式预应力混凝土墩台分为基础、实体墩身和装配墩身三大部分。装配墩身由基本构件、隔板、顶板及顶帽四种不同形式的构件组成，用高强钢丝穿入预留的上下贯通的孔道内，张拉锚固而成。实体墩身是装配墩身与基础的连接段。

拼装式预应力钢筋混凝土墩台施工工序为施工准备、构件预制及墩身装配，其工艺流程如图 3-48 所示。

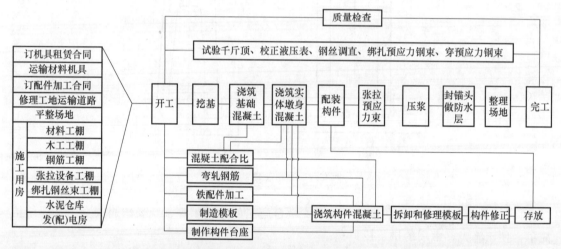

图 3-48　拼装式预应力钢筋混凝土墩台施工工艺流程

施工时应注意以下几点：

1）实体段墩台身浇筑时要按拼装构件孔道的相对位置，预留张拉孔道及工作孔。

2）构件的水平拼装缝采用的水泥砂浆，不宜过干或过稀。砂浆厚度为 15mm 左右，便于调整构件水平高程，不使误差积累。

3）构件起吊时，要先冲洗底部泥土杂物。同时在构件四角孔道内可插入一根钢管，下端露出约 30cm 作为导向。

4）测量纵横向中心线位置，检查中心线无误后方可松开吊钩。

5）进行孔道检查，如孔道被砂浆堵塞无法通开时，只能在墩身内壁的相当位置凿开一个小洞，清除砂浆积块，用环氧树脂砂浆修补。

2. 拼装式桥墩施工关键工序及施工要点

（1）桥墩预制施工工艺流程　桥墩预制施工工艺流程如图 3-49 所示。

（2）桥墩预制要点

1）墩身模板一般选取无拉杆模板，可使墩身美观，混凝土表面密实度高。模板设计为三大部分：底模支架、内模和外模。模板设计要求既要保证一定的强度，又要便于拆装。

2）混凝土施工质量是确保结构耐久性的重要因素，重点要控制好混凝土拌和、浇筑、养护等重要环节，以确保墩柱混凝土外光内实。

3）墩柱混凝土施工应按要求连续进行，并对易腐蚀区涂刷防腐涂料。

（3）预制墩运输　预制场至施工场地的纵向移动采用平台车。运输中应采取固定措施，防止墩身在平移的过程中失稳，同时在起、终点两端动力设备上安装限速装置。构件运至施工场地后，使用起重设备将构件吊放到指定地点。

（4）墩身安装要点

1）承台内墩柱预埋件控制。承台内墩柱预埋件主要有墩柱、墩座预埋钢筋；预制墩柱混凝土短柱下的预埋钢板，在施中应仔细复核测量位置，确保预埋件在承台内，特别是承台顶面的位置、高程、角度要准确。

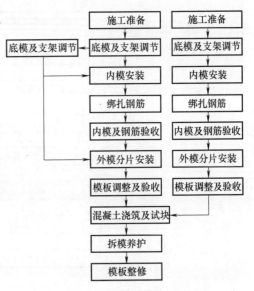

图 3-49　桥墩预制施工工艺流程

2）预制墩柱的吊装定位。墩身精确定位是施工的关键，由于受到一些自然条件的影响，如海上施工，浮吊很难精确地将墩柱安放在设计指定位置，因此，需在承台上预先设置定位导向装置，以确保安装精度。

3）墩柱与承台的连接。墩柱与承台的连接方式有多种，常采用湿接头形式。为减少作业时间，墩柱主筋与承台内预埋钢筋可采用搭接连接，并用水平钢筋加强。预制墩柱临时固定后，绑扎墩座内钢筋，然后浇筑墩座混凝土。

4）在墩柱顶面设置支座垫块来调节墩柱高程。为使主梁支座与梁体密贴，无脱空现象，在支座垫块处预留空隙，用钢楔块将支座与梁底顶紧，在空隙中浇筑水泥砂浆。

5）墩身节段安装过程中，需跟踪测量墩身节段的高程、平面位置和倾斜度，发现偏差时，可在短柱支承面上适当抄垫钢板，从而调整墩身节段平面位置和倾斜度。

（5）湿接缝连接　预制墩身与承台连接常采用现浇混凝土湿接头的方式，即在承台与墩身之间设现浇混凝土墩座，预制墩身与承台的外伸钢筋通过现浇墩座湿接头进行连接，锚固于墩座内。

1）墩座湿接头的施工注意事项。

① 现浇墩座钢筋采用环氧涂层钢筋，施工中容易磕碰破损；现浇承台预埋的墩座环氧钢筋极易锈蚀，需要重新打磨并涂抹环氧涂料。

② 在承台与预制安装的墩身之间，设置支撑短柱，使得现浇的湿接头混凝土受到约束，又因混凝土水化热的作用，引起墩座的体积膨胀，极易在墩座混凝土上出现裂缝。

2）施工工艺。墩座湿接头施工在预制墩身安装之后进行，主要工序包括钢筋绑扎、模板安装、混凝土浇筑及养护等。在承台混凝土浇筑前，根据设计要求在承台顶面预埋钢板，并在预制墩身内预埋导向架钢板，以形成预制墩身的支撑和精确定位。湿接头施工工艺流程如图 3-50 所示。

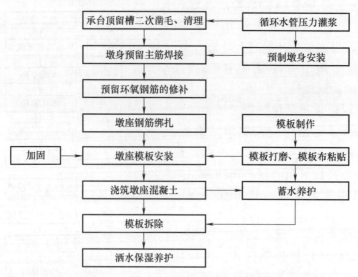

图 3-50 湿接头施工工艺流程

3）墩座湿接头混凝土防裂措施。

① 支墩周围设钢筋架。墩身安装所使用的支墩附近的混凝土是最容易出现裂缝的地方，为避免墩身对支座混凝土的约束应力，在每个支墩的四周设置了三层井子钢筋架。

② 环氧钢筋外侧埋设不锈钢网片。环氧钢筋外侧布设了一圈不锈钢网片，以减少表面收缩裂缝。网片采用钢丝和钢筋骨架绑扎，固定牢靠，避免混凝土浇筑时发生向外偏移的现象。

③ 配合比优化及温控。为了降低水化热，选用适当的混凝土配合比，并在一天中气温较低时浇筑混凝土。浇筑时，应对墩座混凝土进行温度控制，使其内外温差控制在 25℃以内。

3. 拼装式墩台允许偏差

墩台构件安装前必须检查其外形以及构件的预埋件尺寸和位置，其允许偏差不得超过设计规定；构件安装就位完毕后，经检查校正，符合要求后才允许焊接或浇筑混凝土以固定构件；必须在先安装的构件固定和受力较大的接头混凝土达到设计要求的强度后，方可进行分段安装构件的继续安装（一般应达到设计强度等级的 70%）；拼装式墩台完成时的允许偏差为：

1）墩台柱埋入基座的深度和砌块墩台埋置深度，必须符合设计规定。

2）墩台倾斜为 0.3%H（H 为墩台高），最大不得超过 20mm。

3）墩台顶面高程为 ±10mm；墩台中线平面位置为 ±10mm；相邻墩台柱间距为 ±15mm。

思　考　题

1. 墩台的类型有哪些？各有什么特点？

2. 重力式桥墩的构造特点有哪些？

3. 简述滑模和翻模的施工过程。

4. 简述拼装式墩台施工工艺和常用方法。

第 4 章　简支梁桥构造与施工

■ 4.1　简支梁桥的类型及特点

在桥梁发展过程中，简支梁桥是被最早应用的一种结构形式；古人建造的石板桥就是一种简支梁桥，只不过这个梁是一块石板，而非现在常见的混凝土结构。目前，在我国这个交通强国背景下的建筑大国，简支梁依然占据不少的份额。因为简支梁是静定结构，地基变形、温度影响、混凝土收缩徐变、张拉预应力等均不能使其产生附加内力；而且它受力简单，设计计算方便。

简支梁桥的分类有以下几种：

1）按施工方法可分为预制装配式简支梁桥和整体现浇式简支梁桥。

2）按承重结构主要材料可分为钢筋混凝土简支梁桥和预应力混凝土简支梁桥。

3）按截面形式可分为板梁式简支梁桥、肋板式简支梁桥和箱梁式简支梁桥。

1. 不同施工方法简支梁桥的特点

在施工方法上，除了在一些运输困难的地方以及其他特殊情况（如修建斜桥、弯桥、盖板涵等）下采用现场整体浇筑建造外，目前已大量采用预制装配式简支梁桥。预制装配式简支梁桥是指其上部承重结构是在工厂预制场完成，然后运输至桥梁现场进行安装的桥梁。整体现浇式简支梁桥是指其上部承重结构在现场原位就地整体浇筑完成的桥梁。

预制装配式简支梁桥与整体现浇式简支梁桥相比，具有下述主要优点：

1）桥梁构件的形式和尺寸趋于标准化，有利于大规模工业化制造。

2）在工厂或预制场内集中管理进行工业化预制生产，可充分采用先进的半自动或自动化、机械化的施工技术，以节省劳动力和降低劳动强度，提高工程质量和劳动生产率，从而显著降低工程造价。

3）构件的制作不受季节性影响，并且上、下部构造也可同时施工，大大加快桥梁的建造速度，缩短工期。

4）能节省大量支架、模板等的材料消耗。

当然，预制装配式简支梁桥的预制构件也有一些不足，其需要有一定的运输和起重设备来进行运输和安装工作。同时，为了保证全桥的整体性，尚应设计牢靠的接头构造，必要时还需采取"湿接"集整措施。

2. 承重结构主要材料不同的简支梁桥的特点

中小跨径公路桥梁、铁路桥梁或者城市桥梁，大部分是钢筋混凝土或预应力混凝土简支梁桥。钢筋混凝土和预应力混凝土简支梁桥都是采用抗压性能好的混凝土和抗拉能力强的钢筋结合在一起建成的。根据混凝土受预压程度的不同，预应力混凝土结构又可分为全预应力和部分预应力两种。前一种在最大使用荷载下混凝土不出现任何拉应力，后一种则允许发生不超过规定的拉应力值或裂缝宽度，以此改善使用性能并获得更好的经济效益。近年来国外已有在钢筋混凝土梁内部分施加少量预应力以提高梁的裂缝安全度的做法，这就称为预应力钢筋混凝土结构。目前钢筋混凝土简支梁桥在国内外桥梁建筑中仍占有重要的地位。钢筋混凝土是一种具有很多优点的建筑材料。与钢筋混凝土结构的一般特点一样，用此种材料建造的简支梁桥也具有能就地取材、工业化施工、耐久性好、适应性强、整体性好以及美观等各种优点。

第一座钢筋混凝土简支梁桥迄今已有近百年的历史，特别是经过半个多世纪以来的实践，钢筋混凝土结构不但在设计理论方面，而且在施工技术上都发展得比较成熟。目前，使用钢筋混凝土建造的桥梁种类多，数量大，在桥梁工程中占有重要地位。

钢筋混凝土简支梁桥的不足之处是结构本身的自重大，占全部设计荷载（包括恒荷载和活荷载）的 30% ~ 60%，跨径越大，自重所占的比值越大。鉴于材料强度大部分为结构本身的重力所消耗，这就大大限制了钢筋混凝土简支梁桥的跨越能力。

此外，就地浇筑的钢筋混凝土简支梁桥施工工期长，支架和模板要耗损很多木料。

在寒冷地区以及在雨季建造整体式钢筋混凝土简支梁桥时，施工比较困难，如采用蒸汽养护以及防雨措施等，则会显著增加造价。

显然，上述优缺点都是与钢桥、石桥等其他种类的桥梁相比较而言的。为了节约钢材，在我国很少修建公路钢桥，而且建造圬工拱桥又费工费时，还要受到桥位处地形地质的限制。因此，在公路建设中，特别对于公路上最常遇到的跨越中小河流等障碍的情况，需要建造大量中小跨径的钢筋混凝土简支梁桥。对装配式钢筋混凝土简支梁桥而言，在技术经济上合理的最大跨径约为 20m。

预应力混凝土可看作是一种预先储存了足够压应力的新型混凝土材料。对混凝土施加预压力的高强钢筋（或称为力筋），既是加力工具，又是抵抗荷载所引起构件内力的受力钢筋。考虑混凝土与时间相关的收缩和徐变作用会导致相当的预应力损失，故要应用高强材料才能使预应力混凝土获得良好的使用效果。

预应力混凝土简支梁桥除了同样具有前述钢筋混凝土简支梁桥的所有优点外，还有下述重要特点：

1）能最有效地利用现代的高强材料（高强混凝土、高强钢材），减小构件截面，显著降低自重所占全部设计荷载的比例，增大跨越能力，并扩大混凝土结构的适用范围。

2）与钢筋混凝土简支梁桥相比，一般可以节省钢材 30% ~ 40%，跨径越大，节省越多。

3）全预应力混凝土梁在使用荷载下不出现裂缝，即使是部分预应力混凝土梁在常遇荷载下也无裂缝，鉴于能全截面参与工作，梁的刚度就比通常开裂状态下工作的钢筋混凝土梁要大。因此，预应力混凝土梁可显著减小建筑高度，使大跨径桥梁做得轻柔美观。由于能消除裂缝，这就提高了对多种桥型的适应性，并提高了结构的耐久性。

4）预应力技术的采用，为现代装配式结构提供了最有效的接头和拼装手段。根据需要，可在纵向、横向和竖向等施加预应力，使装配式结构集整成理想的整体，这就扩大了装配式桥梁的使用范围，提高了运营质量。

显然，要建造好一座预应力混凝土简支梁桥，要有作为预应力筋的优质高强钢材和可靠保证高强混凝土的制备工艺，同时需要有一整套专门的预应力张拉设备和材质好、制作精度要求高的锚具，并且要掌握较复杂的施工工艺。

综上所述，预应力混凝土具有多种优异性能，特别是20世纪50年代以来，由于材料性能不断改进，设计理论日趋完善，施工工艺的革新创造，用这种新颖材料修建的桥梁获得了很大发展，在桥梁工程中占有更加重要的地位。目前，预应力混凝土简支梁桥的跨径已达 50～70m，例如我国东海大桥非通航孔预应力混凝土简支箱梁的跨径已达 70m。

3. 不同截面形式桥梁的特点

钢筋混凝土与预应力混凝土简支梁桥（包括板桥）具有多种不同的构造类型。对其演变加以分析可以看出，除了从力学上考虑充分发挥材料特性而不断改进桥梁的截面形式外，构件的施工方便以及起重安装设备的能力，也是影响构造形式发生变化的重要因素。

常见的板梁式简支梁桥包括空心板简支梁桥、实心板简支梁桥、矮肋板简支梁桥等；肋板式简支梁桥包括矩形梁简支梁桥、T形梁简支梁桥；箱梁式简支梁桥包括预制装配式小箱梁简支梁桥、单箱单室简支梁桥、单箱多室简支梁桥等。

板梁式简支梁桥承重结构的横截面是近似矩形的截面，如图4-1所示。由于其截面形式简单明确，在小跨梁桥中应用广泛；钢筋混凝土板梁式简支梁桥一般适用于单跨跨径小于10m的桥梁，预应力混凝土板梁式简支梁桥适用于单跨跨径在 10～20m 的桥梁；肋板式简支梁桥（图4-2）是在板梁式简支梁桥截面的基础上，将梁下缘受拉区混凝土很大程度地挖空，从而显著减轻了结构自重，跨越能力得到提高；箱梁式简支梁桥截面（图4-3）提供了能承受正、负弯矩的足够的混凝土受压区，抗弯、抗扭能力强，因而更适用于较大跨径的悬臂梁桥和连续梁桥。

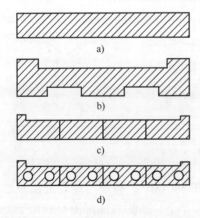

图 4-1 板梁式简支梁桥截面形式

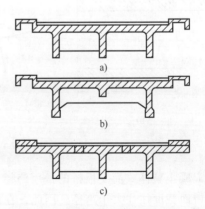

图 4-2 肋板式简支梁桥截面形式

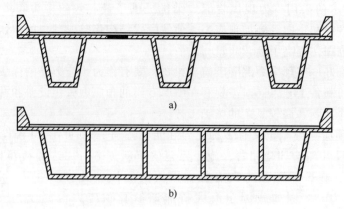

图 4-3　箱梁式简支梁桥截面形式

■ 4.2　简支梁桥的构造

4.2.1　板梁式简支梁桥的构造

板梁式简支梁桥因在建成后外形像一块薄板，故习惯称为板桥。板桥的优点是建筑高度小，适用于桥下净空受限制的情况。它的外形简单，制作方便，既便于现场整体浇筑，又便于工厂化成批生产，并且装配式板桥构件的质量轻，架设方便。板桥的主要缺点是跨径不宜过大。

从结构静力体系来看，板桥可以分为简支板桥、悬臂板桥和连续板桥三种。本节重点介绍简支板桥的构造与设计。

1. 整体式简支板桥的构造

整体式简支板桥一般做成实体式等厚度的矩形截面，如图 4-4a 所示。为了减轻自重也可做成肋板式截面，如图 4-4b 所示。图 4-4c、d 所示为常见的城市高架桥的板桥截面形式。

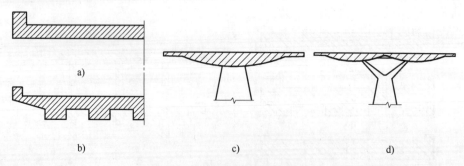

图 4-4　整体式简支板桥截面形式

钢筋混凝土整体式简支板桥的常用跨径一般在 8m 以下，板厚与跨径之比一般为 1/16 ~ 1/12，其桥面宽度往往大于跨径。因此，在荷载作用下，桥面板实际上呈双向受力状态，即除板的纵向产生正弯矩外，横向也产生较大的弯矩。因此当桥面板宽度较大时，除配置纵向的受力钢筋外，尚应计算配置板的横向受力钢筋。

整体式简支板桥行车道的主钢筋直径应不小于12mm，间距应不大于20cm，一般也不宜小于7cm；两侧边缘板带的主钢筋数量宜较中间板带（板宽2/3范围内）增加15%；分布钢筋直径不小于8mm，间距不应大于25cm，并且单位板长的截面面积一般不应少于主钢筋面积的15%。

为保证混凝土结构在设计年限内具有足够的耐久性，混凝土内的钢筋不被腐蚀，应保证混凝土保护层的厚度和密实性。在一般环境条件下，板的主钢筋与板缘间的净距（即保护层厚度）应不小于3cm，对于有侵蚀环境的情况，保护层应进一步增厚。

图4-5所示为一座6m跨径的钢筋混凝土整体式简支板桥构造，桥面净宽为8.5m+2×0.25m，按汽车-20级，挂车-100级设计。该桥计算跨径为5.69m，板厚36cm，纵向主钢筋采用Ⅱ级钢筋，直径为20mm，分布钢筋采用Ⅰ级钢筋，直径为10mm，间距为20cm，主钢筋两端呈45°弯起。

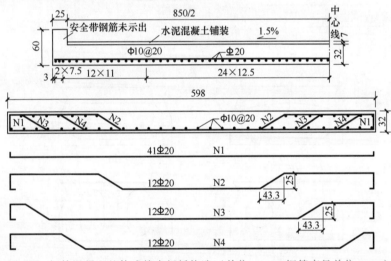

图4-5　钢筋混凝土整体式简支板桥构造（单位：cm；钢筋直径单位：mm）

2. 装配式简支板桥的构造

装配式简支板桥的横截面形式主要有实心板和空心板两种。

（1）矩形实心板桥　矩形实心板桥具有形状简单、施工方便、建筑高度小等优点，一般使用跨径为1.5~8m，板高为0.16~0.36m，常用的桥面净空有净-7、净-9两种。

图4-6所示为一标准跨径6m，荷载等级为原汽车-20级，挂车-100级的装配式钢筋混凝土矩形实心板桥构造。该桥预制板混凝土强度等级为C25，纵向主筋用直径18mm的Ⅱ级钢筋，箍筋用直径6mm的Ⅰ级钢筋，架立钢筋用直径8mm的Ⅰ级钢筋，预制板安装就位后，在企口缝内填筑强度等级比预制板高的小石子混凝土，并浇筑厚6cm的C25水泥混凝土铺装层使之连成整体。块件吊点设置在距端头50cm处。

（2）空心板桥　当跨径增大时，便采用空心板截面，它不仅能减轻自重，而且能充分利用材料。空心板的开孔形式如图4-7所示。图4-7a和b为单孔，挖空率大，质量轻，但顶板需配置横向受力钢筋来承担荷载的作用，其中图4-7a中顶部略呈拱形，可以节省一些钢筋，但模板较复杂；图4-7c和d为双孔，其中图4-7c为双圆孔，施工时可用无缝钢管（或充气囊）作为芯模，但挖空率小，自重较重，图4-7d中的芯模则由两个半圆和两块侧模板组成，当板的厚度改变时，只需改变侧模板高度即可。

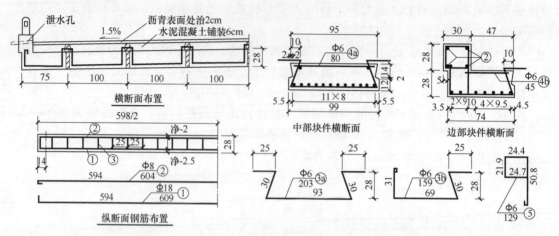

图4-6 装配式钢筋混凝土矩形实心板桥构造（单位：cm）

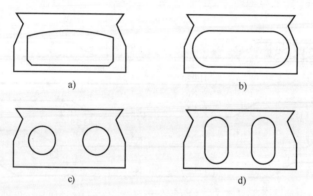

图4-7 空心板的开孔形式

装配式钢筋混凝土空心板桥常用跨径为6～13m，板厚为0.4～0.8m；装配式预应力混凝土空心板桥适用的跨径为8～20m，板厚为0.4～0.85m。空心板横截面的最薄处不得小于7cm，以保证施工质量和承载的需要。

图4-8所示为标准跨径8m的装配式钢筋混凝土空心板桥的钢筋布置，桥面宽为2×（净-11.0）m，荷载等级为汽车-超20级，挂车-120级，板全长7.96m，计算跨径7.70m，板厚40cm，横截面采用双圆孔，半径18cm，采用C40混凝土预制，每板块底层配8根Ⅱ级直径25mm主筋，板顶面配置3根Ⅰ级直径8mm钢筋，用以承担剪力的箍筋N5和N6做成开口式，待立好芯模后，再与其上的横向钢筋N4相绑扎，组成封闭式的箍筋。

图4-9所示为跨径13m的装配式先张法预应力混凝土空心板桥的钢筋布置，板桥采用Ⅳ级冷拉预应力钢筋作为主筋，预应力钢筋端部配置螺旋筋，以加强自锚作用，为了承受预应力钢筋的张拉在板上缘产生的拉应力，板端顶面加倍配置了非预应力筋。支点附近剪力较大，箍筋须加密加粗。

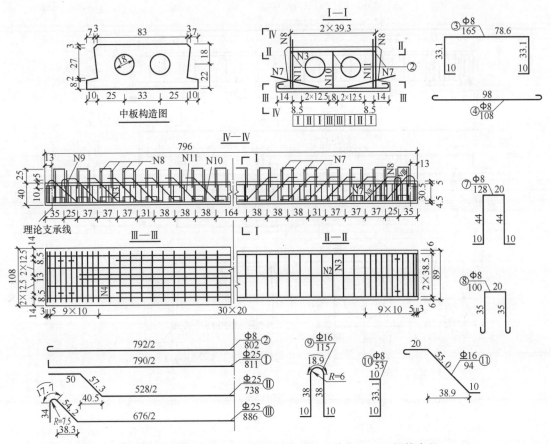

图 4-8　装配式钢筋混凝土空心板桥的钢筋布置（单位：cm；钢筋直径：mm）

（3）装配式板桥的横向连接　装配式板桥板块之间必须采用横向连接构造，以保证板块共同承担荷载作用。常用的横向连接方式有企口混凝土铰连接和钢板焊接连接。

企口混凝土铰连接形式有圆形、漏斗形和菱形三种，如图 4-10a～c 所示。它是在块件安装就位后，在铰缝内用 C25～C40 细集料混凝土填实而成；如果要使桥面铺装层也参与受力，也可以将预制板中的钢筋伸出，与相邻板的同样钢筋互相绑扎，再浇筑在铺装层内，如图 4-10d 所示。

实践证明：企口混凝土铰连接能保证传递横向剪力，使各块板共同受力。但近年随着车辆荷载的不断增加，企口缝的施工质量较难控制，在长期车道荷载作用下容易损坏，导致单板受力现象。目前设计时逐渐将企口缝改为湿接缝。

由于企口缝内的混凝土需要养护一段时间才能通车，当需要加快工程进度、提前通车时也可采用钢板连接，如图 4-11 所示。具体做法是将钢板 N1 焊在相邻两块件的预埋钢板 N2 上。连接构造的纵向中距通常为 80～150cm，跨中部分布置较密，向两端支点处逐渐减疏。

4.2.2　肋板式（肋梁式）简支梁桥的构造

混凝土肋梁桥具有受力明确、构造简单、施工方便等优点，是中小跨径桥梁中应用最广的桥型。

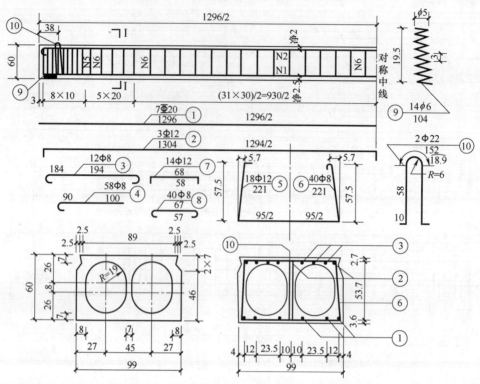

图 4-9　装配式先张法预应力混凝土空心板桥的钢筋布置（单位：cm；钢筋直径：mm）

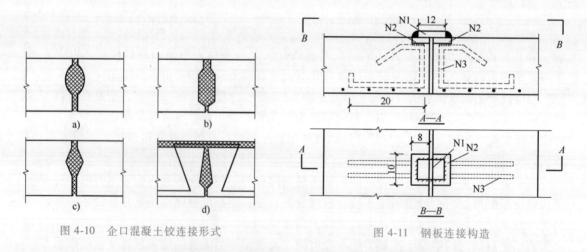

图 4-10　企口混凝土铰连接形式　　　　　图 4-11　钢板连接构造

　　肋板式简支梁桥的上部由主梁、横隔梁、桥面板、桥面构造等部分组成。主梁是桥梁的主要承重结构；横隔梁保证各根主梁相互连成整体，以提高桥梁的整体刚度；主梁的上翼缘构成桥面板，组成行车（人）平面，承受车辆（人群）荷载的作用。这类桥梁可采用整体现浇和预制装配两种不同的方式进行施工。

　　1. 整体式简支梁桥的构造

　　整体式简支梁桥在城市立交桥中应用较广泛，具有整体性好、刚度大、易于做成复杂形状等优点，多数在桥孔支架模板上现场浇筑，个别也有整体预制、整孔架设的情况。

常用的整体式 T 形简支梁桥横截面如图 4-12 所示。在保证抗剪、稳定的条件下，主梁的肋宽为梁高的 1/7~1/6，但不宜小于 16cm，以利于浇筑混凝土；当肋宽有变化时，其过渡段长度不小于 12 倍肋宽差。主梁高度通常为跨径的 1/16~1/8。为了减小桥面板的跨径（一般限制在 2~3m），还可以在两根主梁之间设置次纵梁，如图 4-12b 所示。为了合理布置主钢筋，梁肋底部可做成马蹄形。

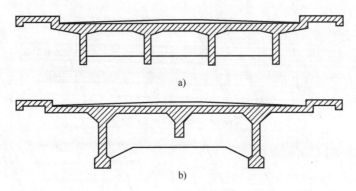

图 4-12　整体式 T 形简支梁桥横截面

整体式简支梁桥桥面板的跨中板厚不应小于 10cm。桥面板与梁肋衔接处一般都设置承托结构，承托长高比一般不大于 3。

2. 装配式简支梁桥的构造

装配式简支梁桥具有建桥速度快，工期短，模板支架少等优点。

装配式简支梁桥主梁的横截面形式可分为 Π 形（图 4-13a）、T 形（图 4-13b~d）和箱形（图 4-13e）三种。

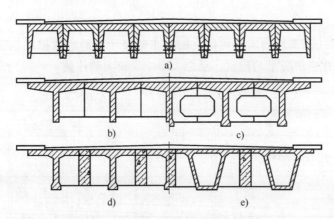

图 4-13　装配式简支梁桥主梁的横截面形式

Π 形主梁的特点是截面形状稳定，横向抗弯刚度大，块件堆放、装卸方便，但当跨径较大时，混凝土和钢的用量较大，横向联系较差，现在已很少采用。

装配式 T 形简支梁桥是使用最为普遍的结构形式，其优点是制造简单，整体性好，接头也方便。

图 4-14 所示为一座装配式钢筋混凝土 T 形简支梁桥的构造，该桥桥面宽度为（净-9）+ 2×1.0m 人行道，荷载等级为原汽车-20 级，挂车-100 级。梁的全长为 19.96m，计算跨径为 19.50m，主梁高度为 1.50m，全桥设置 5 道横隔板。

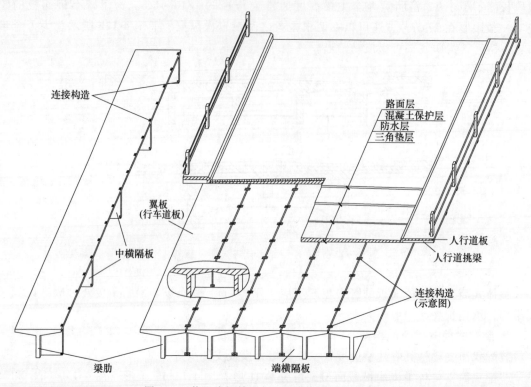

图 4-14　装配式钢筋混凝土 T 形简支梁桥的构造

（1）主梁

1）构造。表 4-1 为常用的装配式简支梁桥主梁尺寸的经验数据。其变化范围较大，跨径较大时梁的高跨比应取较小的比值，反之，则应取较大的比值。

表 4-1　常用的装配式简支梁桥主梁尺寸的经验数据

桥 梁 类 型	适用跨径/m	主梁间距/m	主梁高度/m	主梁肋宽度/m
钢筋混凝土简支梁	$8 < l < 20$	$1.5 \sim 2.2$	$h = \left(\dfrac{1}{18} \sim \dfrac{1}{11} \right) l$	$b = 0.16 \sim 0.20$
预应力混凝土梁	$20 < l < 50$	$1.8 \sim 2.5$	$h = \left(\dfrac{1}{25} \sim \dfrac{1}{14} \right) l$	$b = 0.18 \sim 0.20$

主梁梁肋厚度在满足抗剪要求下可适当减小，但梁肋太薄时，混凝土不易振捣密实。梁肋端部 2.0~5.0m 范围内可逐渐加宽，以满足抗剪和安放支座的要求。对于预应力主梁梁肋，一般做成马蹄形，端部宽度尚应满足预应力锚具布置的要求。

当吊装质量允许时，主梁间距采用 1.8~2.2m 为宜。过去，我国比较多地采用主梁间距为 1.6m。在编制有主梁间距为 2.2m 的标准图（如 JT/GQS 025—1984）中，其预制宽度为

1.6m，吊装后接缝宽为60cm。

图4-15所示为一根标准跨径为20m的T形主梁钢筋骨架构造，每根梁内主筋为8根直径32mm的Ⅱ级钢筋。其中最下层的4根N1将通过梁端支承中心，其余8根则按梁的抗剪要求从不同位置弯起。设在梁顶部的Φ22架力钢筋在梁端向下弯起并与主筋N1相焊接。箍筋采用Φ8@140，但在支座附近加倍。附加斜筋采用直径16mm的Ⅱ级钢筋，其具体位置要通过计算确定。防收缩钢筋采用直径8mm的Ⅰ级钢筋，按下密上疏的要求布置。所有钢筋的焊缝均为双面焊。

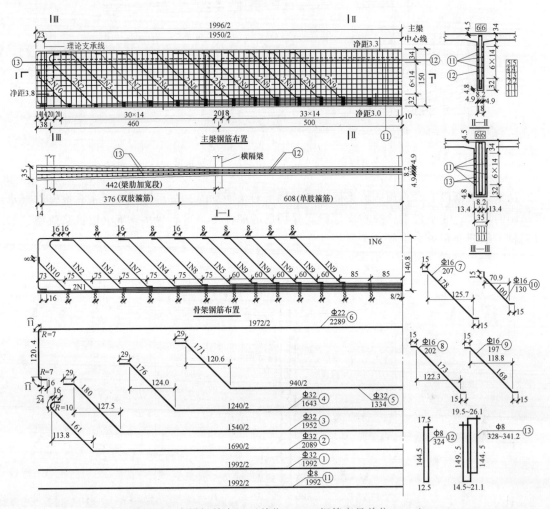

图4-15 主梁钢筋布置（单位：cm，钢筋直径单位：mm）

2）预应力筋的布置。预应力束筋的布置形式与桥梁结构体系、受力情况、构造形式、施工方法都有密切关系。图4-16a所示为后张法预应力混凝土简支梁中常用的预应力筋布置，束筋锚固在梁端；当梁跨径较大或梁高受限制时，可采用图4-16b的形式布置，将部分预应力筋弯出梁顶，这样不仅有利于抗剪，而且在梁拼装完成后，在桥面上进行二次张拉，可防止梁上缘开裂。

从梁体立面上看，预应力束筋应布置在束界界限内，以保证梁的任何截面在弹性工作阶段时，梁的上、下缘应力不超过规定值。束筋一般在梁端三分点处起弯，同时考虑横截面的位置及锚固位置，具体多在第一道横隔板附近起弯，弯起角度不宜大于 20°，对于图 4-16b 中弯出梁顶的束筋，其弯起角通常都在 20°～30°，应采取措施减小摩阻损失。

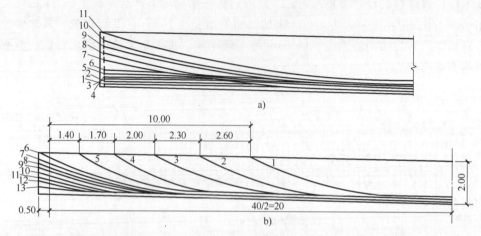

图 4-16 预应力混凝土简支梁中常用的预应力筋布置（单位：m）

从梁体横断面上看，预应力束筋在满足构造要求的同时，应尽量互相紧密靠拢，以减小下马蹄的尺寸，减小自重，并在保证梁底保护层的前提下，重心尽量靠下，以提高效率，节省钢材。横断面预应力束筋和普通钢筋布置如图 4-17 所示。

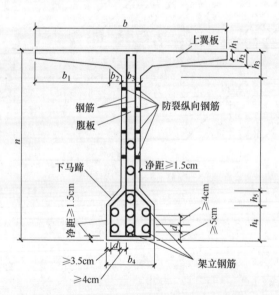

图 4-17 横断面预应力束筋和普通钢筋布置

（2）桥面板及横向连接构造

1）桥面板构造。装配式简支梁桥桥面板（翼缘板）一般采用变厚形式，其厚度随主梁间距而定，翼缘根部（与梁肋衔接处）的厚度应不小于梁高的 1/12，边缘厚度不宜小于 6cm。主梁间距小于 2.0m 的铰接梁桥，板边缘厚度可采用 8cm（桥面铺装不参与受力）或

6cm（桥面铺装通过预埋的连接钢筋与翼缘板共同受力）；主梁间距大于 2.0m 的刚接梁桥，桥面板的跨中厚度一般不小于 15cm，边缘板边厚度不小于 10cm。

2）桥面板横向连接构造。预制 T 形主梁吊装就位后，当设有横隔梁时，必须借助横隔梁和翼缘板的接头将所有主梁连接成整体。对于少横隔梁的主梁，应在翼缘板上加设接头和加强桥面铺装，使横向连成整体。因此接头应有足够的强度以保证结构的整体性，以及在运营过程中安全承受荷载的反复作用和冲击作用而不发生松动。

常用的桥面板（翼缘板）横向连接有焊接接头和湿接接头两种。焊接接头是翼缘板间用钢板连接，接缝处铺装混凝土内放置上下两层钢筋网，如图 4-18 所示；湿接接头通过一定措施将翼缘伸出钢筋连成整体，在接缝铺装混凝土内再增补适量加强钢筋，如图 4-19 所示。

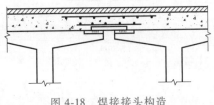
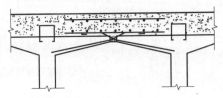

图 4-18　焊接接头构造　　　　　　　　图 4-19　湿接接头构造

（3）横隔梁及横向连接构造

1）横隔梁的构造。横隔梁刚度越大，梁的整体性越好，在荷载作用下各主梁越能更好地共同受力。端横隔梁是必须设置的，跨内的横隔梁将根据跨径的大小每隔 5.0～10.0m 设置一道。

从运输和安装的稳定性考虑，通常将端横隔梁做成与梁同高。内横隔梁的高度一般为主梁梁肋高度的 70%～90%。预应力梁的横隔梁常与马蹄的斜坡下端齐平，其中部可挖空，以减轻质量和利于施工，参见图 4-13c。横隔梁的厚度一般为 15～18cm，为便于施工脱膜，一般做成上宽下窄和内宽外窄的楔形。

图 4-20 所示为装配式 T 形简支梁桥内梁横隔板钢筋布置，在每一块横隔板的上缘布置两根受力钢筋（N1），下缘配置 4 根受力钢筋（N1），采用钢板连接成骨架，接头钢板设在横隔梁的两侧，同时在上下钢筋骨架中加焊锚固钢板的短钢筋（N2、N3），端横隔梁靠墩台一侧，因不好施焊可不做钢板接头，钢板厚一般不小于 10mm，箍筋则承受剪力。

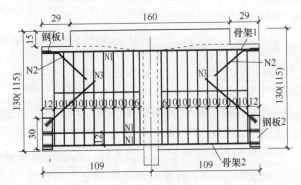

图 4-20　装配式 T 形简支梁桥内梁横隔板钢筋布置（单位：cm）

2）横隔梁横向连接的构造。横隔梁常用的横向连接有：

① 钢板焊接连接如图 4-21a 所示。它也是图 4-19 所示结构相应的横隔梁接头布置。

② 扣环连接如图 4-21b 所示。先在横隔梁预制中预留钢筋扣环 A，安装时在相邻构件的扣环两侧再安上接头扣环 B，在形成的圆环中插入短分布钢筋后，现浇混凝土封闭接缝。

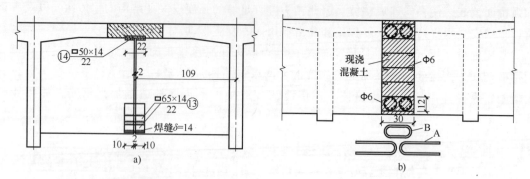

图 4-21　装配式横隔板接头（单位：cm；钢筋直径：mm）

a）横隔板钢板接头　b）装配式横隔板扣环接头

3. 组合梁桥的构造

组合梁桥也是一种装配式的桥跨结构，即用纵向水平缝将桥梁的梁肋部分与桥面板（翼缘板）分隔开来，使单梁的整体截面变成板与肋的组合截面。施工时先架设梁肋，再安装预制板（有时采用微弯板以节省钢筋），最后在接缝内或连同在板上现浇一部分混凝土使结构连成整体。目前国内外采用的组合梁桥有两种形式：工字形组合梁桥（图 4-22a、b）和箱形组合梁桥（图 4-22c）。前者适用于混凝土简支梁桥，后者则适用于预应力混凝土简支梁桥。其优点在于可以显著减轻预制构件的质量，便于集中制造和运输吊装。

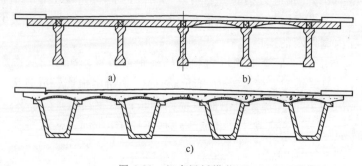

图 4-22　组合梁桥横截面

在组合梁桥中，梁与现浇板的结合面处，板的厚度不应小于 15cm；当梁顶伸入板中时，梁顶以上板的厚度不应小于 10cm。

组合梁是分阶段受力的，在架设梁肋后，所有事后安装的预制板和现浇桥面混凝土（甚至现浇横隔梁）的重力，连同梁肋本身的自重，都要由尺寸较小的预制梁肋来承受。这与装配式 T 形梁由主梁全截面来承受全部恒荷载不同，因而组合梁梁肋的上下缘应力远大于 T 形梁上下缘的应力。图 4-23 示出了装配式 T 形梁与组合梁的跨中截面在恒荷载+活荷载工况下的截面应力图比较。

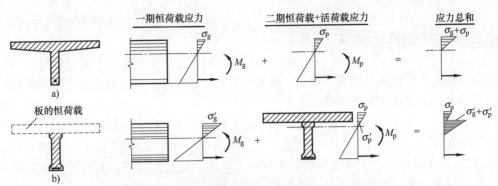

图 4-23　装配式 T 形梁与组合梁的应力图比较

现行的预应力混凝土工字形组合梁（斜）桥标准图，跨径有 20m、30m、40m 三种，荷载等级有原汽车-20 级、挂车-100 级和汽车-超 20 级、挂车-120 级两种，斜交角有 0°、15°、30°、45° 等。

图 4-24 所示为一座五片式预应力混凝土工字形组合梁桥构造。该桥的跨径为 20m，荷载等级为汽车-20 级，挂车-100 级，桥面宽为（净-9）+2×1.0m。先预制 C50 工字形梁和桥面底板，吊装就位后，再现浇 C30 横隔板和桥面板。

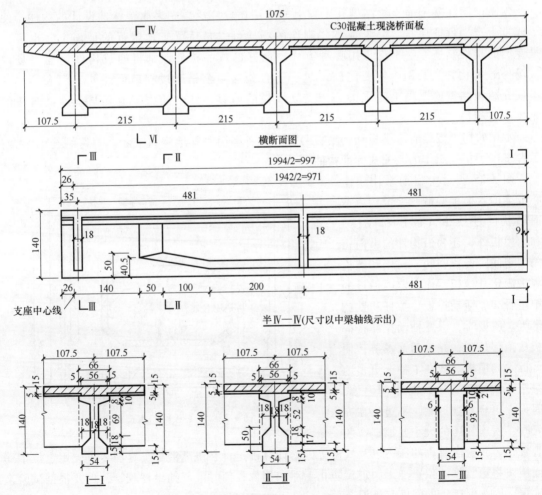

图 4-24　工字形组合梁桥构造（单位：cm）

■ 4.3 预制安装法施工技术

当同类桥梁跨数较多、桥墩又较高、河水或沟壑又较深时，通常将桥跨结构用纵向竖缝划分成若干个独立的构件，放在桥位附近专门的预制场地或者工厂进行成批制作，然后将这些构件适时地运到桥孔处进行安装就位，通常把这种施工方法称为预制安装法。它的优缺点如下：

1）优点：桥梁的上、下部结构可以平行施工，使工期大大缩短；无须在高处进行构件制作，质量容易控制，可以集中在一处成批生产，从而降低工程成本。

2）缺点：需要大型的起吊、运输设备，此项费用较高。由于在构件与构件之间存在拼接纵缝，例如简支T形梁之间的横隔板接头，施工时需搭设吊架才能操作，故比较麻烦；显然，拼接构件的整体工作性能不如就地浇筑法。

4.3.1 预制梁体施工方法概述

1. 预制钢筋混凝土简支梁的制作工艺

预制钢筋混凝土简支梁结构在工程上的应用比较广泛，它多属于标准设计的构件，便于成批生产，保证质量，降低成本。制作的场地可以是桥梁工地附近的地面上，也可以是专门的构件制造厂。不论采用哪种方式预制好的成品构件，都得通过构件运输（场内或场外）和构件安装两个重要的施工过程。有关这两个施工过程后面还要专门介绍。这里仅介绍预制钢筋混凝土简支梁关于支立模板的内容，其余的施工流程与就地浇筑法的相关内容相仿。

常用的构件模板有木模板和钢模板两种。前者多用于就地浇筑或者非等跨结构的场合；后者多用于预先制作的装配式标准构件。

图 4-25 所示为目前常用于空心板梁的木模板构造。除了构成截面形状的外模板（侧模和底模）和内模板外，还要沿构件的纵向每隔一定间距设置竖肋、衬档和螺栓等来固定外模板，而固定内模板的则用骨架、活动撑板、拉杆和铁铰链等。脱模时，只要抽动拉杆将撑板从顶部拉脱，并借助铁铰链，便可拆除内模板。现在工程上更多地采用充气橡胶管来代替木制内模，因为它更容易被拆除，不过，在充气时，所施气压的大小要根据橡胶

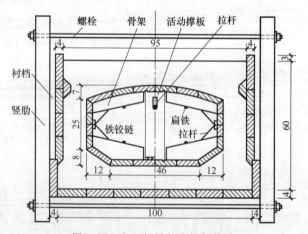

图 4-25　空心板梁的木模板构造

管管径、新筑混凝土的压力以及气温等因素计算确定；在浇灌混凝土之前要事先用定位钢筋或压块将橡胶管的位置加以固定，防止上浮和偏位；何时泄气抽出橡胶管，也要根据试验来确定，因为混凝土的强度与气温有关。

图 4-26 所示为用于制造 T 形梁的装拆式钢模板构造，它同样是除了用于截面成形的钢壳板以外，还要用角钢做成水平肋、竖向肋、斜撑、直撑、固定侧模用的顶部和底部拉杆等部件来固定模板位置。不论采用何种模板，均需在浇筑混凝土之前，在模板的内表面涂隔离剂，如石灰乳浆、肥皂水或废机油等，以防止壳板与混凝土粘连。

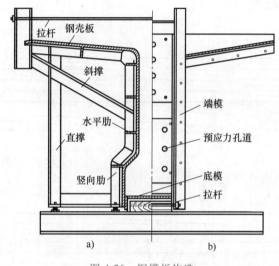

图 4-26　钢模板构造

2. 先张法预应力混凝土简支梁的制作工艺

先张法预应力混凝土简支梁的制作工艺是在浇筑混凝土之前先进行预应力筋的张拉，并将其临时固定在张拉台座上，然后进行后续施工，待混凝土达到规定强度（但不得低于设计强度的 70%）时，逐渐将预应力筋松弛，利用预应力筋回缩和与混凝土之间的黏结作用，使构件获得预应力。下面仅介绍它的制造工艺特点。

（1）台座

1）墩式台座。墩式台座是靠自重和土压力来平衡张拉力所产生的倾覆力矩，并靠土壤的反力和摩擦力来抵抗水平位移。台座由台面、承力架、横梁和定位钢板等组成，如图 4-27 所示。台面有整体式混凝土台面和装配式台面两种，它是制梁的底模。承力架承受全部的张拉力，横梁是将预应力筋张拉力传给承力架的构件，它们都须进行专门的设计计算。定位钢板用来固定预应力筋的位置，其厚度必须保证承受张拉力后具有足够的刚度。定位钢板上的圆孔位置则按构件中预应力筋的设计位置确定。

2）槽式台座。当现场地质条件较差，台座又不是很长时，可以采用由台面、传力柱、横梁、横系梁等构件组成的槽式台座，如图 4-28 所示。传力柱和横系梁一般用钢筋混凝土做成，其他部分与墩式台座相同。

（2）预应力筋的放松　当混凝土达到了预期的强度以后，就要从台座上将预应力筋的张拉力放松，逐渐将此力传递到混凝土构件上。放松的方法有多种，下面仅介绍常用的两种方法。

1）千斤顶放松：首先要在台座上重新安装千斤顶，先将预应力筋稍张拉至能够逐步扭松端部固定螺母的程度，然后逐渐放松千斤顶，让钢筋慢慢回缩完毕为止（图 4-29）。

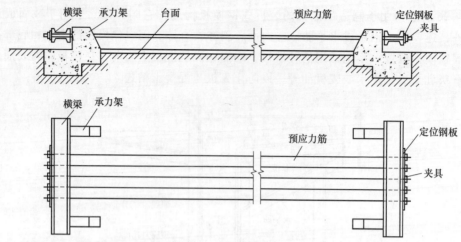

图 4-27　墩式台座构造

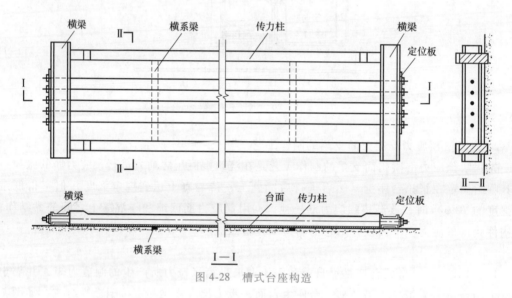

图 4-28　槽式台座构造

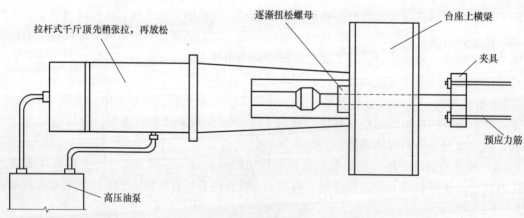

图 4-29　千斤顶放松

2）砂筒放松：在张拉预应力筋之前，在承力架和横梁之间各放一个灌满被烘干过的细砂子的砂筒（图4-30）。张拉时筒内砂子被压实。当需要放松预应力筋时，可将出砂口打开，使砂子慢慢流出，活塞徐徐顶入，直至张拉力全部放松为止。本法易于控制放松速度，故应用较广。

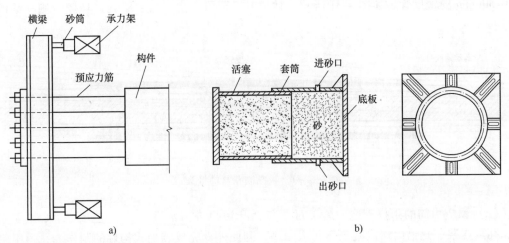

图4-30　砂筒放松

（3）张拉程序　先张法预应力筋的张拉应符合设计要求，若设计无规定时，其张拉程序可按表4-2进行。

表4-2　先张法预应力筋张拉程序

预应力筋种类	张 拉 程 序
钢筋	$0\rightarrow$初应力$\rightarrow1.05\sigma_{k}$（持荷2min）$\rightarrow0.9\sigma_{k}\rightarrow\sigma_{k}$（锚固）
钢丝、钢绞线	对于夹片式具有自锚性能的锚具： 普通松弛预应力筋：$0\rightarrow$初应力$\rightarrow1.03\sigma_{k}$（锚固） 低松弛预应力筋：$0\rightarrow$初应力$\rightarrow\sigma_{k}$（持荷2min锚固）

注：表中σ_{k}为张拉时的锚下控制应力。

为了避免台座承受过大的偏心力，应先张拉靠近台座截面重心处的预应力筋。

3. 后张法预应力混凝土简支梁的制作工艺

普通钢筋混凝土简支梁构件的预制较为简单，就是在地面专门的场地上进行预制施工，然后堆放在场地的一侧，等待运到桥孔处进行安装。后张法预应力混凝土简支梁构件的预制过程也基本相同，不同之处主要有两点：第一，在绑扎钢筋成形的同时，要按照设计图中的位置布设制孔器，即在混凝土构件中预留孔道，供以后预应力筋的穿入；第二，当完成混凝土养护和拆除模板后，按照设计图中所规定的混凝土龄期强度，将制备好的预应力筋穿入孔道中，完成张拉过程。由于它是在完成混凝土构件的制作之后再施加预应力，故把这种构件称为后张法预应力混凝土预制构件。

（1）预应力孔道的成形　在梁体内预留预应力孔道所用的制孔器目前主要有四种，即铁皮管、金属波纹管、塑料波纹管和橡胶管。前三种制孔器按预应力筋设计位置和形状固定在钢筋骨架中，本身便是孔道。橡胶管制孔器也按设计位置固定在钢筋骨架中，待混凝土抗压强度达到 4~8MPa 时，再将制孔器抽拔出以形成孔道。为了增加橡胶管的刚度和保证位置的准确性，需在橡胶管内设置圆钢筋（又称为芯棒），以便在先抽出芯棒之后，橡胶管易从梁体内拔出。对于曲线束筋的孔道，则用两段橡胶管在跨中对接，对接接头处套一段长为300~500mm 的铁皮管，如图 4-31 所示。抽拔时，该段铁皮管留在梁内，橡胶管则从梁的两端抽拔出来。

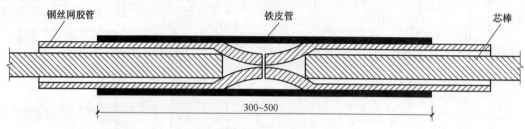

图 4-31　橡胶制孔器的接头

（2）预应力筋的张拉　这一施工过程包括孔道检查与清洗、穿预应力筋、张拉预应力筋、孔道压浆、封锚固端混凝土等几道工序，到此才算完成装配式构件的制作。孔道压浆的目的是保护预应力筋不受锈蚀，并使预应力筋与梁体的混凝土黏结成整体，共同受力，从而减轻锚具的受力。用混凝土封固端部锚头除了达到防止锈蚀的目的外，还有为了保持锚塞或者夹片不因在汽车运营中而被松动，造成滑丝危险的作用。这里简单地介绍一下张拉预应力筋所使用的几种设备。

1）锥锚式千斤顶。图 4-32 所示为 TD-60 型锥锚式三作用千斤顶的构造和张拉装置。这种千斤顶具有张拉、顶锚和退楔块三种功能，适用于锥形锚具的钢丝束。千斤顶的工作靠高压油泵的进油与回油来控制，施加预应力的大小靠油表读值及预应力筋延伸率的大小来控制。

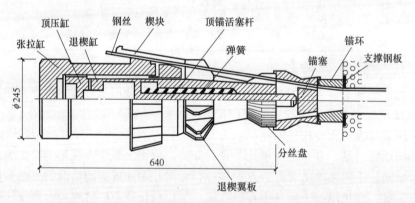

图 4-32　TD-60 型锥锚式三作用千斤顶的构造和张拉装置

2）拉杆式千斤顶。拉杆式千斤顶构造简单，操作方便，适用于张拉常用螺杆式和镦头式锚具、夹具的单根粗钢筋、钢筋束或碳素钢丝束。图 4-33 所示为常用的 GJZY-60A 型拉杆式千斤顶的构造。张拉前先用连接器将预应力筋和张拉杆连接。

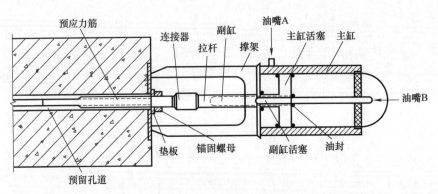

图 4-33　GJZY-60A 型拉杆式千斤顶的构造

3）穿心式千斤顶。这种千斤顶主要用于张拉带有夹片式锚具、夹具的单根钢筋、钢绞线或钢筋束和钢绞线束。图 4-34 所示为 GJZY-60 型穿心式千斤顶的构造。张拉前先将预应力筋穿过千斤顶，在其后端用锥销式工具锚将预应力筋锚住，然后借助高压油泵完成张拉工作。

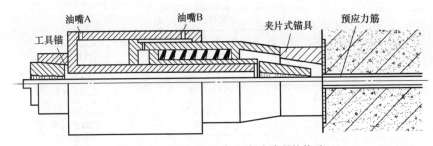

图 4-34　GJZY-60 型穿心式千斤顶的构造

（3）张拉程序　不同预应力筋的构件所采用的张拉程序见表 4-3。

表 4-3　后张法预应力筋张拉程序

预 应 力 筋		张 拉 程 序
钢筋、钢筋束		$0 \rightarrow$ 初应力 $\rightarrow 1.05\sigma_k$（持荷 2min）$\rightarrow \sigma_k$（锚固）
钢绞线束	对于夹片式等具有自锚性能的锚具	普通松弛预应力筋：$0 \rightarrow$ 初应力 $\rightarrow 1.03\sigma_k$（锚固） 低松弛预应力筋：$0 \rightarrow$ 初应力 $\rightarrow \sigma_k$（持荷 2min 锚固）
	其他锚具	$0 \rightarrow$ 初应力 $\rightarrow 1.05\sigma_k$（持荷 2min）$\rightarrow \sigma_k$（锚固）
钢丝束	对于夹片式等具有自锚性能的锚具	普通松弛预应力筋：$0 \rightarrow$ 初应力 $\rightarrow 1.03\sigma_k$（锚固） 低松弛预应力筋：$0 \rightarrow$ 初应力 $\rightarrow \sigma_k$（持荷 2min 锚固）
	其他锚具	$0 \rightarrow$ 初应力 $\rightarrow 1.05\sigma_k$（持荷 2min）$\rightarrow 0 \rightarrow \sigma_k$（锚固）
精轧螺纹钢筋	直线配筋时	$0 \rightarrow$ 初应力 $\rightarrow \sigma_k$（持荷 2min 锚固）
	曲线配筋时	$0 \rightarrow \sigma_k$（持荷 2min）$\rightarrow 0$（上述程序可反复几次）$\rightarrow$ 初应力 $\rightarrow \sigma_k$（持荷 2min 锚固）

注：表中 σ_k 为张拉时的锚下控制应力。

4.3.2 装配式梁板预制施工

预制装配式梁板施工内容主要包括梁场工程、模板工程、钢筋加工及绑扎成形、混凝土浇筑及养护、预应力钢束张拉、压浆封锚、移梁存梁等，预制箱梁施工工艺流程如图 4-35 所示。梁场工程是为施工提供基础条件的一个大型临时设施工程，通常根据项目实际情况建设；本书不再详细介绍。

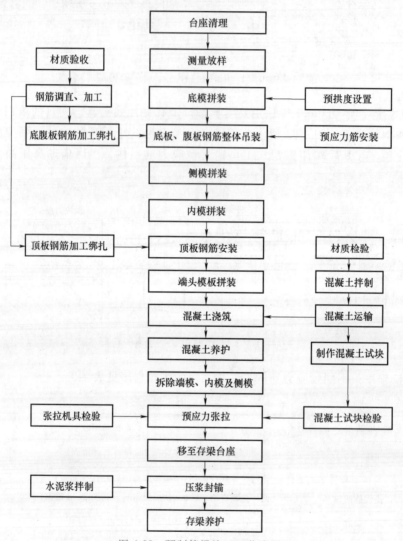

图 4-35 预制箱梁施工工艺流程

1. 模板工程

根据规范要求模板宜采用钢材、胶合板或其他适宜材料制作。因钢模板具有整体刚度好、不易变形、重复利用性强以及预制梁体外观质量好等优点，除个别预制梁数量较少的项目外，国内项目在装配式梁板预制时均采用整体钢模板。通常钢模板由专业制作钢结构的工厂依据项目情况设计加工；钢模板在模板厂集中制作完成后运至现场，应依次按照底模、侧模、内模及端模的顺序进行试拼及安装。

在进行梁体预制前，应对钢模板局部变形进行修复，对焊缝进行打磨；对模板内表面进行除锈并涂刷脱模剂；正确涂刷脱模剂后，应采取必要措施防止模板二次污染，钢筋骨架就位后，应安排专人清理模板表面的污染物，必要时起吊钢筋骨架清理模板重新涂刷脱模剂。模板组拼精度应满足规范要求，为了端模安装施工操作方便，通常底模铺设长度比梁长加长1m；梁端模板考虑预应力钢束锚下垫板的固定，其孔口位置误差应控制在±2mm以内。模板在安装时应先安装外模，待箱梁底板及腹板钢筋绑扎完成后再安装内模并绑扎顶板钢筋。安装模板时不能超出模板安装允许偏差，相邻两节段模板表面高低差允许偏差为2mm，模板表面平整度允许偏差为5mm，模板轴线偏位允许偏差为10mm，模板高度允许偏差为±10mm。模板安装完毕后，对结构尺寸、节点联系及模板纵横向的稳定性进行检查，经监理工程师签认后方可进行混凝土浇筑。

为防止漏浆，模板各节段拼接缝应使用双面胶带（或其他止浆材料）止缝，止浆材料安装后应与模板面修平，不得深入到混凝土层内，特别要加强端模与侧模、内模拼接缝密封控制，保证模板接头平顺及混凝土浇筑时不漏浆。侧模、内模安装位置要准确，固定应牢固、可靠，加强内模固定措施，防止浇筑混凝土时，内模上浮，确保浇筑质量。在混凝土施工时，要安排专人检查和调整紧固。

表4-4为预制梁模板安装偏差控制值，图4-36所示为小箱梁侧模立模，图4-37所示为小箱梁端模示意图。

表4-4 预制梁模板安装偏差控制值

项 目		允许偏差/mm	检 验 方 法
模板高程		±10	尺量
模板尺寸		+5，0	尺量
轴线偏位		10	全站仪测量
构件支撑面的高程		+2，−5	全站仪测量
模板相邻两板表面高低差		2	尺量
模板表面平整度		5	2m 直尺测量
预埋件中心线位置		3	全站仪测量
预留孔洞中心线位置		10	全站仪测量
预留孔洞截面内部尺寸		+10，0	尺量
支架	纵轴的平面位置	跨径的 1/1000 或 30	尺量

图4-36 小箱梁侧模立模

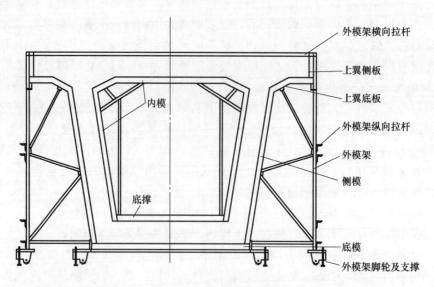

图 4-37　小箱梁端模示意图

外模架横向拉杆
上翼侧板
上翼底板
外模架纵向拉杆
外模架
侧模
内模
底撑
底模
外模架脚轮及支撑

钢筋绑扎　　　　　箱梁钢筋绑扎成型　　　　梁体钢筋绑扎

2. 钢筋工程

钢筋开始加工前应清洁钢筋表面，调直成盘的钢筋和弯曲的钢筋，按设计图弯折成形。

按规范要求进行焊接，并错开布置接头。钢筋的验收及力学性能试验、焊接方法应符合技术规范的要求。钢筋在钢筋车间预制成形，在预制台座上绑扎。支座预埋板及预埋钢筋位置必须准确，封闭牢固不得漏浆。锚端普通钢筋与预应力钢束张拉有干扰时，可适当调整普通钢筋。

为了保证混凝土保护层的规定厚度，在钢筋与模板间设置垫块，用钢丝与钢筋扎紧，并互相错开，分散布置。安装顶板、翼缘板钢筋时，在边梁上同时安装防撞墙的预埋钢筋，并准确、牢固定位。在施工过程中仔细查阅相关部位的设计详图，注意泄水管、伸缩缝等预埋件的设置。波纹管安装时，保证其位置、间距准确。设立适当的环形固定钢筋，先检查是否有破损，否则必须处理。钢筋绑扎安装完成后，穿钢绞线入波纹管。

钢筋加工完成后，运至钢筋绑扎区，利用钢筋胎架进行绑扎，在钢筋胎架上对钢筋的位置放样并固定标识，作业人员只需按标识进行钢筋的摆放、绑扎就能进行准确的定位安装，不易出错，有利于保证施工质量，提高钢筋绑扎速度。表 4-5 为钢筋安装质量标准。图 4-38 所示为小箱梁腹板及底板钢筋绑扎。

表 4-5　钢筋安装质量标准

项　目			允许偏差/mm
受力钢筋间距	两排以上排距		±5
	同排	梁、板、拱肋	±10
		基础、锚碇、墩台、柱	±20
箍筋、横向水平钢筋、螺旋钢筋间距			±10
钢筋骨架尺寸	长		±10
	宽、高或直径		±5
绑扎钢筋网尺寸	长、宽		±10
	网眼尺寸		±20
弯起钢筋位置			±20
保护层厚度	柱、梁、拱肋		±5
	基础、锚碇、墩台		±10
	板		±3

图 4-38　小箱梁腹板及底板钢筋绑扎

3. 混凝土浇筑及养护

混凝土浇筑前要检查各种预埋件的数量及位置是否准确，检查模板安装尺寸、接缝、拉杆螺栓及模板拼接螺栓，确保模板安装尺寸准确，支立牢固。

泵送浇筑混凝土

混凝土由拌和站集中拌制，水泥、砂石料、外加剂及拌和用水的各项性能指标须通过试验室检测，符合规范要求后方可投入使用。在拌和过程中注意混凝土的性能，随时检查混凝土坍落度，若出现异常情况应立即查明原因予以纠正。混凝土通过卧泵输送至浇筑台座处，利用布料杆入模，混凝土浇筑过程中应随时检查模板加固情况，漏浆处要及时堵塞。

混凝土水平方向浇筑顺序为从箱梁一端向另一端斜向分层浇筑，混凝土浇筑至距箱梁另一端 3~4m 位置时，为避免梁端混凝土产生蜂窝等不密实现象，改为从箱梁另一端向相反方向投料，混凝土浇筑时要保证连续紧凑进行。混凝土竖向浇筑顺序为先底板，再腹板，最后浇筑面板混凝土。底板混凝土浇筑之前，将内模木楔块卸除，底板提升至一侧。浇筑过程中，振动器从内模开口处插入，完成混凝土的振捣。腹板浇筑时注意控制两侧腹板混凝土面高差在 30cm 以内，以防止内模移位。

为防止钢筋骨架及内模在混凝土的作用下悬浮移位，在侧模竖向支撑梁顶部对称焊接倒"U"形Φ22钢筋，[10型钢对称穿过两"U"形口，标高利用楔形块进行调整。在内模顶部支立螺杆顶托，顶托顶部顶住[10型钢，利用螺杆的升降调整内模标高。

混凝土浇筑过程的注意事项如下：

1）浇筑前，要对所有的人员进行详细的技术交底，并对模板和钢筋的稳固性以及混凝土拌和、运输、浇筑系统所需的机具设备是否完好进行一次全面检查，符合要求后方可开始施工。

2）浇筑时，下料应均匀、连续，以免产生混凝土的阻塞。在钢筋密集处，可短时开动侧振或插入式振动器以辅助下料。在混凝土尚未到达的区段内，禁止开动该区段内的附着式振动器，以免空模振捣而导致模板变形。

3）浇筑过程中随时检查混凝土的坍落度，严格控制水灰比，不得随意增加用水量，前场与拌和站密切配合以保证混凝土质量。

4）认真填写混凝土浇筑原始记录。

5）浇筑结束后1~2h内抽动两次PVC衬管，防止波纹管堵管。

混凝土振捣采用附着式振动器配合插入式振动器进行。在波纹管和钢筋密集部位严禁用插入式振动器，以防引起预留孔偏位或波纹管破裂漏浆造成孔道阻塞。振捣时要注意振捣均匀，防止过振及漏振，每次振捣时间以混凝土不再下沉，无气泡上升，表面出现薄层水泥浆并有均匀的外观为止。混凝土浇筑至梁面并振捣密实后注意及时整平收浆，终凝前将梁顶面拉毛，以利桥面铺装层与梁体结合。

在混凝土浇筑完成后，及时用土工布覆盖梁体。混凝土养护由专人负责养护，定时洒水保持土工布经常湿润，天气炎热时定时向模板外侧冲水降温，以保持湿润状态。

混凝土施工控制措施：

1）混凝土拌和要严格按照审批的配合比进行，计量要准确。集料（砂石料）含水率要经常检测，据以调配集料和水的用量，混凝土拌和要充分均匀。

2）要严格控制混凝土和易性、坍落度，对于一次性连续浇筑更加重要。确保混凝土的适当流动性，以保证底板混凝土的密实。混凝土浇筑前，应检查混凝土的和易性和坍落度，不合格混凝土不得入模浇筑。

3）采用一次性连续浇筑工艺施工时，监控重点是如何防止底板混凝土不密实。拟从以下几点进行控制：

① 控制碎石原材料大粒径含量。

② 控制混凝土拌合物和易性、坍落度。

③ 混凝土拌合物入模要分层，下料要均匀。

④ 混凝土振捣时应用直径小的插入式振动器相配合。

⑤ 认真观察腹板区域混凝土表面的情况，同时派专人负责检查芯模底部模板拼接缝处冒浆情况。

⑥ 采用的芯模底模应为可装卸式，人工可进入芯模内实施底板混凝土浇筑振捣操作，否则应采用二次浇筑工艺。

4）混凝土振捣采用高频附着式和插入式振动器相结合，混凝土振捣密实的标志是混凝土停止下沉，不再冒出气泡，表面呈现平坦、泛浆。

5）箱梁腹板与底板及顶板连接处承托、锚垫板下钢筋密集处、梁端、翼缘板等部位易产生漏振和过振，应加强现场振捣控制，消除气泡、漏浆、麻面等情况。

表 4-6 为预制梁板施工质量标准。

表 4-6　预制梁板施工质量标准

项　目				规定值或允许偏差
混凝土强度				在合格标准内
梁（板）长度/mm				+5，−10
宽度/mm	干接缝（梁翼缘、板）			±10
	湿接缝（梁翼缘、板）			±20
	箱梁		顶宽	±30
			底宽	±20
	腹板或梁肋			+10，0
高度/mm	梁、板			±5
	箱梁			0，−5
断面尺寸/mm	顶板厚			
	底板厚			+5，0
	腹板或梁肋			
跨径（支座中心至支座中心）/mm				±20
支座平面平整度/mm				2
平整度/（mm/2m）				5
横系梁及预埋件位置/mm				5

4. 预应力工程

钢绞线按设计图数量及规格分批进场，进场后应分批验收。验收时，应检验其质保单、材料数量、规格、包装方法及标志内容是否齐全、正确，并按批报试验室及监理现场取样进行抗拉强度、伸长率及弹性模量试验，同时还必须有锚具与钢绞线的配套试验，待取样试验合格后方可正式施工。钢绞线离地存放，上盖篷布等覆盖物，以防雨水的侵蚀。钢绞线使用前，必须进行外观检查，表面无裂纹、毛刺、机械损伤或不得有降低钢绞线黏结力的润滑剂、油渍等物。

钢绞线自动穿束

锚具根据建设单位对材料进场的要求，订购可靠生产厂家的系列产品。进场后每批锚具根据规范要求进行检测，合格后再使用。锚夹具进场时应分批进行探伤检查，不得有裂缝及伤痕、锈蚀。尺寸不得超过允许偏差，分批进行外观、硬度常规项目检验，当质保单不符合要求或对质量有疑点时，对锚具的强度、锚固能力进行检验。

当预应力孔道采用塑料波纹管和金属波纹管成孔时，波纹管产品进场时要有厂家提供的合格证明，并且在使用前，除进行外观检查外，还要取样进行径向刚度、抗渗漏等方面的试验，合格后方可使用。

塑料波纹管在底板下层钢筋和腹板外侧钢筋绑扎好之后安装，并用定位钢筋定位。波纹管埋设时，须注意波纹管位置的准确性，要求与锚垫板喇叭管孔道自然顺接。孔道接头采用塑料波纹管专用的连接套管，保证接口处牢固、不漏浆。

定位钢筋安装及固定时须注意对波纹管的保护，不得损伤波纹管。定位钢筋为"井"字形焊接固定在钢筋骨架上，按照直线段每100cm设置一道，曲线上每50cm设置一道进行布置。纵向预应力孔道位置的坐标偏差不大于1cm，横向预应力孔道坐标偏差不大于0.5cm，后张预应力孔道安装允许偏差见表4-7。当梁体钢筋与预应力孔道冲突时可适当移动普通钢筋，保证预应力孔道准确。

表 4-7　后张预应力孔道安装允许偏差

项　　目		允许偏差/mm
孔道坐标	梁长方向	30
	梁高方向	10
孔道间距	同排	10
	上下层	10

预应力孔道安装完成后，质检人员做全面检查，特别检查点为：

1）连接管处两端胶带封闭是否完好。

2）安装的孔道曲线是否流畅。

3）关键点（如孔道直线段与圆弧段交接处）的坐标尺寸是否正确。

钢绞线下料使用砂轮切割机，其切口至工具锚夹片端距离预留10mm。将下好料的钢绞线放在工作台上，每隔1.0~1.5m按照相应设计根数将钢绞线扎成一束，形成预应力束。注意编束要紧，根与根之间不扭绞。钢绞线在钢筋绑扎完毕后整束穿入。钢绞线穿束前，应检查预应力孔道，发现被堵要及时排堵。钢绞线穿束采用1.5~2.0t的慢速卷扬机，牵引设备安装在穿束孔道出口端的正前方，距离孔道出口5~10m，牵引方向应与孔道出口端的轴线保持一致，以减小牵引阻力。钢绞线头部应包裹胶布或戴子弹头壳帽，以免损坏波纹管。预应力穿束完成后，对预应力孔道口进行封堵，并将裸露在外的钢绞线进行包裹，防止杂物等漏入波纹管，影响预应力束的张拉。待钢筋骨架制作完成之后，整体吊装至箱梁模板内。

张拉端扁锚垫安装时，金属波纹管与之接口应严格用胶纸封裹密封，螺旋钢筋应紧贴锚垫板；在张拉端锚垫板上，沿工作锚板相接处的地方涂一圈宽3cm、厚3mm的玻璃胶，以便在进行张拉后工作锚板与锚垫板之间紧贴；对于纵向预应力束，安装张拉端承压板时锚垫板应与孔道垂直，锚固面与预应力束垂直。

根据设计要求，预制箱梁混凝土达到设计强度的85%且混凝土龄期不小于7d时，方可张拉预应力束。钢绞线张拉之前，应检查。

1）是否具备经批准的张拉程序和现场施工说明书，是否有具备预应力施工知识和正确操作的施工人员。

2）锚具安装是否正确。

3）施工现场已具备确保全体操作人员和设备安全的必要预防措施。

4）千斤顶的张拉作用线与预应力筋的轴线是否重合一致。

张拉时首先将工作锚按顺序穿入钢绞线，用套管将夹片均匀打入锚环，然后安装限位板、千斤顶和工具锚，用钢管将夹片均匀打入工具锚内，调整锚圈、垫板及千斤顶位置，使孔道、锚具和千斤顶三者的轴线重合。

然后，开动高压油泵，千斤顶充油，张拉至初始应力时，用钢尺测量油缸伸出长度及夹片外露量，再张拉至2倍初始应力（若为两端张拉时，应设专人指挥控制，确保两端张拉同步进行），稳压5min以补偿钢绞线松弛产生的应力损失，量出油缸伸出长度及夹片外露量，实测伸出长度与理论伸长量之间的误差是否在±6%之内，如不符合要求，应查明原因予以处理。如果误差在控制范围内，继续张拉至控制应力，稳压2min后锚固。

稳压结束，将千斤顶补油至σ_{con}，回油锚固，当油压回零时，测量油缸伸出长度。张拉时注意事项如下：

1）按张拉程序分级计算各级张拉力的大小，加载的速率宜控制在30MPa/min内。

2）当张拉过程中实际伸长值与计算伸长值偏差超过允许范围时，应查明原因采取措施后方可继续张拉。

3）预应力束采用两端对称张拉，采用张拉力与伸长量双控，张拉力主控。在确认孔道、锚具和千斤顶三者的轴线重合后，进行预应力束的张拉，张拉顺序为N1、N3、N2、N4。纵向预应力张拉顺序如图4-39所示。

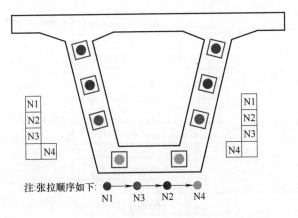

图4-39 纵向预应力张拉顺序示意图

4）预应力束张拉时，千斤顶后方向两侧的45°范围内须保证无人员停留或穿行。

5）张拉曲线束时，小心操作，以防各束预应力不均匀和工具楔片处断丝。使工作锚、垫板、顶楔器或限位板相互靠实、装正，并使千斤顶中线与垫板端面垂直。

6）预应力束锚固完毕经检验合格后，即可用砂轮切割机切割端头多余的预应力筋，严禁用电弧焊切割、氧气切割。

7）张拉过程中，现场技术员应做好数据记录，张拉完成后尽快压浆。

图4-40所示为后张法预应力张拉施工工艺流程，其中张拉锚固程序依据表4-3调整。后张法预应力张拉施工时对预应力筋断丝、滑移的限制见表4-8。

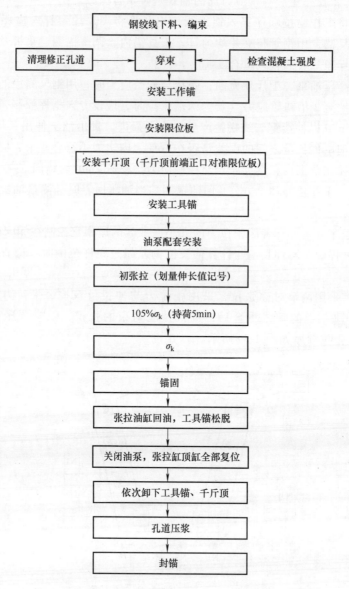

图 4-40　后张法预应力张拉施工工艺流程

表 4-8　后张法预应力张拉施工时对预应力筋断丝、滑移的限制

类　别	检查项目	控　制　数
钢丝束、钢绞线束	每束钢丝断丝或滑丝	1 根
	每束钢绞线断丝或滑丝	1 丝
	每个断面断丝之和不超过该断面总数	1%
螺纹钢筋	断筋或滑移	不允许

5. 压浆封锚

张拉全部完成后，应在 48h 以内进行孔道压浆，以防止预应力钢绞线锈蚀或松弛。水泥浆应采用专用压浆剂或压浆料配置而成。其水胶比应控制在 0.26~0.28，浆体初始流动度为 10~17s，30min 流动度为 10~20s，60min 流动度为 10~25s，浆体初凝时间不少于 5h，终凝时间不超过 24h，不得使用含有氯化物和硝酸盐的掺料。水泥浆 24h 自由泌水率和拌和后 3h 钢丝间泌水率均应为 0。孔道压浆采用净水泥浆，水泥浆的强度不低于梁体设计强度。通过试验，水泥浆内掺入适当的膨胀剂，以减少收缩，增加孔道内的密实性。膨胀剂性能及使用方法应符合《混凝土外加剂应用技术规范》（GB 50119—2013）的规定，但不应掺入铝粉等锈蚀预应力钢绞线的膨胀剂，掺入膨胀剂后，水泥浆 3h 自由膨胀率为 0~2%，24h 自由膨胀率为 0~3%。水泥浆的拌和是先将水加入拌和机内，再放入压浆料。拌和至少 2min，直至达到均匀一致和流动度要求为止，浆体压注前和压注过程中应连续低速搅拌，防止出现离析和沉淀，因延迟使用所致流动度降低的水泥浆，不得通过额外加水增加其流动度。

压浆前，将锚具周围钢丝间隙和孔洞填封，以防冒浆。压浆时，每一工作班应留取不少于 3 组试样（每组为 40mm×40mm×160mm 的试件 3 个），标准养护 28d，检查其抗压强度作为水泥浆的质量评定依据。压浆时，从低点的压浆孔压入，压浆缓慢、均匀地进行。比较集中和邻近的孔道，连续压浆完成，以免串到邻孔的水泥浆凝固，堵塞孔道。压浆由一端压入，当另一端流出的流动度达到规定的流动度时，关闭出浆口继续压浆，压浆饱满后保持稳压 3~5min，关闭压浆阀，待水泥浆终凝后，再拆除压浆阀。

水泥浆从调制至灌入孔道的延续时间，视气温而定，一般不超过 30~45min，水泥浆在使用前和压浆过程中要经常搅动。压满浆的孔道应进行保护，使在一天内不受振动，做到使监理工程师满意，压浆过程中及压浆后 48h 内，结构或构件混凝土的温度及环境温度不得低于 5℃，否则应采取保温措施，以防浆体受冻损坏孔道和浆体质量。当白天气温高于 35℃ 时，压浆工作安排在夜间进行。在压浆后两天，应检查注入端及出气孔的水泥浆密实情况，需要时进行处理。当水泥浆达到一定强度后进行箱梁封锚。封锚钢筋按设计安装，支模时注意结构尺寸，并注意梁端垂直度，混凝土表面和梁体保持一致，混凝土振捣密实。

6. 移梁存梁

预制箱梁养护至设计强度并张拉封锚完成后，由预制区采用门式起重机将箱梁抬至存梁台座上存放。组合箱梁拟采用翼缘板开孔"兜底"起吊，由两台门式起重机同步吊装、行走。翼缘板开孔位置（图 4-41）为组合箱梁中心线向两侧偏移 1.1m 处，开孔孔径为 10cm。吊装过程中，翼缘板开孔底部钢丝绳加垫多层土工布，箱梁底板倒角处加塞一块 5mm 厚的钢板，以免损坏箱梁。

箱梁转运至存梁区后，横向移动吊具至存梁台座上，门式起重机吊钩同步下放。存梁的施工要点如下：

1）为保证箱梁在存梁状态下受力均匀，在第一层箱梁梁端底部安放 5cm 厚的橡胶垫块；三层存梁时，在第二层与第三层之间的箱梁梁端设置枕木隔开，如图 4-42 所示。

2）由于存梁台座为条形基础，为防止基础端部基底出现拉应力，存梁时应先将组合箱梁放置在条形基础中部，并依次从中部向两端对称放置。

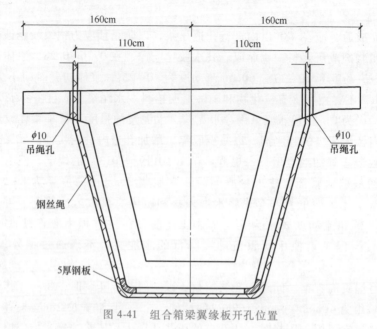

图 4-41　组合箱梁翼缘板开孔位置

3）临时存梁必须结合总体施工进度计划、箱梁架设等方案，合理安排组合箱梁预制施工及临时存梁方案。临时存梁须根据箱梁编号及浇筑日期等按吊运及安装次序顺序堆放，避免出现二次倒梁。

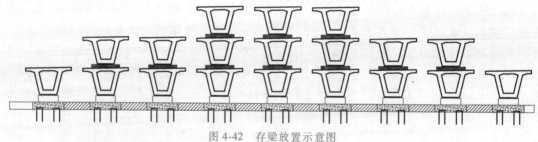

图 4-42　存梁放置示意图

4.3.3　预制装配式梁板架设施工

1. 运输架设方法

为了把在预制构件厂或桥梁施工现场预制的简支梁或板安放到设计位置，还需要完成两个重要的施工过程，即构件的水平运输和构件的垂直安装。下面分别叙述这两个方面的内容。

（1）预制构件的运输　从工地预制场至桥头处的运输，称为场内运输，通常需要铺设钢轨便道，在预制场地用门式起重机或木扒杆将预制构件装上平车后，再用绞车牵引运抵桥头。当采用水上浮吊架梁时，还需要在河岸适当位置修建临时栈桥（码头），再将钢轨便道延伸到这里，以便将预制构件运上驳船，再开往桥孔下面进行架设。

从预制构件厂至施工现场的运输称为场外运输，通常用大型平车、驳船或火车等运输工具。不论采用哪类运输方式，都要求在运输过程中，构件的放置要符合受力方向，并在构件的两侧采用斜撑和木楔加以临时固定，防止构件发生倾倒、滑动或跳动造成构件的损坏。

　　例如当运输道路坑洼不平、颠簸比较厉害时，可采用图4-43所示的措施，防止构件产生负弯矩而断裂。构件装上平车后，在构件的中部设一立柱，用钢丝绳穿过两端吊环，中间搁在立柱上，并以花篮螺丝将钢丝绳拉紧，只有这样，构件在运输途中才不致发生负弯矩。

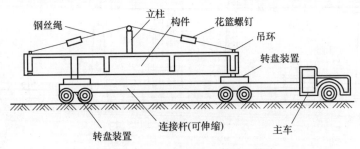

图4-43　防止构件产生负弯矩的措施

　　（2）预制构件的安装　安装预制简支梁构件的机械设备和方法较多，这里不一一介绍，现仅就几种常见的架梁方法略加说明。

　　1）自行式起重机架梁。当桥梁跨径不大，质量较轻时可以采用自行式起重机（汽车起重机或履带起重机）架梁。当岸上的引桥或者桥墩不高时，可以视吊装质量的不同，用一台或两台（抬吊）起重机直接在桥下进行吊装（图4-44a）；当桥下河道或桥墩较高时，则将起重机直接开到桥上，利用起重机的伸臂边架梁，边前进（图4-44b）。不过，此时对于已经架好的桥孔主梁，当横向尚未连成整体时，必须核算主梁是否具有能够承受起重机、被吊构件、机具以及施工人员质量的能力。

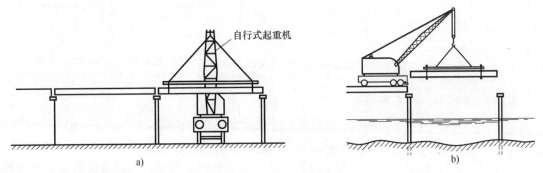

图4-44　小跨径梁的架设

　　2）浮吊船架梁。浮吊船实际是起重机与驳船的联合体，它可在通航河道上的桥孔下面架桥，而装有成批预制构件的装梁船，则停靠在浮吊船的一旁，随时供浮吊船起吊，如图4-45所示。浮吊船宜逆流而上，先远后近地安装。吊装前应先下锚定位，航道要临时封锁。

　　3）跨墩门式起重机架梁。当桥不太高，架桥孔数又多，且沿桥墩两侧铺设轨道不困难时，可以采用跨墩门式起重机架梁（图4-46）。此时，尚应在门式起重机的内侧铺设运梁轨道，或者设便道用拖车运梁。

　　4）宽穿巷式架桥机架梁。图4-47所示为用宽穿巷式架桥机架梁的示意图，其中的安装梁可用贝雷钢架或万能杆件拼组而成。由于这种架桥机的自重很大，所以当它沿桥面纵向移动时，一定要保持慢速，并须注意前支点下的挠度，以保证安全。

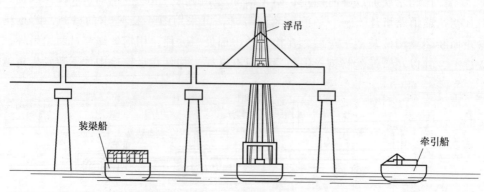

图 4-45　浮吊船架设法

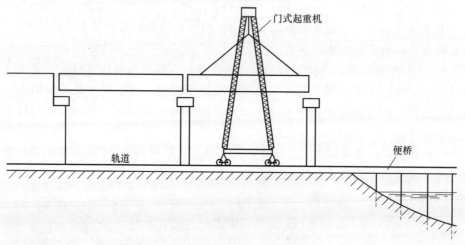

图 4-46　跨墩门式起重机架梁法

① 一孔架完后，前后横梁移至尾部作平衡重（图 4-47a）。

② 宽穿巷式架桥机向前移动一孔位置，并使前支腿支承在墩顶上（图 4-47b）

③ 架桥机前横梁吊起 T 形梁，梁的后端仍放在运梁平车上，继续前移（图 4-47c）

④ 架桥机后横梁也吊起 T 形梁，缓慢前移，对准纵向梁位后，先固定前后横梁，再用横梁上的吊梁小车横移落梁就位（图 4-47d）。

5）联合架桥机架梁。图 4-48 所示为用联合架桥机架梁的示意图，其架梁操作步骤如下：

① 用绞车纵向拖拉导梁就位。

② 用托架将两个门式起重机移至待架桥孔两端的桥墩上。

③ 由平车轨道运预制梁至架梁孔位，再由门式起重机将它起吊、横移并落梁就位（图 4-48b）。

④ 将被导梁临时占住位置的预制梁暂放在已架好的梁上。

⑤ 待用绞车将导梁移至下一桥孔后，再将暂放一侧的预制梁架设完毕。

如此反复，直到将各孔主梁全部架好为止。此法适用于孔数较多和较长的桥梁。

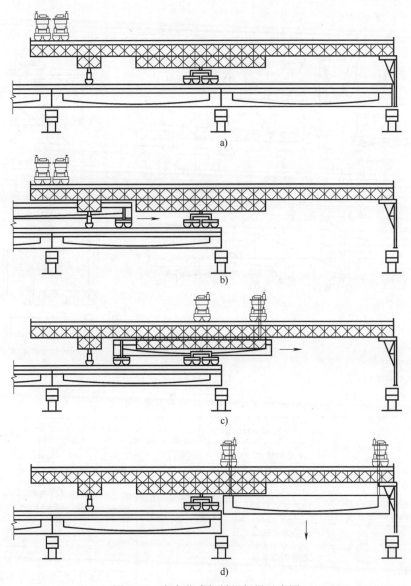

a)

b)

c)

d)

图4-47　宽穿巷式架桥机架梁示意图

2. 架设设备的选择

梁体预制完成且现场具备条件后，可进行梁体架设施工。梁体架设施工前应对架梁设备进行论证和选型。通常，架梁施工所需的设备包括起重设备（门式起重机或大吨位汽车起重机）、运梁平车、架桥机等。架桥机宜具备以下功能：机械化、电控易操作、易于拆拼装、安全储备满足项目需求。架桥机通常由纵导梁、提升小车、中支装置、副中支腿、前框架及后上横梁、前支腿、后支腿、后托装置、液压系统组成。某型号架桥机的主要性能参数见表4-9。

（1）纵导梁　纵导梁是架桥机的主要承重构件，每列纵导梁全长70m（共2列），纵导梁上下铺设方钢轨道，用来满足提升小车运行和过孔的需要。为方便拼装，每列纵导梁由7节10m的标准节组成，每节由销板、销轴连接成整体。纵导梁采用型钢焊制成三角桁架结构。特点：结构简单、刚性好、质量轻、稳定性可靠、抗风性强、安装和拆卸便利等。

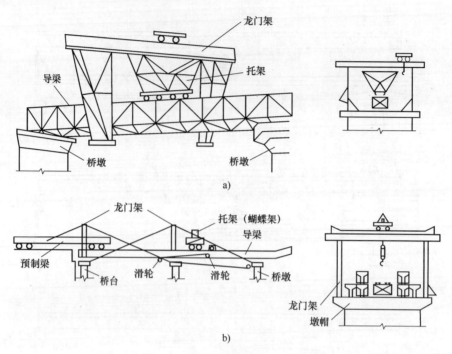

图 4-48 联合架桥机架梁示意图

表 4-9 某型号架桥机的主要性能参数

序号	项 目		技 术 参 数
1	额定起重量		1400kN
2	静载试验荷载		1750kN
3	动载试验荷载		1540kN
4	适用架梁跨径		≤40m
5	适用斜交角度		0°~45°
6	适用坡度	纵坡	4%
		横坡	3%
7	最小曲率半径		350m
8	吊梁小车纵向移动速度		3m/min
9	吊梁小车横移速度		2m/min
10	吊梁起升速度		0.9m/min
11	整机横移速度		2m/min
12	过孔运行速度		3m/min
13	喂梁方式		尾部运梁车喂梁
14	横移功能		机械全断面一次到位

（续）

序号	项　目	技术参数
15	边梁安装方式	机械二次落梁到位
16	整机过孔方式	配重过孔
17	架桥机前支腿升降范围	0.7m
18	吊重跨中最大挠度值	8cm
19	悬臂最大下挠值	40cm
20	整机过孔时间	约1.5h
21	架梁效率	1片/h
22	操作控制方式	手动电控（集中控制）
23	操作人员数量	8人
24	最大单件尺寸及质量	10m×1.2m×2.8m，8t
25	架桥整机外形尺寸	70m×8m×8.3m
26	整机质量	145t
27	架桥机总功率	78kW
28	液压系统最大压力	31.5MPa
29	整机抗风等级	工作状态6级，非工作状态8级
30	整机拼装时间	8~10d

（2）提升小车　提升小车由纵向移动台车、横导梁、横移小车、卷扬机、滑轮组、吊具等组成。它的功能是提升运送预制梁，并一次性架设边梁，轮箱上的电机通过摆线针轮减速机、齿轮组将动力传给车轮，实现提升小车在纵导梁上的运行。预制梁横移通过提升横移小车来实现，小车在横导梁上沿轨道可以左右任意移动，实现卷扬机及滑轮组的横移，携梁整体横移以满足边梁架设要求。

（3）中支装置　中支装置采用双层轮箱，分为上轮箱、下轮箱及转盘三部分。它由箱体、电机、摆线针轮减速机、齿轮组与车轮、轮箱支座、支座马鞍、支座销轴、转盘和转盘销轴等组成。上下层轮箱通过转盘可以调整角度，便于斜桥和曲线桥架设。中支装置安装在中支横移轨道上，支撑在架桥机纵导梁下部，是架桥机过孔及横移架梁的主动力。

（4）副中支腿　副中支腿由伸缩筒、支撑座、液压系统和销轴等组成，在架桥机过孔作业时，通过液压系统调整高度，成为中支装置移动的辅助支撑，增强架桥机的稳定性。

（5）前框架及后上横梁　前框架为组焊件，它是将两列纵导梁采用销轴及螺栓连接成整体。销轴在纵导梁的中心线上，方便满足任意角度梁的架设。

后上横梁装在纵导梁后端上部，采用钢板焊接而成，两端通过转向法兰与纵导梁相连接。

（6）前支腿　前支腿由前支轮箱、转向法兰、前伸缩筒、伸缩导向梁、液压升降装置等组成。前支腿安装在纵导梁前端，它是架桥机的前端支撑及横移运行机构。前支腿与架桥机的中支腿的下层轮箱共同实现整机横移，可满足整幅桥梁的架设。

（7）后支腿　后支腿由伸缩筒、伸缩导向架、液压升降装置等组成。它是架桥机的后部支撑，液压升降装置可以顶起纵导梁和收起后退，架梁时作为架桥机的后支撑点，过孔时配合后托装置、副中支腿、前中支腿顶起纵导梁，以便中支装置及前移过孔工作的完成。

（8）后托装置　后托装置由弯梁、伸缩筒、轮箱、减速机、电机和销轴等部件组成。它是架桥机移动中支装置和过孔作业时的后部支撑。后托装置安装在纵导梁下部中后端，架桥机过孔完毕后与纵导梁连接，架桥机即可横移架梁。

（9）液压系统　液压系统由泵站、油管、液压油缸等组成。液压系统分别安装在后支腿、前支腿和副中支腿上，通过调整前后液压系统来调整架桥机的水平度和高度。

架桥机应由专业生产厂家进行安装，并出具合格证书，安全备案后方可投入使用。投入使用前应进行试车试验，试车试验包括空载试验和静载试验。

在架桥机试车前，必须检查电动机的转向是否符合要求。运行机构、电动机必须转向相同，调整卷扬机制动瓦块与制动间隙，检查各减速机内油量是否充足，各个油嘴、油杯、油管是否畅通，待一切经检查确认正常后方可试车运转。

1）空载试验。提升小车空载沿纵导梁轨道来回行走数次，车轮无明显打滑现象。启动、制动正常可靠。开动起升机构，空钩升降数次，开关动作灵敏准确。把两台提升小车开至跨中，整机在前后5m范围内行走数次，启动、制动车轮不打滑，运行平稳。

2）静载试验。用一台提升小车停在架桥机跨中，起升额定负荷，再起升1.25倍额定负荷离地面100mm处，悬停10min后卸去负荷，检查架桥机纵导梁是否有残余变形，反复数次后，纵导梁不得有塑性变形，并恢复到稳定空载状态。注意卷筒的排绳不得有紊乱现象，起升、制动必须可靠，不得存在下滑现象。

以1.1倍额定负荷使起升机构和提升小车在5m范围内反复运转，启动，各制动机构的制动器、电器控制灵敏、准确、可靠，纵导梁振动正常，机构运转平稳。卸载后各机构和纵导梁无损伤和塑性变形。

3. 架设前的准备工作

当盖梁达到设计强度100%时，经监理及现场技术人员检查合格后方可进行运输安装，安装前要求检查构件的外形尺寸、预埋件尺寸和位置，符合要求的构件方可使用。需要做的准备工作有：严格检查橡胶支座相应尺寸、对各部位几何尺寸丈量、梁体外观检查、梁体强度检验（梁体养护条件），校验梁体预埋件位置，刷净表面灰渣，提前验收梁体安装后造成隐蔽不易检验的部位。

（1）机具准备　安装架设前，应组织邀请有关专业人员对使用的架桥机、吊装钢索、吊扣、滑车、电机、千斤顶等进行鉴定。检查卷扬机绳索的牵引方向、校对卷扬机牵引力及滑轮组的穿索方式、检验卷扬机的摩擦制动器。架梁前按照放线位置安装永久支座。

（2）支座安装　工程组装，仔细调平，按照设计图在支座垫石上预先设置预留孔，清除预留孔中杂物，使支座垫石顶面平整、光滑，四角高差不大于2mm，顶钢板表面平整度不大于最大尺寸的1/1000，在支座垫石上涂抹一层环氧砂浆，将支座与上预埋钢板连接后安装在垫石顶面；仔细检查位置标高后，用无收缩高强度环氧树脂砂浆由压浆嘴压浆，砂浆灌满并从顶面满出以确保压浆密实。表4-10为支座安装允许偏差。

表 4-10 支座安装允许偏差

项 目		允许偏差	项 目	允许偏差
支座中心偏位/mm	梁	5	梁、板顶面纵向高程/mm	+8，-5
	板	10	相邻梁、板顶面高差/mm	8
垂直度（%）		1.2	—	—

待环氧树脂砂浆达到强度后，再次校核支座中心位置及标高，清洁预埋钢板上表面。

4. 梁体架设作业

主梁吊装可采用捆绑式吊装。吊点距梁端 1m，施工时吊点附近应垫方木来防止吊绳严重磨损，梁底棱角采用垫护铁，防止对箱梁棱角造成破坏。

吊梁前要检查龙门架螺栓是否全部拧紧，杆件是否拼装正确，机械、电器控制装置、电力线路是否正常，将所有检查出来的问题进行整改后方可进行试吊。

吊梁前门式起重机应经试吊合格，签证齐全后，方可投入使用。起吊重物时，不允许斜吊。风力超过 5 级时起重机应停止使用，起重机停止使用时，应拉好缆风绳。操纵台的布置要便于瞭望。起吊索具、卷扬机、吊钩、滑车、走行小车等应经常检查。加强所有安全防护设施的使用和管理。定期进行安全大检查，以便及时发现问题并进行整改。

梁场装梁的作业流程如下：

1）运梁车喂梁完毕，返回梁场，行至上梁栈道处制动。

2）运梁车制动，门式起重机起重天车移至存梁台座正上方，吊具下放。

3）操作人员将钢丝绳从吊板下穿过并带螺母锚固，指挥人员指挥司机起吊。

4）起吊至指定高度（起吊高度以梁底面高过运梁车不小于 50cm 为宜），卷扬机制动，以指挥人员哨声为准。

5）起吊到指定高度后，起重天车横移至运梁车正上方，对位落梁、固定。

预制小箱梁安装工艺流程如图 4-49 所示。

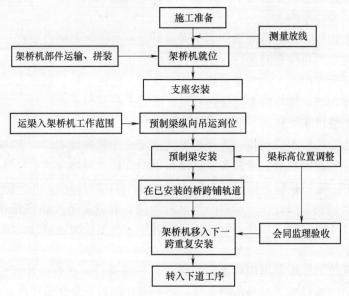

图 4-49 预制小箱梁安装工艺流程

利用运梁平车将待安装的箱梁由预制场运送到架桥机后部主梁内，依次改用起吊天车吊运和安装梁。梁片进入架桥机前，应先检查架桥机上有无影响梁片通行的障碍物，并标记梁片停车位置，安放止轮器。当架桥机已带梁工作时，严禁梁片进入架桥机。梁片在预定位置停车后，前后两个吊点同时挂好吊杆和底梁，检查无误后，启动卷扬机组，至吊架底梁受力。图 4-50 所示为运梁车送梁，图 4-51 所示为梁体架设过程。

图 4-50　运梁车送梁

图 4-51　梁体架设过程

安装边梁的流程为：喂梁→前、后天车起吊梁，将边梁纵向运送到前跨位→落梁至距支垫 5cm（必须保持梁的稳定）→整机携梁横移至距边梁最近的一片梁的位置，落梁→改用边梁挂架起吊边梁→整机携梁横向移至边梁位置下落就位→完成边梁就位安装。

安装中梁的流程为：喂梁→前、后天车起吊梁→前、后天车将箱梁纵向运送到前跨预定位置→落梁并脱开→完成中梁的就位安装。

在任何一次吊梁作业前，均需试吊一次，即捆好梁后，应先将卷扬机组做制动试验 2~3次，然后将梁吊起少许，检查钢丝绳有无跳槽、吊架插销有无窜动等情况，确认可靠后方可正式作业。吊梁卷扬机组应动作一致，受力均匀，严防出现梁体剧烈摆动等现象。梁片在起吊、走行和下落时，应尽量保持水平。走梁时要防止电缆崩断、电缆滑车卡死等故障，影响走梁的障碍物必须清除干净。

梁片必须对中走行，即走行时梁片处于两座导梁中央，严禁偏位走行。机上横移只能在梁片处于起吊位置和到位位置时进行。梁片宜在低位走行，并设专人在桥墩台监视梁体及大车运行情况，防止大车脱轨。尤其是梁片即将到位时，监视人员、指挥人员及操作司机要特别谨慎，密切合作，严防梁片撞击前端连接系。梁片走行及空车走行时，应设专人监视电缆展放情况，发现电缆滑车卡住时，要立即停车排除故障。

落梁时两吊点卷扬机组应动作一致，均衡。落梁至距横移设备 20~30mm 时调整梁片纵向位置，确认无误后继续落梁。梁片在横移设备上就位后，两端应加双向斜撑，并用木楔打紧，解脱两吊架后，方可横移。横移时，应力求梁片两端均匀同步，并安排专人在走板下喂梁及滚架。梁片横移到位后，在一端梁底垫纵向外侧，安放扁千斤顶将梁顶起，撤除走板，滚架及滚道，安放支座，落千斤顶，使梁片一端就位。在千斤顶顶落过程中，仍须加斜撑保护，以防止梁片倾覆。

待梁片一端安放就位后，用相同办法使梁片另一端就位。在各梁片就位后，未焊接前，应在梁片两端用斜撑或隔板下设垫木的办法，防止梁片倾覆。总之落梁时，架梁前要先划出盖梁上的中心线和支座十字线。在横向上，梁体中心线与支座中心线要重合；在纵向上，要严格控制跨与跨之间的间距，特别是有伸缩缝处，以盖梁上中心线为参照。

箱梁的安装顺序为：单幅或双幅对称架设，一般先架中梁，再架边梁，再架次边梁。每一跨架设完后，需对盖梁进行二次张拉、压浆，然后进行下一跨的架设。

架桥机架设第一跨梁时，中支腿在桥台上，中支腿横移方梁下的基础必须压实，以防止架桥机在架梁过程中出现下沉，造成事故；前支腿纵向移动前，应调整好支腿高度，使前支腿能够顺利就位；检查运梁平车轨道中心线和架桥机主梁中心线，保证两条中心线重合；架桥机在纵向移动前，要全部检查一遍，做到万无一失。在架设第一跨梁时，人们刚开始使用架桥机，对于一切还不熟悉，不应该追求架梁速度，宁慢勿快，安全第一。

最后一跨桥，对面是桥台，架桥机前支腿必须在桥台上运行，所以高度必须降低，该架桥机前支腿配有专门在桥台上使用的连接架，架设最后一跨时，可把前支腿框架整个拆下，把连接架和行走箱连接，再把联结架和前支腿托梁连接起来。

架桥机架设上坡桥时，架桥机拼好后，根据桥梁坡度调整前支腿和中支腿的高度。架桥机纵向移动前，降低架桥机中支腿的高度，升高后托梁支撑管的高度，使架桥机主梁坡度小于2%，并在架桥机前部挂卷扬机，以防止架桥机在走行过程中下滑。架桥机跨孔走到一半时，顶起顶高支腿，把后托梁支撑管放低，再次调整主梁坡度，使之小于1%，再把架桥机导梁走行到位，然后把前支腿走到盖梁上，前支腿到位后，根据前支腿高度，调整中支腿高度，调平架桥机后，再把架桥机走行到位，然后架梁。

架桥机架设下坡桥时，和架设上坡桥相同，架桥机纵向移动前，升高架桥机中支腿的高度，降低后托梁支撑管的高度，使架桥机主梁坡度小于2%，架桥机后部必须用卷扬机保护，以防止架桥机在走行过程中下滑。架桥机跨孔走到一半时，顶起顶高支腿，把中支腿放低，再次调整主梁坡度，使之小于1%，再把架桥机导梁走行到位，然后把前支腿走到盖梁上，前支腿吊挂轮走行前，根据坡度调整好前支腿高度，可增加前支腿支撑架和支撑管的高度，高度过大时须有必要的连接撑。前支腿到位后，再把架桥机走行到位，然后架梁。

梁体架设时的注意事项：

1）架桥机上桥须对已安装的梁体（桥面）采取补强措施，加垫枕木。

2）梁体起吊前，相应的边角应用型钢加工专用器具保护或用橡胶皮带衬垫保护，梁体构件应兜底捆绑，保证梁板水平，受力均匀，牢靠，起吊速度要均匀、平稳。构件下放时，必须低速轻放，禁止忽快忽慢和忽然制动。梁体禁止斜拉、斜吊。

3）梁体的吊点位置在满足安装要求的条件下，尽量靠近梁体设计支承点位置，并采取可靠措施，不使施加的预应力产生负弯矩，对梁体产生不利影响。

4）梁体安装的全过程中，各作业班组均须有明确劳动分工，并有专人负责。在操作过程中，除确定的现场指挥人员外，任何人不得指挥操作。统一安装作业的各种手势、旗语、哨声，不得随意改动。

5）施工操作人员应事先经过培训，明确构件安装工序和操作步骤，起重工须持证上岗。

6）梁体吊装作业，在风速大于8m/s（5级风）、雾天能见度低于50m、降雨等恶劣气候时均应停止施工。一切起重设备在每次使用前均应检查并试运转，以保证安全可靠。电动卷扬机在雨季须有足够的防雨设施。

7）梁体张拉、压浆完成后，达到设计强度的100%时方可进行吊装。

8）喂梁时，将小车移至架桥机尾部，将运梁平车前架行至前小车，将梁吊起，使前小车与运梁平车后架同时向前行走，使运梁平车后架行至后小车下时，将梁吊起，前后小车共同运至桥跨部位，梁上支座预埋钢板标有纵向支座中心线与横向中心线，支座也按照垫石上纵横支座轴线安放就位，将按此轴线对应安放梁板，再适度调整横隔板位置，使横隔板对齐，然后梁板就位，梁板就位后，两头用方木打撑，使梁体稳固，待半幅梁调好后，再焊接横隔板钢筋，内外边梁线形要控制好，且要保证桥面坡度。在架桥机过孔时，所运行的轨道必须顺直以与架桥机平行，其他过孔程序同上。按要求架设桥梁，在圆曲线、缓和曲线上架设边梁时，须调整前后横移导轨的位置或架桥机的位置，以使边梁能顺利架设到位。架梁顺序以先两边后中间或先中间后两边、对称均衡为原则。全跨安装完成后，将各片箱梁相互连接稳固。

9）箱梁安装时必须严格按照施工技术人员的要求进行施工，不得擅自进行。同时注意纵、横向偏差尺寸一定要在规范要求之内，以免造成箱梁安装就位后，梁、板之间的横向间距大小不一，有的间距很大，有的基本无间隙，影响梁（板）均衡受力；有的梁（板）安装纵向尺寸偏差大，伸缩缝处间隙过小，有的甚至无间隙顶死，导致伸缩缝部分失效或完全失效。

架桥机的作业步骤如下：

1）架梁作业。

① 安装支座、桥上运梁平车对位喂梁；运梁平车调整对位后，天车下放吊具，如图4-52所示。

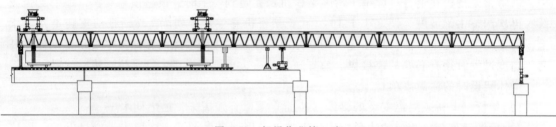

图4-52　架梁作业第一步

② 提梁作业。架桥机接管预制梁，运梁平车离开。保证前后两个提升小车同步提梁，如图4-53所示。

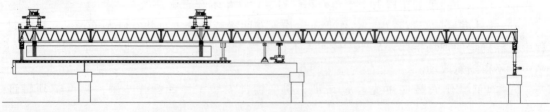

图4-53　提梁作业

③ 送梁就位。天车送梁至待架跨位置，两提升小车同步吊梁前行至待架跨上方后停止，如图4-54所示。

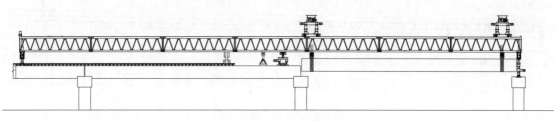

图 4-54　送梁就位

④ 落梁作业。提升小车然后下落，待预制梁距盖梁顶面约 1.5m 时停止落梁，启动前支装置和中支装置的横移电机，整机带动预制梁同步横移，把预制梁放到合适的位置上，如图 4-55 所示。

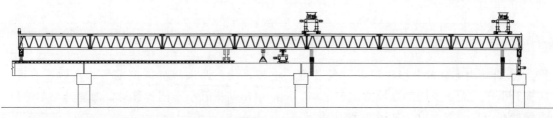

图 4-55　落梁作业

2）过孔作业。

① 架桥机过孔前的基本姿态：架桥机两列主梁、提升小车、横移轨道的中心形成垂直线；后托装置距中支装置 15m；中支装置距前盖梁 2m；副中支腿距中支装置约 1.5m；前提升小车停止在中支装置上方；后提升小车停止在架桥机最尾部，如图 4-56 所示。

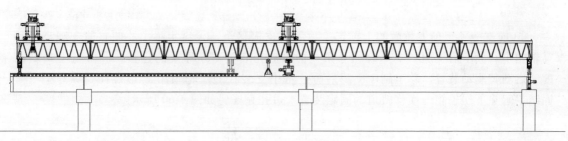

图 4-56　过孔作业第一步

② 拆除中支装置与纵导梁连接的 U 形螺栓，同时启动前支腿、后支腿、副中支腿液压装置，调整好后托装置的高度，架桥机的 8 个点同时受力。按过孔要求将中支装置和横移轨道拉紧固定，用前提升小车将其吊置于前盖梁 2m 处的位置，安装固定。前提升小车停在中支装置处固定不动，如图 4-57 所示。

③ 后提升小车移至架桥机尾部，确认过孔准备工作到位。在后托装置和中支装置之间选择两个连接点，用手拉葫芦将两列纵导梁拉紧。收起前支腿和后支腿，纵导梁由后托装置和中支装置支撑。收起副中支千斤顶，拆除衬垫，副中支腿连接在纵导梁下弦不动，如图 4-58 所示。

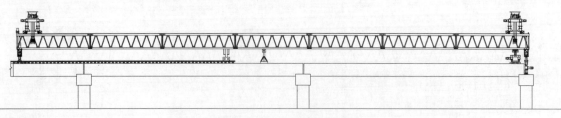

图 4-57　过孔作业第二步

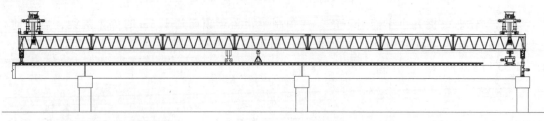

图 4-58　过孔作业第三步

④ 启动中支装置上层轮箱和后托装置的电控系统，驱动纵导梁向前平移，后托装置、后提升小车及副中支腿随纵导梁向前平移，同时启动前提升小车同步移动，前提升小车的位置保持在中支装置上方，如图 4-59 所示。

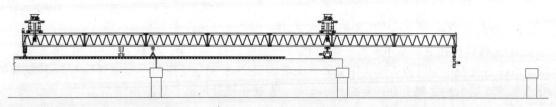

图 4-59　过孔作业第四步

⑤ 前支腿移至前方桥墩的上前部，放下前支横移轨道，垫实垫牢，调整前支腿高度并穿轴销牢。放下后支腿，支撑起纵导梁，拆除后托装置与纵导梁的连接，并降低至最低高度，启动其驱动装置，移至副中支腿后方。将中支装置上层轮箱用 U 形螺栓与纵导梁下弦固结，解除下层轮箱与横移轨道的固定装置，过孔完毕，如图 4-60 所示。

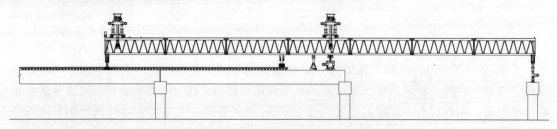

图 4-60　过孔作业第五步

5. 箱梁就位的平面控制和高程控制

架梁前进行桥墩复测。放样支座垫石中心线、临时支座中心线、螺栓孔中心线及梁端线。以支座中心线为准，校核梁端线。

高程控制是指对垫石标高进行水准复测，确认无误后在垫石内外侧的墩顶部设置标高点，并用红油漆做明确标识。架梁前布置临时支座，使临时支座顶面标高与梁底的设计标高一致，使得架梁工作落梁即到位。

6. 架桥机的拆除

架桥机的拆除步骤如下：

1）同时收前支点、后支点降导梁于低位并支好。

2）解除动力电源，撤除机上动力，控制电缆。

3）先用起重机拆下前、后吊梁行车及横梁纵向移动台车。

4）用起重机解除前辅助顶杆，注意吊点位置，防止不平衡情况出现。

5）用风缆将前支点拉紧，拆除主导梁、引导梁横联。

6）采用从后向前的拆除方式，当拆除至中支点后，采取单元梁架设、搭设枕木垛的方法逐节拆除主导梁和后导梁。

7）拆除前、后支点及走行机构。

8）将所有构件归类码放整齐，便于运输装车。

9）清点栓接、销接件及机电元件，不要造成损坏或丢失。

▌4.4 原位现浇施工技术

就地浇筑法也称为原位现浇法，它是通过直接在桥跨下面搭设支架，使之成为工作平台，然后在其上面立模浇筑梁体结构。这种方法适用于两岸桥墩不太高的引桥和城市高架桥，或靠岸边水不太深且无通航要求的中小跨径桥梁。其主要优缺点是：

1）优点：不需要大型的吊装设备和开辟专门的预制场地，梁体结构中横桥向的主筋不用中断，故其结构的整体性能好。

2）缺点：支架需要多次转移，使工期加长，如全桥多跨一次性立架，则投入的支架费用又将大大增多。

1. 支架工程

（1）常用的支架类型　为了完成钢筋混凝土简支梁桥的就地现浇施工，应根据桥孔跨径、桥孔下面覆盖土层的地质条件、水的深浅等因素，合理地选择支架类型。

支架按其构造分为立柱式支架、梁式支架和梁-柱式支架；按材料可分为木支架、钢支架、钢木混合结构和万能杆件拼装的支架等。图 4-61 所示为按构造分类的几种支架构造。其中图 4-61a、b 为立柱式支架，可用于旱桥、不通航河道以及桥墩不高的小桥施工；图 4-61c、d 为梁式支架，钢板梁适用于跨径小于 20m，钢桁梁适用于跨径大于 20m 的情况；图 4-61e、f 为梁-柱式支架，适用于桥墩较高，跨径较大且支架下需要排洪的情况。

（2）支架设计施工的基本原则　钢支架的设计应符合《钢结构设计标准》（GB 50017—2017）的规定，采用冷弯薄壁型钢时应符合《冷弯薄壁型钢结构技术规范》（GB 50018—2002）的规定；采用定型钢管脚手架作为支架材料时，支架的设计应符合《建筑施工碗扣式钢管脚手架安全技术规范》（JGJ 166—2016）、《建筑施工门式钢管脚手架安全技术标准》（JGJ/T 128—2019）、《承插型盘扣式钢管支架构件》（JG/T 503—2016）、《建筑施工承插型盘扣式钢管脚手架安全技术标准》（JGJ/T 231—2021）或《建筑施工扣件式钢管脚手

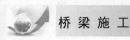

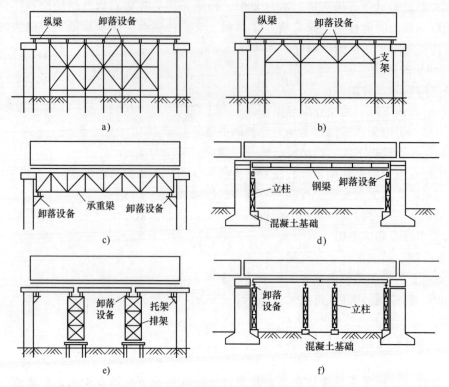

图 4-61　常用支架的主要构造

架安全技术规范》（JGJ 130—2011）的规定。采用其他材料的支架设计应符合其相应的专门技术规定。

支架的总体构造和细部构造均应设置成几何不变体系。支架的立杆之间应根据其受力要求和结构特点设置水平和斜向等支撑连接杆件，以增强支架的整体刚度和稳定性。采用定型碗扣式钢管脚手架材料做支架时，其构造应符合下列要求：

1）应根据支架所承受的实际荷载选择立杆的间距和步距。立杆底部应设置可调底座或固定底座，底层纵、横向水平杆作为扫地杆时，距地面的高度应小于或等于 350mm；立杆上端包括可调螺杆伸出顶层水平杆的长度应不大于 0.7m，立杆上端应采用 U 形顶托，且该顶托应支撑在模板主肋的底部。

2）支架高度大于 4.8m 时，其顶部和底部均应设置水平剪刀撑，中间水平剪刀撑的设置间距应不大于 4.8m。

3）立杆间距小于或等于 1.5m 时，应在支架的四周及中间的纵、横向，由底至顶连续设置竖向剪刀撑，其间距应不大于 4.5m；立杆间距大于 1.5m 时，应在拐角处设置通高的专用斜杆，中间每排每列均应设置通高的八字斜杆或剪刀撑。剪刀撑的斜杆与地面的夹角应在 45°~60°，斜杆应每步与立杆扣接。

4）支架的高宽比宜小于或等于 2；当高宽比大于 2 时，宜扩大下部架体尺寸或采取其他构造措施。

5）支架周围有主体结构时，应设置连墙体。

6）在支架中设置通道时，其宽度应小于或等于 4.8m。应在通道的上部架设专用横梁，通道两侧的立杆应加密并应加设斜杆，与架体的连接应牢固。通行机动车的通道，应设置防撞击的设施。

采用定型门式或扣件式钢管脚手架材料做支架时，其构造要求应分别符合《建筑施工门式钢管脚手架安全技术标准》（JGJ/T 128—2019）和《建筑施工扣件式钢管脚手架安全技术规范》（JGJ 130—2011）的规定。

对弯、坡、斜梁式桥，其支架的设置应适应梁体相应几何线形的变化，且应采取有效措施保证支架的稳定性。

（3）支架的基础　为了保证现浇的梁体不产生大的变形，除了要求支架本身具有足够的强度、刚度以及具有足够的纵、横、斜三个方向的连接杆件来保证支架的整体性能外，支架的基础必须坚实可靠，以保证其沉陷值不超过施工规范的规定。支架的地基与基础设计应符合《公路桥涵地基与基础设计规范》（JTG 3363—2019）的规定，并应对地基承载力进行计算。支架位于水中时，其基础宜采用桩基；满布支架的地基表面应平整，并应有防排水措施；满布支架位于坡地上时，宜将地基的坡面挖成台阶；在软弱地基上满布支架时，应采取措施对地基进行处理，使其承载力满足施工要求。对于跨径不大且采用满布式的木支架排架（图 4-61a），可以将基脚设置在枕木上，枕木下的垫基层必须夯实；对于梁-柱式支架，因其荷载较集中，故其基脚宜支承在临时桩基础上（图 4-61e、f）；也可直接支承在永久结构的墩身或基础的上面（图 4-61c、d）。

（4）支架的预拱度　为了使上部结构在卸架后能获得设计规定的外形，必须在施工时设置一定数值的预拱度。在确定预拱度时应考虑以下因素：

1）卸架后由上部结构自重及活荷载一半所产生的挠度 δ_1。

2）施工期间支架结构在恒荷载及施工荷载（施工人员、机具、设备等）作用下的弹性压缩 δ_2 和非弹性变形 δ_3。

3）支架基底土在荷载作用下的非弹性沉陷 δ_4。

4）由混凝土收缩及温度变化而引起的挠度 δ_5 等。

第 2）、3）项引起的变形可通过对支架用同等荷载预压得到。根据梁的挠度和支架的变形所计算出来的预拱度之和，就是简支梁预拱度的最高值，它应设置在跨径的中点。其他各点的预拱度，则按直线或二次抛物线比例进行分配，在两端的支点处则为零。

（5）支架的预压　为了保证梁板在浇筑混凝土后满足设计的外形尺寸及挠度要求，检验支架的整体稳定性及支架的实际承载能力，克服混凝土浇筑过程中支架的不均匀沉降，避免梁板混凝土因支架不均匀沉降而出现裂缝，在浇筑梁板混凝土前必须进行支架的压载试验，根据设计图要求，采用等载预压。预压方式采用水袋或砂袋。

模板支架预压的注意事项如下：

1）对预压压重应认真称量、计算，对砂的含水率的变化，称量时应对天气情况进行记录，由专人负责。如雨水多，砂的含水率变化在 0~6%。为了保证预压吨位的准确性和加载不发生突变，预压时应准备防雨材料等以避免进行中雨水过大、荷载过多。

2）压重所有材料应提前准备至方便起吊运输的地方。

3）在加载过程中，要严格按加载程序进行，要详细记录加载时间、吨位、位置，测量要全过程跟踪观测。未经观测不能加载下一级荷载。每完成一级加载应暂停一段时间，进行测量，并对整个模板、支架进行检查，发现异常情况要停止加载，及时分析，采取相应措施。

（6）支架的拆除　在混凝土强度达到设计要求后可进行支架拆除。拆除顺序：先拆除梁板两侧翼缘板部分，再由中间向支座处推进。梁板底部下支架拆除，先松掉可调支撑铁，如果梁体的挠度无变化，再依上而下逐层拆除底模、方木、分配梁及立柱钢管，严禁上下同时进行。

拆除应符合以下要求：

1）拆除支架时应设置警戒区和警戒标志并由专职人员负责警戒。

2）拆除支架时，应先清除脚手架上所有的材料、工具、杂物。

3）拆除顺序应逐层由上而下进行，严禁上下同时作业。

4）分段拆除高差不应大于2步。

5）各构配件必须及时分段集中运至地面，严禁抛扔；运至地面的构配件应及时检查整修与保养，并按品种、规格随时码堆存放，置于干燥通风处，防止锈蚀。

6）6级及6级以上大风和雨、雾天应停止脚手架的搭设、拆除及施工作业。

2. 模板工程

（1）模板的支立　钢筋混凝土空心板结构较少采用现场整体浇筑的施工工艺，其原因之一是板的高度较矮，从板孔中拆除内模很是不便。钢筋混凝土实心板结构的模板比较简单，故这里着重介绍肋板梁的模板。

跨径不大的肋板梁模板，一般用木料制作，安装时，先在支架纵梁上安装横木，横木上钉底板，然后在其上安装肋梁的侧模板和桥面板底模（图4-62a）。当肋梁的高度较高时，其模板一般采用框架式，这时，梁的侧模板及桥面板底模可用木板或镶板钉在框架上，框架式模板构造如图4-62b所示。

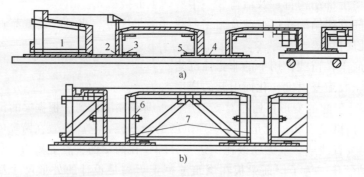

图4-62　肋板梁模板

1—小柱架　2—侧面镶板　3—肋木　4—底模　5—压板　6—拉杆　7—填板

（2）模板的卸落　梁桥模板的卸落，应对称、均匀和有顺序地进行。卸架设备应放在适当的位置，当为满布式支架时应放在立柱处，当为梁式支架时应放在支架梁支点处。

3. 钢筋工程

（1）钢筋骨架的组成　混凝土内的钢筋骨架是由纵向钢筋（主筋）、架立筋、箍筋、弯起钢筋（斜筋）、分布钢筋以及附加钢件构成的。关于这些钢筋的作用及截面的计算详见有关《混凝土结构设计原理》教材。图4-63所示为普通矩形截面梁的钢筋骨架构造。

（2）钢筋骨架的成形　钢筋骨架都要通过钢筋整直、切断、除锈、弯曲、焊接或者机械连接等工序以后才能成形。除绑扎工序外，每个工序都可应用相应的机械设备来完成。对于就地现浇的结构，焊接或者绑扎的工序多放在现场支架上完成，其余均可在工地附近的钢

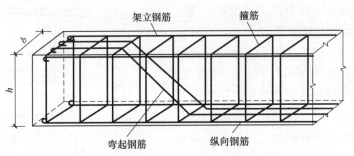

图 4-63 普通矩形截面梁的钢筋骨架构造

筋加工车间完成。

4. 混凝土工程

该施工过程包括混凝土的搅拌、混凝土的运输、混凝土的浇筑、振捣密实四个工序。混凝土的砂、石配合比及水灰比均应通过设计和试验室的试验来确定，拌制一般采用搅拌机。混凝土的振捣一般采用插入式振动器、附着式振动器、平板式振动器或振动台等设备，这需依据不同构件和不同部位的需要来选用，目的是使模板内的软体混凝土密实，不能使混凝土内存在大的空洞、蜂窝和麻面。这里着重对其他两个工序的技术要求进行介绍。

（1）混凝土的运输

1）混凝土的运输能力应适应混凝土凝结速度和浇筑速度的需要，使混凝土在运到浇筑地点时仍保持均匀性和规定的坍落度。无论采用汽车运输还是搅拌车运输，其运输时间不宜超过表 4-11 中的规定。

表 4-11　混凝土拌合物运输时间限制

气温/℃	一般汽车运输/min	搅拌车运输/min
20~30	30	60
10~19	45	75
5~9	60	90

注：表列时间是指从加水搅拌至入模时间。

2）采用泵送混凝土应符合下列规定：

① 混凝土的供应必须保证输送混凝土泵能连续工作。

② 输送管线宜直，转弯宜缓，接头应严密，如管道向下倾斜，应防止混入空气，产生阻塞。

③ 泵送前应先用水泥浆润滑输送管道内壁。混凝土出现离析现象时，应立即用压力水或其他方法冲洗管内混凝土，泵送间歇时间不宜超过 15min。

④ 在泵送过程中，受料斗内应具有足够的混凝土，以防止吸入空气产生阻塞。

（2）混凝土的浇筑（图 4-64）　跨径不大的简支梁桥，可在钢筋全部扎好以后，将梁与桥面板沿跨全部长度用水平分层法浇筑，或者用斜层法从梁的两端对称地向跨中浇筑，在跨中合龙。

较大跨径的梁桥，可用水平分层法或用斜层法先浇筑纵横梁，然后沿桥的全宽浇筑桥面板混凝土。此时桥面板与纵横梁之间应设置工作缝，如图 4-64b 中的虚线所示。采用斜层浇筑时，混凝土的适宜倾斜角与混凝土的流动度有关，一般可为 20°~25°，如图 4-64b 所示。

当桥面较宽且混凝土数量较大时，可分成若干条纵向单元分别浇筑，每个单元的纵横梁也应沿其全长采用水平分层法或斜层法浇筑。当分成纵向单元浇筑时，应在纵梁之间的横梁处按照单元的划分留置工作缝，待各纵向单元浇筑完成后，再填接缝混凝土。最后对桥面板按全面积一次浇筑完成，不设工作缝。

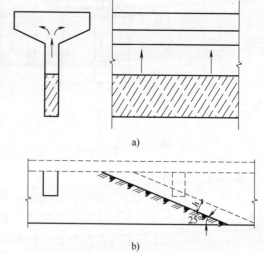

当采用水平分层法浇筑和插入式振动器时，其分层厚度不宜超过 0.3m，并且必须在前一层混凝土开始凝结之前，将次一层混凝土浇筑完毕。当气温在 30℃ 以上时，前后两层浇筑时间相隔不宜超过 1h，当气温在 30℃ 以下时，不宜相隔 1.5h，或由试验资料来确定相隔时间。当无法满足上述规定的间隔时间时，就必须预先确定施工缝预留的位置。一般

图 4-64　混凝土的浇筑方法

将它选择在受剪力和弯矩较小且便于施工的部位，并应按下列要求进行处理：

1）在浇筑接缝混凝土之前，先凿除老混凝土表层的水泥浆和较弱层。

梁板端部凿毛

2）经凿毛的混凝土表面，应用水洗干净，在浇筑次层混凝土之前，对垂直施工缝宜刷一层净水泥浆，对于水平缝宜铺一层厚为 10~20mm 的 1∶2 的水泥砂浆。

3）对于斜面施工缝应凿成台阶状再进行浇筑。

4）接缝位置处在重要部位或者结构物处在地震区时，则在浇筑之前应增设锚固钢筋，以防开裂。

表 4-12 为支架上现浇梁施工质量标准。

表 4-12　支架上现浇梁施工质量标准

项　　目		规定值或允许偏差
混凝土强度		在合格标准内
轴线偏位/mm		10
梁（板）顶面高程/mm		±10
断面尺寸/mm	高度	5，-10
	顶宽	±30
	箱梁底宽	±20
	顶、底、腹板或梁肋厚	10，0
长度/mm		5，-10
横坡（%）		±0.15
平整度/（mm/2m）		8

混凝土浇筑完毕后，应在收浆后尽快用草袋、麻袋或稻草等物予以覆盖和洒水养护。洒水持续时间，随水泥品种的不同和是否掺用塑化剂而异，对于用硅酸盐水泥拌制的混凝土构件，应不少于 7 昼夜，对于用矿渣水泥、火山灰水泥或在施工中掺用塑化剂的，应不少于14 昼夜。

　　混凝土构件经过养护后，达到设计强度的 25%～50% 时，即可拆除侧模；达到设计强度时，就可拆除临时支撑。

思 考 题

1. 装配式简支梁桥与整体式简支梁桥相比，具有哪些主要优点？
2. 简述钢筋混凝土简支梁桥和预应力混凝土简支梁桥的一般特点。
3. 从承重结构横截面形式上分类，简支梁桥可以分为哪几类？各自的特点是什么？
4. 装配式板桥的横向连接方式有哪些？
5. 装配式 T 形简支梁桥桥面板的横向连接形式有哪些？
6. 简述就地现浇的钢筋混凝土简支梁桥的施工工序。
7. 简述后张法预应力混凝土简支梁桥的施工工序。

第 5 章　连续梁（刚构）桥构造与施工

■ 5.1　连续梁桥施工方法的分类

连续梁桥的最大特点是，桥跨结构除了有承受正弯矩的截面以外，还有能承受负弯矩的支点截面，这也是与简支梁桥的最大差别。因此，连续梁桥的施工方法与简支梁桥大不相同。目前所用的施工方法大致可分为四类：

1）逐孔施工法。它又可分为支架法施工和移动模架施工两种。

2）悬臂施工法。它是将每一跨结构划分成若干个节段，采用悬臂浇筑或者悬臂拼装（预制节段）两种方法逐段地接长，然后进行体系转换。

3）顶推施工法。它是在桥的一岸或两岸开辟预制场地，分节段地预制梁身，并用纵向预应力筋将各节段连成整体，然后应用水平液压千斤顶施力，将梁段向对岸推进。按顶推施力的方法又可分为单点顶推和多点顶推两类。

4）转体施工法。转体施工法是指将桥梁结构在非设计轴线位置制作（浇筑或拼接）成形后，通过转体就位的一种施工方法。它可以将在障碍上空的作业转化为岸上或近地面的作业。根据桥梁结构的转动方向，它可分为竖向转体施工法和水平转体施工法。

下面将分别介绍这些施工方法的各自特点。

5.1.1　逐孔施工法

1. 支架法施工

支架法施工与上一章中关于简支梁桥的原位浇筑法施工基本上是相同的。所不同的是连续梁桥在中墩处的截面是连续的，而且承担较大的负弯矩，需要混凝土截面连续通过。因此，必须充分重视以下两个方面的影响：

（1）不均匀沉降的影响　桥墩的刚度比临时支架的刚度大得多，加之支架一般支立在未经精心处理的土基上，因此难以预见的不均匀沉陷往往导致主梁在支点截面处开裂。

（2）混凝土收缩的影响　由于每次浇筑的梁段较长，混凝土的收缩又受到桥墩、支座摩阻力和先浇部分混凝土的阻碍，这也是主梁开裂的另一个原因。

基于上述原因，一般采用留工作缝或者分段浇筑的方法。图 5-1a 所示的连续梁桥，仅在几个支点处设置工作缝，宽 0.8~1.0m，待沉降和收缩完成以后，再对接缝截面进行凿毛和清洗，然后浇筑接缝混凝土。当梁的跨径较大时，临时支架也会因受力不均，产生挠曲线，如图 5-1b 悬臂梁中跨的临时桥下过道处将有明显的折曲，故在这些部位也预留工作缝。

有时为了避免设置工作缝的麻烦而采用图 5-1c 所示的分段浇筑方法。其中的 4、5 段须待 1、2、3 段达到足够强度后才能浇筑。

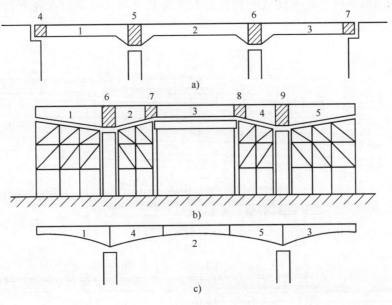

图 5-1　浇筑次序和工作缝设置

2. 移动模架施工

移动模架施工是使用移动式的脚手架和装配式的模板，在桥上逐孔浇筑施工。它像一座设在桥孔上的活动预制场，随着施工进程不断移动，连续现浇施工。图 5-2 所示为上承式移动模架构造中的一种。它由承重梁、导梁、台车、桥墩托架和模架等构件组成。在箱形梁两侧各设置一根承重梁，用来支承模架和承受施工重力。承重梁的长度要大于桥梁跨径，浇筑混凝土时承重梁支承在桥墩托架上。导梁主要用于运送承重梁和活动模架，因此需要有大于两倍桥梁跨径的长度。当一孔梁的施工完成后便进行脱模卸架，由前方台车和后方台车在导梁和已完成的桥梁上面，将承重梁和活动模架运送至下一桥孔。承重梁就位后，再将导梁向前移动。

当采用移动模架施工时，连续梁分段时的接头部位应放在弯矩最小的部位，若无详细计算时，可以取离桥墩 $l/5$ 处。

5.1.2　悬臂施工法

1. 悬臂浇筑法

悬臂浇筑法一般采用移动式挂篮作为主要施工设备，以桥墩为中心，对称地向两岸利用挂篮浇筑梁节段的混凝土（图 5-3），待混凝土达到要求强度后，便张拉预应力束，然后移动挂篮，进行下一节段的施工。悬臂浇筑的节段长度要根据主梁的截面变化情况和挂篮设备的承载能力来确定，一般可取 2~8m。每个节段可以全截面一次浇筑，也可以先浇筑梁底板和腹板，再安装顶板钢筋及预应力孔道，最后浇筑顶板混凝土，但需注意由混凝土龄期差而产生收缩、徐变的次内力。悬臂浇筑施工周期一般为 6~10d，与节段混凝土的数量和结构复杂的程度有关。合龙段是悬臂施工的关键部位。为了控制合龙段的准确位置，除了需要预先设计好预拱度和进行严密的施工监控外，还要在合龙段中设置劲性钢筋定位，采用超早强水泥，选择最合适的梁的合龙温度（宜在低温）及合龙时间（夏季宜在晚上），以提高施工质量。

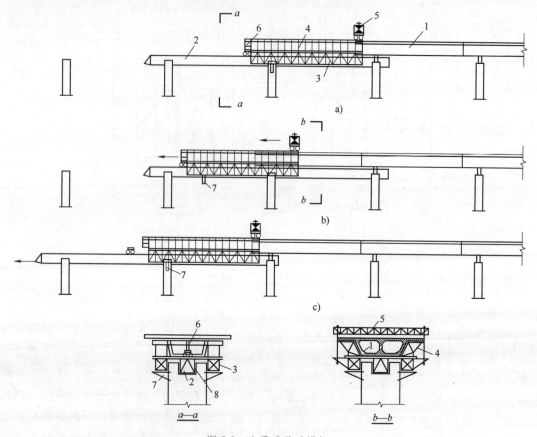

图 5-2 上乘式移动模架

a）浇筑混凝土，施加预应力 b）脱模移动模架梁 c）模架梁就位后移动导梁，浇筑混凝土前准备工作

1—已完成的梁 2—导梁 3—承重梁 4—模架 5—后端横梁和悬吊台车

6—前端横梁和支承台车 7—桥墩托架 8—墩台留槽

2. 悬臂拼装法

悬臂拼装法是将预制好的梁段用驳船运到桥墩的两侧，然后通过悬臂梁上（先建好的梁段）的一对起吊机械对称吊装梁段，待就位后再施加预应力，如此下去，逐渐接长，如图 5-4 所示。用作悬臂拼装的机具很多，有移动式起重机、桁架式起重机、缆式起重机、汽车起重机和浮吊等。图 5-4b 所示为桁架式悬臂起重机，它由锚固系统、承重系统、行走系统、起吊系统和工作吊篮等部分组成。起吊系统由电动卷扬机、吊梁扁担及滑车组等组成。起重机的整体纵向移动可采用钢管滚筒在临时轨道上滚移，由电动卷扬机牵引。工作吊篮挂于主桁前端的吊篮横梁上，供施工人员施加预应力和压浆等操作之用。这种起重机结构最简单，故使用最普遍。

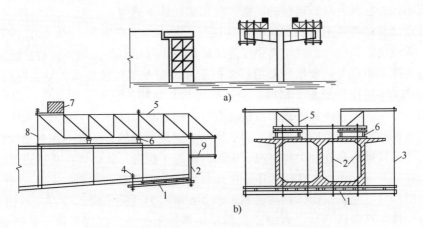

图 5-3　悬臂浇筑法施工

a）悬臂施工法概貌　b）挂篮结构简图

1—底模架　2、3、4—悬吊系统　5—承重结构　6—行走系统　7—平衡重　8—锚固系统　9—工作平台

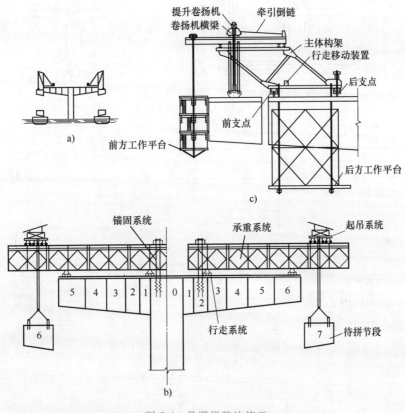

图 5-4　悬臂拼装法施工

a）悬臂拼装概貌　b）桁架式悬臂起重机　c）菱形挂篮安装系统

图 5-4c 所示为菱形挂篮安装系统。它一般由菱形主体构架，前后支点、起吊系统（包含提升卷扬机和卷扬机横梁等）、行走移动装置和前后方工作平台等部分组成。与桁架式起

重机的最大不同是它具有自行前移的动能，可以加快施工速度。

预制节段之间的接缝可采用湿接缝和胶接缝。湿接缝宽度为 0.1~0.2m，拼装时下面设临时托架，梁段位置调准后，便用高强度等级砂浆或小石子混凝土填实，待接缝混凝土达到设计强度后再施加预应力。胶接缝是用环氧树脂加水泥在节段接缝面上涂上厚约 0.8mm 的薄层，它在施工中可使接缝易于密贴，完工后可提高结构的抗剪能力、整体刚度和不透水性，故应用较普遍。但胶接缝要求梁段接缝有很高的建造精度。

对于 T 形刚构桥和连续刚构桥梁，因墩梁本身就是固接的，所以不存在梁墩临时固接的问题。但对于悬臂梁桥和连续梁桥来说，采用悬臂施工法时，就必须在 0 号块节段将梁体与桥墩临时固接或支承。图 5-5 所示为 0 号块体与桥墩临时固接的构造，只要切断预应力筋，便可解除临时固接，完成结构体系的转换。图 5-6 所示为几种不同的临时支承措施示意图。临时支承可用硫黄水泥砂浆块、砂筒或混凝土块等卸落设备，以便于体系转换和拆除临时支承。

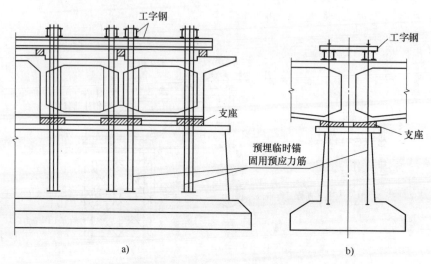

图 5-5　0 号块体与桥墩临时固接的构造

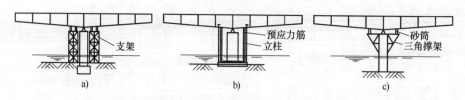

图 5-6　临时支承措施示意图

a) 措施一　b) 措施二　c) 措施三

5.1.3　顶推施工法

1. 单点顶推

单点顶推又可分为单向单点顶推和双向单点顶推两种方式。只在一岸桥台处设置制作场地和顶推设备的称为单向单点顶推（图 5-7a）；为了加快施工进度，也可在河两岸的桥台处设置制作场地和顶推设备，从两岸向河中顶推，这样的方法称为双向单点顶推（图5-7c）。

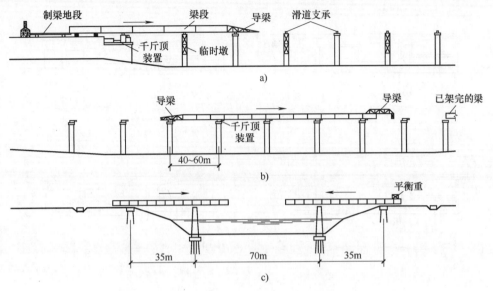

图5-7　连续梁桥顶推施工法示意图

a）单向单点顶推　b）按每联多点顶推　c）双向单点顶推

在顶推过程中，为了减少悬臂梁的负弯矩，一般要在梁的前端安装长度为顶推跨径60%~70%的钢导梁，导梁应自重轻、刚度大。顶推装置由水平千斤顶和竖直千斤顶组合而成，可以联合作用，其工序是顶升梁→向前推移→落下竖直千斤顶→收回水平千斤顶，如图5-8所示。

在顶推的过程中，各个桥墩墩顶均需布设滑道装置，它由混凝土滑台、不锈钢板和滑板组成。滑板则由上层氯丁橡胶板和下层聚四氟乙烯板镶制而成，橡胶板与梁体接触使摩擦力增大，而聚四氟乙烯板与不锈钢板接触使摩擦力减至最小，借此就可使梁前进。图5-9所示为滑板从后一侧滑移到前一侧，落下后再转运到后侧供继续喂入的示意图。

每个节段的顶推周期为6~8d，全梁顶推完毕后，便可解除临时预应力筋，调整、张拉和锚固后期预应力筋，再进行压浆、封端、安装永久性支座，至此主体结构即告完成。

2. 多点顶推

它是在每个墩台上设置一对小吨位的水平千斤顶，将集中的顶推力分散到各墩上，如图5-7b所示。由于利用水平千斤顶传给墩台的反作用力来平衡梁体滑移时在桥墩上产生的摩阻力，从而使桥墩在顶推过程中只承受较小的水平力，因此可以在柔性墩上采用多点顶推施工。多点顶推采用拉杆式顶推装置，如图5-10所示。图5-10a的顶推工艺为：水平千斤顶通过传力架固定在桥墩（台）靠近主梁的外侧，装配式的拉杆用连接器接长后与埋固在箱梁腹板上的锚固器相连接，驱动水平千斤顶后活塞杆拉动拉杆，使梁借助梁底滑板装置向前滑移，水平千斤顶走完一个行程后，就卸下一节拉杆，然后水平千斤顶回油使活塞杆退回，再连接拉杆进行下一顶推循环。图5-10b是用穿心式水平千斤顶拉梁前进，在此情况下，拉杆的一端固定在梁的锚固器上，另一端穿过水平千斤顶后用夹具锚固在活塞杆尾端，水平千斤顶走完一个行程，松去夹具，活塞杆退回，然后重新用夹具锚固拉杆并进行下一顶推循环。

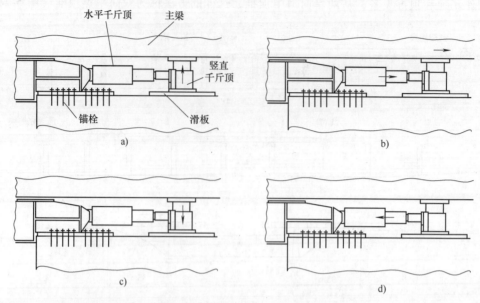

图 5-8　水平千斤顶与竖直千斤顶联用单点顶推工序
a）顶升梁　b）向前推移　c）落下竖直千斤顶　d）收回水平千斤顶

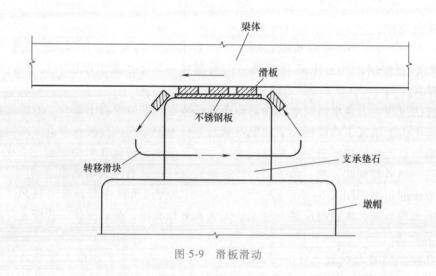

图 5-9　滑板滑动

　　必须注意，在顶推过程中要严格控制梁体两侧的千斤顶，使其同步运行。为了防止梁体在平面内发生偏移，通常在墩顶上梁体的旁边设置横向导向装置，如图 5-11 所示。

　　顶推施工法适用于建造跨径为 40～60m 的多跨等高度连续梁桥，当跨径更大时，就需要在桥跨间设置临时支承墩，国外已用顶推法修建成跨径达 168m 的桥梁。多点顶推与单点顶推比较，可以免用大规模的顶推设备，并能有效地控制顶推梁的偏心。当顶推曲梁桥时，由于各墩均匀施加顶推力，能顺利施工，因此目前此法被广泛采用。多点顶推法也可以同时从两岸向跨中方向顶推，但需增加更多的设备，使工程造价提高，因此较少采用。

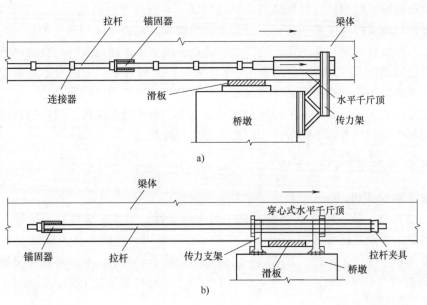

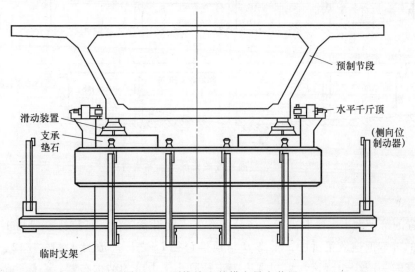

图 5-10　拉杆式顶推装置

图 5-11　顶推施工的横向导向装置

■5.2　连续梁桥构造

普通钢筋混凝土和预应力混凝土简支梁桥的经济跨径分别为 20m 和 40m 左右，当跨径超出此范围时，跨中恒荷载弯矩和活荷载弯矩将会迅速增大，从而导致梁的截面尺寸和自重显著增加，这样不但因材料耗用量大而不经济，而且很大的安装质量也给装配式施工造成很大的困难。因此，为了降低材料用量指标，对于较大跨径的桥梁，宜采用能减小跨中弯矩值的其他体系桥梁，如连续梁桥等。

随着交通运输，特别是高等级公路的迅速发展，对行车平稳舒适性提出了更高的要求。而多伸缩缝的悬臂梁桥和T形刚构桥难以满足这个要求，超静定结构连续梁桥以其结构刚度大、变形小、伸缩缝少和行车平稳舒适等突出优点而得到了迅速的发展。普通钢筋混凝土连续梁桥的适用跨径为15~30m，当跨径进一步增大时，结构自重产生的弯矩迅速增大，难以避免混凝土开裂，于是广泛采用预应力混凝土连续梁桥。预应力结构通过高强钢筋对混凝土预压，不仅充分发挥了高强材料的特性，而且提高了混凝土的抗裂性，促使结构轻型化，因而预应力混凝土结构具有比钢筋混凝土结构大得多的跨越能力。

5.2.1 预应力混凝土连续梁桥

1. 等截面连续梁桥

（1）力学特点 除了按简支-连续法施工的连续梁桥，超静定结构的连续梁在恒荷载和活荷载作用下，支点截面负弯矩一般比跨中截面正弯矩大，但跨径不大时这个差值不是很大，可以考虑采用等截面形式，并采取一定的构造措施予以调节，从而简化主梁的构造。

（2）构造特点 等截面连续梁桥可选用等跨和不等跨两种布置方式，如图5-12所示。

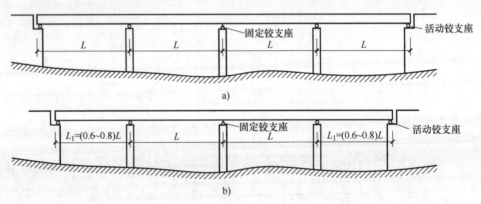

图5-12 等截面连续梁桥的立面布置方式

a）等跨等截面连续梁桥 b）不等跨等截面连续梁桥

等跨布置的跨径大小主要取决于经济分孔和施工的设备条件。高跨比一般为 $1/25~1/15$；在顶推施工的等截面连续梁桥中，梁高 H 与顶推跨径 L_0 之比一般为 $1/17~1/12$。当标准跨径较大时，有时为减少边跨正弯矩，将边跨跨径取小于中跨的结构布置，一般边跨与中跨跨长之比为 0.6~0.8。

当标准跨径不能满足通航或桥下交通要求而需要加大个别跨的跨径时，常常不需改变高度，而是采用增加钢束和调整截面尺寸的方式予以解决，使桥梁外观仍保持等截面布置。这样做既使桥梁的立面协调一致，又能减少构件及模板的规格。

（3）适用范围 等截面连续梁桥一般适用于以下情况：

1）桥梁为中等跨径，以 40~60m 为宜（国外也有达到 80m 跨径者）。这样可以使主梁构造简单，施工快捷。

2）立面布置以等跨径为宜，也可以采用不等跨布置。

3）适用于支架法施工、逐孔架设施工、移动模架施工及顶推法施工。

2. 变截面连续梁桥

（1）力学特点　当连续梁的主跨跨径接近或大于70m时，若主梁仍采用等截面布置，在恒荷载和活荷载作用下，主梁支点截面的负弯矩将比跨中截面的正弯矩大得多，从受力上讲就显得不太合理，且不经济，这时，采用变截面连续梁桥更符合受力要求，高度变化基本上与内力变化相适应。

从图5-13中分析可以得知：当加大靠近支点附近的梁高（即加大截面惯性矩）做成变截面梁时，还能进一步降低跨中的设计弯矩。从图中可见，在满布均布荷载$q=10\text{kN/m}$的作用下，三种不同的支点梁高（1.50m、2.50m和3.50m）所对应的跨中弯矩分别为800kN·m、460kN·m和330kN·m。也就是说，将支点梁高局部地从1.50m加大至3.50m时，跨中最大弯矩比等高梁降低一半多。一般地说，加大支点附近梁高是合理的，因为这样做既对恒荷载引起的截面内力影响不大，也与桥下通航的净空要求无甚妨碍，并且还能适应抵抗支点处很大剪力的要求。这也是连续梁桥比简支梁桥，甚至比悬臂梁桥能跨越更大跨径的原因。可见，连续梁桥采用变截面结构不仅外形美观，还可节省材料并增大桥下净空高度。

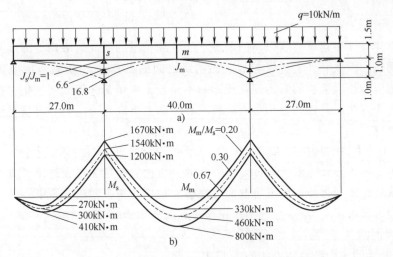

图5-13　三跨连续梁惯性矩变化影响的举例

同时，采用变截面布置适合悬臂施工法（悬臂浇筑和悬臂拼装），施工阶段主梁的刚度大，且内力与运营阶段的主梁内力基本一致。

（2）构造特点　连续梁桥连续超过五跨时的内力情况虽然与五跨的相差不大，但连续过长会增大温度变化的附加影响，造成梁端伸缩量很大，需设置大位移量的伸缩缝，因此连续孔数一般不超过5跨，但也有为减少伸缩缝而采用多于5跨的情形。当需要在宽阔的河流或旱谷上修建很多孔连续梁桥时，通常可按3~7孔为一联分联布置，联与联的衔接处通过两排支座支承在一个桥墩上。

对于变截面形式的大跨径预应力混凝土连续梁桥，立面一般采用不等跨布置。但对多于三跨的连续梁桥，除边跨外，其中间各跨一般采用等跨布置，以方便悬臂施工。对于多于两跨的连续梁桥，其边跨一般为中跨的60%~80%，如图5-14a所示。当采用箱形截面的三跨连续梁时，边孔跨径甚至可减少至中孔的50%~70%。有时为了满足城市桥梁或跨线桥的交通要求而需增大中跨跨径时，可将边跨跨径设计成仅为中跨的50%以下。在此情况下，端支点上将出现较大的负反力，故必须在该位置设置能抵抗拉力的支座或压重以消除负反力，如图 5-14b 所示。

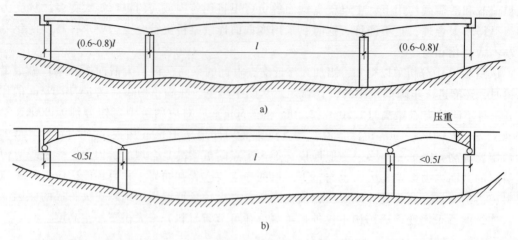

图 5-14　变截面连续梁桥的立面布置

在不受总体设计中建筑高度限制的前提下，连续箱梁的梁高宜采用变高度，其底曲线可采用二次抛物线、折线和介于折线与二次抛物线之间的 1.5~1.8 次抛物线变化形式，抛物线的变化规律应与连续梁桥的弯矩变化规律基本接近，采用折线形截面变化布置可使桥梁的构造简单，施工方便。具体的选用形式应按照各截面上下缘受力均匀、容易布束确定。

根据已建成桥梁的资料分析，支点截面的梁高 $H_\text{支}$ 为（1/18~1/16）l（l 为中间跨跨长），一般不小于 $l/20$，跨中梁高 $H_\text{中}$ 为（1/2.5~1/1.5）$H_\text{支}$。在具体设计中，还要根据边跨与中跨比例、荷载等级等因素通过几个方案的分析比较确定。在大跨径预应力混凝土连续梁桥中，除截面高度变化外，还可将截面的底板、顶板和腹板做成变厚度，以满足主梁内各截面的不同受力要求。

（3）适用范围

1）当连续梁的主跨跨径达到 70m 及以上。

2）适合悬臂浇筑和悬臂拼装两种施工。

当大跨径预应力混凝土连续梁桥采用悬臂施工法时，存在墩梁临时固接和体系转换的工序，结构稳定性应予以重视，施工较为复杂。此外，主墩需要布置大型橡胶支座，存在养护甚至更换上的麻烦。

5.2.2　连续刚构桥

预应力混凝土连续刚构桥是连续梁桥与 T 形刚构桥的组合体系，也称为墩梁固接的连续梁桥，如图 5-15 所示。

1. 力学特点

大跨径连续刚构桥结构的受力特点主要为：梁体连续，墩、梁、基础三者固接为一个整体共同受力。在恒荷载作用下，连续刚构桥与连续梁桥的跨中弯矩和竖向位移基本一致，但在采用双肢薄壁墩的连续刚构桥（图 5-15a）中，墩顶截面的恒荷载负弯矩要较相同跨径连续梁桥的小；由于墩梁固接和共同参与工作，连续刚构桥由活荷载引起的跨中正弯矩较连续梁桥的要小，因而可以降低跨中区域的梁高，并使恒荷载内力进一步降低。因此，连续刚构桥的主跨径可以比连续梁桥的主跨径设计得大一些。

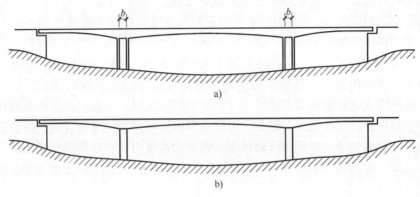

图 5-15　连续刚构桥

2. 构造特点

（1）主梁　连续刚构桥的主梁在纵桥向大部分都采用不等跨变截面的结构布置形式，以适应主梁内力的变化。主梁底部的线形基本上与变截面连续梁桥相类似，可以是曲线形、折线形、曲线加直线形等，具体应根据主梁内力的分布情况，按等载强比原则选定。

国内外已建成的连续刚构桥，边跨和主跨的跨径比值为 0.5~0.692，大部分比值为 0.55~0.58。这说明变截面连续刚构桥的边跨比值要比变截面连续梁桥的比值范围 0.6~0.8 要小。这是由于墩梁固接，边跨的长短对中跨恒荷载弯矩调整的影响很小，而边跨、主跨跨径之比为 0.54~0.56 时，不仅可以使中墩内基本没有恒荷载偏心弯矩，而且由于边跨合龙段长度小，可以在边跨悬臂端用导梁支承于边墩上，进行边跨合龙，从而取消落地支架，施工也十分方便和经济。

预应力混凝土连续刚构桥主要适用于高桥墩的情况。此时，桥墩作用如同摆柱，以适应预应力、混凝土收缩徐变和温度变化等引起的纵向位移。

（2）主梁截面高度　大跨度连续刚构桥主梁一般采用箱形截面，箱梁根部截面的高跨比一般为 1/20~1/16，其中大部分为 1/18 左右，也有少数桥梁达到或低于 1/20。跨中截面梁高通常为支点截面梁高的 1/3.5~1/2.5，略小于连续梁的跨中梁高，这是由于当连续刚构桥墩梁固接、活荷载作用于中跨时，与相同跨径的连续梁桥相比，连续刚构桥跨中正弯矩较小的缘故。

（3）墩身尺寸　大跨径连续刚构桥的桥墩不仅应满足施工、运营等各阶段支承上部结构重力和稳定性等方面的要求，而且桥墩的柔度应适应由于温度变化、混凝土收缩、徐变和制动力等因素引起的水平位移，以尽量减小这些因素对结构产生的次内力。

连续刚构桥一般用在长大跨径的桥梁上，如果桥墩的水平抗推刚度较大，则因主梁的预应力张拉、收缩、徐变、温度变化等因素所引起的变形受到桥墩的约束后，将会在主梁内产生较大的次拉力，并对桥墩也产生较大的水平推力，从而会在结构混凝土上产生裂缝，降低结构的使用功能。由此可见，连续刚构桥桥墩的水平抗推刚度宜在满足桥梁施工、运营稳定性要求的前提下尽量小。相反地，大跨度连续刚构桥在横桥向的约束很弱，桥梁在横向不平衡荷载或风荷载的作用下，易产生扭曲、变位，为了增大其横向稳定性，桥墩在横向的刚度应设计得大一些。

连续刚构桥柔性墩柱的立面形式主要有以下三种：

1）竖直双肢薄壁墩。用两个相互平行的薄壁与主梁固接作为桥墩（图5-15a）。这是连续刚构桥中应用得较多的一种形式，适用于桥墩不是很高的情形。竖直双肢薄壁墩可增加桥墩纵桥向竖向荷载作用下的刚度，同时其水平抗推刚度小，在桥梁纵向允许的变位大，这不仅可以减小主梁附加内力，而且由于主梁的负弯矩峰值出现在两肢墩的墩顶，且较单壁墩小一些，故可减小主梁在墩顶截面处的尺寸，增加桥梁美感。因此，在大跨径预应力混凝土连续刚构桥中是理想的墩身形式。但是，竖直双肢薄壁墩占据的宽度较大，防撞设施需保护的范围也较大，这部分增加的费用可能较多。偶然的船撞力往往是作用在其中的一肢薄壁墩上，当一肢薄壁墩遭到破坏后，另一肢薄壁墩很容易因承载力和稳定性不够而随之破坏，这一点需引起重视。

每肢薄壁墩又有空心和实心之分。实心双壁墩施工方便，抗撞能力强；空心双壁墩可以节约混凝土40%左右，设计中应根据具体条件通过分析后选用。

2）竖直单薄壁墩。在深谷和深水河流的高桥墩上经常采用竖直单薄壁墩（图5-15b）。它在外观上呈"一"字形，其截面形式一般为箱梁截面的空心桥墩。具体尺寸需根据对柔性的要求确定。

一般说来，竖直单薄壁墩特别是箱形截面单薄壁墩的抗扭性能好，稳定性强，能增大通航孔的有效跨径，但其柔性不如竖直双肢薄壁墩大，但随着墩身高度的不断增加，竖直单薄壁墩的柔性逐渐增加，允许的纵向变位增大。因此，对于墩身很高的大跨径连续刚构桥或中等跨径的连续刚构桥来说，箱形单薄壁墩也是理想的墩身形式。

3）V形墩（或Y形柱式墩）。在刚构桥中，为了减小内支点处的负弯矩峰值，可将墩柱做成V形墩形式，V形托架可使主梁的负弯矩峰值降低1倍以上，如图5-16所示。

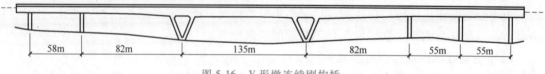

| 58m | 82m | 135m | 82m | 55m | 55m |

图5-16 V形墩连续刚构桥

Y形柱式墩是上部为V形托架，下部为单柱式，两者在立面上构成Y字形。下部的单柱具有一定的柔性，可满足纵向变形的要求。

3. 适用范围

连续刚构桥常用于大跨径、高墩的结构中，桥墩纵向刚度较小，在竖向荷载作用下，基本上属于一种无推力的结构，而上部结构具有连续梁桥施工的一般特点，具有较好的技术经济性。由于预应力技术在近年来发展迅速，连续刚构桥这种结构近年来得到了较快的发展。可以说，连续刚构桥是大跨径桥梁选型中具有竞争能力的桥型之一。我国跨径在180m以上的梁桥，大多采用连续刚构桥。

连续刚构桥的特点是主梁保持连续，这样既保持了连续梁桥无伸缩缝、行车平顺的优点，又保持了T构无须设大吨位支座的优点，同时避免了连续梁（存在临时固接和体系转换）和 T 构（伸缩缝）两者的缺点，养护工作量小。此外，连续刚构桥施工稳定性好，减少或避免边跨梁端搭架合龙的难度。

但连续刚构桥对地基承载力的要求更高，若地基发生过大的不均匀沉降，连续梁桥可通过调整墩顶支座的标高，抵消下沉来补救，而连续刚构桥则做不到。对于大跨径连续刚构桥，当其主墩刚度过大时，中跨梁体会产生过大的温降拉力而对结构受力不利。此外，梁墩连接处应力复杂也是连续刚构桥的一个缺点。

5.2.3　横截面形式和尺寸

预应力混凝土连续梁桥的截面形式很多，一般应根据桥梁的总体布置、跨径、宽度、梁高、支承形式和施工方法等方面综合确定。合理地选择主梁的截面形式，对减轻桥梁自重、节约材料、简化施工和改善截面受力性能是十分重要的。

预应力混凝土连续梁桥的横截面形式主要有板式、肋梁式和箱形。其中，板式、肋梁式截面构造简单、施工方便；箱形截面具有良好的抗弯和抗扭性能，是预应力混凝土连续梁桥的主要截面形式。

1. 板式和肋梁式截面

板式截面分为实体截面（图 5-17a、b）和空心截面（图 5-17c、d）。矩形实体截面使用较少，曲线形整体截面近年来相对使用较多。实体截面多用于中小跨径，且多配有支架现浇施工，此时支点板厚为（$1/20 \sim 1/16$）L，变截面板跨中板厚为支点板厚的 $1/1.5 \sim 1/1.2$；空心截面常用于跨径为 $15 \sim 30$m 的连续梁桥，板厚一般为 $0.8 \sim 1.5$m，宜用有支架现浇为主。

肋梁式截面（图 5-17e）常用于预制架设施工，并在梁段安装后经体系转换为连续梁桥。常用跨径为 $25 \sim 50$m，梁高取 $1.3 \sim 2.6$m。

2. 箱形截面

当连续梁桥的跨径超过 60m 时，主梁多采用箱形截面，构造布置灵活，适用于有支架现浇施工、逐孔施工、悬臂施工等多种施工方式。常用的箱形截面有单箱单室、单箱双室和分离式双箱单室等，以第一种应用较多。单箱单室截面的顶板宽度一般小于 20m（图 5-18a）；单箱双室的为 25m 左右（图 5-18b）；分离式双箱单室的可达 40m 左右（图 5-18c）。一般地，等高度箱梁可采用直腹板或斜腹板，变高度箱梁宜采用直腹板。单箱单室截面 $b:a$ 为 $1:(2.5 \sim 3.0)$ 时，横向受力状态较好。

（1）顶板　确定箱形截面梁顶板厚度一般需考虑两个因素，即满足桥面板横向弯矩的要求（恒荷载、活荷载、日照温差等）；满足布置纵、横向预应力束的要求。根据《公路钢筋混凝

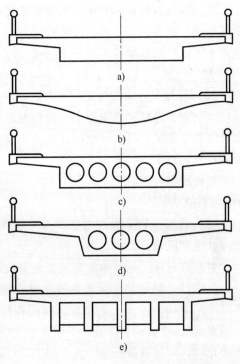

图 5-17　板式、肋梁式截面形式

土及预应力混凝土桥涵设计规范》（JTG 3362—2018）规定：预制箱形截面梁翼缘悬臂端的厚度不应小于 100mm；当箱形截面梁设有桥面横向预应力筋时，其悬臂端厚度不应小于140mm。箱形截面梁顶板与腹板相连处应设置承托；底板与腹板相连处应设倒角，必要时也可设置承托。箱形截面梁顶板、底板的中部厚度，不应小于板净跨径的 1/30，且不应小于 200mm。

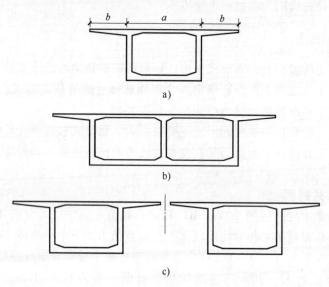

图 5-18　箱形截面形式

顶板两侧悬臂板的长度对活荷载弯矩数值影响不大，但恒荷载及人群荷载弯矩随悬臂长度几乎成二次方关系增加，故悬臂长度一般不大于 5m，当长度超过 3m 后，宜布置横向预应力束。悬臂端部厚度不小于 10cm，如设置防撞墙或需锚固横向预应力束，则端部厚度不小于 20cm。

（2）底板　纵向负弯矩区受压底板的厚度对改善全桥受力状态、减小徐变下挠十分重要，因而在大跨径连续梁桥中，应确保承受负弯矩的内支点区域的箱梁底板有足够的厚度。箱梁底板厚度随箱梁负弯矩的增大而逐渐加厚至墩顶，以适应箱梁下缘受压的要求，墩顶区域底板不宜过薄，否则压应力过高，由此产生的徐变将使跨中区域梁体下挠较大。

底板厚度与主跨之比宜为 1/170~1/140，跨中区域底板厚度则可按构造要求设计，一般为 0.22~0.28m。

（3）腹板　箱梁腹板的主要功能是承受结构的弯曲剪应力和扭转剪应力所引起的主拉应力，墩顶区域剪力大，因而腹板较厚，跨中区域的腹板较薄，但腹板的最小厚度应考虑预应力束孔道布置、钢筋布置和混凝土浇筑的要求。

根据《公路钢筋混凝土及预应力混凝土桥涵设计规范》规定：箱形截面梁的腹板宽度不应小于 160mm；其上下承托之间的腹板高度，当腹板内设有竖向预应力筋时，不应大于腹板宽度的 20 倍；当腹板内不设竖向预应力筋时，不应大于腹板宽度的 15 倍；当腹板宽度有变化时，其过渡段长度不宜小于 12 倍腹板宽度差。

腹板的最小厚度应考虑预应力束的布置和混凝土浇筑的要求，一般的设计经验为：

1）腹板内无预应力束孔道布置时，其最小厚度可采用 $t_{min} = 20cm$。

2）腹板内有预应力束孔道布置时，可采用 $t_{min} = 25 \sim 30cm$。

3）腹板内有预应力束锚固头时，则采用 $t_{min} = 35cm$。

5.2.4　预应力筋布置

连续梁桥主梁的内力主要有三种，即纵向受弯、受剪和横向受弯。通常所说的三向预应力就是为了抵抗上述三种内力。纵向预应力抵抗纵向受弯和部分受剪，竖向预应力抵抗受剪，横向预应力则抵抗横向受弯。预应力筋的数量和布筋位置都需要根据结构在使用阶段的受力状态予以确定，同时也要满足施工各阶段的受力需要。施工方法不同，施工阶段的受力状态差别很大，因此结构配筋必须结合施工方法考虑。

1. 纵向预应力筋

沿桥跨方向的纵向预应力筋又称为主筋，是用以保证桥梁在恒荷载、活荷载作用下纵向跨越能力的主要受力钢筋，可布置在顶板、底板和腹板中。

预应力混凝土连续梁桥中纵向预应力筋的布置方式多种多样，与所采用的施工方法和预应力筋的种类等有密切的关系。

图 5-19a 表示采用顶推施工法的直线形预应力筋布置方式。上、下的通束使截面接近轴心受压，以抵抗顶推过程中各截面承受的正负弯矩的交替变化。待顶推完成后，再在跨中的底部和支点的顶部增加局部预应力筋，用来满足运营荷载下相应的内力要求。有时按设计还在跨中的顶部和支点附近的底部设置局部的施工临时束，待顶推完成后即予卸除。

图 5-19b 表示采用先简支后连续施工方法的预应力筋布置方式。待墩上接缝混凝土达到强度后，用设置在接缝顶部的局部预应力筋来建立结构的连续性。

图 5-19c 和 d 表示采用悬臂施工法的预应力筋布置方式。梁中除了正弯矩区和负弯矩区各需布置顶部和底部预应力筋外，在有正、负弯矩的区段内，顶板、底板中均需设置预应力筋。图 5-19c 所示为直线布束方式，即顶板预应力筋沿水平布置并锚固在梗肋处，这种布束方式可减少预应力筋的摩阻损失，并且穿束方便，也改善了腹板的混凝土浇筑条件。水平预应力筋的设计和构造仅由弯曲应力决定，而抗剪强度则由竖向预应力筋来提供。图 5-19d 所示为顶板预应力筋在腹板内弯曲并下弯锚固在腹板上，以减小外荷载所产生的剪力。此时腹板应具有足够的厚度，以承受集中的锚固力。

图 5-19e 表示整根曲线形通束锚固于梁端的布置方式，一般用于整联现浇的情形。在此情况下，若预应力筋既长且弯曲次数又多，就显著增大了预应力筋的摩阻损失，因而联长或预应力筋不宜过长。

预应力筋的布置要考虑张拉操作的方便。当需要在梁内、梁顶或梁底锚固预应力筋时，应根据预应力筋锚固区的受力特点给予局部加强，以防开裂损坏。

2. 横向预应力筋

横向预应力筋是用以保证桥梁的横向整体性、桥面板及横隔板横向抗弯能力的主要受力钢筋，一般布置在横隔板和顶板中。图 5-20 所示为对箱梁截面的顶板施加横向预应力的预应力筋构造。由于目前大跨径连续梁桥的主梁大都采用箱形截面，顶板厚度一般为 25 ~ 35cm，在保证大量纵向预应力筋穿过的前提下，所剩的空间位置有限，此时横向预应力筋趋向于采用扁锚体系，以减少布筋所需空间。

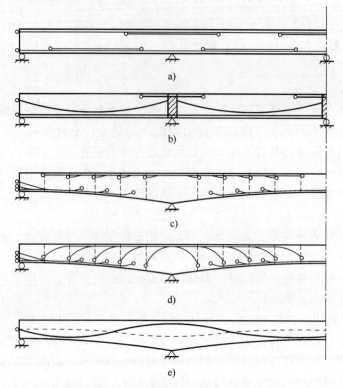

图 5-19　预应力混凝土连续梁桥配筋方式

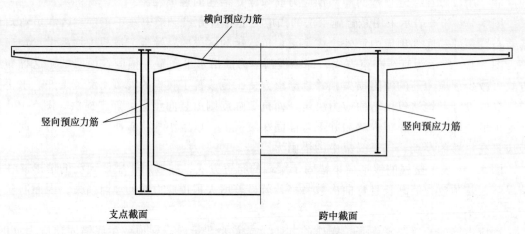

图 5-20　箱梁横向及竖向配筋布置方式

3. 竖向预应力筋

竖向预应力筋布置在腹板中，主要作用是提高截面的抗剪能力。图 5-20 中还表示出了对箱梁截面的腹板施加竖向预应力的预应力筋构造。竖向预应力筋在梁体腹板内沿纵向的布置间距可根据竖向剪力的分布而进行调整，靠支点截面位置较密，靠跨中位置较疏。竖向预应力筋比较短，故常采用高强粗钢筋，以减少预应力筋张拉锚固时的回缩损失。但由于粗钢筋强度较低（小于 1000MPa），长度较短，因而张拉延伸量小，在使用中容易造成预应力损失过大或失效。为克服这一问题，对施工提出二次张拉的要求是十分必要的，这样做可消除大部分混凝土弹塑性压缩引起的预应力损失。

另外，现在已开始将一种拉索式锚具用于钢绞线竖向预应力体系中，如图 5-21 所示。具体方法也是进行二次张拉：第一次张拉使锚杯内的夹片夹紧预应力筋，第二次张拉锚杯，直至达到设计张拉力后，拧紧锚杯外螺母固定。这种预应力筋张拉的回缩损失相当小。而二次张拉和钢绞线的大延伸量使其在使用中不易失效。

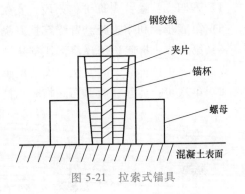

图 5-21 拉索式锚具

预应力张拉后应及时对孔道进行压浆处理并封锚，压浆应密实饱满，否则预应力筋锈蚀断裂可能造成灾难性的后果。

■ 5.3 悬臂施工技术

悬臂施工技术根据施工方法的不同可以分为悬臂浇筑施工技术和悬臂拼装施工技术两类。悬臂浇筑施工技术是在桥墩两侧利用挂篮对称浇筑混凝土，待混凝土达到张拉强度后张拉预应力筋，然后移动挂篮继续下一段的悬臂浇筑施工。悬臂拼装施工技术是利用起重机或临时支架将预制梁体在桥墩两侧对称拼装，然后在接缝处梁体两侧填涂接缝胶并张拉预应力筋，而后继续下一节段拼装。

5.3.1 悬臂浇筑施工技术

1. 施工节段划分及施工步骤

悬臂浇筑施工节段分为墩顶支架浇筑 0 号块梁段、跨中挂篮悬臂浇筑梁段、合龙梁段和边跨支架现浇梁段四部分，具体划分如图 5-22 所示。每个节段的长度一般按设计图要求进行划分即可，当施工存在难度时，可根据实际情况调整施工方案。

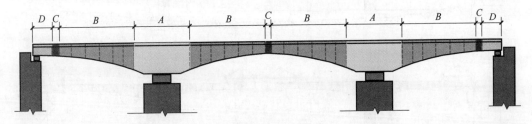

图 5-22 悬臂浇筑施工梁段划分示意图

A—0 号块梁段　B—跨中挂篮悬臂浇筑梁段　C—合龙梁段　D—边跨支架现浇梁段

图 5-23 所示为悬臂浇筑法施工步骤流程。

1）第一步：完成下部墩台身施工并预埋临时固接钢筋，安装临时支座、永久支座，如图 5-23a 所示。

2）第二步：支架法浇筑主墩上方 0 号块梁段，如图 5-23b 所示。

3）第三步：安装 T 构悬臂浇筑挂篮，并拆除 0 号块现浇支架，如图 5-23c 所示。

4）第四步：悬臂浇筑 T 构梁段，支架法浇筑边跨现浇梁段，如图 5-23d 所示。

5）第五步：利用边跨悬臂浇筑挂篮浇筑边跨合龙梁段，如图 5-23e 所示。

6）第六步：拆除边跨现浇梁段支架，如图 5-23f 所示。

7）第七步：拆除临时支座，安装配重水箱，浇筑中跨合龙梁段，如图 5-23g 所示。

8）第八步：拆除挂篮，切除临时固接钢筋，完成体系转换，如图 5-23h 所示。

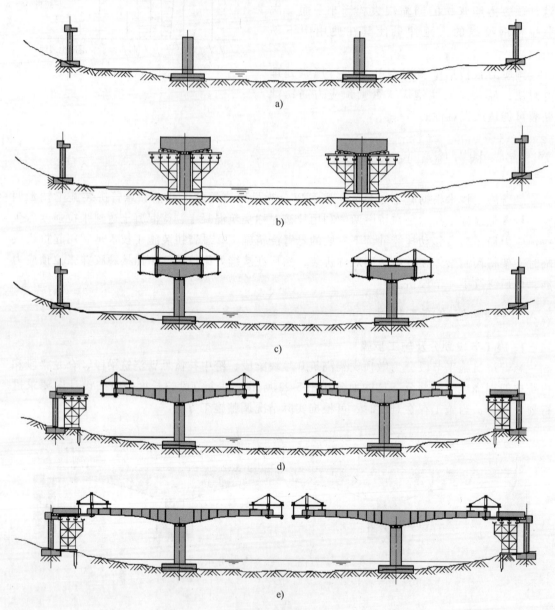

图 5-23　悬臂浇筑法施工步骤流程

a）下部结构施工　b）0 号块梁段浇筑　c）T 构悬臂浇筑挂篮安装

d）T 构悬臂浇筑　e）边跨合龙梁段施工

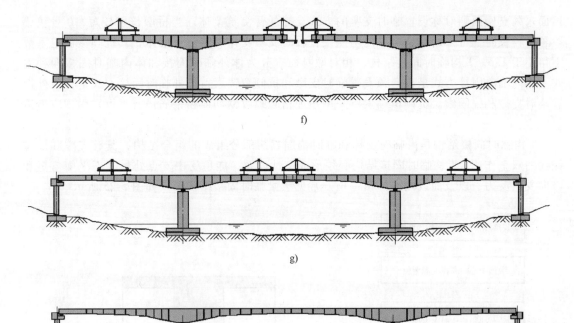

图 5-23　悬臂浇筑法施工步骤流程（续）

f）拆除边跨现浇梁段支架　g）中跨合龙梁段施工　h）全桥体系转换

2. 0 号块梁段施工技术

0 号块梁段一般在桥墩两侧设立落地支架进行现浇，对于高墩，应在桥墩施工时提前预埋 0 号块梁段浇筑所需附墩支架预埋件。0 号块梁段现浇后可作为挂篮安装和材料堆放的场地，因此 0 号块梁段长度一般为 5~10m，若长度不够也可将悬臂端根部梁段与 0 号块梁段一起浇筑。对于大跨径连续梁桥，0 号块梁段梁高较高，当混凝土浇筑

悬臂施工节段

方量较大时，可以采用分层浇筑方法进行施工。0 号块梁段是悬臂浇筑施工的中心段、基准段，又是体系转换的控制段，受力复杂，预应力孔道最多，应精心施工，才能确保后续施工。

0 号块梁段施工工序（图 5-24）包括安装预埋件和临时固接锚固钢筋（在墩身施工时开始预埋）、墩顶中心、高程复测定位、桥墩预埋件检查并安装 0 号块现浇支架、安装临时支座和永久支座、铺设底模板、安装侧模板、绑扎底板及腹板钢筋并安装预应力波纹管、安装内模板及端模板、绑扎顶板钢筋并安装预应力波纹管、浇筑 0 号块梁段混凝土并养护、拆除侧模板及端模板并将 0 号块端截面凿毛、张拉预应力筋及孔道压浆、拆除底模板及内模板等工作。对于连续刚构桥，无临时固接锚固钢筋和安装支座两道工序。

混凝土连续梁临时支座（临时固接支座）既要求能在永久支座不承受压力的情况下承受梁体压力和施工过程中的不平衡弯矩，又要求在承受荷载情况下容易拆除，宜采用在桥墩

顶面永久支座两侧对称设置临时支座的方式支撑悬臂浇筑梁体。当桥墩长度较短，0号块梁段悬臂较长时，可采用在桥墩纵向两侧设置临时支墩支撑悬臂浇筑梁体。其抗倾覆稳定系数不得小于1.5。T构临时固接结构，相对墩身而言分为体外临时固接和体内临时固接两种方式。体内临时固接方式是在墩顶设置临时支墩和抗倾覆锚索；体外临时固接方式是在墩外设置临时支撑和锚固索。抗倾覆锚索可采用预埋精轧螺纹钢筋或粗钢筋锚，也可采用预应力钢绞线索。

　　T构临时固接结构是由临时支撑和临时锚固索两部分组成的组合结构，具有支撑和反拉锚固的双重作用。T构临时固接结构必须形成刚性体系，能承受中支点处最大不平衡弯矩和竖向支点反力，以及曲线向心倾覆弯矩。常见墩梁临时固接结构形式如图5-25所示。

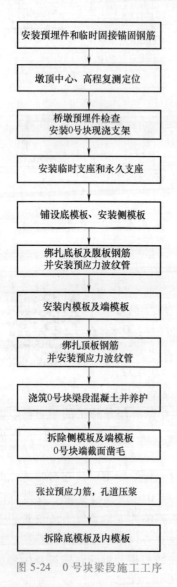

图5-24　0号块梁段施工工序

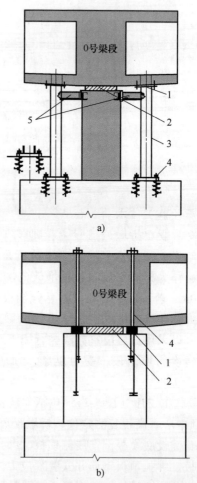

图5-25　常见墩梁临时固接结构形式

1—临时支座　2—永久支座　3—临时支撑
4—锚固钢筋　5—水平支撑

1）体外临时固接结构。在承台上安装钢管或钢管混凝土柱、钢筋混凝土支撑柱。支撑柱安装位置对应于箱梁腹板的梁底位置，并且上端与梁身、下端与承台均进行锚固，或者增加体外钢索，达到支撑与反拉的抗倾覆作用。并且在墩身设置水平支撑桁架，约束上端相对位移。

2）体内临时固接结构。在墩身顶面与箱梁设置刚性连接结构。刚性连接结构大多为钢筋混凝土临时支墩和锚固钢筋。临时支座布置在墩顶周边位置，一般宽度为 0.6m 左右、高度为 0.5~0.7m，采用 C30~C55 钢筋混凝土。连续梁与墩身锁固采用预埋粗钢筋，或者粗预应力筋锚固。锚固钢筋下端预埋在墩身内，上端埋在 0 号块梁段内。锚固用的粗钢筋一般采用 $\phi25$~$\phi32$mm 螺纹钢筋，预应力筋一般采用 $\phi32$mm 轧丝锚或精轧螺纹钢筋。当采用预应力筋时，钢筋在穿过 0 号块梁身一段，需要对锚固钢筋增设隔离套管，以便于施加预应力时自由伸缩。预应力锚固钢筋待 0 号块梁段混凝土强度达到设计强度后预施锚固力，使 0 号块梁段与墩身锁固成一体。

临时支座及锚固钢筋在箱梁合龙梁段混凝土浇筑之前拆除。预应力锚固钢筋的残余孔道注浆封闭。永久支座与临时支座同时安装，安装工艺与一般支架箱梁支座的安装工艺相同。在施工过程中，永久支座视为不受力，待临时支座拆除后承载工作。

当安装永久支座中的纵向活动支座时，上下座板横向应对正安装，纵向应根据支座施工与设计安装温差、梁体混凝土未完成收缩徐变量及梁体弹性压缩量计算预设偏移量，并应采取措施将其临时施工固定，防止梁体浇筑过程中发生错位。

3. 0 号块临时支架施工技术

墩顶现浇梁段（俗称 0 号块梁段）是悬浇的起始梁段，一般采用支架法浇筑。考虑施工临时结构费用支出情况，视墩高条件支架可采用落地支架或者墩身托架。当墩身高度在 15m 以下时，可采用落地支架；当墩身高度超过 15m 时，可采用墩身托架（三角形托架），三角形托架安装在墩身上预埋钢牛腿，如图 5-26 所示。落地支架可采用满堂支架或者大跨支架（俗称膺架），如图 5-27 所示。

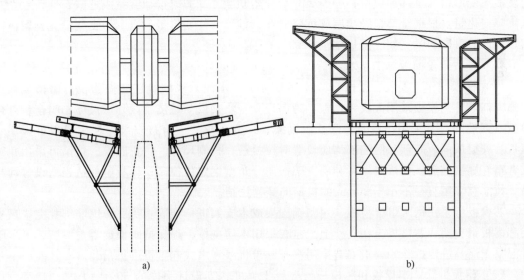

a)   b)

图 5-26 0 号块墩身托架示意图

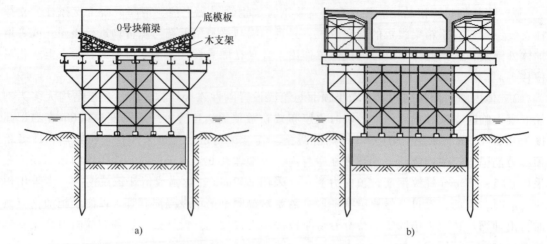

图 5-27　0 号块落地支架示意图

一般落地支架与一般现浇箱梁支架工艺相同。较高的墩身，0 号梁段模板支架应优先采用墩身挂架。支架平台尺寸应满足 0 号块梁段施工作业面需要。为加强支架的稳定性，支架应与墩身预埋件桁架连接牢固。底面模板可采用竹质胶合板或组合钢模板。箱梁底面向上翘曲斜坡高度，采用枕木垛、方木垛垫高，或者木制框架接高。

托（支）架在浇筑 0 号块梁段混凝土前须进行预压。预压荷载应不小于最大施工荷载的 1.2 倍，以检验托（支）架的整体承载能力和消除托（支）架的非弹性变形，并观测弹性变形量。支架预压荷载根据现场条件可采用砂袋、水箱、混凝土块、钢铁等。加载形式应模拟箱梁等截面荷载形式。

支架预压前应设置变形观测的标志点。当设计无要求时，加载过程中可按施工荷载的 30%、60%、100%、120%分级增量堆载并分级记录支架沉降量，直至加载至施工最大荷载的 1.2 倍。每一级加载具体重力应确保受压面积铺设均匀一致，各级加载后静停 1h 测量竖向及横向变形值。全部加载后，静停 24h 后开始卸载。卸载时按加载量级递减，并记录全过程沉降变化量。根据全部记录绘制成沉降曲线，推算弹性变形量，以利于支架设置预留沉降值。试压后重新调整支架底模板施工标高。

4. 0 号块梁段模板施工技术

（1）模板制作、安装　梁段在墩顶部分可采用水泥砂浆砌筑红砖做胎模，胎模顶面涂刷隔离剂。外侧模板采用大块钢模板。为保证 0 号块梁段与悬浇梁段外形尺寸相吻合，外侧模板（两端部）宜采用挂篮的外侧特制钢模板，并在支架上直接安装。端头模板可采用木模板。模板顶面、底部和两端部均应设置对拉拉筋，控制尺寸、防止胀模，拉筋可采用角钢或者精轧螺纹钢筋；模板底口可利用支架横向分布型钢定位控制；模板中部适当增设过河拉筋，拉筋宜采用直径不小于 20mm 的粗钢筋螺栓拉结。

芯模板可采用钢木组合模板，用型钢支架或木支架进行加固。待底板钢筋绑扎完毕后安装芯模板钢支架，芯模板坐在支架上，左右采用木楞支撑，以保持腹板混凝土厚度，木楞随着混凝土浇筑进度拆除。模板安装采用汽车起重机或者塔式起重机进行吊装。

（2）模板拆除　端模板和芯模板待混凝土强度达到设计强度的 50%以上时，就可以拆除，进行端部混凝土凿毛；外侧钢模板待混凝土强度达到设计强度的 90%以上时拆除，底模板及其支架待纵向预应力施加后，并将 0 号块梁段临时刚性固接生效后方可拆除。拆除工作采用人工配合起重机进行。

5. 钢筋、预应力孔道安装

与一般支架法钢筋施工工艺基本相同。钢筋骨架应优先制作成半成品网片结构。将箱梁横断面做成两节骨架网片，即将底板和腹板成一片，顶板成一片，以保证钢筋骨架刚度、安装尺寸准确，确保预应力孔道控制准确。钢筋网片在加工场地预先焊接完成，在骨架上焊接预应力孔道定位网格筋，再利用起重机等吊装设备吊到墩顶，由人工组装绑扎成形。

0 号梁段钢筋、预应力孔道布设施工顺序为：绑扎底板钢筋→安装底板预应力孔道波纹管→绑扎腹板钢筋→安装腹板预应力筋→绑扎顶板钢筋→安装顶板预应力孔道波纹管→安装预埋孔、预埋件。

预应力孔道采用预埋波纹管。孔道的规格、尺寸应符合设计规定，且其内横截面面积应不小于预应力筋净截面的 2 倍；对于长度大于 60m 的孔道，宜通过试验确定其面积比是否可以进行正常的压浆作业。孔道应按设计规定的坐标位置进行安装，并应采用定位钢筋固定，使其能牢固地置于模板内的设计位置，且在混凝土浇筑期间不产生位移。孔道与普通钢筋重叠时，应移动普通钢筋，不得改变波纹管孔道的设计坐标位置。固定各种成孔管道用的定位钢筋的间距，对于钢管不宜大于 1.0m；波纹管不宜大于 0.8m；位于曲线上的孔道和扁平波纹管孔道应适当加密。定位后的孔道应平顺，其端部的中心线应与锚垫板相垂直。定位钢筋应与梁体钢筋连接牢固，以保证孔道在混凝土浇筑和振捣中不弯沉、不上浮、不旁移。

孔道接头处的连接管宜采用大一级直径的同类孔道，其长度宜为被连接孔道内径的 5~7 倍。连接时不应使接头处产生角度变化及在混凝土浇筑期间发生孔道的转动或移位，并应缠裹紧密防止水泥浆的渗入。塑料波纹管应采用专用焊接机进行热熔焊接或采用具有密封性能的塑料结构连接器连接。当采用真空辅助压浆工艺进行孔道压浆时，孔道的所有接头应具有可靠的密封性能，并应满足真空度的要求。所有孔道均应在每个顶点设排气孔，需要时还应在每个低点设排水孔。压浆管、排气管和排水管应是最小内径为 20mm 的标准管或适宜的塑料管，与孔道之间的连接应采用金属或塑料结构扣件，长度应足以从孔道引出结构物以外。孔道安装完毕后，其端口应采取可靠措施临时封堵，防止水或其他杂物进入。

6. 混凝土浇筑施工

0 号块梁段混凝土应连续浇筑一次成形。当梁体高度大、混凝土数量多或者梁体结构复杂，需要竖向分层浇筑时，施工缝位置应经设计单位确认。外模板宜一次安装就位，内模板可按混凝土浇筑要求分段安装。先浇筑底板及腹板、隔板下部混凝土，再浇筑上部腹板、隔板及顶板混凝土。0 号块梁段采用一次浇筑混凝土方式时，应采用适当的缓凝措施，保证梁体混凝土在最先浇筑的混凝土初凝前全部浇筑完毕。梁体混凝土浇筑方法应符合设计要求。当无设计要求时，应从悬臂端开始向桥墩位置方向浇筑，并应按 0 号块梁段全部平面面积等高水平分层，进行纵、横向对称连续浇筑。

内模板应定位牢固，保证混凝土浇筑振捣过程中不下沉、不上浮。底板混凝土浇筑完毕，应及时安装底板混凝土顶面反压模板或采取其他有效措施，防止隔板、腹板混凝土下沉致底板顶面隆起。浇筑混凝土时，洒落在浇筑区以外待浇筑区的混凝土应及时清理干净。混凝土施工工艺与一般支架现浇梁混凝土施工工艺基本相同。混凝土采用早强型快凝混凝土，泵送混凝土坍落度宜控制在 16~20cm。水泥品种应采用低水化热的高强度水泥。

混凝土采用集中搅拌站拌制，并应备有预备供应方案。混凝土采用专用罐车运输、混凝土输送泵泵送入模，内部采用人工插入式振动器振捣，表层辅助平板振动器振捣。对于后张法预应力施工结构，应避免振动器碰撞预应力筋的孔道、预埋件等导致孔道漏浆堵塞。

0 号块梁体高度通常都远大于 2m，底层混凝土浇筑时应进入模内或者开天窗浇筑，混凝土溜放必须增设串筒或导管到浇筑面，避免自由落体高度过高导致混凝土离析、飞溅等形成蜂窝、空洞；混凝土用泵车浇筑时，应先浇筑一定量的砂浆润管，同时确保底层混凝土密实。

混凝土浇筑后安排专人压光至表面无收缩为止，然后立即洒水、覆盖保湿、保温自然养护，或覆盖蒸汽养护，外罩保温棚布。

7. 预应力筋安装及张拉作业施工

连续箱梁纵向预应力筋一般采用两端张拉钢绞线，竖向预应力筋一般采用精轧螺纹钢筋，顶板横向预应力筋一般采用单端张拉钢绞线束。两端张拉钢绞线一般后穿束，单端张拉钢绞线可根据锚固端结构要求先穿束，精轧螺纹钢筋必须随同套管一并安装到位。

预应力精轧螺纹钢筋在加工场地下料、组装成形；钢绞线可先下料绑扎成束，然后整束穿入孔道，也可采用穿束机逐根穿入孔道。先捆扎成束的，使用 22 号绑扎线每隔 1.0m 捆扎一道。预应力筋均采用无齿锯切割下料。

《铁路预应力混凝土连续梁（刚构）悬臂浇筑施工技术指南》（TZ 324—2010）中规定预应力筋张拉应在梁段混凝土强度达到设计值的 95%、弹性模量达到设计值的 100% 后进行，且必须保证张拉时混凝土的龄期不少于 5d。《公路桥涵施工技术规范》（JTG/T 3650—2020）中规定，张拉时，结构或构件的强度、弹性模量（或龄期）应符合设计规定；设计未规定时，混凝土的强度应不低于设计强度等级值的 80%，弹性模量应不低于混凝土 28d 弹性模量的 80%。用于判断现场预应力混凝土结构或构件强度的混凝土试件，应置于现场与结构或构件同环境、同条件养护。

根据预应力筋的不同种类及张拉吨位的要求选择匹配的张拉机具，包括千斤顶及配套的油泵。预应力筋张拉宜采用穿心式双作用千斤顶，整体张拉或放张宜采用具有自锚功能的千斤顶；张拉千斤顶的额定张拉力宜为所需张拉力的 1.5 倍，且不得小于 1.2 倍。与千斤顶配套使用的压力表应选用防振型产品，其最大读数应为张拉力的 1.5~2.0 倍，标定精度应不低于 1.0 级。张拉机具设备应与锚具产品配套使用，并应在使用前进行校正、检验和标定。张拉用的千斤顶与压力表应配套标定、配套使用，标定应在国家授权的法定计量技术机构定期进行，标定时千斤顶活塞的运行方向应与实际张拉工作状态一致。

《公路桥涵施工技术规范》（JTG/T 3650—2020）中规定，当处于下列情况之一时，应重新进行标定：使用时间超过 6 个月；张拉次数超过 300 次；使用过程中千斤顶或压力表出现异常情况；千斤顶检修或更换配件后。

《铁路预应力混凝土连续梁（刚构）悬臂浇筑施工技术指南》（TZ 324—2010）及相关规范中规定张拉设备出现以下情况时应重新标定：初次使用或连续使用 6 个月以上或使用次数超过 200 次；千斤顶修复后；油表指针不归零；更换千斤顶油压表。

张拉控制采用双控原则，即以张拉力控制为主，以张拉伸长量控制为辅。操作时应按要求将锚具、顶压器、千斤顶等组装就位，务必保证孔道、锚具、千斤顶的轴线相重合，达到"三对中"。

8. 预应力孔道压浆

预应力筋张拉锚固后，孔道应尽早压浆，且应在48h内完成，否则应采取避免预应力筋锈蚀的措施。后张预应力孔道宜采用专用压浆料或专用压浆剂配制的浆液进行压浆。压浆用的水泥应采用性能稳定、强度等级不低于42.5的低碱酸盐或低碱通用硅酸盐水泥，水泥的性能要求应符合规范规定。外加剂应与水泥具有良好的相容性，且不得含有氯盐、亚酸盐或其他对预应力筋有腐蚀作用的成分。减水剂应采用高效减水剂，且应满足《混凝土外加剂》（GB 8076—2008）中高效减水剂一等品的要求，其减水率应不小于20%。矿物掺合料的品种宜为I级粉煤灰、磨细矿渣粉或硅灰，并应符合规范规定。水不应含有对预应力筋或水泥有害的成分，每升水中不得含有350mg以上的氯化物离子或任何一种其他有机物，宜采用符合国家卫生标准的清洁饮用水。膨胀剂宜采用钙矾石系或复合型膨胀剂，不得采用以铝粉为膨胀源的膨胀剂或总碱量0.75%以上的高碱膨胀剂。压浆材料中的氯离子含量不应超过胶凝材料总量的0.06%，比表面积应大于350m^2/kg，三氧化硫含量不应超过6.0%。

用于孔道压浆的搅拌机转速应不低于1000r/min，搅拌叶的形状应与转速相匹配，其叶片的线速度不宜小于10m/s，最高线速度宜限制在20m/s以内，且应能满足在规定的时间内搅拌均匀的要求；用于临时储存浆液的储料罐也应具有搅拌功能，且应设置网格尺寸不大于3mm的过滤网；压浆机应采用活塞式可连续作业的压浆泵，其压力表的最小分度值应不大于0.1MPa，最大量程应使实际工作压力在其25%~75%的量程范围内。不得采用风压式压浆泵进行孔道压浆。真空辅助压浆工艺中采用的真空泵应能达到0.10MPa的负压力。

孔道压浆前应在工地试验室对压浆材料加水进行试配，各种材料的称量（均以质量计）应精确到±1%。经试配的浆液其各项性能指标均应满足规范的要求后方可用于正式压浆。

压浆时，对曲线孔道和竖向孔道应从最低点的压浆孔压入；对结构或构件中以上下分层设置的孔道，应按先下层后上层的顺序进行压浆。同一孔道的压浆应连续进行，一次完成。压浆应缓慢、均匀地进行，不得中断，并应将所有最高点的排气孔依次一一打开和关闭，使孔道内排气通畅。

浆液自拌制完成至压入孔道的延续时间不宜超过40min，且在使用前和压注过程中应连续搅拌，对因延迟使用所致流动度降低的水泥浆，不得通过额外加水增加其流动度。对水平或曲线孔道，压浆的压力宜为0.5~0.7MPa；对超长孔道，最大压力不宜超过1.0MPa；对竖向孔道，压浆的压力宜为0.3~0.4MPa。压浆的充盈度应达到孔道另一端饱满且排气孔排出与规定流动度相同的水泥浆为止，关闭出浆口后，宜保持一个压力不小于0.5MPa的稳压期，该稳压期的保持时间宜为3~5min。采用真空辅助压浆工艺时，压浆前应对孔道进行抽真空，真空度宜稳定在-0.10~-0.06MPa范围内。真空度稳定后，应立即开启孔道压浆端的阀门，同时启动压浆泵进行连续压浆。

压浆时，每一工作班应制作留取不少于3组尺寸为40mm×40mm×160mm的试件，标准养护28d，进行抗压强度和抗折强度试验，作为质量评定的依据。试验方法应按《水泥胶砂强度检验方法（ISO法）》（GB/T 17671—1999）的规定执行。

压浆过程中及压浆后48h内，结构或构件混凝土的温度及环境温度不得低于5℃，否则应采取保温措施，并应按冬期施工的要求处理，浆液中可适量掺用引气剂，但不得掺用防冻剂。当环境温度高于35℃时，压浆宜在夜间进行。压浆后应通过检查孔抽查压浆的密实情况，如有不实，应及时进行补压浆处理。

压浆完成后，应及时对锚固端按设计要求进行封闭保护或防腐处理，需要封锚的锚具，应在压浆完成后对梁端混凝土凿毛并将其周围冲洗干净，设置钢筋网浇筑封锚混凝土；封锚应采用与结构或构件同强度的混凝土并严格控制封锚后的梁体长度。长期外露的锚具，应采取防腐措施。

孔道压浆应填写施工记录，记录项目应包括：压浆材料、配合比、压浆日期、搅拌时间、出机初始流动度、浆液温度、环境温度、稳压压力及时间，采用真空辅助压浆工艺时尚应包括真空度。

5.3.2 边跨现浇梁段施工技术

边跨支架浇筑部分为连续箱梁的两个边跨配重梁段，与一般支架法浇筑工艺基本相同。边跨现浇梁段模板支架的结构形式根据桥梁所处地址水文条件、桥跨条件和墩身高度情况决定，近年来主要有落地支架（图5-28）、高吊架和挂篮悬浇等三种结构形式。支架搭设完成后应对支架进行预压。边跨现浇梁段梁体混凝土一般采用一次浇筑成形。边跨现浇梁段施工时应重点对边跨支架施工进行控制；边跨支架若采用满堂脚手支架，应预防边墩基坑回填范围土体受压沉降和承载力下降等问题；同时支架与墩身、梁段与边墩应进行锁定，避免现浇梁段梁体因温差内力产生涌动位移导致坍塌事故。雨期施工时应注意防排水，避免侵入支架基础地基；冬期施工时应注意防冻、排水等。

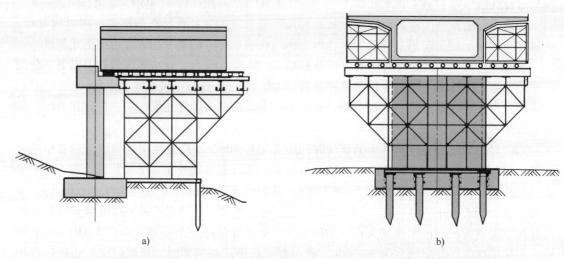

a) b)

图 5-28 边跨现浇梁段落地支架示意图

a）支架侧面图 b）支架正面图

5.3.3 挂篮悬臂浇筑梁段

连续梁悬臂浇筑的主要施工步骤有：施工准备→挂篮安装和预压→挂篮调整→绑扎底板、腹板钢筋并安装预应力波纹管→安装内模板及端模板→绑扎顶板钢筋并安装预应力波纹管→复测立模标高并调整挂篮→浇筑悬臂浇筑梁段混凝土→养护→拆除侧模板及端模板、端截面凿毛、穿钢绞线→张拉纵向预应力筋→卸落侧模板和底模板→挂篮前移→张拉横向预应力筋、竖向预应力筋，如图 5-29 所示。

1. 挂篮施工技术

根据构造形式和受力体系的区别，挂篮可分为桁架式挂篮、斜拉式挂篮、牵索式挂篮及复合式挂篮。其中，桁架式挂篮按其受力主桁架的结构形式不同，常见的有平行桁架式挂篮、弓弦式挂篮、三角式挂篮、菱形挂篮等。挂篮配备数量一般根据施工方案确定，一般情况下每个悬浇 T 构需配备 2 套挂篮。

（1）挂篮安装　当墩顶 0 号块梁段箱梁段纵向预应力筋张拉完毕以后就可以安装挂篮。图 5-30 所示为挂篮安装流程。

图 5-29　挂篮悬臂浇筑梁段施工工艺流程　　　　图 5-30　挂篮安装流程

在挂篮安装之前，必须全面验收、检查挂篮构件的制造质量，避免把不合格杆件安装上桥。主要检查焊接质量、杆件规格、构件几何尺寸、栓接和轴销的受拉和受剪切部位施工质量。挂篮的最大变形（包括吊带变形的总和）应不大于20mm。

挂篮安装前，先按设计结构预先将单片型钢"杆件"组装成单元"构件"（如钢桁梁、钢桁架等），并进行整体试拼，检查各部尺寸及构件偏差，以便于预先处理较大的偏差。试拼合格后，逐件拆卸，并逐件编号，以便于顺序安装。挂篮上桁架杆件一般采用起重机直接吊装到桥面上，底平台及侧模板先在地面上组装成形，然后利用卷扬机垂直吊装到位——挂上吊杆、吊带。安装后将两挂篮尾端锚固于箱梁上。

挂篮应在0号块梁段的纵向预应力筋压浆完成后对称进行安装，并应按施工工艺设计要求及时在主桁架尾部采取稳定措施，保证后续的施工安全。当主梁0号块梁段长度不能满足独立挂篮拼装要求时，应采用联通挂篮浇筑首批梁段。挂篮组装完毕，应全面检查安装质量和复核挂篮中线、高程。挂篮四周应设置操作平台及围栏，操作平台下应设置安全网，人员上下应有安全扶梯。

（2）挂篮安装质量标准　挂篮安装完毕，其平面中心偏差顺桥向≤±10mm、横桥向≤±5mm，主梁前支点其前、后位置相对偏差≤5mm。顶起底模平台后锚杆时，在保证底模与前段箱梁底板密贴良好的情况下，同时保证底模纵梁弯曲不超限。

（3）挂篮预压　挂篮预拼安装完毕后将底平台调整到位，然后进行挂篮预压工作。挂篮预压方法与一般支架预压法工艺相同。预压前应编制挂篮预压专项技术方案，预压的重物摆放应模拟箱梁横断面荷载效应。试压后重新调整挂篮、底平台，按试压弹性变形量预留沉降量，进行下步悬浇作业。

（4）挂篮前移（走行）、锚固　纵向预应力筋张拉后就可以进行挂篮前移。挂篮前移前先松开外侧钢模板，解开所有底平台的后锚点，松动所有悬吊杆使底平台与箱梁底板脱离100~200mm高，再将上桁架后锚点换成走行锚固结构、安装走行结构。

挂篮走行结构为支腿下走行轮和尾部反吊走行轮。在走行前，中间支腿下插入导轨、后反吊锚杆解开换成反吊轮轨受力。一个悬浇T构的两套挂篮相对同步走行，一套挂篮左右支腿同步前行，推动速度应同步、缓慢、平稳，由专人统一指挥，保持箱梁始终处于平衡对称受力状态。

挂篮走行采用杆式液压千斤顶作为推动力，千斤顶安装在挂篮支腿的走行轨上，或安装在支腿的后齿部，或采用5~10t导链拉扯挂篮走行。

挂篮前移到下一节段悬浇位置后先锚固上桁架后锚系统，调整挂篮位置，固定中支腿，松开反吊走行结构，再利用悬吊系统调整挂篮底平台至设计标高，全部找正后，固定（锚固）底平台。

挂篮在浇筑混凝土状态和走行时的抗倾覆安全系数、自锚固系统的安全系数、斜拉水平限位系统的安全系数及上水平限位的安全系数均不应小于2。挂篮前移时，宜在其后方设置控制其滑动的装置或在滑道上设置止动装置；前移就位后，应立即将后锚固点锁定，防止倾覆。

（5）挂篮拆除　合龙梁段全部完成后拆除挂篮。在拆除前一般先将挂篮退回到0号块梁段附近，以满足起重机作业需要。拆除工作按照安装时的逆顺序进行，先拆除底平台，后拆除上桁架。拆除底平台使用卷扬机牵动钢丝绳慢慢放到地面上，底平台整体一次放下，放到地面后再拆解杆件。上桁架拆除使用汽车起重机或者塔式起重机配合将杆件逐一吊到地面上。

当桥下河流能够通航时，也可以将船舶停到桥下，底平台直接落到船上，也可以利用船舶起重机将挂篮上桁架拆除。

（6）模板安装和拆除 悬浇段箱梁芯模板可根据现场条件自行设计制作，可采用钢木组合模板、木支撑架或钢木组合支撑架。支架底部设置钢支撑架及钢滑轨，也可以利用特制的芯模板吊架支撑芯模板。端面模板采用木模板。

芯模板和端面模板待箱梁混凝土强度达到设计强度的 60% 以上时方可拆除，外侧模板待箱梁纵向预应力施加后拆除（脱落）。

悬浇梁段钢筋和预应力筋的加工、安装制作施工工艺与 0 号块梁段施工工艺相同，本节不再赘述。

2. 混凝土浇筑施工技术

混凝土施工工艺与 0 号块梁段混凝土施工工艺相同，本节不再赘述；悬臂节段梁体混凝土浇筑均应考虑悬浇 T 构增加荷载的对称性。在一个 T 构内，混凝土浇筑速度保持两个节段同步进行，保持同一节段内前后、左右的混凝土对称浇筑，防止 T 构两端弯矩产生较大偏差。同一 T 构两端最大不平衡荷载不应大于设计值；当设计无要求时，不宜超过梁段重力的 1/4，以保证 T 构平衡稳定。悬臂梁段应全断面一次浇筑完成，每一节梁段的混凝土要从悬臂端向根端进行浇筑，使挂篮外端先受力下沉，减少新老混凝土接缝处的收缩裂纹。

腹板混凝土浇筑应设法让捣固人员进入作业面。困难条件下在芯模板内侧预留捣固天窗。箱梁混凝土均采用早强型混凝土，按 3~5d 养护强度达到设计强度的 95% 以上进行施工配合比设计。当悬臂浇筑施工跨越铁路、公路、航道及其他建筑物时，应采取有效的安全施工防护措施。

3. 预应力及孔道压浆施工技术

钢绞线穿束、张拉及压浆施工工艺与 0 号块梁段相同。预应力孔道的安装定位应准确，备用孔道和预应力长束的孔道应采取措施保证其在使用时的有效性。对纵向预应力长束的张拉，宜通过必要的试验确定其张拉程序和各项参数，张拉持荷时间宜增加 1 倍；当钢束的伸长量不能满足要求时，可采取补张拉或反复张拉的措施，但张拉应力不得超过设计规定的最大控制应力。横向预应力采用一端张拉时其张拉端宜在梁两侧交错设置。竖向预应力宜采取反复张拉的方式进行，反复张拉的次数应以钢束的伸长值是否达到要求且是否可靠锚固而定。考虑挂篮先行和悬浇施工进度，横向预应力和竖向预应力的施加时间大多滞后于纵向预应力的张拉时间。箱梁横向预应力和竖向预应力具有抗扭功能。最理想的施工进度是横向预应力和竖向预应力与纵向预应力同步张拉。但不应滞后太多，特别是曲线箱梁滞后不应超过一个节段。对竖向预应力孔道，压浆时应从下端的压浆孔压入，压力宜为 0.3~0.4MPa，且压入的速度不宜过快。

5.3.4 合龙及体系转换

混凝土连续梁（刚构）合龙梁段的施工顺序，必须符合设计要求，以保证连续梁（刚构）结构体系转换后梁体内力及变形符合设计要求。合龙梁段施工顺序一般是先边跨合龙，后中跨合龙。特殊情况也有与其相反顺序合龙的，主要是根据现场条件和边墩高度条件而定。

合龙梁段施工工序内容比悬浇梁段多一道临时加劲型钢支撑约束结构安装，主要目的是控制合龙梁段温度变化所引起的缩短、伸长变形。混凝土连续梁（刚构）合龙口临时锁定方法，应符合设计要求。合龙口临时锁定，应在合龙口最大、悬臂端高程符合设计要求和相关规定时进行。由于梁体温度变形滞后于最低环境温度 2~3h，故一般宜在一日之晨进行锁定。《铁路预应力混凝土连续梁（刚构）悬臂浇筑施工技术指南》（TZ 324—2010）中规定混凝土连续梁合龙口临时锁定后，应立即将合龙口一侧的墩梁固接及支座临时锁固约束解除，使梁段一侧能在合龙口临时锁定装置连接下沿支座自由伸缩变形。《公路桥涵施工技术规范》（JTG/T 3650—2020）规定对预应力混凝土连续梁，合龙后应在规定的时间内尽快拆除墩梁临时固接装置，按设计规定的程序完成体系转换和支座反力调整。

合龙梁段施工可采用支架、悬臂挂篮或另设施工吊架作为施工作业平台。合龙梁段施工吊架的支点，应设置在梁体腹板上，且宜设在距悬臂端不小于 50cm 处；施工吊架结构，应根据选用型钢类型、规格、力学性能等经设计计算确定，并应便利安装和拆除。吊架承载力检算时，构件应力安全系数应不小于 1.3，稳定安全系数应不小于 1.5。合龙梁段混凝土应按设计采用微膨胀混凝土，混凝土强度等级宜较设计要求提高一级。

合龙梁段宽度一般为 1.5~2.0m，大多利用挂篮作为浇筑平台。钢筋、模板施工工艺与悬浇梁段相同。合龙梁段一般应增设型钢加劲肋支撑。安装型钢加劲肋支撑需要预先在合龙的两个相邻节段上预埋锚固件。待合龙梁段挂篮调正后安装型钢加劲肋支撑，再按设计要求张拉部分预应力筋，再绑扎钢筋、安装芯模板、浇筑混凝土。并且在浇筑之前设置平衡配重水箱，在浇筑过程中，边浇筑混凝土边放水（卸载），以减少合龙梁段因混凝土浇筑增加重力引起对悬臂弯矩的影响。边跨合龙梁段混凝土强度达到设计强度的 95% 以上后张拉预应力筋，再拆除边跨支架、模板、边跨挂篮。

中跨合龙梁段在边跨合龙后进行，采用挂篮法浇筑工艺，施工工艺与边跨合龙梁段相同。在中跨合龙时，跨中施工的两套挂篮碰头干扰，其中一套挂篮后退或拆除，留下一套挂篮。在中跨合龙梁段加劲肋支撑安装完毕后、施加部分预应力后，拆除 T 构与墩身的刚性约束，实现体系转换，再浇筑混凝土。合龙梁段混凝土浇筑应选在一天中较低的气温下进行，以减少箱梁温度伸缩的影响。混凝土养护可采用自然养护或蒸汽养护，气温较高季节要勤浇水降低混凝土温度，以减少梁部温度升高而引起的加固结构变形影响。合龙梁段混凝土一次浇筑完毕，混凝土达到设计强度后张拉全部预应力筋，最后拆除模板和挂篮。混凝土连续梁（刚构）合龙梁段纵向预应力筋全部张拉完毕，应立即解除相应 T 构全部永久活动支座的临时锁定设施，实现连续梁桥结构体系转换。

■ 5.4　预制拼装施工技术

预制节段拼装工艺是将梁体分为若干节段，在工厂预制后运至桥位进行组拼，通过施加预应力将节段整体拼装成桥的施工工艺。20 世纪 60 年代早期，欧洲首先出现了现今称为节段预制的混凝土箱梁。20 世纪 70 年代，该方法传到美洲，并取得了较好的经济和美学效果，从而逐渐推广到世界各地，成为中等跨径箱梁的一种基本施工方法，由于是工厂预制，不需要搭设支架，对现场干扰小，梁体外观质量好，对城市高架桥梁尤为适合。

预制节段拼装施工技术的优点是：

1）施工中对交通及环境影响小。

2）节段质量轻、尺寸小，运输方便；拼装施工速度快。

3）场制混凝土，质量容易控制。

4）可大大降低安装及成桥后混凝土收缩徐变。

5）合适体外预应力，可减小梁断面尺寸，提高材料使用效率。

6）几何形状控制得当，可以大大提高混凝土结构的美观性。

缺点是：

1）工程施工前期投入较大，主要包括预制场地建设、运输设备、架梁设备等。

2）由于节段之间以干接缝连接，如处理不好，不能有效地防止大气中的水分和酸性成分渗入，结构的耐久性差。同时，材料特别是预应力筋不能充分发挥其抗拉性能，梁体材料指标偏高，经济指标高。

3）施工工序复杂，施工工艺要求高，技术难度大。

4）施工的总体组织、协调的工作难度较大。

预制拼装节段梁体制造方法分为长线台座法和短线台座法。长线台座法就是按照设计的制梁线形，将所有的块件在一个长台座上一块接着一块的匹配预制，使两块间形成自然匹配面。优点：几何形状容易布置和控制，构造简单，施工生产过程比较容易控制；脱模后，不必立即把梁段转运到存放地；偏差不会累积，对于已制块件形成的偏差可以通过下一个块件及时调整，而且还可以多点同时匹配预制，加快施工进度。缺点：占地面积大；台座必须建筑在坚固的基础上面；弯桥还需形成所需曲度；浇筑、养护等设备都是移动式的。

短线台座法施工是指每个节段的浇筑均在同一个模板内进行，其一端为一个固定模，而另一端为一个先浇筑的节段，模板的长度仅为一个节段的长度，模板是不移动的，而梁段则由浇筑位置移至匹配位置后运至存梁场。优点：占地面积较小；形成流水线作业，提高施工速度；适用于节段类型变化较多，模板倒用较频繁的工程；模板和浇筑设备都是固定的，能获得平曲线、竖曲线和不同的超高。缺点：对仪器要求很严格（要求匹配段必须非常精确地放置，因而需要精密的测量仪器设备）；需要较高的镶合梁段的调整精度，精确的测量和控制方法。

对人员的具体要求如下：

1）对现场管理者的要求：必须具有很好的组织管理能力，能够组织好现场的生产。

2）对现场工程技术人员的要求：具有很好的工程素质修养，能够及时提供好现场需要的资料，如合理的测量方案等。

3）对现场工人的要求：必须尽快熟练自己的操作，了解操作流程，尽快能够在现场形成一个流水线作业的生产模式。

5.4.1　预制场的设置

节段预制场（图5-31）的规划，关系到节段生产的效率。一般在设计阶段就应规划出预制场的位置，避免施工时场地的迁移，所以需注意用地的确定和取得。对预制场地的位置、地质情况和运输路线需要进行认真的评估，以便确定对工期和交通干扰的影响程度。为了控制台座的沉降量和非弹性变形，台座地基及基础必须坚实、整体连续，如地基是否有沉陷的可能，交通运输的便利性等都是必须预先规划的。

为了节省节段的运输时间与费用，理想的预制场应在工地附近。减少预制梁段转运至存梁场增加运输成本和二次转运成本。也可通过水路运至桥位。

一个预制场通常包括四部分区域：扎筋区（钢筋加工及绑扎区），用来扎制钢筋笼以及安放钢筋；浇筑区（梁段预制区），用来安置模板、靠山节段、钢筋笼，然后浇捣混凝土；搅拌站，用来储存砂石料、水泥等原材料和搅拌混凝土；堆放区（存梁区），用来堆放交付运输、安装前的成品构件。

生产线的配置要根据工程的实际情况进行规划，规划中应注意：

1）生产线距桥位的距离、周边设施情况、是否对居民生活产生影响等。

2）合理配置钢筋加工及绑扎区（钢筋绑扎台座）、梁段预制区（图5-32）及临时存梁场，使其高效合理地运转。

3）台座要有足够的强度，如无法达到要进行处理。

4）为了提高工效，在同条生产线内的单个台座内各配置一定数量的小型门式起重机，用于小型材料、用具的吊装作业。大型门式起重机主要用于梁段转运、倒运及转存等吊装作业。为了避免大、小门式起重机作业的相互干扰，需要设置不同的轨道以供大、小门式起重机行走。

节段预制前，应在预制场建立精密测量的平面控制网和高程控制网，并设置测量控制点、测量塔及靶标。测量控制点应设在远离热源和振动源的位置，且应具有良好的通视条件，必要时应设置备用的测量控制点。

图5-31　节段预制场

图5-32　梁段预制区

5.4.2　模板工程

模板工程（图5-33~图5-36）的基本原则与前述施工技术基本相同，但预制拼装施工技术模板要求重复利用次数多，因此模板结构应具有足够的刚度、强度和稳定性，在承受新浇筑混凝土的重力、侧压力及施工中可能产生的各项荷载时，能保证梁体各部位设计形状、尺寸和相互间位置正确。模板的要求：刚度大，尺寸精准，位置固定，机械化作业程度高。

节段预制时，应对其预制线形进行控制，使成桥后的线形符合设计要求。节段预制的测量控制宜采用专用线形控制软件进行。

图 5-33　模板抛光

图 5-34　模板线形控制

图 5-35　模板精确匹配

图 5-36　机械化整体式模板

节段预制宜采用专门设计的钢模板，钢模板及其支撑除应满足强度、刚度和稳定性的要求外，尚应满足多次重复使用不变形及保证节段预制精度的要求。采用长线台座法预制节段时，同一连续匹配浇筑的梁段应在同一长线台座上制作；采用短线台座法时，应在台座上匹配预制，并应符合下列规定：

1）内模系统应是可调整的，且宜安装在可移动的台车支架上。

2）端模应铅直、牢固，外侧模板与底模应能适应节段的线形变化要求。

3）模板与匹配节段的连接应紧密、不漏浆，其安装质量应符合表 5-1 的规定。

表 5-1　节段预制模板安装质量标准

项　目		规定值或允许偏差/mm
相邻两板表面高低差		2
表面平整度		3
垂直度		$H/1000$，且不大于 3
模内尺寸	长度	1，-3
	宽度	3，-2
	高度	0，-2
轴线偏移量		2
匹配节段定位	纵轴线	2
	高程	±2

（续）

项 目			规定值或允许偏差/mm
预埋件	剪力键	位置	2
		平面高差	2
	支座板、锚垫板等预埋钢板	位置	3
		平面高差	2
	螺栓、锚筋等	位置	10
		外露尺寸	±10
吊孔		位置	2
预应力孔道		位置	节段端部10

5.4.3 钢筋工程

钢筋工程（图5-37～图5-40）的施工要求及注意事项和前述施工技术基本一致。预制拼装节段梁体的钢筋通常在专用胎架上制成整体骨架后，吊入模板内进行安装；吊装整体骨架时应设置吊架，吊点的布置应合理，通常采用多点起吊，避免钢筋骨架变形。对预埋件的安装和预留孔的设置，应采用定位钢筋将其准确固定；当有体外预应力束转向器时，其安装必须准确可靠。

图 5-37　专用胎架加工骨架

图 5-38　体外预埋件胎架定位

图 5-39　节段钢筋整体吊装

图 5-40　钢筋骨架整体入模

5.4.4　混凝土工程

混凝土工程的施工要求及注意事项和前述施工技术基本一致。节段梁体预制混凝土的性能应符合设计要求的弹性模量、收缩和徐变等性能的要求。节段预制混凝土应根据环境温度、水泥品种、外加剂、施工进度及对混凝土性能的要求等制定养护方案，总体养护时间不宜少于14d，对节段的外立面混凝土宜采用喷湿或其他适宜的方式进行养护。节段的脱模时间应符合设计规定；设计未规定时，应在混凝土强度达到设计强度的75%后方可脱模并拆除。在脱模、拆除或移动节段时，应采取措施防止损伤节段混凝土的棱角和剪力键。模板拆除后应及时对节段进行检查验收，测量其外形尺寸，并标出梁高及纵横轴线。节段预制施工质量应符合表5-2的规定。

表 5-2　节段预制施工质量标准

项　　目			规定值或允许偏差
混凝土抗压强度			在合格标准内
表面平整度/（mm/2m）			5
长度/mm			0，−2
断面尺寸/mm		宽度	5，0
		高度	±5
		壁厚	5，0
轴线偏移量/mm		纵轴线	5
		横隔梁轴线	5
预埋件	支座板、锚垫板等预埋钢板	位置/mm	10
		高程/mm	±5
		平面高差/mm	5
	螺栓、钢筋等	位置/mm	10
		外露尺寸/mm	±10
预留孔	吊孔	位置/mm	5
	预应力孔道位置	位置/mm	节段端部10
		孔径/mm	3，0

为实现高精度预制及安装施工，严格控制混凝土质量，通常采取如下措施：

1. 控制原材料

粗集料均选用质地均匀坚硬、粒形良好、级配合理、吸水率低、线胀系数小、空隙率小的洁净优质碎石，如石灰岩、花岗岩或玄武岩碎石，其最大公称粒径不超过25mm，且不超过保护层厚度的2/3。粗集料采用连续级配，C50及以上混凝土粗集料使用前应进行二次过筛和清洗。图5-41所示为粗集料的筛选。

细集料应选用级配良好、质地均匀坚固、吸水率低、孔隙小、强度高、耐风化的天然优质河砂。对外观质量要求高的混凝土，细集料使用前均要过筛处理。图5-42所示为细集料的筛选。

图 5-41　粗集料的筛选

图 5-42　细集料的筛选

2. 控制混凝土配合比

混凝土配合比直接影响工程的耐久性以及工程施工质量。作为高精度的预制混凝土构件的节段梁混凝土配合比，应满足可施工性、良好的外观、符合工程要求的耐久性、能够降低混凝土表面的裂缝（纹）出现等要求。各种材料的掺量经过很多次的试验检测确定，特别是水泥和粉煤灰（矿粉）的掺量。配合比应确保混凝土不出现泌水现象，坍落度在 16cm 左右，浇筑后不应有浮浆、空洞现象，确保混凝土的密实。

3. 控制混凝土的拌制

应采用搅拌效率高、均质好的双卧轴式全自动强制搅拌机。拌和设备应能自动控制混合料的配合比、水胶比以及自动控制进料（各种集料、水泥、矿物掺合料、水、外加剂等）和出料，并自动控制混合料的拌和时间；具备拌和数据自动采集系统。所有搅拌设备都应始终保持良好的状况，任何不合规格及不符合规定的设备不得用于混凝土拌和；搅拌机中磨损的叶片应及时更换。

混凝土拌和采用分次投料搅拌方法，应通过试验确定投料顺序、数量及分段搅拌的时间等工艺参数。掺合料宜与水泥同步投料，液体外加剂宜滞后于水和水泥投料，粉状外加剂宜溶解后再投料。从所有材料进搅拌机到混凝土从搅拌机排出的最短连续搅拌时间不少于150s。在混凝土正式搅拌前，应对试验室提供的混凝土配合比进行试生产，检验配合比的实际应用效果，并对施工工艺进行最终确认和预演。搅拌筒的入口处应无材料积结。在下一盘材料装入前，搅拌机内的拌合料应全部卸清。在混凝土生产控制中，可根据需要检测混凝土拌合物的水胶比和胶凝材料用量。

4. 控制混凝土的运输

混凝土拌合物运（泵）送到浇筑地点时，应不离析、不分层、不泌水，并应保证施工要求的工作性。运输及暂存混凝土的容器应不渗漏、不吸水，必须在每天工作后予以清洗干净。为了避免日晒、雨淋和寒冷气候对混凝土质量的影响，应将运输混凝土的容器套上遮盖物。冬季和夏季混凝土输送车罐体都要采用保温被包裹。应根据现场施工条件选择合适的混凝土运输方式，如泵送、输送带、吊斗等。同时应考虑各种运输工具的性能、能力和运输速度，并与拌和、浇筑能力相适应，以确保混凝土在浇筑前的工作性能满足要求。从加水搅拌到混凝土入模的运输最长时间，应由试验室根据水泥初凝时间及施工气温确定。

5. 控制混凝土的水化热

混凝土的入模温度对裂缝（纹）控制非常重要。为避免混凝土因温度高而开裂，搅拌站必须配备制冰机。开盘前应检测各种混凝土原材料的温度，计算混凝土的出机温度。在浇筑前，混凝土温度不应超过 28℃。

6. 控制混凝土的浇筑工艺

施工前先将布料点布置好，施工中按照布料点进行布料，防止出现赶料；混凝土浇筑前在界面采用喷壶洒水，确保混凝土截面湿润；混凝土通过分料器和串筒进行布料，自由落差高度控制在 80cm 以下，防止浆液飞溅在模板面凝固影响拆模后的外观质量；分层下料厚度按不超过 30cm 控制，在振动泵上粘贴插入深度标高线，以便于振捣过程中的控制，确保上层振捣时泵条插入下一层混凝土的深度不小于 10cm，避免出现施工缝、分层线现象；混凝土浇筑完成后，静停 30min 后对顶口混凝土进行复振，能有效控制顶口混凝土的气泡现象；混凝土振捣时，振动棒要快插慢抽，每一次振动时间控制在 25s，振动完毕后，边振动边徐徐拔出振动棒。图 5-43～图 5-48 所示为混凝土浇筑及施工养护。

图 5-43　附着式振动器

图 5-44　混凝土浇筑

图 5-45　混凝土浇筑后收面作业

图 5-46　混凝土浇筑后二次收面、拉毛作业

图 5-47　混凝土喷湿养护

图 5-48　混凝土冬季包裹养护

5.4.5　架设施工作业

预制拼装架设方法可以分为平衡悬臂法、逐孔架设法和悬臂拼装法。平衡悬臂法是目前比较常用的预制节段拼装法。该方法是以一个桥墩为中心，按对称顺序拼装节段。每一节段与前面的已装节段成为一体，自我平衡，并作为下一节段的拼装基础。对于每个施工步骤，悬臂结构通过张拉设置在箱梁节段中的预应力束来确保其安全和稳定。节段的吊装则可通过桥面支承起重机、导梁或地面起重机进行。悬臂施工的主要优点是能最大限度地减少脚手架的使用，从而节约桥下空间。平衡悬臂法十分适合拥挤市区内高架道路的施工，因为该地区要求在施工时不得中断交通或航运。

逐孔架设法是上部结构按一个方向架设，一次完成一跨。在施加预应力前，预制节段通过下悬梁（主梁下方）或架桥机（主梁上方）临时支承。当然，如果场地条件允许，节段也可支承于地面支架上。架设完的主梁可以简支在桥墩上，也可通过后张预应力将几孔连成连续结构。这种架设方法可以使用部分预应力。此外，逐孔架设因为其简单，往往可以加快施工进度。相对于其他拼装方法，逐孔架设更适用于变化的上部结构，如平曲线段、竖曲线段。因此，那些跨径中小但线路较长的高架，或场地条件困难的地方，常常使用该方法。

悬臂拼装法（简称悬拼）是悬臂施工法的一种，它是利用移动式悬拼起重机将预制梁段起吊至桥位，然后采用环氧树脂胶和预应力钢丝束连接成整体（图 5-49～图 5-52）。采用逐段拼装，一个节段张拉锚固后，再拼装下一节段。悬臂拼装的分段，主要取决于悬拼起重机的起重能力，一般节段长 2～5m。节段过长则自重大，需要悬拼起重机的起重能力大；节段过短则拼装接缝多，工期延长。一般在悬臂根部，因截面面积较大，预制长度比较短，以后逐渐增长。悬拼施工适用于预制场地及运吊条件好的情况，特别是工程量大和工期较短的梁桥工程。

按照节段接缝处理方法不同，分为干法拼装、湿法拼装和胶接拼接等；干法拼装就是梁节段在预制场采用匹配法已准确按桥梁线形、坡度预制好，在现场架设拼装时，节段间涂上环氧树脂胶，把所有节段粘一起，经张拉即成为整体。湿法拼装与干法拼装的不同之处在于节段间留有 50cm 左右宽，待所有节段就位后，接缝处现浇混凝土，架桥机待现浇的混凝土强度达到要求后才能往前推移，准备架设下一孔。由于需要等待混凝土强度满足要求，故湿法拼装每孔施工时间一般为 10d 左右，干法拼装要快得多，一般为 3～4d/孔。胶接拼接方式详见本节后文介绍。

图 5-49 节段梁体吊装

图 5-50 墩顶节段梁体精调定位

图 5-51 节段梁体预应力孔道对接

图 5-52 节段梁体拼装整体图

现场整孔现浇法必须搭支架，要求对地基进行处理，使之达到较高承载力，因此会对桥下交通和环境带来很大的影响。另外，每孔施工周期也较长。

而整孔预制整孔架设法，由于梁的尺寸较大，无法长途运输，只能就近设置预制场，这在城市施工时常常很难满足。短途运输同样对道路要求非常高，投资大，对环境的影响也大。预制节段干法拼装采用架桥机施工，避免了搭设支架带来的问题，通过合理设置节段尺寸还可以满足工厂化生产以及运输要求，因而优势显著，越来越多地被城市桥梁建设所采用。

为了确保连续梁分段悬拼施工的平衡和稳定，常与悬浇方法相同，将 T 构支座临时固接。当临时固接支座不能满足悬拼要求时，一般考虑在墩两侧或一侧加临时支架。悬拼完成，T 构合龙（合龙要点与悬浇相同），即可恢复原状，拆除支架。梁段拼装过程中的接缝有湿接缝、干接缝和胶接缝等几种，不同的施工阶段和不同的部位常采用不同的接缝形式。

1 号梁段即墩柱两侧的第一个节段，一般与墩柱上的 0 号块以湿接缝相接。1 号块是 T 形刚构两侧悬臂箱梁的基准节段，是全跨安装质量的关键。T 构悬拼施工时，防止上翘和下挠的关键在于 1 号块定位准确，因此，必须采用各种定位方法确保 1 号块定位的精度。定位后的 1 号块可用起重机悬吊支承，也可用下面的临时托架支承。为便于进行接缝处孔道接头拼接、接头钢筋的焊接和混凝土振捣作业，湿接缝一般宽 0.1～0.2m。跨径大的 T 形刚构桥，由于悬臂很长，往往在伸臂中部设置一道现浇箱梁横隔板，同时设置一道湿接缝。这道湿接缝除了能增加箱梁的结构刚度外，也可以调整拼装位置。在拼装过程中，如拼装上翘的误差很大，难以用其他办法补救时，即可增设一道湿接缝来调整。但应注意，增设的湿接缝宽度必须用凿打节段端面的办法来提供。

湿接缝铁皮管的对接是一项施工工艺很高且很复杂的技术，在对接中往往不易处理，常会出现铁皮管长度、直径与接缝宽度不相称，预留孔道位置不准确，管孔串浆、排气的三通铁皮管错乱等现象，施工时应特别注意。

其他梁段吊装并基本定位后（此时接缝宽 10~15cm），先将临时预应力筋穿入，安好连接器，再开始涂胶及合龙，张拉临时预应力筋，使固化前胶接缝的压应力不低于 0.3MPa，这时可解除吊钩。

节段接缝采用环氧树脂胶，厚度 1.0mm 左右。胶接缝可使节段连接密贴，可提高结构抗剪能力、整体刚度和不透水性。一般不宜采用干接缝，干接缝节段密贴性差，接缝中水气浸入会导致钢筋锈蚀。环氧树脂胶的配方应通过试验决定，并且随着化学工业的迅猛发展，产品更新换代较快，应做市场调查，采用性能最好的产品。环氧树脂胶由环氧树脂、固化剂、增塑剂、稀释剂、填料等组成。填料一般用高强度等级水泥、洁净干燥砂。一般对接缝混凝土面先涂底层环氧树脂底胶（环氧树脂底胶由环氧树脂、固化剂、稀释剂按试验决定比例调配），然后再涂加入填料的环氧树脂胶，环氧树脂胶随用随调配。

■ 5.5 顶推施工技术

顶推施工技术主要用于中等跨径的预应力混凝土连续梁桥和钢箱梁桥，其梁体一般在桥头路堤上分节段现浇或焊接拼装，然后依靠千斤顶使其在滑轨上顶推纵向移动就位。该方法是在拖拉法的基础上发展起来的，其优点是不需要大量的支架和大型机械设备，工程质量容易控制，边预制边顶推占用的场地少，冬季防寒简便，施工不受季节影响；缺点是仅适用于等高度的梁桥，桥上线路应为直线或等半径曲线。图 5-53 所示为顶推施工法工艺流程。

采用该施工方法且不设临时支墩时，桥梁跨径一般以 40~50m 为宜；单向顶推总长以 500~600m 为宜。为减小顶推的悬臂弯矩，可在梁端加设导梁、设置临时斜拉索结构或临时支墩。

5.5.1 顶推施工技术的工作原理

顶推的基本方法有两种：其一是用竖向千斤顶将梁体顶高 5~10mm，使之脱离支墩，启动水平千斤顶推动竖向千斤顶连同梁体在滑道上纵向移动。此方法也可以转换为竖向千斤顶固定（仅作顶落梁之用），梁体支承在另一滑块上，用水平千斤顶推动（或穿心式千斤顶拉拽）滑座连同梁体在滑道上纵向移动。其二是用位置固定的穿心式千斤顶，通过拉杆或锚板直接拖拽梁体在滑道上纵向移动。

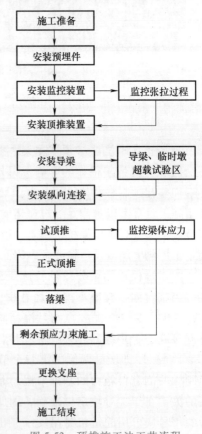

图 5-53 顶推施工法工艺流程

顶推施工步骤如图5-54所示。

1）第一步：收回竖向千斤顶，将梁体落到滑块上，如图5-54a所示。

2）第二步：水平千斤顶推动滑块和梁体纵向移动，如图5-54b所示。

3）第三步：竖向千斤顶将梁体顶起5~10mm，使梁体脱离滑块，如图5-54c所示。

4）第四步：收回水平千斤顶和滑块，然后返回第一步，直至梁体顶推到位，如图5-54d所示。

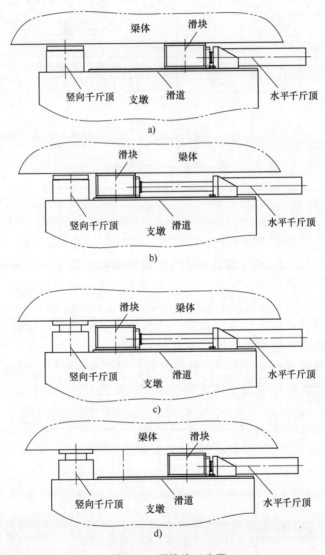

图5-54　顶推施工步骤
a）顶推施工第一步　b）顶推施工第二步　c）顶推施工第三步　d）顶推施工第四步

5.5.2　等半径圆曲线梁体顶推的工作原理

对于等半径圆曲线梁体顶推，若按直线行走，将偏离桥梁中心很远，因此，对于圆曲线梁桥，顶推施工时采用多点顶推方式，利用转向原理，采用将水平顶推千斤顶沿圆曲线的割线方向布设的方式进行施工，只要水平千斤顶与梁体间不产生相对滑动，梁体将沿圆曲线行走，工作原理如图 5-55 所示。

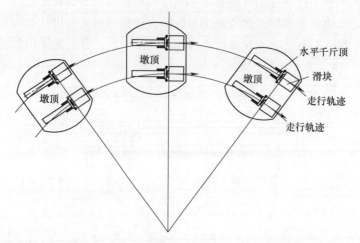

图 5-55　等半径圆曲线梁体顶推的工作原理

5.5.3　纠偏的工作原理

　　曲线梁体在走行过程中会因为单个行程行走线路为直线，使每个行程均有一定偏差，同时操作上的精度问题可能会导致走偏，所以在顶推的行进过程中采取了主纠偏方法和辅助纠偏的办法克服梁体跑偏。主纠偏方法主要采取微调滑道的办法，给滑道每个行程或每 3 个行程进行微调整，使滑道尽量保持在走行轨迹的割线上，让梁体自行转弯按照曲线走行。梁体走偏后，可以以计算为依据，适当使滑道向反方向偏移，在后面的几个行程中纠偏过来。顶推前在侧面垫石上用膨胀螺栓固定一根竖向槽钢作为立柱，在立柱上焊接一个螺母作为微调顶丝，在需要调整的时候，正反拧动螺杆，滑道将左右方向移动，滑道左右移动后，会使千斤顶与梁体夹角变化，从而进行纠偏。曲线梁顶推微调原理如图 5-56 所示。

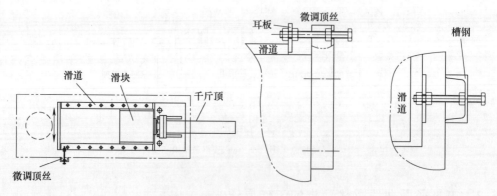

图 5-56　曲线梁顶推微调原理

　　直线梁体顶推施工时，一般在箱梁底板两侧左右对称设置限位纠偏装置（图 5-57），包含双作用千斤顶、反力座、钢垫板。在顶推施工过程中，通过调整顺桥向及横桥向导向装置来调整油缸、顶升支撑油缸的行程，通过计算机控制系统进行纠偏，保证箱梁中线偏差在允许范围内。由于梁体墩顶腹板段有加宽垫块，后锚座与梁体间要留有足够的空间放置千斤顶，一般段可在千斤顶与锚固座加垫型钢进行调整，确保纠偏千斤顶正常作业。

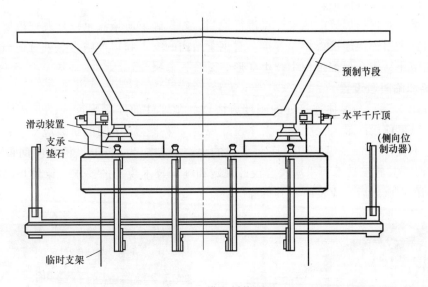

图 5-57 横向纠偏原理

5.5.4 顶推施工技术

1. 梁体预制施工

预制场地宜设在桥台后方的引道或引桥上，其长度、宽度应满足梁段预制施工作业的需要。同时，宜在预制场地上搭设固定或者活动的作业棚，使梁段的施工作业不受天气影响，并便于混凝土养护。

在桥头路基或引桥上设置预制台座时，路基或引桥的强度、刚度和稳定性应满足顶推施工的要求，并应设置台座地基的防水、排水设施，防止沉陷。在荷载作用下，台座顶面的沉降变形应不大于2mm。台座的轴线应与桥梁轴线的延长线重合，纵坡应一致，两轴线间的偏差应不大于5mm；相邻两支承点上，台座中滑移装置的纵向顶面高程差应不大于2mm；同一支承点上滑移装置的横向顶面高程差应不大于1mm；台座（包括滑移装置）和梁段底模板顶面高程差应不大于2mm。

梁段预制时模板宜采用钢模板。底模与底架宜连成一体且可升降；侧模板宜采用旋转式的整体模板；内模板宜采用可移动台车加升降旋转式的整体模板。模板应保证刚度，制作精度应符合前面章节中关于模板施工精度要求。

梁段混凝土浇筑除满足前述章节中的要求外，还应满足混凝土梁体在支座位置处的横隔板，宜在整联梁顶推到位并完成解联后再进行浇筑，振捣时应避免振动器碰撞预应力孔道和预埋件等。梁段的工作缝表面应凿毛并清洗干净。若工作缝为多联连续梁的解联断面，宜设为干接缝并采用临时预应力束张拉使之连接紧密。干接缝的断面尺寸应准确，表面应平整，解联时应分开方便。对与顶推导梁连接的梁体端部的混凝土，应保证振捣密实，不得出现空洞等缺陷。

梁体预应力束的施工除满足前述章节中的要求外，梁体预应力束的布置、张拉顺序、临时束的拆除次序等，应符合设计规定。各种因顶推施工需要所设置的临时预应力束，在顶推施工过程中应予以妥善保护。

对于钢梁应对现场焊缝或螺栓节点进行检测，确保施工质量满足设计及规范要求。导梁和钢梁之间宜采用焊接连接或螺栓连接。对钢梁结构的支点和顶推施力点处宜适当加固，并应采取措施防止结构在顶推过程中产生变形。

2. 导梁和临时墩设置

导梁（图 5-58）与梁体连接处的刚度应协调，预埋件的连接强度应满足梁体顶推时的受力要求，导梁前段的最大挠度应不大于设计规定。导梁全部节间的拼装应平整，其中线的允许偏差应不大于 5mm，纵、横向底面高程的允许偏差应为 ±5mm。桥跨中间设有临时墩（图 5-59）时，其施工技术要求应符合设计规定和施工技术规范的要求。梁体顶推施工完成并落位到永久支座上后，应及时将其拆除。

图 5-58　导梁

图 5-59　临时墩

3. 顶推装置安装

顶推装置安装前，需顶板、底板预应力束张拉及压浆完毕，此时，在临时墩和永久墩的墩顶，首先将竖向千斤顶安装好，连接好泵站及控制系统，全部竖向千斤顶安装完成后，每个千斤顶起升接触梁体，然后同时起升各竖向千斤顶，此时支架与底模已经卸去力量，然后对千斤顶进行防回落保护，顶推水平千斤顶及滑块如图 5-60 所示。其次，安装顶推装置（图 5-61），先将滑道调整好，坡度与设计相一致，要求坡顶与坡底高差与理论值相比不大于 1mm，然后对滑道底与墩顶之间的空隙进行灌浆处理，灌浆完成后再次检查坡顶与坡底高差是否与理论值相一致。全部检查合格后方可拧紧滑道固定螺栓。

接好液压管路，来回伸缩千斤顶几次，检查其工作是否正常，一切完好后，水平千斤顶全部退回到全缩状态，取走千斤顶保护装置，所有起升千斤顶在滑块上垫上钢板，下落千斤顶使混凝土梁压在滑块上。此时，顶推装置安装完毕，体系转换完成，梁体由之前支撑在支架上，转换为支撑在滑块上。

图 5-60　顶推水平千斤顶及滑块

图 5-61　安装顶推装置

4. 顶推施工作业

梁体顶推施工宜根据梁体长度、顶推跨径、桥墩所能承受的水平推力等条件，选择适宜的顶推方式。顶推滑道的长度应大于水平千斤顶行程加滑块的长度，宽度应为滑板宽度的1.2~1.5倍；相邻墩滑道顶面高程的允许偏差应为±2mm，同墩两滑道高程的允许偏差应为±1mm；滑动装置的摩擦系数应经过试验确定。

采用单点或多点水平千斤顶方式顶推时，实际总顶推力应不小于计算顶推力的2倍；采用单点或多点拉杆方式顶拉时，拉杆的截面面积和根数应满足顶拉力的要求，拉锚器的锚固和放松应方便、快速，设置在各墩顶的反力台应牢固且应满足顶拉反力的要求。多点顶推（拉）时，各点的水平千斤顶应同步运行。在施工时通常采用 PLC 同步控制系统，千斤顶顶推系统由 PLC 同步总控系统发送指令同步控制液压泵站及千斤顶。

顶推时宜在墩台上设置导向装置，防止梁体在顶推过程中产生偏移。顶推过程中，宜对梁体的轴线位置、墩台的变形、主梁及导梁控制截面的挠度和应力变化等进行施工监测；发生异常情况时，应停止顶推，查明原因并进行处理后方可继续施工。

顶推时至少应在两个墩上设置保险千斤顶。如遇顶推故障需采用竖向千斤顶将梁顶高时，最大顶升高度不得超过设计规定或不得大于10mm，起顶的反力不得大于计算反力的1.1倍。平曲线连续梁顶排施工时，预制台座的平面及梁体均应按设计线形设置成圆弧形；导梁宜设置成直线形，但与主梁连接处应偏转一定角度，使导梁前端的中心落在设计线形的中线上。顶推应使梁体沿圆弧曲线前进。竖曲线连续梁顶推施工时，预制台座的底模板顶面应符合设计竖曲线的曲率；所需水平顶推力的大小，应考虑正负纵坡的影响。

落梁前应按设计规定的顺序，对预应力束进行张拉、锚固和压浆，拆除全部临时预应力束。拆除墩、台上的滑动装置时，梁体的各支点应均匀顶起，其顶力应按设计支点反力的大小进行控制，顶起时相邻墩各顶点的高差不得大于5mm，同墩两侧梁底顶起时高差不得大于1mm。

落梁前应将永久支座安装到位，然后按设计的顺序和每次的下落量分布进行，同一墩、台的千斤顶应同步运行；落梁反力的允许偏差应为±10%设计反力。

顶推施工作业及监测设备照片分别如图 5-62~图 5-65 所示。

图 5-62 顶推施工作业（一）

图 5-63 顶推施工作业（二）

图 5-64 水平千斤顶顶推施工作业

图 5-65 顶推过程监测设备

5.6 转体施工技术

桥梁转体施工是 20 世纪 40 年代以后发展起来的一种架桥工艺。它是在河流的两岸或适当的位置，利用地形使用简便的支架先将半桥预制完成，之后以桥梁结构本身为转动体，使用一些机具设备，分别将两个半桥转体到桥位轴线位置合龙成桥。其特点有：可利用地形，方便预制；施工不影响交通；施工设备少，装置简单；节省施工用料；施工工序简单，施工迅速。它适合于单跨和三跨桥梁，可在深水、峡谷中建桥时采用，同时也适用于平原区及城市跨线桥。现在很多跨铁路及跨公路桥中都用到了桥梁转体施工技术，采用下方转体球铰结构及后期连续千斤顶转体施工使两个处于交角或平行的半桥转体到位并合龙成桥。

根据桥梁结构的转动方向，转体施工可分为竖向转体施工法、水平转体施工法（简称竖转法和平转法，其中平转法分为墩顶转体和墩底转体两种）以及平转与竖转相结合的方法，其中以平转法应用最多。根据转动体支承的形式，分为单点支承和双点支承。

预应力混凝土连续梁桥转体施工可以根据设计采用墩顶转体或墩底转体。预应力混凝土连续刚构桥一般采用墩底转体。连续梁桥、连续刚构桥采用平转法进行墩底转体施工时，其施工流程如图 5-66 所示。

预应力混凝土连续梁桥采用平转法进行墩顶转体施工时，其施工流程如图 5-67 所示。

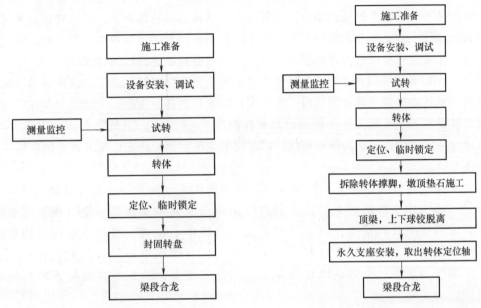

图 5-66　连续梁桥和连续刚构桥墩底转体施工流程　　图 5-67　连续梁桥墩顶转体施工流程

转体前梁体通常采用支架法或悬臂浇筑法在桥位两侧现场浇筑施工，施工内容及要求与前述章节相同，本节不再赘述。梁体浇筑施工时应采用临时固定措施，保证浇筑施工期间梁体整体的稳定。施工时应严格控制梁体节段尺寸，防止不平衡力矩超限和梁体整体超重。

转体施工应进行转体结构稳定、偏心及牵引力计算。偏心值宜为 0.05～0.15m，并根据实际情况确定具体偏心值。转动牵引设备的额定牵引力应按计算牵引力的 2 倍配置。

1. 转动系统施工

转动系统主要由上转盘、下转盘、转轴、转体滑道、辅助支腿、转体牵引索及动力系统组成。上下转盘和转轴的施工和制作安装精度及表面摩擦系数应满足设计要求。上下转盘在转动前应进行临时固定，转动系统应设置防超转限位装置。转体平面图如图 5-68 所示。

图 5-68　转体平面图

转动系统的施工安装顺序为：安装定位架→安装下球铰→安装滑道→浇筑下转盘混凝土→浇筑牵引反力座→下球铰除锈、安装滑片→安装转轴→安装上球铰→密封上下球铰缝隙→安装上转盘撑脚、临时支撑与滑道→安装上转盘。

球铰是平转法施工的转动系统，而转动系统的核心是转体球铰，它是转体施工的关键结构。转体球铰一般委托专业单位在工厂加工制造后采用专用运输托架运至现场。球铰运至现场后应组织监理等单位进行进场验收，球铰所有参数应满足设计图要求。

（1）下球铰安装（图5-69）　定位架安装应采用定位钢筋、定位型钢和调平垫板相结合的方式。下转盘混凝土首次浇筑时，预埋定位架定位钢筋，定位架安装前，先在定位架底部对应位置设置调平垫板，各垫板顶面高程控制在1mm以内，定位架安装时用起重机吊入，然后进行精确对中并调整其顶面高程，同时安装定位型钢，将定位架与其定位钢筋、定位型钢焊接牢固。

下球铰安装前应先检查下转盘球铰表面椭圆度及结构是否满足设计加工要求。下转盘球铰现场工作主要是对下转盘球铰的锚固钢筋及调整螺栓的安装。现场安装时主要利用固定调整架及调整螺栓将下球铰悬吊，调整中心位置，然后依靠固定调整螺杆上下转动调整标高，调整到位后利用高精度全站仪对球铰中心位置复测，并利用千斤顶进行局部微调。最后将调整螺栓与横梁之间拧紧固定，并在定位架与下球铰间焊接固定角钢。

滑道安装时，先安装滑道定位架，具体施工与下球铰定位架施工相同，定位架安装完成后，进行滑道安装（图5-70）。滑道现场采取分节段拼装，利用调整螺栓调整固定。转体时保证撑脚可在滑道内滑动，以保证转体结构平稳。环形滑道基座应保持水平，滑道的平整度及辅助支腿与滑道的间距误差应符合设计要求。设计无要求时，滑道3m长度内的平整度不大于±1mm，径向对称点高差不大于环形滑道直径的1/5000。

图5-69　下球铰安装

图5-70　滑道安装

滑道安装完成后绑扎下转盘钢筋（图5-71）、安装预埋件，然后进行下转盘混凝土二次浇筑。为防止后期施工过程中泥砂或杂物进入上下球铰之间的空隙，通常下转盘混凝土顶面比下球铰顶面低2cm。混凝土浇筑时应确保混凝土密实、无空洞，浇筑过程中应确保下转盘球铰不受扰动。浇筑通常以下转盘球铰为中心向四周进行。下转盘二次混凝土浇筑完成后，绑扎反力座钢筋，浇筑牵引反力座混凝土，如图5-72所示。

图 5-71　下转盘钢筋绑扎完成

图 5-72　牵引反力座和助推反力座

（2）上球铰安装　上球铰安装前应先清理下球铰球面，在中心销轴套管内放入黄油聚四氟乙烯粉，然后安装转轴，并调整转轴垂直度以及与周边的空隙，转轴安装如图 5-73 所示。转轴安装完成后，安装下球铰滑动片（图 5-74），下球铰滑动片通常采用聚四氟乙烯片，各滑动片安装时应位于同一球面，其误差不大于 0.2mm。安装完成后在滑动片间涂抹黄油聚四氟乙烯粉，使黄油聚四氟乙烯粉均匀充满滑动片之间的空间，并略高于滑动片顶面。滑动片全部安装到位后，开始吊装上球铰（图 5-75），将上球铰套进中心销轴内，用倒链微调上球铰位置，使之水平并与下球铰外圈间隙垂直。上球铰安装完成后对周边进行防护，采用胶带、黄油等对上下球铰缝隙进行密封，如图 5-76 所示。

（3）上转盘施工　上转盘撑脚（图 5-77）数量一般根据设计图确定，撑脚上半部分浇固于上转盘内，下半部分外露在上转盘与下滑道间。撑脚通常采用等直径的钢管，焊接厚钢板封头，撑脚应对称均匀布置。撑脚通常由工厂整体制造后运至工地。安装撑脚时通常在撑脚与滑道间铺设石英砂，并在上下转盘间设置临时支撑，临时支撑通常采用自落式砂箱（图 5-78）。施工时应充分考虑上转盘混凝土浇筑时支架变形、转动时撑脚与滑道间铺设的OMG 板厚度等因素，确保撑脚下端与下滑道的间隙应保证转体时有 10~20mm 的间距。撑脚及砂箱布置如图 5-79 所示。砂箱拆除后的撑脚与滑道如图 5-80 所示。

图 5-73　安装转轴

图 5-74　安装下球铰滑动片

图 5-75 吊装上球铰

图 5-76 密封后的上下球铰缝隙

图 5-77 撑脚

图 5-78 临时支撑自落式砂箱

图 5-79 撑脚及砂箱布置

图 5-80 砂箱拆除后的撑脚与滑道

　　上转盘是转体时的重要结构，在整个转体过程中是一个多项、立体的受力状态，受力复杂。上转盘内预埋牵引固定端 P 型锚具，同一对牵引的锚固端应在同一直径线上并对称于转盘圆心，注意每根索的预埋高度应和牵引方向一致，应尽量在上转盘外圆相切位置，并处于同一水平面内。每根索埋入转台的长度应满足设计要求，预埋于上转盘的转体牵引索应牢固圆顺，不得弯折。预埋时应清除每根钢绞线表面的锈迹、油污后，逐根顺次沿着既定索道排列缠绕。预埋完成后牵引索外露部分应圆顺地缠绕在转台周围，互不干扰地放在预埋支架上，并做好防护措施，防止施工过程中遭到损坏或锈蚀。

牵引千斤顶应分别水平、对称地布置于转盘两侧的同一平面内，中心线应与上转盘外圆相切，中心线高度与上转盘预埋钢绞线的中心线水平，同时牵引千斤顶到上转盘的距离应相等。

2. 转体施工技术

主梁梁体施工完成后，拆除转盘上各临时支撑点，完成从主梁施工到梁体待转的体系转换。清除转体范围内各种障碍物。转体前应对待转梁段与接应墩顶、边跨现浇段、对侧梁端（两连续梁对转时）进行空间碰撞检查，必要时对梁端伸出钢筋进行预弯。将环形滑道清理干净，检查滑道与撑脚间的间隔，在滑道的撑脚下涂抹润滑剂。

（1）梁体称重（图5-81~图5-83） 试转前，需进行称重平衡试验，测试转体部分的不平衡力矩、偏心矩、摩阻力矩及摩擦系数等参数，实现桥梁转体的配重要求。

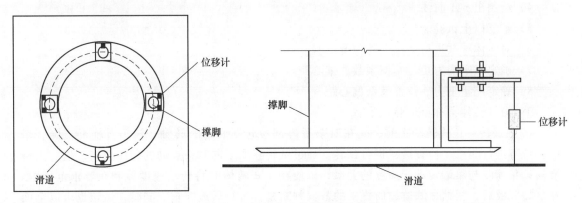

图 5-81 梁体称重仪器布置示意图

图 5-82 梁体称重

图 5-83 梁体上配重

平衡转体施工必须保证转体上部结构在转动过程中的平稳性，尤其是大型悬臂结构且无斜拉索情况，在理论上，水平转体应该绝对保证转体中支点两端重力的一致，也就是保证其两端达到平衡状态。在实际转体施工中，转体上部悬臂结构绝对平衡会引起梁端转动过程中发生抖动，且幅度较大，这不利于转体的平稳性要求。

在实际施工中通过称重和配重使实际重心偏离理论重心 5~15cm，配重后使转体桥中跨侧有一微小翘起，使整个转体结构在转动过程中由球铰及其后两钢撑脚三点受力，形成三点支承。若转体重心位置有偏差，可以通过梁上堆载调整。重心的确认方法是：采用调整姿态的千斤顶施加顶力，确认边跨侧两后撑脚竖向位移脱空时对应的顶力，反算出转体结构重心位置。

平衡称重试验通常由第三方监控单位进行，以确保转体施工顺利完成。转体梁施工完成后，在撑脚处布置传感器，然后逐步解除支座处的临时支撑（砂箱），传感器进行连续测量，并观察撑脚是否随砂箱拆除连续向一侧下沉，进而判断转体体系的平衡状态。

具体称重步骤如下：

1）在选定断面处安装位移传感器和千斤顶。

2）调整千斤顶，使所有顶升千斤顶处于设定的初始顶压状态，记录此时的力值。

3）千斤顶逐级加力，记录位移传感器的微小位移，直到位移出现突变。

4）绘制出 p-Δ 曲线。

5）重复以上试验。

6）对转体梁共进行 2 次上述顶升试验。

7）确定不平衡力矩、摩擦系数、偏心距。

8）确定配重重力、位置及新偏心距。

9）出具转体梁称重试验报告。

（2）试转　正式转动之前，应在对全桥各部位包括转盘、转轴、滑道、辅助支腿、牵引系统等进行测量、检查后，进行试转。通过试转获取不同时长点动的转体数据，建立主桥墩转动角速度与梁端转动线速度的关系，以便在正式转体时将转动速度控制在要求范围内。在试转完成后，根据量测监控所提供的数据判断是否进行后续配重。同时，试转也可以全面检查一遍牵引动力系统、转体体系、位控体系、防倾保险体系是否状态良好，检测整个系统的安全可靠性。通过测试启动、正常转动、停转重新启动及点动状态的牵引力、转速等施工控制数据，以求在正式转体前发现、处理设备的问题和可能出现的不利情况，保证转体的顺利进行。

试转的步骤如下：

1）预紧钢绞线。预紧采取对称进行的方式，并重复数次，以保证各根钢绞线受力均匀。预紧过程中注意保证钢绞线平行地缠于上转盘上。

2）合上主控台及泵站电源，启动泵站，用主控台控制两千斤顶同时施力试转。若不能转动，则施以事先准备好的辅助顶推千斤顶同时出力，以克服超常静摩阻力来启动桥梁转动，若还不能启动，则停止试转，另行研究处理。

试转前在上转盘上粘贴刻度盘，试转时通常将转动速度控制在 0.01rad/min 以内，以点动为主；试转过程中，检查转体结构是否平衡稳定，有无故障，关键受力部位是否产生裂纹。如有异常情况，则停止试转，查明原因并采取相应措施整改后方可继续试转。试转结束后用钢楔对转体结构进行临时固定。图 5-84 所示为转体牵引体系示意图。

（3）正式转体　在试转结束后，根据采集的各项数据，对转体实施方案进行修正，方可进行正式转体。整个转体施工基本采用人工指挥控制，因此现场必须设立统一的指挥机构，明确人员分工和职责。转体过程中应由第三方监控单位全程对转动数据进行实时采集。监控数据应及时反馈给转体指挥机构以便指导施工进程。

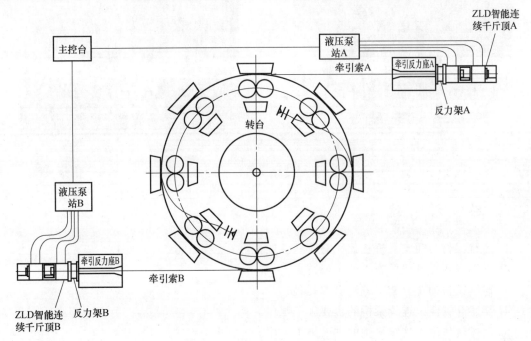

图 5-84　转体牵引体系示意图

转体时通常根据转体角度进行测量，在平衡盘上标注保险支腿转过位置，在转体终止位置的反力座一侧设置一道工字钢作为转体限位装置（图 5-85），防止超转。

转体牵引千斤顶应提前进行校准标定，转体过程中严格按照校准线性回归方程控制油压表。正式转体时，转动速度应均匀，角速度不宜大于 0.02rad/min 且桥体悬臂端线速度不大于 1.5m/min。平转接近设计位置 1m 时降低平转速度，距离设计位置 0.5m 时采用点动牵引法就位；每点动操作一次，测量人员测报轴线走行现状数据一次，反复循环，直至转体轴线精确就位。若转体到位后发现有轻微横向倾斜或高程偏差，则采用千斤顶在上下盘之间适当顶起，进行调整。精调后，经现场测量桥梁轴线、高程等确认无误后，在撑脚两侧下转盘承台上焊接型钢反力架（事先精确定位预埋钢板），打入钢楔块，并将其临时锁定，保证转体单元不再产生位移。图 5-86 所示为转体现场图。

梁体转体就位后，进行销轴压浆，套管在销轴端部上下各预留一压浆孔以备转体完成后往套管中压入微膨胀混凝土。压浆完成后进行封盘施工。采用帮条焊焊接预埋基础和实体块中的钢筋，焊缝长度应满足规范要求；然后浇筑封盘混凝土，同时在转盘与上部墩身的接口预埋压浆钢管，待封盘混凝土凝固后用灌浆法填补因混凝土收缩留下的空隙，保证墩身与上下盘间混凝土的整体性。

封盘混凝土浇筑完成后，通常采用支架现浇法对边跨现浇梁段混凝土进行施工，然后浇筑跨中合龙梁段混凝土。边跨现浇梁段与合龙梁段混凝土的施工方法与前面章节内容相同，本节不再赘述。

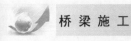

图 5-85　转体限位装置

图 5-86　转体现场图

 思 考 题

1. 连续梁桥与简支梁桥相比,有哪些主要优点?
2. 举例说明连续梁桥施工的主要特点。
3. 连续梁桥的主要施工方法有哪几种?
4. 简述悬臂浇筑连续梁桥的主要施工工序。
5. 简述转体施工连续梁桥的主要施工工序。

第6章　拱桥构造与施工

拱桥是人类最早也是最广泛使用的桥型之一，我国现存距今1400多年的桥梁——赵州桥，便是最具代表的石拱桥。在《茅以升桥话》中所列出的几千座古桥，也有近半数桥梁为拱桥；但当时所修建的拱桥结构形式基本上为上承式石拱桥，图6-1所示为修建于19世纪50年代的洛阳龙门大桥，为当时亚洲单孔跨径最大的薄腹式石拱桥；图6-2所示为修建于19世纪60年代的平顶山湛河大桥，主拱圈采用陶粒混凝土。随着科学技术的发展，各种结构形式的拱桥不断涌现，如下承式拱桥、中承式拱桥、异形拱桥等；目前，我国已建成的典型大跨径拱桥有重庆朝天门拱桥（图6-3，主跨跨径为552m）、广西贵港平南三桥（主跨跨径为575m）和在建的广西天峨龙滩特大桥（主跨跨径为600m）等。拱桥的形式近年来也朝着多样化的方向发展，图6-4所示为异形拱桥。目前世界前十大跨拱桥，见表6-1。

图 6-1　洛阳龙门大桥

图 6-2　平顶山湛河大桥

图 6-3　重庆朝天门拱桥

图 6-4　异形拱桥

表 6-1　世界前十大跨拱桥

排名	桥　名	国家	主跨跨径/m	主梁	通车时间
1	龙滩天湖特大桥	中国	600	劲性骨架混凝土拱	在建
2	平南三桥	中国	575	钢管混凝土	2020 年
3	朝天门大桥	中国	552	钢桁架	2009 年
4	卢浦大桥	中国	550	钢箱	2003 年
5	傍花大桥	韩国	540	钢桁架	2000 年
6	四川合江长江一桥（波司登长江大桥）	中国	530	钢管混凝土	2013 年
7	香溪长江大桥	中国	519	钢桁架	2019 年
8	新河峡大桥（New River Gorge Bridge）	美国	518	钢桁架	1977 年
9	合江长江公路桥	中国	507	钢管混凝土	2021 年
10	贝永大桥（Bayonne Bridge）	美国	504	钢桁架	1931 年

■ 6.1　拱桥的特点和基本组成

6.1.1　拱桥的特点

　　拱桥是我国公路上使用较广泛的一种桥型。拱桥与梁桥的区别，不仅在于外形不同，更重要的是两者受力性能有较大差别。由力学知，梁式结构在竖向荷载作用下，支承处仅产生竖向反力，而拱式结构在竖向荷载作用下，两端支承除了有竖向反力外，还将产生水平推力。正是这个水平推力，使拱内产生轴向压力，从而大大减小了拱圈的截面弯矩，使之成为偏心受压构件，截面上的应力分布（图 6-5a）与受弯梁的应力（图 6-5b）相比，较为均匀。因此，可以充分利用主拱截面材料强度，使跨越能力增大。

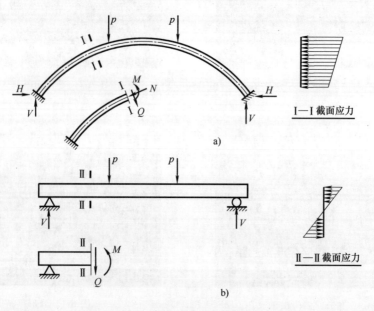

图 6-5　拱和梁的应力分布

拱桥的主要优点是：跨越能力较大；能充分就地取材，与混凝土梁桥相比，可以节省大量的钢材和水泥；耐久性能好，维修、养护费用少；外形美观；构造较简单。

但拱桥也有缺点，主要是：自重较大，相应的水平推力也较大，增加了下部结构的工程量，当采用无铰拱时，对地基条件要求高；拱桥（尤其是圬工拱桥）一般都采用有支架施工的方法修建，随着跨径和桥高的增大，支架或其他辅助设备的费用也大大增加，从而增加了拱桥的总造价；由于拱桥水平推力较大，在连续多孔的大、中桥梁中，为防止一孔破坏而影响全桥的安全，需要采用较复杂的措施，例如设置单向推力墩，但会增加造价；与梁桥相比，上承式拱桥的建筑高度较高，当用于城市立交及平原地区时，桥面标高提高，使两岸接线长度增长，或者使桥面纵坡增大，既增加了造价又对行车不利，因此使拱桥的使用范围受到一定的限制。

拱桥虽然存在这些缺点，但由于它的优点突出，只要在条件许可的情况下，修建拱桥往往仍是经济合理的，因此在我国公路桥梁建设中，拱桥，特别是其中的圬工拱桥仍得到了广泛的应用。而且拱桥的缺点也正在逐步得到改善和克服。如必须要在地质条件不好的地区修建拱桥时，就可从结构体系上、构造形式上采取措施，或利用轻质材料来减轻结构物的自重，或设法提高地基承载能力等。为了节约劳动力、加快施工进度，就需逐步提高预制构件在圬工数量中所占的比例，以利于机械化和工业化施工。这些措施更加扩大了拱桥的使用范围，而且拱桥的跨越能力也在不断增大，跨径由十几米发展成几百米，目前在我国已达到 600m。

因此，在今后一个较长时期内，拱桥仍将是我国公路桥梁的一种主要形式。同时结合我国具体情况，一方面进一步研究拱桥的设计理论，并使结构构造和施工工艺更加完善；另一方面更加重视向装配化、轻型化、机械化的方向发展，以加快桥梁建设的速度。

6.1.2　拱桥的基本组成

拱桥上部结构和下部结构的各主要组成部分如图 6-6 所示。

拱桥上部结构由主拱圈和拱上建筑组成。主拱圈是拱桥的主要承重结构。由于拱圈是曲线形，一般情况下车辆都无法直接在弧面上行驶，所以在桥面与主拱圈之间需要有传递压力的构件或填充物，以使车辆能在平顺的桥道上行驶。桥面系和这些传力构件或填充物统称为拱上结构或拱上建筑。

拱桥的下部结构由桥墩、桥台及基础等组成，用以支承桥跨结构，将桥跨结构的荷载传至地基。桥台还起到与两岸路堤相连接的作用，使路桥形成一个协调的整体。

拱圈最高处称为拱顶，拱圈和墩台连接处称为拱脚（或起拱面）。拱圈各横向截面（或换算截面）的形心连线称为拱轴线。拱圈的上曲面称为拱背，下曲面称为拱腹。起拱面与拱腹相交的直线称为起拱线。

下面介绍拱桥的几个主要技术名词。

1）净跨径（l_0）：每孔拱跨两个起拱线之间的水平距离。

2）计算跨径（l）：相邻两拱脚截面形心点之间的水平距离。因为拱圈（或拱肋）各截面形心点的连线称为拱轴线，故也就是拱轴线两端点之间的水平距离。

3）净矢高（f_0）：拱顶截面下缘至起拱线连线的垂直距离。

4）计算矢高（f）：拱顶截面形心至相邻两拱脚截面形心连线的垂直距离。

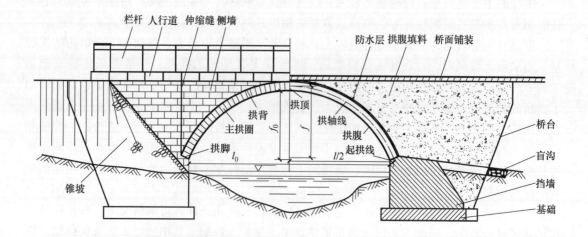

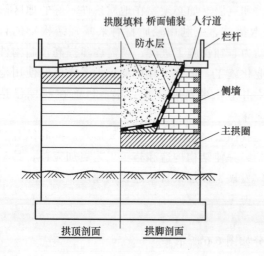

图 6-6　拱桥的主要组成部分

l_0—净跨径　l—计算跨径　f_0—净矢高　f—计算矢高

5）矢跨比（D 或 D_0）：拱圈（或拱肋）的净矢高与净跨径之比，或计算矢高与计算跨径之比，即 $D_0 = \dfrac{f_0}{l_0}$ 或 $D = \dfrac{f}{l}$。

一般将矢跨比大于或等于 $\dfrac{1}{5}$ 的拱称为陡拱；矢跨比小于 $\dfrac{1}{5}$ 的拱称为坦拱。

■ 6.2　拱桥的分类与构造

6.2.1　拱桥的分类

1. 按照行车道位置分类

根据行车道位置的不同，拱桥可分为上承式、中承式、下承式三种，如图 6-7 所示。

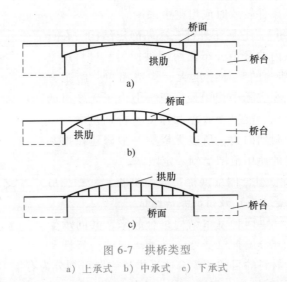

图 6-7 拱桥类型

a）上承式 b）中承式 c）下承式

上承式拱桥的桥面在拱肋的上方；中承式拱桥的桥面，一部分在拱肋上方，一部分在拱肋下方；下承式拱桥的桥面在拱肋下方。

上承式拱桥分为两大类：一类是普通型上承式拱桥，这类拱桥由主拱（圈）拱上传载构件、桥面系等组成，主拱（圈）是主要承重结构；另一类是整体型上承式拱桥，这类拱桥则是由主拱片（指由拱圈与拱上传载构件组成的整体结构）和桥面系组成，主拱片是主要承重结构。中承式拱桥的行车道位于拱肋的中部，桥面系（行车道、人行道、栏杆等）一部分用吊杆悬挂在拱肋下，一部分用刚架立柱支承在拱肋上。下承式拱桥可做成系杆拱，即在拱脚处用一称为系杆的纵向水平受拉杆件将两拱脚连接起来。此时作用于支座上的水平推力就由系杆来承受，支座不再承受水平方向的力。这样做可以减轻地基承受的荷载，特别适合在地质状况不良时采用。

2. 按照结构体系分类

按照结构体系不同，拱桥可分为简单体系拱桥、组合体系拱桥和拱片桥。

（1）简单体系拱桥 简单体系拱桥均有推力拱，可以做成上承式、中承式和下承式。

在简单体系拱桥中，上承式拱桥的拱上结构或中承式、下承式拱桥的拱下悬吊结构（统称为行车道系结构），一般都不考虑它与主拱的联合作用来共同承受桥面荷载，主拱将以裸拱的形式作为主要承重结构，拱的水平推力直接由墩台或基础承受。

按照主拱的静力体系，简单体系拱桥又可以分成以下三种（图 6-8）：

1）三铰拱（图 6-8a）。它属于外部静定结构。由温度变化、混凝土收缩和徐变、支座沉陷等因素引起的变形不会对它产生附加内力，故计算时无须考虑体系变形对内力的影响。它适用于在地基条件很差的地区修建，但由于铰的存在，使其构造复杂，施工困难，维护费用增高，而且减小了结构的整体刚度，降低了抗震能力，又由于拱的挠度曲线在顶铰处有转折，对行车不利，因此，三铰拱一般较少采用。

2）两铰拱（图 6-8b）。它属于外部一次超静定结构。由于取消了拱顶铰，结构整体刚度较三铰拱大。由基础位移、温度变化、混凝土收缩和徐变等引起的附加内力比对无铰拱的影响要小，故可在地基条件较差时或坦拱中采用。

3）无铰拱（图 6-8c）。它属于外部三次超静定结构。在自重及外荷载作用下，拱内的弯矩分布比两铰拱均匀，材料用量省。由于没有设铰，结构的整体刚度大，构造简单，施工方便，维护费用少，因此在实际中使用最广泛。但由于无铰拱的超静定次数高，温度变化、混凝土收缩和徐变，特别是墩台位移会在拱内产生较大的附加内力，所以无铰拱一般修建在地基良好的条件下，这使它的使用范围受到一定限制。

（2）组合体系拱桥　组合体系拱桥一般由拱肋、系杆、吊杆（或立柱）、行车道梁（板）及桥面系等组成。

组合体系拱桥将梁和拱两种基本结构组合起来，共同承受桥面荷载和水平推力，充分发挥梁受弯、拱受压的结构特性及

图 6-8　简单体系拱桥

其组合作用，达到节省材料的目的。组合体系拱桥一般可划分为有推力和无推力两种类型。

1）无推力的组合体系拱桥。无推力的组合体系拱桥（也称为系杆拱桥）是外部静定结构，兼有拱桥的较大跨越能力和简支梁桥对地基适应能力强的两大特点。拱的推力由系杆承受，系杆就是一个将两拱脚相互联系在一起的水平构件，因而墩台不承受水平推力。根据拱肋和系杆（梁）相对刚度的大小及吊杆的布置形式可以分为：具有竖直吊杆的柔性系杆刚性拱，称为系杆拱（图 6-9a）；具有竖直吊杆的刚性系杆柔性拱，称为蓝格尔拱（图 6-9b）；具有竖直吊杆的刚性系杆刚性拱，称为洛泽拱（图 6-9c）。

以上三种拱，当用斜吊杆来代替竖直吊杆时，称为尼尔森拱（图 6-9d、e、f）。

2）有推力的组合体系拱桥。此种组合体系拱桥没有系杆，由单独的梁和拱共同受力，拱的推力仍由墩台承受。图 6-9g 所示为刚性梁柔性拱（倒蓝格尔拱）；图 6-9h 所示为刚性梁刚性拱（倒洛泽拱）。

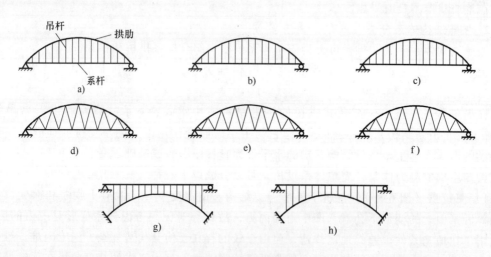

图 6-9　组合体系拱桥

（3）拱片桥　上边缘与桥面纵向平行，下边缘是拱形的有推力结构，称为拱片。在拱片中，行车道系与拱肋刚性连成整体，共同承受荷载，故它仅能用于上承式拱桥。拱片的立

面一般被挖空做成桁架的形式。根据桥梁宽度的不同，拱片桥可由两片以上的拱片组成，并用横向联结系将各拱片连成整体，行车道板支承在拱片上。拱片桥可以做成无铰、两铰或三铰结构，它的推力均由墩台承受，如图6-10所示。

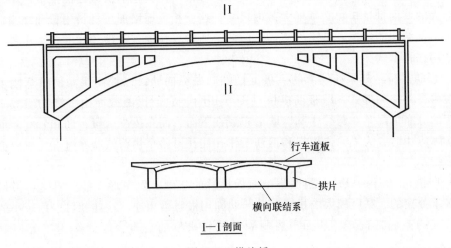

图 6-10　拱片桥

3. 按照主拱的截面形式分类

按照主拱的截面形式不同，拱桥分为板拱桥、板肋拱桥、肋拱桥、双曲拱桥、箱形拱桥、钢管混凝土拱桥和劲性骨架混凝土拱桥等。

拱桥的主拱圈沿拱轴线可以做成等截面或变截面的形式。所谓等截面拱（图6-11a），就是在沿桥跨方向主拱圈的横截面尺寸是相同的。而变截面拱（图6-11b）的主拱圈横截面，从拱顶到拱脚是逐渐变化的，变截面拱圈的做法通常有两种：一种是拱圈宽度方向不变而只变厚度（图6-11c）；另一种是厚度不变而改变拱圈宽度（图6-11d）。由于等截面拱的构造简单，施工方便，因此它是目前采用最普遍的形式。随着桥梁跨径的增大，为了使结构受力更合理，截面形式更经济，也有同时采用变宽度和变高度的截面形式。

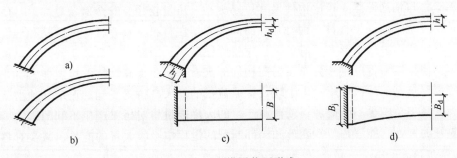

图 6-11　主拱圈截面形式

主拱圈所使用的建筑材料主要有圬工、钢筋混凝土、钢材和钢-混凝土组合结构等。根据材料的特性，圬工拱桥主要用于跨径小，并且能就地取材的情况，目前使用较少；钢拱桥主要用于大跨径的情况，由于材料、价格等原因目前在我国的应用不是很广泛；我国大部分拱桥都采用钢筋混凝土结构，随着设计理论和施工工艺的完善，钢筋混凝土拱桥目前已是最具有竞争力的桥型之一；钢-混凝土组合结构是近几十年发展起来的，主要有钢管混凝土拱桥和劲性骨架混凝土拱桥两种。

（1）板拱桥　主拱圈采用矩形实体截面的拱桥称为板拱桥（图6-12a）。它的构造简单、施工方便，但在相同截面面积的条件下，实体矩形截面比其他形式截面的抵抗矩小。如果为了获得较大的截面抵抗矩，必须增大截面尺寸，这就相应地增加了材料用量和结构自重，从而加重了下部结构的负担，是不经济的。因此，通常只在地基条件较好的中、小跨径坼工拱桥中才采用这种形式。

（2）板肋拱桥　如果在较薄的拱板上增加几条纵向肋，以提高拱圈的抗弯刚度，就构成板拱桥的另外一种形式，即板肋拱桥（图6-12b），它的拱圈截面由板和肋组成。根据主拱圈弯矩的分布情况，在跨径中部，肋可布置在下面，而在拱脚区段，肋布置在上面较为合理。但实际应用时，为了简化模板和钢筋工作，往往沿整个拱跨将肋布置在主拱圈截面的上面或下面。

（3）肋拱桥（图6-12c）　肋拱桥是在板拱桥的基础上发展形成的，它是将板拱划分成两条或多条分离的、高度较大的拱肋，肋与肋间用横系梁相连。这样就可以用较小的截面面积获得较大的截面抵抗矩，从而节省材料，减轻拱桥的自重，因此多用于大、中跨径的拱桥。

（4）双曲拱桥（图6-12d）　其主拱圈横截面由一个或数个横向小拱单元组成，由于主拱圈的纵向及横向均呈曲线形，故称为双曲拱桥。这种截面抵抗矩较相同材料用量的板拱桥大，故可节省材料。施工中可采用预制拼装，较之板拱桥有较大的优越性，但存在着施工工序多、组合截面整体性较差和易开裂等缺点，一般用于中、小跨径拱桥。

（5）箱形拱桥（图6-12e）　这类拱桥外形与板拱桥相似，由于截面挖空，使箱形拱桥的截面抵抗矩较相同材料用量的板拱桥大很多，所以能节省材料，减轻自重，相应地也减少下部结构材料用量，对于大跨径拱桥则效果更为显著。又因它是闭口箱形截面，截面抗扭刚度大，横向整体性和结构稳定性均较双曲拱桥好，故特别适用于无支架施工。但箱形截面施工制作较复杂，因此，大跨径拱桥采用箱形截面才是合适的。

（6）钢管混凝土拱桥（图6-12f）　由于钢材抗拉、抗压屈服强度都很高，在相同的情况下，钢结构与钢筋混凝土相比构件尺寸可以更小，质量较轻，安全储备更高，且质量易于保证，是拱式桥梁的理想材料。钢材是各向同性弹塑性材料，具有良好的塑性和韧性，在结构破坏前有比较明显的变形，可避免结构发生脆性破坏；同时，良好的塑性还可以调整局部高峰应力，使得应力得以重新分布，提高构件的延性，从而提高整体的抗震能力，非常适合在抗震等级要求高的地区使用。由于现代交通流量的增大，桥梁受到的振动和冲击荷载也在越来越大，频率范围也不断增加，动荷载产生的大量能量将对桥梁产生不利的影响，钢材由于拥有较好的韧性，能够在塑性变形和局部断裂的过程中吸收大量的能量，减少对整个结构的破坏。

钢管混凝土简称为CFST（Concrete Filled Steel Tube），它属于钢-混凝土组合结构中的一种，主要用于以受压为主的结构。它借助内填混凝土增强钢管壁的稳定性，同时又利用钢管对核心混凝土的套箍作用，使核心混凝土处于三向受压状态，从而使其具有更高的抗压强度和抗变形能力。

此外，钢管混凝土尚具有以下几方面的优点：

1）总体性能方面。由于钢管混凝土承载能力大，正常使用状态是以应力控制设计，外表不存在混凝土裂缝问题，因而可以使主拱圈截面及其宽度相对地减小，这样便可以减小桥面上由承重结构所占的宽度，提高了中承式、下承式拱桥的桥面宽度的使用效率。

2）施工方面。钢管本身相当于混凝土的外模板，它具有强度高，质量轻，易于吊装或转体的特点，可以先将空管拱肋合龙，再压注管内混凝土，从而大大降低大跨径拱桥施工的难度，省去了支模、拆模等工序，并可适应先进的泵送混凝土工艺。

与所有材料一样，钢管混凝土材料也有它自身的缺点。对于管壁外露的钢管混凝土，在阳光照射下，钢管膨胀，容易造成钢管与内填混凝土之间出现脱空现象；泵送管内混凝土也常出现不能完全饱满的情况，这都将引起拱圈受力不够明确，从而降低钢管混凝土结构的安全度，这些问题都需要予以解决。

（7）劲性骨架混凝土拱桥　劲性骨架混凝土拱桥与普通钢筋混凝土拱桥的区别在于前者以钢骨拱桁架作为受力钢筋，它可以是型钢，也可以是钢管，采用钢管作劲性骨架的混凝土拱又可称为内填外包型钢管混凝土拱，如图 6-12g 所示。它主要用在大跨径拱桥中，同时也解决了大跨径拱桥施工的"自架设问题"，即首先架设自重轻、刚度和强度均较大的钢管骨架，然后在空钢管内压注混凝土形成钢管混凝土，使骨架进一步硬化，再在钢管混凝土骨架上外挂模板浇筑外包混凝土，形成钢筋（骨）混凝土结构。在这种结构中，钢管和随后形成的钢管混凝土主要是作为施工的劲性骨架来考虑的。成桥后，它也可以参与受力，但其用量通常是由施工设计控制。钢筋混凝土拱桥——万州长江大桥即为用钢管作为劲性骨架的拱桥。劲性骨架混凝土拱桥跨越能力大、超载潜力大、施工方便，是一种极具发展前途的拱桥结构形式。

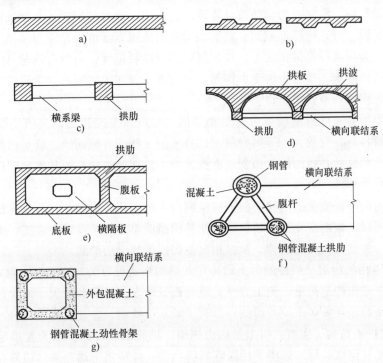

图 6-12　按照主拱的截面形式对拱桥的分类

a）板拱桥　b）板肋拱桥　c）肋拱桥　d）双曲拱桥　e）箱形拱桥

f）钢管混凝土拱桥　g）劲性骨架混凝土拱桥

6.2.2 拱桥的构造

1. 上承式拱桥

桥面在主拱圈之上的拱桥称为上承式拱桥，其上部结构由拱圈（肋）和拱上结构构成。

（1）拱圈（肋）的构造（图6-13）拱圈（肋）是主要承重结构。小跨径拱桥一般做成实体矩形拱圈，拱圈常用材料为石料或混凝土砌体。在中等跨径拱桥中，为减轻主拱自重，常采用两条或多条分离式的平行拱肋来代替拱圈，称为肋拱。肋拱一般采用钢筋混凝土结构，在分离的肋拱间设置横向联结系，以确保结构的横向稳定以及各个肋拱整体受力。

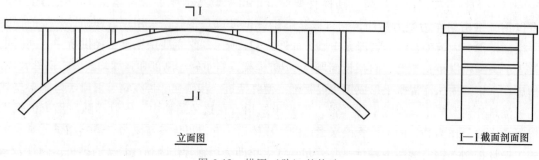

立面图　　　　　　　　　　　　　　　　　　I—I截面剖面图

图6-13　拱圈（肋）的构造

对于拱肋的配筋，纵向受力钢筋按计算确定，一般上下对称配置，并弯成拱的形状。大跨径拱桥的主拱圈，可采用箱形截面。箱形拱圈根据拱圈宽度可以设置为单箱单室，也可设置为单箱多室。为提高拱箱抗扭能力，加强箱壁的局部稳定性，一般设计时每隔一段距离在拱箱内设置一道横隔板。拱箱中的受力钢筋通常对称布置在顶底板上，沿肋板高度上布有分布钢筋，其间距应按规范要求布设。

拱圈截面厚度和宽度沿拱轴线可以是相等的，也可以是变化的，其值主要根据桥梁跨径、矢高、建筑材料、荷载大小等因素通过试算确定。所谓等截面拱，就是拱圈任一法向截面的横截面形状和尺寸是相同的，而变截面拱是指主拱圈的法向截面从拱顶到拱脚是逐渐变化的。

拱圈横截面沿跨径变化的规律要能适应拱圈内力的变化，有利于充分发挥拱的每个截面的材料强度，同时，截面变化形式还应该能使其构造简单，便于设计与施工。无铰拱拱圈横截面通常采用一种惯性矩变化规律，从拱顶向拱脚逐渐增大的形式。

（2）拱上结构的构造　拱桥的拱上结构按其结构形式可分为实腹式和空腹式两种。

实腹式拱上结构构造简单，施工方便，填料数量较多，恒荷载较大，通常适用于小跨径的拱桥。大、中跨径拱桥多采用空腹式，以利于减小恒荷载，并使桥梁显得轻巧美观。

1）实腹式拱上结构。实腹式拱上结构由侧墙、拱腹填料、护拱以及变形缝防水层、泄水管和桥面等部分组成。侧墙是围护拱腹填料的挡墙，应按挡土墙验算其截面强度，其顶部应盖以帽石，帽石超出侧墙表面至少0.1m以形成飞檐，避免雨水沿侧墙流下，并增加桥的美观。

拱腹填料可用填充和砌筑两种方式。砌筑用低强度混凝土或片石混凝土，填充则用经过挑选和冲洗的卵石、坚硬碎石或粗砂材料。对于铁路桥，填充物的厚度（由轨底至拱圈顶面）在拱顶处不应小于1.0m，以减少列车活荷载对拱圈的冲击作用，在不得已时，最小不得小于0.7m（因桥上道砟厚度一般为0.45m，而轨枕下必须有0.2~0.3m厚的道砟）。

在圆弧形拱和多孔实腹拱桥中，为便于敷设防水层，通常在拱脚段设置护拱。护拱一般用低强度混凝土或浆砌片石砌筑。为保证拱上结构不因拱圈在温差变化或偏载作用时产生变形而破坏，在拱上结构和墩台间需设置约20mm的变形缝（伸缩缝），在缝中填以沥青胶砂或者在表面做成一条无砂浆的干砌缝。

2）空腹式拱上结构（图6-14）。空腹式拱上结构由横墙或刚架和桥面系组成。

图6-14 空腹式拱上结构

横墙通常用石料或混凝土砌块砌成。为节约圬工，减轻质量或便于检修人员在拱上通行，当横墙较宽时（公路桥上），可在横墙的横向挖孔。横墙厚度一般不小于0.6m。

刚架通常用钢筋混凝土制成。当刚架支柱较高时，应加横撑以便在横向形成劲性刚架。立柱距拱圈边缘最好有0.1~0.2m的距离，以利于施工。

铁路桥的桥面系可为板式或梁式。板式桥面系的跨径一般不宜超过3~4m，板厚0.25~0.3m，否则就不经济。为减轻质量，对大跨径拱桥，桥面系往往改用肋式纵梁，并在其上设置桥面板以形成道砟槽。在公路圬工拱桥上，还常采用拱式拱上结构（又称为腹拱），其跨径一般选用2.5~5.5m，也不宜大于主拱圈跨径的1/15~1/8，其比值随主拱圈跨径增大而减少。

（3）拱桥其他细部构造　在拱桥的计算中，为了简化计算工作，一般将主拱和拱上结构分开来考虑，即把主拱当作主要承重结构，而将拱上结构当作传递荷载的结构，为使实际的受力情况与结构的计算图式尽量相符，避免拱上结构开裂，以保证结构的安全使用，除在设计计算上应充分考虑外，还需要在构造上采取必要的措施。

在荷载作用、材料收缩及温度变化的影响下，拱圈将下降或上升，拱上结构也将随之变形。如果拱上结构与桥墩台连成一体，则拱上结构受桥墩台的约束不能自由变形，从而在它的顶部产生拉应力而开裂。为了避免这种不良的影响，应该用断缝将拱上结构和桥墩台分开，这种断缝称为伸缩缝（留缝 2~3cm）。伸缩缝在跨径较小的实腹式拱桥，可仅在两拱脚的上方设置，并需在横桥方向贯通全桥及侧墙的高度；跨径较大的空腹式拱桥，若采用拱式腹孔，一般将紧靠墩台的第一个腹拱圈做成三铰拱，并在靠墩台的拱铰上方的侧墙上，相应设置伸缩缝，在其余两铰上方的侧墙，可设变形缝（只断开，没有缝宽）；在特大跨径的拱桥中，还需将近拱顶的腹拱圈也做成两铰拱或三铰拱。拱铰上方的侧墙仍需设置变形缝，以便拱上结构更好适应主拱的变形。采用梁式腹孔时，若在边孔与墩台衔接处使用端立柱，可用细缝与墩台分开；若边孔的桥面梁直接支承在墩台上，必须使用构造完善的支座。否则，伸缩缝处的伸缩仍将受阻。在活荷载作用下，这种跨径不大的纵梁的梁端还有翘起来的危险，在冲击作用下，可能将支座下的混凝土剪掉或敲碎。

在拱桥计算中，为了简化计算，一般将拱和拱上结构分开考虑。如果桥面系与拱顶连成一体，而横墙或刚架立柱又与拱圈（肋）和桥面系固接，则在竖向荷载下拱上结构将随拱一起变形，它将不可避免地和拱一起受力。立柱将受到弯矩作用，最大弯矩发生在最短的立柱中。桥面梁的弯矩可能与分开计算结果异号，这种共同作用，在一般情况下对拱来说是有利的，因拱上结构分担了部分内力，但对拱上结构则不利，因为在拱上结构中产生了分开计算时并未考虑的内力，为了减少或消除拱上结构与拱之间的刚性联系，使实际内力和计算图式吻合，应将立柱尽量做成柔性的，对于高度较大的边立柱，通常只需将其纵向厚度合理减小，便可达到所需要的柔度。一般当立柱高度超出纵向厚度的20倍时，立柱内的附加弯矩将很小，可忽略不计，对于近拱顶的矮立柱，则在其上下设变形缝，在拱上结构和拱顶相接的地方断开，并将桥面梁用能够传递制动力的固定支座支承在拱顶上。

为了加强拱桥抵抗横向水平力的能力和增强其横向稳定性，也有将拱与拱上结构做成整体的。当几孔拱桥连续时，为加强抵抗地震力和台风的能力，可进一步将它们的桥面系也做成连续的，即桥面系在拱顶和拱相连，在墩顶和邻跨桥面系相连，在桥台处水平嵌固于桥台内。这样横向力可主要由桥面系承受。

（4）拱铰　拱铰按其作用可分为永久性拱铰和临时性拱铰两类。当拱桥主拱圈按两铰拱或三铰拱设计以及空腹式腹拱按构造要求需要采用两铰拱或三铰拱时，需要设置永久性拱铰。当在施工过程中为消除或减少主拱圈的部分附加内力，以及对主拱圈内力进行适当调整时，需设置临时性拱铰。永久性拱铰必须满足设计要求，并能保证长期正常使用，故对其要求较高，构造较复杂，需经常养护，费用较高。临时性拱铰是适应施工需要而暂时设置的，待施工结束时，将其封固，构造简单，但必须可靠。

拱铰的形式，应按照铰所处的位置、作用、受力大小、使用材料等条件综合考虑，常用的有以下几种：

1）弧形铰。弧形铰由两个不同半径的弧形表面块件合成，可以采用石料、混凝土和钢筋混凝土，一个为凹面（R_2），一个为凸面（R_1）。凹凸面半径之比为 1.2~1.5，铰的宽度等于拱圈（肋）的宽度，长度为拱圈厚度的 1.15~1.20 倍。弧形铰的作用并不完美，当圆筒形表面互相位移时压力线的作用点可能偏离较大，此时在靠近铰的拱段中将产生附加弯矩。弧形铰加工困难，所以目前一般只应用在临时施工当中，例如采用转体施工时，为使桥体顺利转动，在拱脚需设置球面弧形铰。

2）铅垫铰。铅垫铰用厚度 15~20mm 的铅垫板，外包以锌、铜（10~20mm）薄片做成。垫板宽度为拱圈高度的 1/4~1/3，铅垫铰是利用铅的塑性变形（允许支承截面自由转动）来实现铰的功能。同时，为了使压力正对中心，并且能承受剪力，在铅垫铰中设置穿过垫板中心而又不妨碍铰转动的锚杆。为承受局部压力，需用螺旋钢筋或钢筋网加强墩台帽以及邻近铰的拱段，拱的混凝土强度不低于 C25。在计算铅垫板时，其压力沿垫板全宽均匀分布。

3）平铰。由于弧形铰的构造复杂，铰面加工困难且不易保证质量。因此，在跨径较小的空腹式拱桥的腹拱圈，常采用构造简单的平铰。平铰是平面相接，直接抵承；其接缝间可用低强度的砂浆砌筑，也可用油毛毡垫衬或直接干砌。

4）不完全铰。对于跨径不大（如腹拱圈）或轻型的结构物（人行桥），为便于整体安装，可用不完全铰。这种既能使拱圈施工时不断开，又能在使用时起到拱铰作用，构造简单，因此使用较多。

5）钢铰。在大跨径拱桥中还可用钢铰。钢铰可以做成有销轴或没有销轴的形式，但其用量较大，目前已很少应用。

（5）排水与防水层 对于拱桥，不仅要求将桥面雨水及时排除，而且也要求将透过桥面铺装渗入到拱腹内的雨水及时排除。桥面雨水的排除，除了桥梁设置纵坡和桥面设置横坡外，一般还沿桥面两侧缘石边缘设置泄水管。通过桥面铺装渗入到拱腹内的雨水，应由防水层汇集于预埋在拱腹内的泄水管排出。防水层和泄水管的设置方式与上部结构的形式有关。

实腹式拱桥防水层应沿拱背护拱、侧墙铺设。如果是单孔，可不设泄水管，积水沿防水层流至两个桥台后面的盲沟，然后沿盲沟排出路堤。如果是多孔拱桥，可在 1/4 跨径处设泄水管。对于空腹式拱桥，防水层应沿腹拱上方与主拱圈跨中实腹段的拱背设置，泄水管也宜布置在 1/4 跨径处。

2. 中、下承式拱桥

桥面位于拱肋下方的拱脚水平面处的拱桥称为下承式拱桥，下承式拱桥的桥跨结构由拱肋、悬吊结构和横向联结系三部分组成。拱肋是主要承重结构，由于列车或汽车在两片拱肋之间行驶，故需要用吊杆将纵、横梁系统悬挂在拱肋下，在纵、横梁系统上支承着桥面板，组成桥面系，桥面系和这些传力构件统称悬吊结构。

由于桥面布置在两拱肋间，故拱间距比上承式拱桥的大。为保证肋拱的横向刚度和稳定，必须在两拱肋之间设置横向联结系。

中承式拱桥的行车道位于拱肋的中部，桥面系（行车道、人行道和栏杆等）一部分用吊杆悬挂在拱肋下，一部分用刚架立柱支撑在拱肋上。中承式拱桥的桥跨结构也由拱肋、悬吊结构和横向联结系三部分组成。拱肋间用横向联结系连接。

（1）适用场合 中、下承式拱桥一般用于以下场合：

1）建筑高度受到限制时，可采用中、下承式拱桥以满足桥下净空要求，也可降低桥面标高。

2）在多孔拱桥中，为了尽量平衡桥墩所受到的来自相邻跨径的推力，有时将跨径大的一孔做成中承式以获得较大的矢跨比，从而减少来自大跨孔的推力。

（2）拱肋 中、下承式拱桥的拱圈由两个分离式的拱肋组成，拱肋结构常用的材料是钢筋混凝土或钢管混凝土，拱肋的横截面形状可以根据跨径大小、荷载等级和结构的总体尺寸等选择采用矩形、工字形或箱形。截面沿拱轴可以为等截面或变截面，有时为了增强拱肋横向刚度和稳定性，可以增大拱脚段的肋宽和高度。两片拱肋一般在两个相互平行的平面内，有时为了提高拱肋的横向稳定性和承载力，也可使两拱肋顶部互相内倾，水平面上的投影呈"X"（即提篮式拱）。由于拱肋的恒荷载分布比较均匀，因此拱轴线形一般采用二次抛物线，也可采用悬链线。中、下承式拱桥的拱肋一般不采用有铰拱而采用无铰拱形式，因为铰会降低拱肋的横向刚度和稳定性。通常，肋拱矢跨比的取值为 1/7~1/4。

（3）吊杆　桥面系悬挂在吊杆上，吊杆主要承受拉力。吊杆分为刚性吊杆和柔性吊杆两类。刚性吊杆用钢筋混凝土或预应力混凝土制作，柔性吊杆用圆钢或钢丝束制作。使用刚性吊杆可以增强拱肋横向刚度，但用钢量大，施工工序多，工艺复杂。而柔性吊杆可部分消除拱肋与桥面系之间的相互影响，且省钢。吊杆间距一般根据构造要求和经济、美观等因素决定。通常，吊杆取等间距，一般为 4~10m。

刚性吊杆两端的钢筋应扣牢在拱肋与横梁中。刚性吊杆一般设计为矩形，它除了承担轴向拉力之外，还须抵抗上下节点处的局部弯曲。为了减小刚性吊杆承受的弯矩，其截面尺寸在顺桥向应设计得小一些，而为了增强拱肋的稳定性，横桥向尺寸应该设计得大一些。

柔性吊杆一般用高强钢丝索或冷轧粗圆钢制作。高强钢丝索做的吊杆通常采用镦头锚，而粗钢筋则采用轧丝锚与拱肋和横梁相连。柔性吊杆必须进行防护，主要是防止钢索锈蚀。近年多采用 PE 热挤索套防护工艺，该工艺直接将 PE 材料被覆在钢索表面制成成品索。

（4）横向联结系　横向联结系可做成横撑、对角撑或空格式构造等形式。横撑的宽度不应小于其长度的 1/15，有时为了满足桥面净空高度的要求，也可不设横撑而形成所谓"敞口桥"。但是，为了满足肋拱的横向刚度，必须采用刚性吊杆，以使其与横梁共同形成一个刚性的半框架，给拱肋提供足够刚劲的侧向弹性支承，以承受拱肋上的横向水平力。或者加大拱肋的断面尺寸，使其本身具有足够的横向刚度和稳定性，然而敞口桥费料较多，因而很少使用。

横向联结系还可以将作用在拱肋上的横向水平力传递到墩台并保证拱肋的横向稳定，拱肋在行车道要求的净高以上部分用横撑（有时用对角撑或兼用横撑和对角撑）相连，形成一个能承受横向水平力的曲面形刚架（顶部联结系），在拱桥入口处的横撑须设计得特别刚劲，以作为"桥门架"的楣杆。作用在桥面上的横向水平力可由桥面在水平面内所起的悬臂梁作用传给拱肋和端刚架，在设计中可略去吊杆对桥面水平位移的阻抗。对于大跨径单线铁路拱桥，由于桥面较窄，横向刚度较弱，在横向水平力作用下，桥面偏移可能很大，因此可在桥面之外另设与纵梁平行的杆件来抵抗横向水平力，这样桥面的横向刚度也大大加强了。

（5）桥面系　桥面系由桥面板和纵横梁组成。桥面板有时与纵梁连成整体，形成 T 梁或 Ⅱ 梁；也可在预制的纵梁上现浇桥面板形成组合梁。另一种方案是采用在横梁上密铺预制空心板或实心板来取代桥面板和纵梁两者的作用。桥面板一般为普通钢筋混凝土结构，也可采用预应力或部分预应力混凝土结构。桥面板上铺设桥面铺装、安设人行道和栏杆等。

在中承式拱桥中，桥面通常总是通过横梁（称为固定横梁）与拱肋连在一起的。很明显，如果在桥面不设断缝，则拱肋在外力（包括拱肋和桥面之间温度变化差别的影响）作用下发生变形时，桥面将受到附加的拉伸，桥面的防水层和混凝土可能被拉裂，损坏桥梁的耐久性。

3. 钢管混凝土拱桥的构造

钢管混凝土用在拱桥上有两种形式：一是直接用作主拱结构，即钢管混凝土拱桥；二是利用钢管混凝土作为劲性骨架，然后围绕骨架浇筑混凝土把骨架作为混凝土的钢筋骨架。后者严格来讲应该称为钢筋混凝土劲性骨架拱桥，也有用型钢作为劲性骨架的情况。在此主要介绍前者，钢管混凝土拱桥由钢管混凝土拱肋、立柱或吊杆、横撑、行车道系、下部构造等组成。钢管混凝土拱肋是主要的承重结构，它承受桥上的全部荷载，并将荷载传递给墩台和基础。

钢管混凝土拱桥结构轻盈，恒荷载集度比较均衡，因此拱轴系数比较小，一般为 1.167～2.24，跨径小者取较大值，跨径大者取小值，矢跨比为 1/8～1/4 比较合理。拱轴线常采用悬链线或二次抛物线。

根据行车道的位置，钢管混凝土拱桥也可分为上承式、中承式及下承式三种情况。

（1）钢管混凝土结构的特点

1）构件承载力大大提高。由于钢管内混凝土处于三向受压状态，因此不但提高了承载力，而且还增大了极限压缩变形量，这是钢管混凝土结构承载力提高的基本原因；薄壁钢管在轴心压力作用下，管壁上存在凸凹缺陷，因而承载力较低。对于钢管混凝土构件，钢管保护了混凝土，使其三向受压，而混凝土又保证了薄壁钢管的局部稳定，相互弥补了彼此的弱点，充分发挥了彼此的优点，因而承载力提高。

2）具有良好的塑性和韧性。试验表明，当含钢率大于 4% 时，钢管混凝土柱在破坏阶段，柱长可以压缩到原长的 2/3，由于钢管中混凝土已由脆性破坏转为塑性破坏，因而整个构件呈现弹性工作、塑性破坏的特征。

3）结构自重和造价均较低。与钢结构柱相比，钢管混凝土柱可节约钢材 50% 左右，造价也可降低；与钢筋混凝土柱相比，节约混凝土约 80%，减轻自重约 70%，而耗钢量和造价基本相等。

4）施工简单，缩短工期。与钢结构柱相比，零部件少，焊缝短，构造简单；与钢筋混凝土柱不同，钢管混凝土柱的钢管即为模板，免除了支模、绑扎钢筋和拆模等工序，节约材料并可有效缩短施工工期。

5）防腐、防火性能好。由于管内有混凝土存在，钢管的可锈蚀面积减少 50%，仅需作外部防锈，可采用刷漆、镀锌或镀铝等方法进行防锈处理，防腐工艺简单。由于管内混凝土能吸收大量热能，钢管混凝土的耐火能力远高于钢结构。

6）结构造型美观。钢管混凝土结构无论用于桥梁的上部结构还是下部结构，均可以带来良好的美学效果。当桥梁的主拱圈采用钢管混凝土结构时，可使得桥梁上部结构轻盈美观，且易于色彩上的处理。若将钢管混凝土柱用于城市桥梁的桥墩，可使桥墩的截面尺寸减小，显得桥梁墩柱纤细而强劲有力，同时可以改进桥下的通视效果，增加桥梁的美感。

（2）构件构造

1）拱圈（肋）。钢管混凝土拱桥多为无铰拱，主拱圈采用钢管混凝土结构或劲性骨架，拱圈的线形常用圆弧线、抛物线和悬链线三种，后两者应用得多一些。

① 圆弧线。线形简单，全拱曲率相同，便于施工。但与实际的恒荷载压力线偏离较大，特别是矢跨比较大时，在拱脚截面上偏离更大。因此在大跨径钢管混凝土拱桥中拱轴线形几乎不采用圆弧线。

② 抛物线。多采用二次抛物线形式，适用于恒荷载分布比较均匀的拱桥。但在大跨径拱桥中为使拱轴线尽量与恒荷载压力线吻合也常采用三次或四次等高次抛物线。在中、下承式拱桥中拱轴线形较多采用抛物线。

③ 悬链线。一般认为悬链线是实腹拱桥的合理拱轴线。而钢管混凝土拱桥常是空腹式拱桥，一般采用悬链线形使拱轴线与恒荷载压力线在拱顶、四分点及拱脚截面重合，计算也表明采用悬链线拱轴对空腹拱拱圈的受力是有利的，因此悬链线是钢管混凝土拱桥采用最普遍的拱轴线形。

钢管混凝土截面形式的选用，主要取决于桥梁的跨径、受力状态以及主拱圈对平面内和平面外刚度要求来确定。一般情况下可以按如下方法选定截面形式：

① 单肢圆管适用于跨径小于80m的钢管混凝土拱桥。

② 双肢哑铃截面常用于跨径为80～150m的钢管混凝土拱桥，其拱圈平面外刚度较小。

③ 三肢格构式常用于80～120m跨径，还可以考虑取消横桥向风撑。

④ 四肢格构式、四肢梯形单哑铃形及四肢双哑铃形截面常用于跨径为120～300m的钢管混凝土拱桥。

⑤ 对于跨径在300～500m的拱桥，多采用外包混凝土的钢管混凝土劲性骨架结构或钢结构。

⑥ 集束钢管混凝土截面的钢管间采用螺栓、电焊以及钢板箍（间距2～3m）连成整体形成拱肋，优点是构造简单，施工方便，但由于其截面刚度相对较小，纵向刚度减弱，一般可用于跨径在150m以内的钢管混凝土拱桥。

2）横撑。横撑主要设置在拱顶、拱脚、拱肋与桥面系交接处，横撑的主要作用是将各片钢管混凝土拱肋连接成整体，以确保结构稳定。

钢管混凝土拱肋的横撑多采用钢管桁架，钢管可以是空心的，也可以内填混凝土做成钢管混凝土横撑。横撑在拱脚段多做成桁式K形撑或X形撑，以获得更好的稳定性，在桥面系以上则多采用直撑、K形撑或H形撑。

3）吊杆。中、下承式钢管混凝土拱桥的吊杆一般采用柔性吊杆。锚固在拱肋上的吊杆锚具，为避免直接暴露在大气中，常设置在拱肋弦杆内或缀板处。

吊杆可采用平行钢绞线或平行钢丝束，外套无缝钢管或热挤聚乙烯防护层。锚头应防护严密，不能暴露在空气中以防止锈蚀。

4. 工程实例

某轨道交通工程上跨高速公路节点桥为主跨220m钢箱提篮拱桥，桥梁立面图及平面图如图6-15～图6-22所示；桥跨布置为25m+220m+25m。

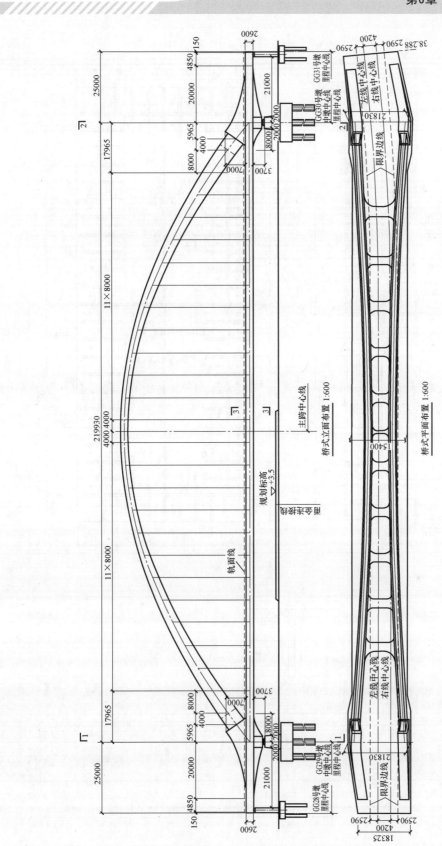

图 6-15　某提篮拱桥布置图

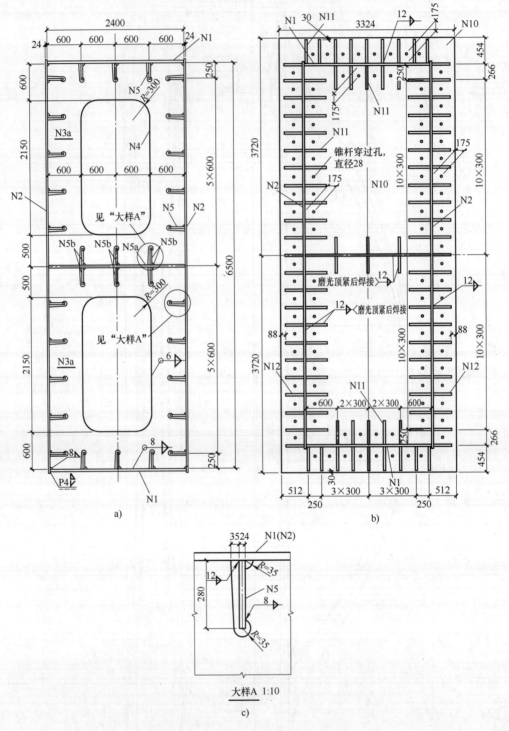

图 6-16　拱肋构造

a) 钢混结合段拱肋构造　b) 钢拱肋构造　c) 加劲肋构造

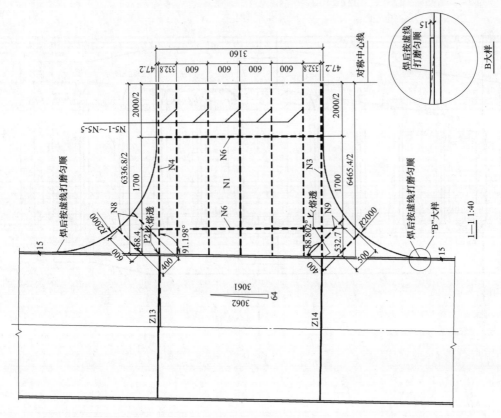

图 6-17　横撑构造

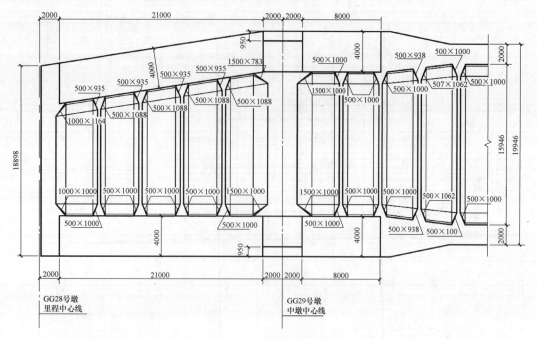

图 6-18　主梁底平面图

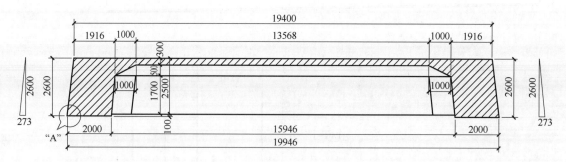

图 6-19　跨中截面主梁构造

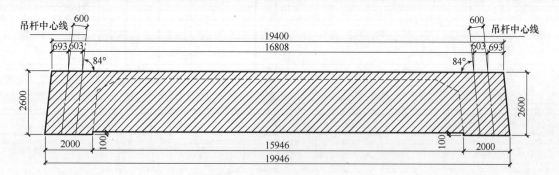

图 6-20　支点截面主梁构造

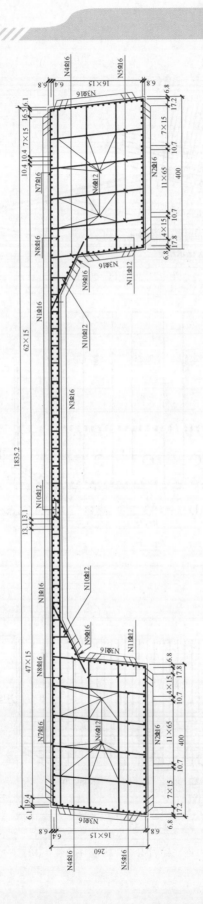

图 6-21　主梁钢筋构造（单位：cm）

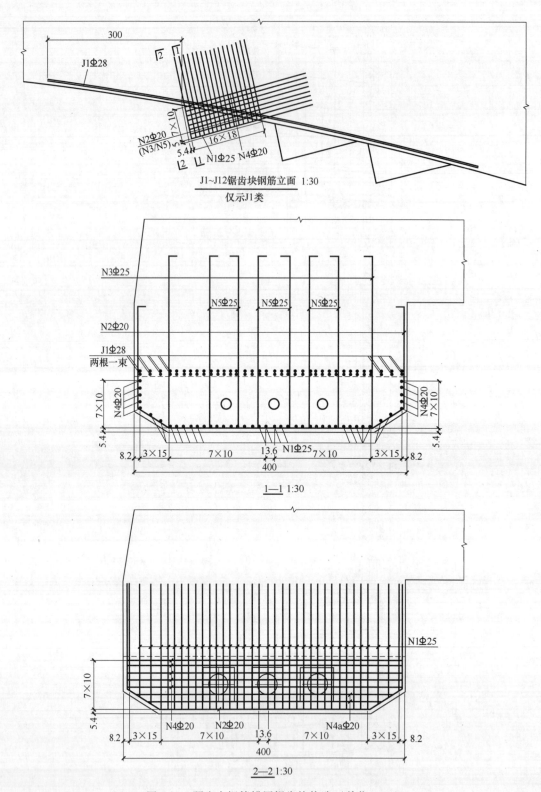

图 6-22　预应力钢筋锚固锯齿块构造（单位：cm）

（1）拱肋与横撑构造　拱肋为变高度钢箱结构，拱肋平面内立面线形为抛物线，跨径为 219.99m，矢高为 44m，两片拱肋横向内倾 6°，拱顶间距为 8.86m，拱脚间距为 17.685m，拱肋内宽为 2.4m，高度沿拱肋方向逐渐变化，拱顶内高为 2.5m，拱脚内高为 6.5m。拱肋顶、底板厚 32~36mm，腹板厚 24mm，纵向加劲肋采用高 280mm 的板肋，厚 24mm。拱肋沿拱轴线方向设置横隔板，横隔板与拱轴线切线方向垂直设置。

吊索锚固在拱肋钢箱内，在两侧拱肋腹板间焊接两块竖向隔板，隔板顶端焊接一块水平锚板，形成吊杆锚箱，同一吊点横向布置两根吊索，间距为 0.8m。

钢拱肋在距拱脚中心线水平距离 5.965m 处与混凝土拱座连接。连接采用直接承压的形式，钢拱肋及加劲肋的力通过钢拱脚端部的承压板传递到混凝土拱座上，连接处布置 Φ25mm 预应力粗钢筋，锚固在拱肋外侧的锚板上。两片拱肋间采用横撑连接，横撑为一字形式，全桥共 11 道。横撑为箱形截面，跨中 3 道横撑腹板高 1968mm，其余横撑腹板高 2370m。横撑顶底板与拱肋腹板内侧纵肋对应，横撑腹板与拱肋内隔板对应。横撑腹板与顶底板不垂直，且两侧腹板与顶底板的夹角不相同。横撑顶底板与拱肋连接处采用圆弧过渡，横撑顶底板厚 16mm，腹板厚 20mm，用板肋加劲，沿横撑轴线设置横隔板。

（2）系（主）梁构造

1）结构主要尺寸。为抵抗拱肋强大的水平推力，采用预应力混凝土连续梁作为刚性系梁。

主梁平面为变宽异形梁：中跨为直线布置等宽梁，边跨为曲线布置变宽梁。中跨主梁顶宽 19.4m，拱脚处主梁顶宽 21.83m，左边跨梁端主梁顶宽 18.352m，右边跨梁端主梁顶宽 18.846m。

主梁立面为局部变高度边主梁结构，梁高除中支点处局部加高至 5.6m 外其余均为 2.6m，梁高采用圆曲线变化。

跨中边主梁肋宽 2.0m，中支点及边跨边主梁肋宽 4.0m，主梁顶板厚 30cm。主梁截面外侧采用与拱肋平面相同的倾角，均为 6°。

主梁纵向间隔 4m 设置一道横隔梁，横隔梁厚 35cm，高 2.5m，全桥共 57 道。中支点横隔梁厚 3.0m，高 2.6m；边支点横隔梁厚 1.5m，高 2.6m。

2）预应力体系。主梁采用纵横向预应力体系，纵向按全预应力构件设计，横向按部分预应力构件设计，允许出现拉应力但不允许开裂。

为抵抗拱肋强大的水平推力，中跨每片边主梁纵向均设置 15 束 37 Φ^s15.2 预应力钢绞线，全桥顶板内共设 23 束 15 Φ^s15.2 预应力钢绞线，边跨截面下缘每片边主梁纵向均设 8 束 22 Φ^s15.2 预应力钢绞线。主梁预应力束在梁端及梁底锯齿块锚固。

一般横隔梁设 2 束 15 Φ^s15.2 预应力钢绞线，边支点横隔梁设 4 束 15 Φ^s15.2 预应力钢绞线，中支点横隔梁设 5 束 22 Φ^s15.2 预应力钢绞线，横隔梁预应力束均锚固在边主梁外侧槽口。

（3）拱座构造

1）结构主要尺寸。拱座为钢筋混凝土结构，座体横向与竖直面倾角为 6°，拱座承压面宽 3.4m，外侧立面高 7.0m，内侧立面高 6.645m，承压面与桥面夹角为 53°31′59″，拱座结构伸入边跨 20m，受边跨主梁平面异形的影响，全桥 4 座拱座中有 3 座为异形结构。为保证拱座承压面放样精确，在拱座承压面上设计预留了 5cm 厚环氧砂浆后压浆层。

2）锚固构造。拱座承压面与拱肋钢混结合段通过张拉预应力粗钢筋锚固结合。每座拱座处设置 112 根长度为 6m 的 φ25 精轧螺纹钢筋，钢筋一端预埋入拱座混凝土，另一端伸出拱座承压面，并穿过拱肋钢混结合段（图 6-23）预留孔张拉锚固，每根钢筋张拉力为 270kN。

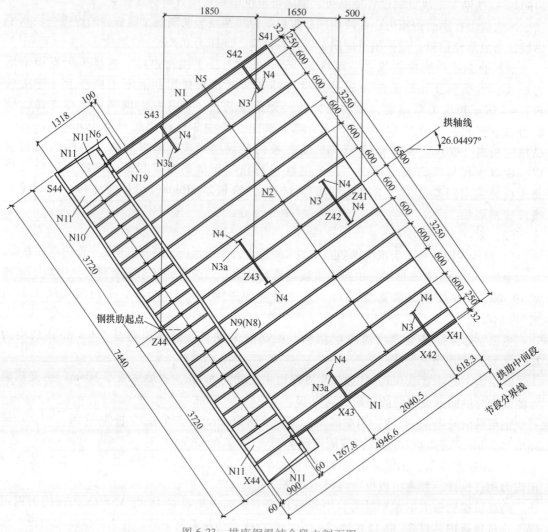

图 6-23　拱座钢混结合段立剖面图

（4）吊杆　拱桥横截面内横向布置 4 根吊杆，吊杆中心平面与拱轴线平面重合。全桥共设置 96 根吊杆，吊索采用塑包平行钢丝束，钢丝采用 73φ7mm 镀锌高强钢丝，三层护套，内层为黑色 HDPE，中间设隔离层，外层为彩色 HDPE。锚具采用张拉端冷铸锚锚具和固定端冷铸锚锚具，按钢丝丝数编排为 LZM7-73。梁端吊杆锚固在边主梁梁底槽口，槽口纵向长 0.5m，宽 1.106m，槽口中心深 0.35m，锚固面与水平面夹角为 6°。拱端吊杆采用锚箱锚固。施工时吊杆在拱上张拉，运营阶段换索时吊杆可在梁底张拉。图 6-24 所示为吊索张拉端构造，图 6-25 所示为吊杆锚固端构造，图 6-26 所示为吊杆横断面示意图，图 6-27 所示为吊杆布置示意图。

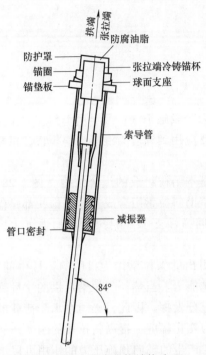

图 6-24 吊索张拉端构造

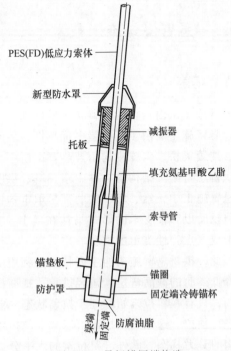

图 6-25 吊杆锚固端构造

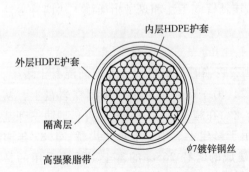

图 6-26 吊杆横断面示意图

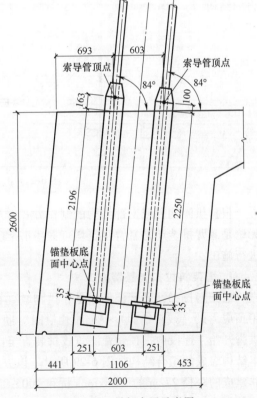

图 6-27 吊杆布置示意图

■ 6.3 悬臂浇筑施工技术

6.3.1 概述

悬臂施工法由钢桥的悬臂拼装发展而来，又称为分段施工法，最早用于预应力 T 形刚构桥中。悬臂施工法由于具有诸多优越性，后来被广泛应用到预应力混凝土斜拉桥、拱桥、桁架桥、连续梁桥、斜腿刚构桥及悬臂梁桥中。

拱桥悬臂施工结构是一种由索、塔、拱肋三种基本结构组成的组合结构（图 6-28）。在拱桥悬臂施工中，索、塔、拱肋都是承重构件，并借助斜拉索组合成整体结构，都是借助斜拉索将拱肋以弹性支承的形式吊挂在塔上。这些中间弹性支承（斜拉索）加强了主拱的刚度，形成多点弹性支承的拱肋。

因此，拱桥悬臂施工的主要特点是利用由索塔引出的斜拉索作为拱肋的弹性中间支承，借以降低拱肋的截面弯矩、减轻拱重、提高拱的跨越能力。当然，斜拉索对拱的这种弹性支承作用，只有在斜拉索始终处于拉紧状态才能得到充分发挥。因此，必须在承受荷载前对斜拉索进行预拉。这样的预拉还可以减少斜拉索的应力变化幅度，提高斜拉索的刚度，从而改善结构的受力状态。此外，斜拉索的水平分力对主梁产生的轴向预施压力的作用可以增强拱肋的抗裂性能，节约高强钢材的用量。

此外，拱桥悬臂施工的一个特点就是待施工完成以后拆除斜拉索，由拱作为主要承受压力的结构。

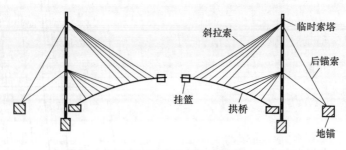

图 6-28　拱桥悬臂施工结构

根据拱圈构件或上部结构的制作方式，悬臂施工技术分为悬臂拼装和悬臂浇筑两大类；无论是悬臂拼装还是悬臂浇筑均可采用塔架斜拉扣挂悬臂施工法和悬臂桁架施工法两种方法进行施工。

1. 塔架斜拉扣挂悬臂施工法

塔架斜拉扣挂悬臂施工法是在拱脚墩（台）处安装临时的钢塔架或者钢筋混凝土塔架，用预应力束（或粗钢筋）一端拉住拱圈（肋）节段，另一端绕向台后并锚固在岩盘上，从拱脚开始，逐段向拱顶悬臂浇筑或拼装直至拱顶合龙。在施工过程中由索、塔、拱肋三种基本结构组成的组合结构如图 6-29 所示。该方法适用于修建上、中、下承式拱桥。1983 年南非建成的跨径 272m 的 Bloukrans 桥和 2005 年日本建成的跨径 265m 的富士川桥都采用的是这种方法。这种方法是国内外大跨径钢筋混凝土拱桥最常见的施工方法。

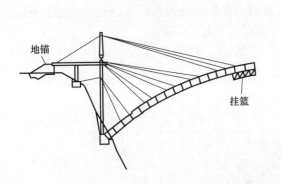

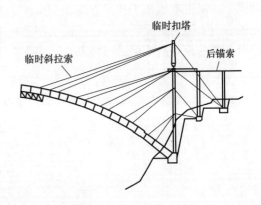

图 6-29　塔架斜拉扣挂悬臂施工法示意图

2. 悬臂桁架施工法

随着拱桥跨径的增大，稳定问题趋于突出。如果在桥梁结构上增加一定数量的临时和永久的弹性约束（增大拱上联合作用和增设横撑），就可以提高自身面内和面外的稳定承载力，而桁架结构在提高施工过程中的稳定性方面效果最为显著。

图 6-30 所示为悬臂桁架施工法典型施工示意图，它是将主拱圈、拱上立柱、桥面板齐头并进，边浇筑拱圈混凝土，边构成桁架结构。施工时用预应力筋或钢绞线作为桁架的临时斜拉杆，桥面板的临时明索用拉杆或者桥面梁锚固在台后的岩盘上，向跨中悬臂施工至拱顶合龙。由于主拱圈和上部结构同时施工，拱上结构参与了受力，提高了施工过程中的稳定性，同时大幅缩短了施工工期。该方法适用于修建上承式拱桥。1966 年克罗地亚建成的跨径 246m 的 Sibenik 桥和 2004 年西班牙建成的跨径 255m 的 Tilos 桥都采用的是这种施工方法。

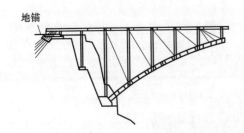

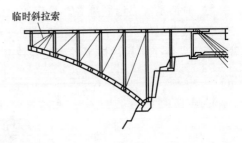

图 6-30　悬臂桁架施工法示意图

6.3.2　悬臂浇筑施工技术

由于分段悬臂现浇的拱圈施工方法具有经济节省、施工方便、结构简洁、后期维护少、维修简便的独特优势，且整体性好，不受施工场地限制，目前在钢筋混凝土拱桥施工中被广泛采用。悬臂浇筑施工技术在前述连续梁桥施工技术中已有相关介绍，本章着重对拱桥悬臂浇筑施工技术进行介绍。

在施工前应根据拱桥的结构特点和受力特性，进行施工设计和施工计算；对各关键工序，应制定专项施工技术方案和安全技术方案。大跨径拱桥施工时应进行过程控制，使拱轴线、内力等满足设计要求；关键工序的施工应避开可能发生的灾害性天气，并应在施工中采取必要的预防措施保证结构安全。图 6-31 所示为挂篮悬浇施工简图。

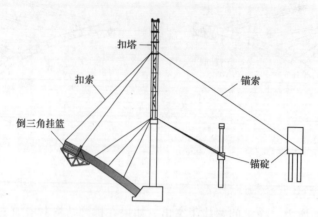

图 6-31　挂篮悬浇施工简图

拱桥悬臂浇筑施工时，拱圈的首段可采用支架法或其他适宜的方法浇筑，然后在其上拼装挂篮。悬臂浇筑拱圈的挂篮（图 6-32）除应符合第 5 章连续梁桥介绍的规定外，尚应符合：

1）挂篮应具有可靠的稳定性和良好的调节性能，应能适应各拱段倾斜角度的变化。

2）挂篮的行走轨道应与拱圈的弧度相适应，并应与拱圈可靠连接，避免行走时下滑。

3）挂篮应设置可伸缩的抗剪装置，抵抗在浇筑拱圈混凝土时产生的下滑力，且不应影响挂篮的正常行走。

4）底模宜设计成可调节式的弧形模板，满足拱圈弧度不断变化的要求。

5）后锚系统应稳固可靠，且应适应拱圈的弧度变化，后支点宜反顶在拱圈上。

6）对拱圈的两个半拱，应各配备一套挂篮，按从拱脚至拱顶的施工顺序，对称浇筑拱圈混凝土。两个半拱的施工进度应保持基本对称同步，且应符合设计的规定。

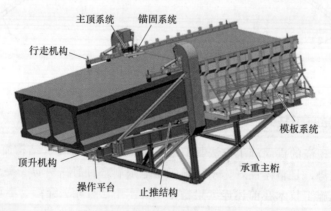

图 6-32　某项目下承式倒三角挂篮

悬臂浇筑拱圈的扣索和锚索应采用钢绞线或带镦头锚的高强钢丝，其安全系数应大于2；锚碇应采用钢筋混凝土锚碇，其抗拔、抗滑安全系数应不小于2；扣塔宜采用常备式定型钢构件在墩顶、台顶上拼装，其基础应牢固可靠，周围应设置防排水设施。塔的纵横向应设置风缆，塔顶部应设置可靠的壁垒装置。扣塔上锚索顶面的高程应高于拱肋扣点高程。扣塔应具有足够的强度、刚度和稳定性，扣塔塔顶的最大偏位不得大于10mm。图6-33所示为斜拉支架扣锚索安装。

图6-33　斜拉支架扣锚索安装

　　在悬臂浇筑拱圈的施工过程中，应对扣索和索系统、拱圈的应力和变形等进行监控，并应确定适当的扣索张拉次数，保证拱圈混凝土在悬臂施工过程中不出现拉应力。大跨径拱桥悬浇拱圈时，应对拱肋在悬臂状态下的控制工况进行压屈分析计算，其压屈稳定系数应大于4。

　　对支架浇筑的首段和悬臂浇筑段的拱圈，均应严格控制其尺寸、轴线平面及立面的精度。各节段质量的允许偏差应为2%或符合设计规定值。

　　悬臂浇筑拱圈应选择在当天气温最低且温度场较为稳定的时段合龙，且宜先焊接劲性骨架，达到受力状态下的合龙；然后绑扎钢筋，浇筑合龙段混凝土，完成结构状态的合龙。扣索和锚索应在合龙段混凝土强度符合设计规定的强度或达到设计强度的85%后方可拆除；挂篮宜沿轨道从拱顶缓慢地滑移到拱脚后再进行拆除。所有的拆除工作均应按施工设计规定的程序分步、对称进行，并应采取措施保证施工安全。悬臂浇筑拱圈施工质量应符合表6-2的要求。

表6-2　悬臂浇筑拱圈施工质量标准

项　目		规定值或允许偏差
混凝土强度		在合格标准内
轴线偏位/mm	$L \leqslant 60\text{m}$	10
	$L > 60\text{m}$	$L/6000$，且不超过30
拱圈高程/mm	$L \leqslant 60\text{m}$	± 20
	$L > 60\text{m}$	$\pm L/3000$，且不超过30

（续）

项　　目		规定值或允许偏差
断面尺寸/mm	高度	±5
	顶板、底板、腹板厚	10，0
	宽度	±15
合龙后同跨对称点高差/mm	$L \leq 60m$	20
	$L > 60m$	$L/3000$，且不超过30
同跨各拱肋高差/mm	$L \leq 60m$	20
	$L > 60m$	$L/3000$，且不超过30
同跨各拱肋间距/mm		±20

注：L 为计算跨径。

6.4　转体施工技术

转体施工法是将拱桥主拱圈大致分为两个对称的半跨，分别在桥梁施工现场两侧利用实际地形先做好简单支架或拱胎模架，在支架或模架上按照设计拱轴线形完成组拼拱肋桁架节段和横向连接构件的工作，并用扣索将组拼成形的半跨拱肋与转体系统动力设备连成一体，然后操作动力系统使拱肋旋转一定空间角度实现主拱肋的合龙。

转体施工的主要特点有：

1）可以利用地形，方便预制构件。

2）施工期间不断航，不影响桥下交通，并可在跨越通车线路上进行桥梁施工。

3）施工设备少，装置简单，容易制作并便于掌握。

4）节省木材，节省施工用料。采用转体施工与缆索无支架施工比较，可节省木材80%，节省施工用钢60%。

5）减少高处作业，施工工序简单，施工迅速；当主要结构先期合龙后，可以给以后的施工带来方便。

6）转体施工适用于单跨和三跨桥梁，可在深水、峡谷中建桥采用，同时也适用于平原区以及用于城市跨线桥。

7）大跨径桥梁采用转体施工将会取得较好的技术经济效益，转体质量轻型化、多种工艺综合利用，是大跨及特大跨桥梁施工有力的竞争方案。

拱桥转体施工方法利用桥梁结构本身及结构用钢作为施工设施，在非设计轴线位置浇筑或拼装成形后，利用摩擦系数很小的滑道及合理的转盘结构，以简单的设备将结构整体旋转到位。转体施工法将桥跨的建造从不具备支架法施工地点或不能影响通航、通车的障碍上空转移到岸上进行，然后转到桥轴线处合龙，此法可适应较大的桥梁跨径。因其具有节约施工材料、使用设备少、快速便捷，且不影响通航、不中断通车等优点，故从转体施工诞生的那天起，它就成为桥梁工程界普遍关注的施工方法。

拱桥主拱圈的转体施工法的特点是将主拱圈从拱顶截面分开，把主拱圈混凝土高处浇筑作业改为放在桥孔下面或者两岸进行，并预先设置好旋转装置，待主拱圈混凝土达到设计强度后，再将它就地旋转就位成拱。根据桥梁结构的转动方向，转体施工法可分为水平转体施工法、竖向转体施工法以及平转-竖转相结合的方法，其中以平转法应用最广泛，而近年来大跨径桥梁的转体则更多地考虑平转-竖转相结合的方法。

6.4.1　水平转体施工法

水平转体施工法是 1979 年我国四川省首创成功的一种新型施工方法，其施工要点是：将拱圈分为两个半跨，分别在两岸利用地形作简单支架（或土牛拱胎），现浇或预制拼装拱肋（拱桁），安装拱肋间横向联结系（如横隔板、横系梁等），把扣索（钢丝绳或高强钢丝束）的一端锚固在拱肋的端部（靠拱顶附近），使扣索自拱顶经过肋上的临时支架延伸至桥台尾部并锚固，然后用液压千斤顶（或手摇卷扬机和链条滑车）收紧扣索，使拱肋脱模（或脱架），借助铺有聚四氟乙烯板或其他润滑材料和钢件的环形滑道（如用二硫化钼作润滑剂的球形铰加钢轮滑道），用手摇卷扬机牵引，慢速地将拱肋转体 180°（或小于 180°）合龙，最后再进行主拱圈和拱上结构的施工。图 6-34 所示为主拱圈正处在平面旋转过程中的示意图。

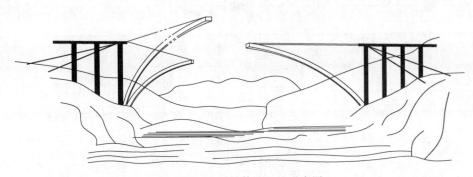

图 6-34　水平转体施工法示意图

图 6-35 所示为拱桥转动体系的一般构造。图 6-35a 是在转盘上放置平衡重来抵抗悬臂拱肋的倾覆力矩，转动装置是利用摩擦系数特别小的聚四氟乙烯材料和不锈钢板制造，以利转动；图 6-35b 是无平衡重的转动体系，它是把有平衡重转体施工中的扣索直接锚固在两岸岩体中，这种方法仅适用于在山区地质条件好或跨越深谷的地形条件下采用。

水平转体施工法在其发展初期，多为平衡重转体，它需利用桥台或配置平衡重来平衡悬臂主拱肋。随着桥跨的增大，因平衡重而大大增加了转动体系总质量，给转盘的设计、制造和转动、控制都带来了很大困难，而且增加了工程材料的费用，使这种施工方法失去了一定的优越性。为解决大跨径拱桥转体施工的问题，桥梁工作者们于 1984 年在巫山县龙门峡峡口进行了"拱桥无平衡重转体施工工艺"的研究。在此基础上于 1988 年进一步提出了"无平衡重双肋对称同步转体施工"的新工艺，并成功修建了跨径 200m 的四川涪陵乌江大桥。

水平转体施工具体可分为带平衡重转体和无平衡重转体。平衡重转体又可分为需专门配置平衡重转体和利用对称性实现平面转体。除去以上两种水平转体类型外，在实际工程实践中，有时为了桥孔布置和地形的需要，有意识地把转动体系的重心与下盘磨心设计为有较大的偏心，即所谓偏心转体，这样可以取得更好的技术经济效益。

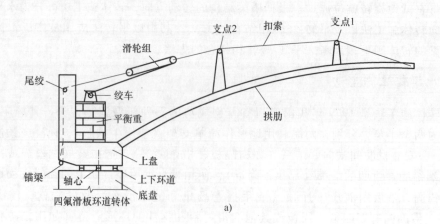

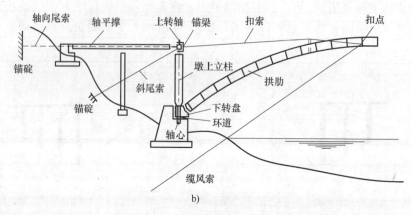

图 6-35　拱桥转动体系的一般构造

1. 带平衡重转体施工法

（1）基本方法　带平衡重转体施工法也是从跨中将拱圈分为两半，分别在两岸利用地形搭设简单支架预制或拼装主拱肋，利用结构本身及结构用钢组成扣锚体系，张拉扣索使主拱肋脱架，拱肋、平衡重、转盘上板及扣索组成转动体系，借助预先设置的具有摩擦系数很小的环形滑道，由卷扬机或千斤顶牵引，将拱肋转至河心桥轴线就位合龙。

（2）适用范围　平衡转动体系又分为两种类型：第一种是需专门配置平衡重的转体；第二种是体系利用桥梁结构本身对称性，在对称轴上设置转动磨心实现转体。

第一种方法一般适用于桥跨内岸坡陡峭、深山峡谷的山区单孔跨径拱桥。这种方法一般将增加的平衡重设计成桥梁永久荷载的一部分，如加大桥台厚度、背墙体积等。调整转动体系的重心，使体系的重心基本落在下转盘的磨心球铰上。这种方法的设计施工相对简易，受力明确，适合山区小跨径的上承式拱桥，但对于大跨径的钢管混凝土系杆拱桥，这种方法一般不太适合。

第二种方法，则由于利用了桥梁结构自身的重力实现了平衡，不需额外增加平衡重，结构显得更轻盈，材料的使用也更合理，因此近年来这种方法用得比较多，一般适用于两岸地形比较开阔，而且两岸地形有可能按照转体要求来布置桥梁岸边引孔的三孔桥位，特别适合中承式系杆拱桥的施工。

（3）转盘结构　转盘结构是顺利进行平衡转体施工的关键。对于大跨径的钢管混凝土系杆拱桥，由于其跨径大，转动体系重心较高，一般采用环形滑道与中心支撑相结合的转盘结构以确保整个体系的稳定。这种转盘结构由轴心、中心支撑及环形滑道组成。

（4）转体施工工序

1）转动体系制作，先浇筑下转盘、制作磨心和磨盖，然后浇筑上转盘和背墙，并在支架上拼装钢管拱肋。

2）达到设计强度后，张拉托架，形成转动体系，拆除支架。

3）转体到位合龙成拱，利用数对千斤顶作用在上转盘的保险墩上，形成数对驱动力矩，上转盘即可缓缓转动。合龙成拱主要工序：调整中线位置和拱顶标高；临时固定上转盘；焊接拱顶接头钢筋；浇筑上下转盘之间的封盘混凝土至设计标高，并以压浆补实。

4）拆除拉杆和索。

5）浇筑管内混凝土。

（5）带平衡重转体施工优缺点　带平衡重转体施工由于省去了昂贵的吊装设备和费用，施工机具简易，施工技术简单易掌握，高处作业少，施工过程安全可靠，不受汛期的影响，不阻断交通航运，因而具有很强的竞争力和生命力。转盘是带平衡重转体施工的关键，需精心制作，积累经验，以促进此种方法的应用推广。

2. 无平衡重转体施工法

大跨径拱桥采用带平衡重转体施工，施工工序、平衡重坞工数量陡增，为解决这个问题，又研究出了"拱桥无平衡重转体施工法"。无平衡重转体施工的三大体系如下：

（1）锚固体系　由锚碇、尾索、平撑、锚梁（或锚块）及立柱组成，锚碇设于引道及边坡岩层中，锚梁支撑在立柱上，两个方向的平撑及尾索形成三角形稳定结构，使锚块和上转轴为一确定的固定点。拱箱转至任一角度，则由锚固体系平衡拱箱和扣索力，从而可省去庞大的平衡坞工。

（2）转动体系　由上转轴、下转盘、拱箱及扣索组成。上转轴由埋于锚梁（或锚块）中的轴套、转轴和环套组成。扣索一端与环套相连，另一端与拱箱顶端连接。转轴在轴套与环套间均可转动。下转盘为一马蹄形钢环。马蹄形两端各有一走板，两个走板在固定的环道上滑动。两走板上方各设一个铰座，拱箱拱脚两侧各作一铰，支撑于铰座上，马蹄形转盘卡于下转轴外。下转盘与滑道、下转轴间，均有摩擦系数很小的滑道材料，从而可以滑动。拱箱为钢筋混凝土薄壁组合箱。为减轻质量，顶板采用钢筋网架板。扣索采用精轧螺纹钢筋，扣索将拱箱顶部与上转轴环套连接，从而构成转动体系。

（3）位控体系　上转轴在下转轴设有一偏心值 e，扣索张拉至设计吨位后，拱箱离架，扣索力（T）产生一个向外的分力（F），即形成一个向外自转的力矩（$M_{max} = eF$）。因此必须在拱箱顶端用缆风索将拱顶系住。用一台卷扬机放缆风索，拱箱即可自动向外转体，缆风索完全控制了拱箱转体速度与位置。

6.4.2　竖向转体施工法

当桥位处无水或水很浅时，可以将拱肋分成两个半跨放在桥孔下面预制。当桥位处水较深时，可以在桥位附近预制，然后浮运至桥轴线处，再用起吊设备和旋转装置进行竖向转体施工。这种方法最适用于钢管混凝土拱桥的施工。因为钢管混凝土拱桥的主拱圈必须先让空心钢管成拱以后再浇筑混凝土，故在旋转起吊时，不但钢管自重相对较轻，而且钢管本身强度也高，易于操作。图 6-36 所示为应用扒杆吊装系统对钢管拱肋进行竖向转体施工的示意图。它的主要施工过程是，将主拱圈从拱顶分成两个半拱在地面胎架上完成，经过对焊接质量、几何尺寸、拱轴线形等验收合格后，由竖立在两个主墩顶部的两套扒杆分别将其旋转拉起，在空中对接合龙。拱脚旋转装置采用厚度为 36mm 的钢板在工厂进行配对冲压而成，使两个弧形钢板密贴，两弧形钢板之间涂上黄油，以减小摩阻力，如图 6-37 所示。

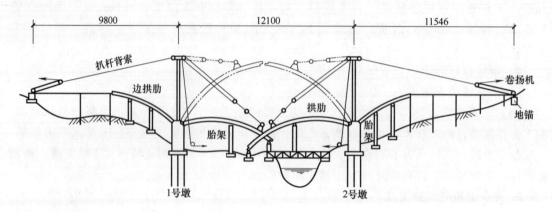

图 6-36　扒杆吊装系统总布置示意图（单位：cm）

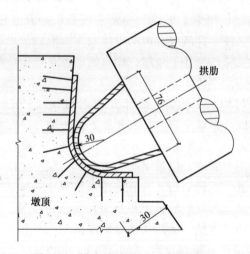

图 6-37　拱脚旋转装置（单位：cm）

1. 基本原理

竖向转体施工法一般是将拱圈从跨中分为两半，在桥轴线上利用地形搭设简单支架，在支架上组拼或现浇拱肋。在拱脚安装转动铰，利用扣索的牵引将结构竖向转至设计标高，跨中合龙完成结构的安装。20 世纪 50 年代意大利曾用此种方法修建了跨径 70m 的多姆斯河桥。此后欧美的一些国家及日本相继运用此法修建了一些桥梁，形成了一套系统的施工理论。我国也应用此种施工工艺修建了多座钢管混凝土拱桥，其中跨径较大的有鸳鸯江大桥

（主跨 175m）和京杭运河桥（主跨 235m）。

2. 使用范围

竖向转体施工根据转动方向又可分两种：由下向上竖转和由上向下竖转。

（1）由下向上竖转　对于地形较缓、河谷不深、水深较浅、搭设支架不困难的河流，常采用搭设简单支架组拼；或对于通航河流，采用工厂预制，由浮船浮运至桥位，拱肋由下向上竖转至设计标高。

（2）由上向下竖转　对于地形陡峭，搭设支架困难的，常利用桥台结构竖向搭设组拼拱肋的脚手架，拱肋由上向下竖转至设计标高。

3. 施工流程

1）进行主拱基础、承台、拱座的施工，同时精确安装主拱钢管桁架，预埋钢管和施工所用的活动铰和索塔预埋件。

2）在大桥设计桥位投影下方搭建钢管桩支架及拼装工作平台，并修建安全防护设施，之后利用吊运设备，进行两个半跨拱肋节段的就位拼装和活动铰安装定位，同时完成两侧主索塔的拼装。

3）完成主拱肋拼装后，安装扣索和主拱肋锚固点。

4）张拉扣索，竖转主拱肋到设计标高。具体步骤为：拆除一切与拱肋有牵连的物体；利用拱脚提升对位系统使得铰轴与铰座对位；同时启动千斤顶对牵转索进行张紧；启动主控台自动连续牵转系统开始牵转，牵转速度拉制在 6~8m/h，同时进行竖转施工观测；半拱到位后进行临时锁定；进行另一半拱转体。

5）调整标高，并安装合龙段的吊装或现浇施工设备，拆除钢管桩和工作平台。

6）调整拱肋线形并完成瞬时合龙。

7）焊接合龙段，完成全桥合龙。拆除合龙段吊装设备，按设计要求封固主跨拱脚，拆除余下的施工用钢管桩支架，并根据总体施工组织设计，逐步拆除提升扣索、反力扣索和主索塔。

8）灌注管内混凝土。

4. 竖向转体施工的优缺点

1）塔架、拱肋同时施工，节约时间。

2）竖向转体施工不需要大量的施工场地，能较好地解决钢管拱的安装线形，拱肋主要在工厂内焊接，焊接质量得到保证。

3）在施工过程中体系内力容易控制，施工设备自动化程度高，操作方便灵活，无高处作业，安全性好，可靠性高，施工拆迁量少，施工设备、物资人员投入相对较少，造价较低，施工工序简单，操作规程明确，施工迅速。

4）需要搭建钢管桩及作业平台，在水域较深的河道上相对比较困难，并在一定程度上影响河道通航。因此竖向转体施工不失为无跨径钢管拱桥施工的一种重要方法，越来越多地被设计工作者们所考虑并采纳。

竖向转体施工法在竖直位置浇筑拱肋混凝土，或者单孔拱桥利用桥台两岸斜坡地形作支架浇筑拱肋混凝土，然后再从两边逐渐放倒预制拱肋搭接成桥。这样的施工方法比用拱架施工可节省投资和材料，但如果跨径过大，拱肋过长，则竖向转动不易控制、施工过程中易出现问题，故一般只宜在中、小跨径拱桥中使用。

6.4.3 平转-竖转相结合的转体施工法

1. 基本原理

平转-竖转相结合的施工方法是在前述两种转体施工方法的基础上产生的，它有效地利用了地形，既通过竖转将组拼拱肋的高处作业变为在低矮支架上拼装拱肋的低处作业，又通过平转完成障碍物的跨越。这种方法的成功应用，增加了转体施工工艺的应用范围，标志着转体施工工艺的成熟，它和支架施工法、缆索吊装法一起成为桥梁施工的常用方法。

2. 适用范围

平转-竖转相结合的施工方法适用于跨越宽阔河流和桥位较平坦的特大跨径桥梁。此法能节约施工用材和设备，保证施工质量和安全，并有效提高作业效率，取得更好的经济和社会效益。

如图 6-38 所示，广州丫髻沙大桥就是采用平转-竖转相结合的施工方法成功修建的，它在施工过程中创造了当时工程界的 5 个世界第一（大桥主跨跨径 360m，在世界同类钢管混凝土系杆拱桥中名列第一；两次转体施工工艺在桥梁建设中应用为世界首次；大桥竖转质量 2065t，居世界第一，平转质量 13685t，居世界第二；为了让桥梁在两次转体之后能顺利地合龙，建设单位采取了液压同步提升技术，该技术在世界上也是首次应用于桥梁建设；该桥长 520m 的支撑系杆是世界上最长的桥梁系杆），它的建成标志着我国拱桥建造技术达到了世界领先水平。

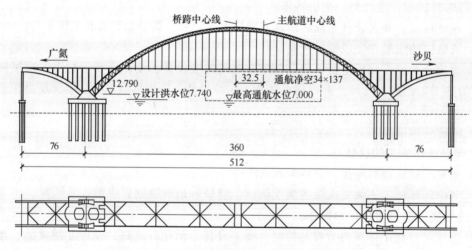

图 6-38 广州丫髻沙大桥总体布置图（单位：m）

平转-竖转相结合的施工方法综合吸收了上述两种转体施工方法的优点，具体体现在：

1）利用竖向转体施工法的优点，变高处作业为地上作业，避免了长、大、重安装单元的运输和起吊。

2）利用水平转体施工法的优点，将全桥三孔分为两段，放在主河道的两岸进行预制和拼装，将桥跨结构的施工对主航道航运的影响减少到最小程度。

3）利用边孔作为中孔半拱的平衡重，使整个转体施工形成自平衡体系，免除了在岸边设置锚碇构造。

图 6-39 所示为广州丫髻沙大桥转体施工平面布置，图 6-40 所示为它的半结构的施工台座及竖转。

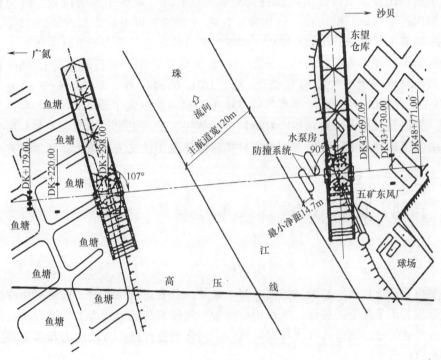

图 6-39　广州丫髻沙大桥转体施工平面布置

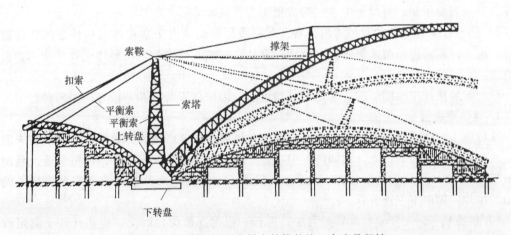

图 6-40　广州丫髻沙大桥半结构的施工台座及竖转

转体施工法的关键设备是转盘，它由转盘轴心、环形滑道上板、底板等组成。实践表明，转盘滑道采用摩阻力很小（动摩擦系数为 0.04~0.05）的镀铬钢板与四氟板环道面接触的方案较好。转盘直径由环道四氟板工作压力大小及保证转动体系的稳定性而确定，为了使转动部分（环形滑道以上部分）的重心恰好与转盘轴心位置重合，以便启动时环道受力均衡，需要利用桥台自重及临时压重（即平衡重，一般可用低强度等级砂浆砌块石）来调整。

实践表明，拱桥转体施工方法具有结构合理，受力明确，施工设备少，工艺简便，节约施工用材，施工安全（变高处作业为岸边地上作业），速度快，造价低等优点。与常用的缆索吊装施工法相比较，全跨分两段且桥梁全宽一次合龙，减少了吊装段数，结构整体刚度大，纵、横向稳定性好。据比较，转体施工比有支架施工可节约木材约 60% 以上，比用钢塔架缆索吊装施工节约施工用钢材 70%~80%。但目前此法只适用于单跨拱桥施工。

为了探索拱桥转体施工方法的适应能力，扩大应用范围，在已建成跨径 80m 等截面悬链线箱肋双曲拱桥（贵州瓮安鲤鱼塘大桥）、107m 的斜拉桥（单塔，施工时最大悬臂长 57m，四川省）和 50m 跨径桁架拱桥等的基础上，国内又制定了 200m 以上跨径拱桥的转体施工方案，并研究采用无平衡重双肋对称同步转体施工的新工艺，以便在不易解决平衡重的情况下也能采用这种方法。我国首创的这种拱桥转体施工法又为修建大跨径拱桥开拓了新的途径。

■ 6.5 预制安装施工技术

6.5.1 概述

当同类桥梁跨数较多、桥墩又较高、河水又较深且有通航要求时，通常将桥跨结构用纵向竖缝划分成若干个独立的构件，放在桥位附近专门的预制场地或者工厂进行成批制作，然后将这些构件适时地运到桥孔处进行安装就位。通常把这种施工方法称为预制安装法。它的优缺点与就地浇筑法相反：

1）优点：桥梁的上、下部结构可以平行施工，使工期大大缩短；无须在高处进行构件制作，质量容易控制，可以集中在一处成批生产，从而降低工程成本。

2）缺点：需要大型的起吊运输设备，此项费用较高。由于在构件与构件之间存在拼接纵缝，施工时需搭设吊架才能操作，故比较麻烦；显然，拼接构件的整体工作性能不如就地浇筑法。

预制安装法按主拱圈结构所采用的材料可以分为整体安装法和节段悬拼法两种。

1. 整体安装法

这种施工方法适用于钢管混凝土系杆拱的整体起吊安装，因为钢管混凝土拱肋在未灌混凝土之前具有质量轻的优点。例如图 6-41 中，跨径为 45m 的系杆拱片，经组合后，其吊装质量仅为 18.7t，使用起重量为 20t 的浮吊，仅用了一天就把两片拱片全部安装完毕。但被起吊的拱片应做以下三点验算：

1）拱肋从平卧到竖立的翻转过程中，形若一根简支曲梁，因此，应将此两个起吊点视为作用于其上的垂直集中力，来验算此曲梁的强度和刚度。

2）在竖向吊运过程中，需验算吊点截面的强度。

3）当两吊点间距较近时，需验算系杆在吊运过程中是否出现轴向压力及其面外的稳定性。

应该科学地设计其施工顺序，使设计中对全桥横向稳定有利的杆件先安装或浇筑，以尽早发挥作用。例如先安装肋间横撑，浇筑支承节点和端横梁混凝土，再安装内横梁和沿系杆的纵向分条地安装桥面板直至合龙等。

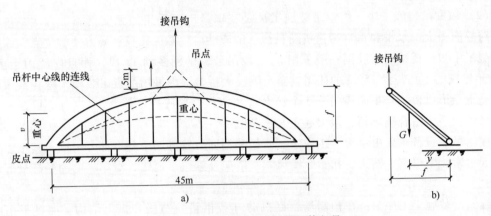

图 6-41　钢管混凝土系杆拱整体起吊

2. 节段悬拼法

节段悬拼法是将主拱圈结构划分成若干节段，先放在现场的地面或场外工厂进行预制，然后运送到桥孔的下面，利用起吊设备提升就位，进行拼接，逐渐加长直至成拱。每拼完一个节段，必须借助辅助设备临时固定悬臂段。这种方法对钢筋混凝土或钢管混凝土主拱圈的施工都适用。

根据是否使用支架又可以分为少支架施工法和无支架施工法。无支架施工法根据所采用的起重设备不同又可以分为伸臂式起重机悬臂拼装法和缆索吊装施工法，无支架施工方法常用于采用先拱后梁施工顺序的特大跨径拱桥的拱肋或拱圈施工中。少支架施工法常用于采用先梁后拱施工顺序的中大跨径中承式和下承式钢结构或钢管混凝土拱桥的拱肋施工中。

（1）伸臂式起重机悬臂拼装法　图 6-42 所示利用伸臂式起重机在已拼接好的悬臂端逐次起吊和拼接下一节段的施工示意图。每拼接好一个节段，即用辅助钢索临时拉住，每拼完三节，便改用更粗的主钢索拉住，然后拆除辅助钢索，供重复使用。悬臂拼装法直接在已完成的悬臂节段上设置伸臂式起吊设备，但由于受到伸臂外伸长度和起重量的限制，拼装节段划分得比较多，因而施工工期较长；这种方法适用于特大跨径的拱桥施工。

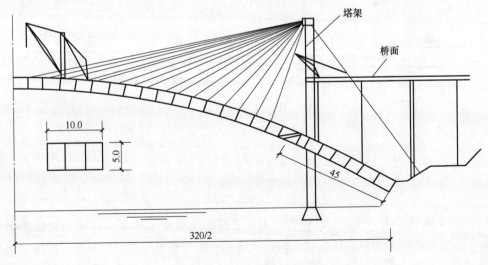

图 6-42　伸臂式起重机悬臂拼装示意图（单位：m）

（2）缆索吊装施工法　缆索吊装施工法是我国最广泛采用的无支架施工方法。该方法具有跨越能力大、水平和垂直运输机动灵活、适应性广、施工比较稳妥方便等优点，因此在拱桥施工中被广泛采用。我国一般采用 3~7 段吊装，个别多到 11 段，而且广泛用于多孔。1979 年建成的主孔跨径 150m 的四川宜宾马鸣溪大桥是国内采用缆索吊装施工跨径最大的钢筋混凝土箱形拱桥，全拱圈横向分 5 个箱室（预制组合薄腹单室箱），纵向分 5 段预制，缆索吊装就位后再组合整体箱，最大起重量达 70t。

缆索吊装设备主要由主索、工作索、塔架和锚固装置等四个基本部分组成。其中包括主索、起重索、牵引索、结索、扣索、缆风索、塔架及索鞍、地锚、滑车、电动卷扬机等设备和机具。

缆索吊装施工工序为：在预制场预制拱肋（或拱箱）节段和拱上结构，通过平车或其他运输设备将它们移运到缆索吊装设备下的合适位置，由起重索和牵引索将预制节段吊运至待拼桥孔处安装就位，立即用扣索再将它们临时固定，最后吊装合龙段的拱肋（或拱箱）节段，并进行轴线调整后进行接头固接处理，所有拱肋（或拱箱）安装完毕，横系梁或纵向接缝均处理结束以后，再进行拱上结构的安装。缆索吊装施工的工地布置如图 6-43 所示。缆索吊装采用架空起吊设备，可以把主拱圈的节段划分得少一些，一般划分成 3 段、5 段或 7 段，极个别情况按偶数划分成 28 段（例如广西来宾桥），这要视拱桥跨径的大小而定，从而加快施工进度。

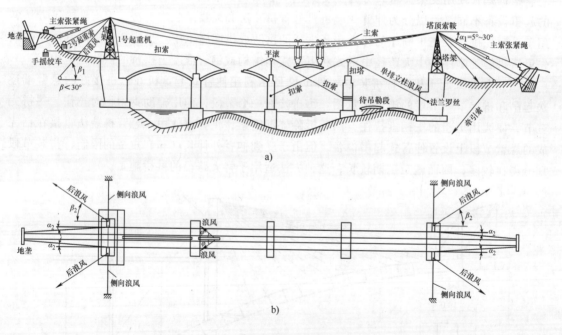

图 6-43　缆索吊装施工的工地布置
a）立面　b）平面

（3）少支架施工法　在中大跨径的中承式拱桥施工时通常采用支架法先浇筑纵横梁和桥面板，然后在主梁上搭设少量临时支架，采用大吨位起重机将在工厂预制好的钢拱肋吊装到预定位置，并在支架支撑下完成焊接拼装。

6.5.2 节段悬拼法施工技术

1. 拱圈节段的预制

节段悬拼法施工时拱肋宜采用立式方法预制，且宜先在台座上放出拱肋大样，然后制作样板。放样时，应将横隔板、吊孔、接头位置准确放出。箱形拱预制时，可先预制横隔板、腹板，然后在拱胎上进行组装，并浇筑底板、顶板和接头混凝土。混凝土强度达到设计强度的85%后，方可起吊运输到存放场地存放。预制拱圈节段施工质量应满足表6-3的规定。

表 6-3 预制拱圈节段施工质量标准

项 目		规定值或允许偏差
混凝土强度		在合格标准内
每段拱箱内弧长/mm		0, -10
内弧偏离设计弧线/mm		5
断面尺寸/mm	顶板、腹板厚	10, 0
	宽度及高度	10, -5
轴线偏位/mm	肋拱	5
	箱拱	10
拱箱接头倾斜/mm		±5
预埋件位置/mm	肋拱	5
	箱拱	10

板拱、肋拱和双曲拱桥的拱肋多为开口截面，其制作工艺相对简单，这里不做介绍。下面着重介绍箱形拱桥的箱肋制作工艺。为了预制安装的方便，通常将箱形截面主拱圈从横向上划分成若干根箱肋，再从纵向上划分为数段，待拱肋拼装成拱后，再在箱壁间用现浇混凝土把各箱肋连成整体，形成主拱圈截面。就每一个箱肋节段而言，其预制多采用组装预制的方法，施工主要步骤如下：

1）先在台座上按设计图的尺寸对每个节段进行坐标放样，然后分别预制箱肋的侧板（箱壁）和横隔板（图6-44a）。

2）在拱箱节段的底模上，将侧板（箱壁）和横隔板安放就位，并绑扎好接头钢筋，然后浇底板混凝土及接缝混凝土，组成开口箱（图6-44b、c）。

3）若采用闭口箱，便在开口箱内立顶板的底模，绑扎底板钢筋，浇筑顶板混凝土，组成闭口箱（图6-44d）。待节段箱肋混凝土达到设计强度后即可移运拱箱，以便进行下一节段拱箱的预制。

2. 无支架及少支架吊装施工

（1）无支架吊装施工 采用无支架方法安装拱圈时，宜根据桥梁规模、构件质量、施工环境条件等，选用适宜的吊装方式和吊装机具。施工前应对吊装所采用非定型产品的特殊设施和机具进行专门设计，对跨径、起拱线高程、预制拱圈节段长度等应进行复核；对安装后形成的拱圈基肋应进行稳定性验算。

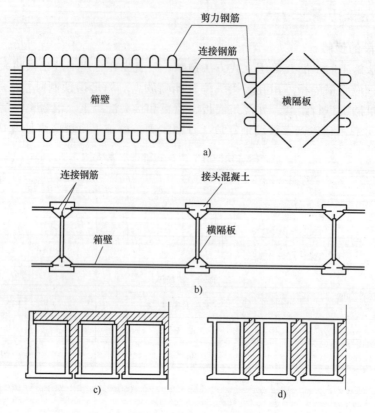

图 6-44 箱壁、横隔板连接
a）箱壁和横隔板预制板件 b）箱壁与横隔板的拼接（俯视图）
c）U 形肋组合箱形截面 d）闭口箱肋组合截面

缆索吊装法施工时，主塔和扣塔宜采用常备式定型钢构件在墩、台顶上拼装，其基础应牢固可靠，周围应设置防排水设施；塔的纵横向应设置风缆，塔顶部应设置可靠的避雷装置。塔顶分配梁应与塔身结构可靠连接；主索鞍在横向应设支撑装置，防止倾倒；如需移动索鞍，应做专项设计并采取有效措施方可进行。扣塔上索鞍顶面的高程应高于拱肋扣点高程。主缆宜采用钢丝绳，其直径和数量应根据吊装构件的质量通过计算确定，安全系数应不小于 3，且每根主缆应受力均匀；地锚的设置应满足主缆可靠锚固的要求，主缆与地锚连接处的水平夹角应为 25°～35°。吊装前应对缆索吊装系统的各种工况进行强度、刚度和稳定性验算，并应按设计荷载进行试吊，检验其安全性和可靠性，检验合格后方可用于正式吊装。吊装施工时，各扣索的位置必须与所吊挂的拱肋在同一竖直面内；主塔塔顶的最大偏位不得大于塔高的 1/400；扣塔塔顶的最大偏位不得大于 10mm。缆索吊装系统的安装、使用和拆除均应制定专项施工技术方案和安全技术方案，保证施工安全。

缆索吊安装拱肋时，除拱顶段以外，每段应各设一组扣索和一组风缆。风缆系统及地锚应进行专门设计，风缆的抗拉、抗风及地锚的抗拔受力应满足拱肋稳定的要求，并应有足够的安全储备。固定的风缆待全孔合龙、横向连接构件混凝土的强度满足设计要求后方可撤除。在河流中设置风缆时，必须采取可靠的防护措施，防止风缆和地锚受到碰撞、冲刷。

拱桥的拱圈采用单肋吊装或单肋合龙时，单肋的横向稳定必须满足安全验算的要求，且其稳定安全系数应不小于4；当不能满足时，应采取双肋合龙松索成拱的方式施工，且应在双肋合龙后采取有效的横向连接措施，增强其稳定性，使之形成基肋后再安装其他肋段。

拱肋分3段吊装时，宜先准确扣挂两拱脚段，再安装拱顶段；当拱肋分5段或7段吊装时，宜先从拱脚段开始，依次向拱顶分段吊装就位；对7段以上拱肋的吊装，应设置临时施工索塔，依次对称悬拼吊装各段拱肋，且各节段的扣（锚）索在临时索塔上锚固点的水平分力之和应为零。扣索的扣挂应稳妥可靠，应使拱肋断面不产生扭斜，且各段拱肋的上端头均应通过扣索的调整使其略高于设计高程。

为了保证拱肋吊装的稳定和安全，必须遵循以下规定：

1）拱肋的吊装，除拱顶节段外，其余节段均应设置一组扣索悬挂。

2）拱肋分3段或5段拼装时，至少应保持2根基肋设置固定风缆，拱肋接头处应横向连接。

3）对于中小跨径的箱形拱桥，当其拱肋高度大于（0.9%～1.2%）×跨径，拱肋底面宽度为肋高的60%～100%，且横向稳定安全系数大于或等于4时，可采用单肋合龙，嵌紧拱脚后，松索成拱，如图6-45a所示。

4）大、中跨径的箱形拱桥，其单肋合龙横向稳定安全系数小于4时，可先悬扣多段拱脚段或次拱脚拱肋，然后用横夹木临时将相邻两肋连接后，安装拱顶单根肋合龙，松索成拱，如图6-45b、c所示。

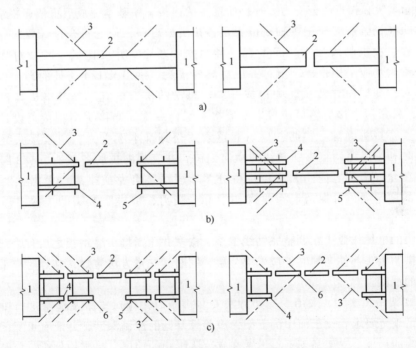

图6-45　拱肋合龙方式示意

a）单肋合龙　b）3段吊装单肋合龙　c）5段吊装单肋合龙

1—墩台　2—基肋　3—风缆　4—拱脚段　5—横夹木　6—次拱脚段

5）当拱肋跨径在80m以上或横向稳定安全系数小于4时，应采用双肋合龙松索成拱的方式，即当第一根拱肋合龙并校正拱轴线，楔紧拱肋接头缝后，稍松扣索和起重索，压紧接头缝，但不卸掉扣索和起重索，待第二根拱肋合龙，两根拱肋横向连接固定好并接好风缆后，再同时松卸两根拱肋的扣索和起重索。

6）当拱肋分 3 段吊装，采用阶梯形搭接头时，宜先准确扣挂两拱脚段，调整扣索使其上端头高程较设计高程值抬高 30～50mm，再安装拱顶段使之与拱脚段合龙。采用对接接头，宜先悬扣拱脚段初步定位，使其上端头高程比设计高程值抬高 50～100mm，然后准确悬扣拱顶段，使其两端头高程比设计高程值高出 10～20mm，最后放松两拱脚段扣索使其两端均匀下降与拱顶段合龙。

7）当拱肋分 5 段吊装时，宜先从拱脚开始，依次向拱顶分段吊装就位，每段的上端头不得扭斜。首先使拱脚段的上端头高程较设计高程抬高 150～200mm，次边段定位后，使拱脚段的上端头抬高值下降为 50mm 左右，并应保持次边段的上端头抬高值约为拱脚段上端头抬高值的 2 倍的关系，否则应及时调整，以防拱肋接头开裂。

8）当采用 7 段和 7 段以上拱肋吊装时，应通过施工控制的方法，准确计算每段吊装后各扣索的索力、各接头的标高位置，并对风缆系统进行专门设计，确保拱肋横向稳定安全系数不小于 4，拱肋（包括接头）在各阶段承受的应力也应包含在控制计算中。

9）拱肋合龙温度应符合设计规定，如设计无规定，可在气温接近当地的年平均温度（一般在 5～15℃）时进行；天气炎热时可在夜间洒水降温条件下进行。

10）大跨径箱形拱桥分 3 段或 5 段吊装合龙后，根据拱肋接头密合情况及拱肋的稳定度，可保留起重索和扣索部分受力，等拱肋接头的连接工序基本完成后再依序松索。

各段拱肋在松索前应校正拱轴线位置及各接头处高程，使之符合设计要求。松索应按照拱脚段扣索、次拱脚段扣索、起重索三者的先后顺序，并按比例定长、对称、均匀松卸。每次松索时均应采用仪器观测，并应控制各接头、拱顶及 1/4 跨处的高程，防止拱肋接头发生非对称变形而导致拱肋失稳或开裂。每次的松索量宜小，各接头高程变化不宜超过 10mm，松索压紧接头缝后应普遍旋紧接头螺栓一次。当接头高程接近设计值时，宜先采用钢板嵌塞接头缝隙，再将扣索、起重索放松到基本不受力，压紧接头缝，拧紧接头螺栓，同时利用风缆调整拱肋轴线的横向偏位，并应观测拱肋各接头、1/8 跨及拱顶的高程，使其在允许偏差之内。大跨径拱桥分多节段吊装合龙成拱后，根据拱肋接头密合情况及拱肋的稳定度，可保留起重索和扣索部分受力，待拱肋接头的连接工序基本完成后再全部松索。

拱肋接头的电焊作业应在调整完轴线偏差、嵌塞并压紧接头缝钢板之后且全部松索成拱之前进行。拱肋接头部件电焊时，应采取分层、间断、交错方法施焊，施焊时应采取措施避免损伤周围的混凝土。

（2）少支架吊装施工　采用少支架方法安装拱圈时，应对支架及地基进行验算，使其结构安全满足规范要求。设于河中的支架，应验算基础的冲刷深度，并应有可靠的防冲刷和防漂浮物影响的措施。支架基础不得设置在有冰胀影响的地层。吊装构件时，应结合实际情况和设备条件采用适宜的起吊设备。拱肋分段吊装到支架上后，其接头的连接处理应符合设计规定。

采用少支架施工时对支架安装和拆卸的技术要求，除应满足前面章节相关要求外，还应在卸架前对主拱圈的混凝土质量、拱轴线的坐标尺寸、卸架设备、气温引起的拱圈变化及台后填土等情况进行全面检查。卸架应在拱肋接头混凝土及拱肋横向连接构件混凝土的强度符合设计规定或达到设计强度的85%后，方可开始卸架。卸架宜在主拱安装完成后，分次缓慢卸落，使拱圈及墩、台逐渐成拱受力。卸架时应监测拱圈挠度和墩、台变位等情况，并应避免拱圈发生较大变形。在严寒地区，主拱圈不宜在支架上过冬，支架宜在冰冻前拆除。采用无支架或少支架方法安装的拱圈，其安装质量应符合表6-4的规定。

表6-4　主拱圈安装质量标准

项　　目		规定值或允许偏差
混凝土强度		在合格标准内
轴线偏位/mm	$L \leq 60m$	10
	$L > 60m$	$L/6000$，且不超过40
拱圈高程/mm	$L \leq 60m$	±20
	$L > 60m$	$±L/3000$，且不超过50
两对称接头相对高差/mm	$L \leq 60m$	20
	$L > 60m$	$L/3000$，且不超过40
同跨各拱肋高差/mm	$L \leq 60m$	20
	$L > 60m$	$L/3000$，且不超过30
同跨各拱肋间距/mm		±30

注：L 为计算跨径。

3. 钢管混凝土拱及钢拱施工

（1）钢管混凝土拱施工　钢管拱肋的制作加工除应满足规范中对钢桥施工的相应要求外，还应满足：

1）用于制作加工的各种材料应符合设计的规定，钢管宜选用符合国家及相关行业标准的成品焊接管。

2）钢管拱肋的制作宜在工厂内进行。制作加工前应根据设计文件编制制造工艺，绘制加工图和拼装图等，公差范围应考虑加工误差和焊接变形的影响合理制定，并应进行焊接工艺评定。制作完成后，应在厂内进行试拼装。

3）拱肋的分段长度应根据材料、工艺、运输和吊装等因素确定，并应按不少于半跨的长度进行1∶1精确放样，其拱轴线应符合设计规定。合龙节段的尺寸应计入制造误差、温度及焊接变形等影响。

4）制作加工时，钢管对接的端头宜校圆，其失圆度不宜大于钢管外径的3/1000；在钢管的端口处宜适当加设内支撑，减少运输、安装过程中端口的失圆变形。钢管环向对接时，其接头应采用有衬管的单面坡口或无衬管的双面坡口熔透焊缝，环向焊缝的间距应符合设计规定，设计未规定时，对直缝焊接管应不小于管的直径，对螺旋焊接管应不小于3m；纵向焊接时，其焊缝应错开1/4圆周。钢管对接的径向偏差应不超过管壁厚的20%。

5）拱肋节段的对接接头宜与母材等强度焊接。所有焊缝均应进行外观检查，焊缝内部质量应达到Ⅱ级以上标准，熔透焊缝应进行100%的超声波探伤。

6）主管与腹管采用相贯焊接时，腹管的相贯线及坡口制作应采用全自动相贯线切割机完成。对相贯焊接接头中焊接材料和焊接工艺的选择，应在满足轻度的原则下保证接头的韧性；对受疲劳控制的相贯焊缝，应按设计要求对焊接处进行焊后修磨处理。

7）焊缝的超声波探伤质量检验应符合规范中对钢桥相关施工质量标准的要求。

8）钢管拱肋加工时，应设置泵送混凝土压注孔、防倒流截止阀、排气孔及吊点、扣点、节点板等。对压注混凝土过程中易产生局部变形的部位（如腹箱）应设置内拉杆。

9）钢管拱肋的外表面应按设计规定进行长效防腐处理，防腐涂装的施工应符合规范中对钢桥相关施工质量标准的要求。

钢管拱肋的安装除应满足前述相关要求外，还应满足在成拱过程中，宜同时安装横向联结系，未安装横向联结系的拱肋不得超过1个节段，否则应采取临时横向稳定措施。特殊情况下采用单肋合龙的安装方案时，应设置可靠的节段连接装置和足够的横向抗风缆，保证单拱肋的横向稳定。拱肋节段间的焊接宜按安装顺序同步进行，且宜对称施焊。施焊前应保证节段间有可靠的临时连接，并应有效地控制焊缝间隙；施焊时结构应处于无应力状态。合龙口的焊接或栓接作业应选择在环境温度相对稳定的时段内尽快完成。采用斜拉扣挂悬拼法施工时，拱肋上的扣挂节点应进行专门设计，并应在工厂制造时设置；扣索宜采用多根钢绞线或高强钢丝束，并应根据使用环境设防腐护套，扣索的强度安全系数应大于2。

钢管拱混凝土应采用泵送顶升压注施工，混凝土应具有低含气量、大流动性、收缩补偿、延后初凝和早强等性能，其配合比应经试验确定。压注前应先对管内进行清洗、润湿管壁并泵入适量水泥浆，然后再正式压注混凝土。混凝土应由拱脚至拱顶对称、均衡地压注，有腹箱的断面应先管后腹，除拱顶外不宜在拱肋内的其他部位设置横隔板。压注应连续进行，不得中断，直至拱顶端的溢流管排出正常混凝土时方可停止，溢流管的高度应为1.5～2.0m。压注时尚应考虑上、下游拱肋的对称性和均衡性，并应将施工时间控制在6～8h内。混凝土压注完成后应及时关闭设于压注口的倒流截止阀。管壁与混凝土应结合紧密，管内的混凝土应密实，其质量检验应按《超声法检测混凝土缺陷技术规程》（CECS 21—2000）的规定执行。对大跨径钢管混凝土拱桥混凝土的配合比和泵送工艺，应在试验室试验的基础上，根据需要进行模拟压注试验。

吊索和系杆索应采用符合设计规定的产品。安装应顺直，无扭转；防护层应完整，无破损。纵横梁安装完成后，对吊索应按高程和内力双控制的原则进行调整，并应在完善上下锚头处细部构造的防腐处理后，方可进行桥面系的施工。系杆索的张拉值应符合设计要求，并应与加载工况相对应，上下游应对称张拉。施工时除应对系杆索进行内力和伸长量的双控外，还应监测结构关键部位的变形，并将其控制在设计允许范围以内。对吊索和系杆索的上下锚头，应按设计要求采取防排水、防腐蚀及防老化的措施。并应对吊索和系杆索进行防护，在制作工艺和各施工环节上应对索的意外损伤进行控制，保证索处于无腐蚀或低腐蚀的工作环境，防止其产生应力腐蚀。对可更换的吊索和系杆索，其防护套内不应采用环氧砂浆等固化材料填充。

钢管拱肋制作与安装、管内混凝土的施工质量应分别满足表6-5和表6-6的规定。中、下承式钢管混凝土拱桥的吊索（杆）安装质量应满足表6-7的规定。

表 6-5　钢管拱肋的制作与安装质量标准

项　目	规定值或允许偏差
钢管直径/mm	$\pm D/500$ 及 ± 5
内弧偏离设计弧线/mm	8
每段拱肋内弧长/mm	0，-10
轴线偏位/mm	$L/6000$，且不超过 50
拱肋接缝错台/mm	20%壁厚，且不大于 2
拱圈高程/mm	$\pm L/3000$，且不超过 ± 50
焊缝尺寸、焊缝探伤	符合设计要求

注：D 为钢管内径；L 为计算跨径。

表 6-6　钢管拱肋管内混凝土的施工质量标准

项　目		规定值或允许偏差
混凝土强度		在合格标准内
轴线偏位/mm	$L \leqslant 60m$	10
	$L = 200m$	30
	$L > 200m$	$L/4000$，且不超过 40
拱圈高程/mm		$\pm L/3000$，且不超过 ± 50
对称点高差/mm		$L/3000$，且不超过 40

注：L 为计算跨径。当 L 为 60~200m 时，轴线偏位允许偏差内插。

表 6-7　中、下承式钢管混凝土拱桥的吊索（杆）安装质量标准

项　目		规定值或允许偏差
吊索（杆）长度/mm		$\pm L/1000$，且不超过 ± 10
吊索（杆）的拉力		符合设计要求
吊点位置/mm		10
吊点高程/mm	高程	± 10
	两侧高差	20
吊索（杆）锚固处防护		符合设计要求

注：L 为吊索（杆）长度。

（2）钢拱施工　钢拱构件的制造、涂装及运输应符合规范中对钢桥相关施工的要求。钢构件制造加工完成后应在厂内进行试拼装。钢拱的安装程序应符合设计规定，且宜采用无支架或少支架的安装方法施工。采用悬臂起重机安装构件时，除应具有足够的安全系数外，悬臂起重机的行走系统尚应适应拱顶坡度和形状的变化；采用缆索系统吊装构件时，应符合缆索吊装相关要求。采用起重船安装施工时，起重船的性能应满足构件吊装的要求。

钢拱可单构件安装或预拼成节段进行安装。当预拼成节段安装时，应防止节段在施工过程中产生过大的变形，必要时采用临时加固措施增加其刚度。拱肋节段间的安装应对称进

行。拱肋的端头应设临时连接装置，安装时应先临时连接后再进行正式连接，并应对称施焊或栓接。钢拱桥合龙时，合龙段的安装应符合设计规定，并应按设计要求采取相应的辅助措施；设计未规定时，对钢桁拱宜采用单构件安装合龙；对钢箱拱应提前设置临时刚性连接再进行合龙杆件的焊接或栓接连接。钢拱安装质量应符合表6-8的要求。

表6-8　钢拱的安装质量标准

项　　目		规定值或允许偏差
轴线偏位/mm	$L \leq 60m$	10
	$L > 60m$	$L/6000$
拱圈高程/mm	$L \leq 60m$	± 20
	$L > 60m$	$\pm L/3000$
对称点相对高差/mm	$L \leq 60m$	20
	$L > 60m$	$L/3000$

注：L 为计算跨径。

4. 装配式混凝土桁架拱和刚架拱施工

拱片宜根据跨径、场地大小及吊装能力等因素，选择整片、分段或分杆件的方法预制。预制时应设置预拱度，拱顶预拱度确定后，其余各点的预拱度可按设计线形进行分配。拱段宜采用卧式预制，并应根据桥跨的大小、吊装设备的起吊能力及吊装方法确定预制的分段位置和分段数量；当多片拱段相叠预制时，在上下片之间应有可靠的隔离措施。预制拱片前应对预制场拱片翻身的设备和工艺进行研究，必要时应在预制拱片中按吊装应力进行加筋处理。拱片起吊前，对其薄弱部位应根据构件的受力情况予以加固。卧式预制的拱片不得就地掀起竖立，必须将全片水平吊起后，再悬空翻身竖立；在拱片悬空翻身的过程中，各吊点的受力应均匀，并应始终保持在同一平面内，不得扭折。拱片宜采用平卧方式运输，运输和装卸过程中应严格控制拱片的支点或吊点的位置，使其受力均匀，防止损坏。

拱片安装施工时，应在墩台上逐段安装拱片，同时应安装横向联系构件，将所有接头进行连接，使之成为整体的拱式结构后，方可在其上铺装预制的桥面板。拱片采用少支架方法安装时，安装后宜一次卸架成拱，且卸架宜安排在气温较高的时间进行。

拱片无支架安装时，可采用分段、分杆件或悬臂拼装等方法进行。在成拱过程中，应及时安装横向联结系和横向临时稳定风缆等。拱片分杆件安装时，宜先安装由下弦杆与跨中实腹段组成的拱肋单元，再由实腹段两端向拱脚对称地逐个安装由斜杆、竖杆和上弦杆组成的三角形单元；拱片采用悬臂拼装方案时，预应力束的张拉必须在相邻两段拱片吊装好且横向联结系牢固、形成较稳定的框架之后进行，并应防止单拱片张拉时产生横向失稳。

多孔桁架拱和刚架拱采用无支架施工时，墩两侧的允许桁片差应符合设计规定；采用少支架安装时宜逐孔进行，并应在各孔拱片均合龙后再进行卸架，卸架程序应按照设计要求或根据桥墩所能承受的最大不平衡推力计算确定。

装配式混凝土桁架拱和刚架拱的合龙段两侧高差应在设计允许范围内，节点应平整，接头两侧杆件应无错台，上下弦杆应线形顺畅、表面平整。装配式混凝土桁架拱和刚架拱的施工质量应满足表6-9和表6-10的要求。

表 6-9　桁架拱预制施工质量标准

项　　目	规定值或允许偏差
混凝土强度	在合格标准内
断面尺寸/mm	±5
杆件长度/mm	±10
杆件旁弯/mm	5
预埋件位置/mm	5

表 6-10　装配式混凝土桁架拱、刚架拱安装施工质量标准

项　　目		规定值或允许偏差
节点混凝土强度		在合格标准内
轴线偏位/mm	$L \leqslant 60$m	10
	$L > 60$m	$L/6000$
拱圈高程/mm	$L \leqslant 60$m	±20
	$L > 60$m	$±L/3000$
相邻拱片高差/mm		20
对称点相对高差/mm	$L \leqslant 60$m	20
	$L > 60$m	$L/3000$
拱片垂直度/mm		$L/300$ 高度，且不大于 20

注：L 为计算跨径。

　　示例：图 6-46 所示为一座跨径 85m 的箱形拱桥的施工加载程序，拱箱吊装节段采用闭口箱。图中数字代表施工步骤，其加载程序简单叙述如下：

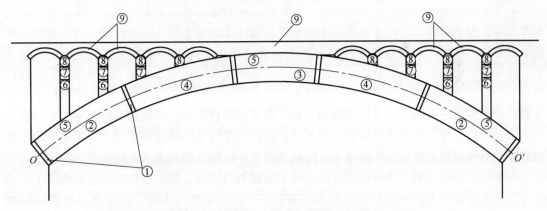

图 6-46　施工加载程序

　　1）先将各片拱箱逐一吊装合龙，形成一孔裸拱圈。然后将全部纵横接头处理完毕，浇筑接头混凝土，完成第一阶段加载。

　　2）浇筑拱箱间的纵缝混凝土。纵缝应分为两层浇筑，先只浇筑到大约箱高的一半处，

使其初凝后再浇满全高使与箱顶齐平，横桥向各缝齐头并进。注意，下层纵缝应分段浇筑。图中②、③、④、⑤各步骤为纵缝浇筑。

3）拱上各横墙加载。先砌筑 1 号、2 号横墙至 3 号横墙底面高度；再砌筑 1 号、2 号、3 号横墙至 4 号横墙底面高度；最后全部横墙（包括小拱拱座）同时砌筑完毕，工作按左、右两半拱对称、均匀同时进行，见图中⑥、⑦、⑧步骤。

4）安砌腹拱圈及主拱圈拱顶实腹段侧墙。由于拱上横墙截面单薄，只能承受一片预制腹拱圈块件的单向推力，因此，安砌腹拱圈时，应沿纵向逐条对称安砌，直到完毕，见图中⑨步骤。

5）以后各步骤，包括拱顶填料、腹拱填料、桥面系，可按常规工艺要求进行，无须做加载验算。

■ 6.6　支架法施工技术

支架施工法就是在桥位处先按拱肋的设计线形和预留拱度值，拼装好支架，在支架上就位拼装、焊接成拱的施工方法。支架可以采用满堂式或分离式，或者两种方式相结合。支架施工法通常在拱肋离地面不高、桥下无水或水位不深、施工条件较好的情况下采用。这种方法的优点是：拱肋分段长度不大，不需要大型吊装设备；横斜撑容易安装；拱轴线形容易控制。其不足之处是：拱肋接头较多，焊接工作量大，工期较长；对桥下地形、地基等条件要求较高。

采用支架施工法时，支架的基础沉降、弹性和非弹性变形等应事先算出，并计入预拱度。支架顶部设置微调装置，如千斤顶、丝杠等，以便对拱肋的标高和平面位置进行调整。在拱肋吊装过程中，应不断观测各支撑点的沉降，发现问题及时调整。

支架施工法在中小跨径、不通航或通航要求不高、水深较浅、桥跨方向无结构障碍的桥梁建设中应用较多，主要是基于施工建设经济上的考虑。

对于小跨径的钢管混凝土系杆拱桥，支架施工法也是可以考虑采用的一种施工方法，它操作简单，安全可靠，适用于规模较小的施工队伍。支架施工法从一定程度上讲是缆索吊装法、转体施工法及三大段吊装法的实现基础和理论源泉，缆索吊装法施工中必不可少的塔架、转体施工中的组拼支架和三大段吊装法中的膺架都可以说是支架施工法中的拱架在其应用过程中的转型和具体应用。因此对支架施工法加以分析研究，也是大跨径钢管混凝土拱桥主拱肋施工方法研究中一个不可欠缺的内容。随着支架材料在选择范围上的扩大、支架设计与施工经验的积累以及大跨径钢管混凝土系杆拱桥在结构上的创新和变化，支架施工法本身固有的优越性和适用性特点也会在施工过程中的具体应用上得到进一步的体现。

石拱桥、现浇混凝土拱桥以及混凝土预制块砌筑的拱桥，都可以采用有支架的施工方法修建，其主要施工工序有材料的准备、拱圈放样、拱架制作与安装、拱圈及拱上结构的砌筑等。

拱桥的材料选择，应满足设计和施工有关规范的要求。对于石拱桥，石料的准备是决定施工进度的一个重要环节，也在很大程度上影响着桥梁的造价和质量。特别是料石拱圈，拱石规格繁多，所费劳动力就很多。为了加快桥梁建设速度，降低桥梁造价，减少劳动力消耗，可以采用小石子混凝土砌筑片石拱，以及用大河卵石砌拱等多种方法修建拱桥。

拱圈或拱架的准确放样，是保证拱桥符合设计要求的基本条件之一。石拱桥的拱石，要按照拱圈的设计尺寸进行加工，为了保证尺寸准确，需要制作拱石样板。现在一般都是采用放出拱圈大样的办法来制作样板，即在样台上将拱圈按 1∶1 的比例放出大样，然后用木板或镀锌薄钢板在样台上按分块大小制成样板，并注明拱石编号，以利加工。

　　样台必须保证在施工期间不发生过大变形，便于施工过程中对样板进行复查，一般可以利用现成的球场或晒坪作为样台。对于左右对称的拱圈，为了节省场地，可只放出半孔大样。常用的放样方法是直角坐标法。显然，拱弧分点越多，用这种方法放出的拱圈尺寸越精确。例如某净空跨径100m的箱形拱桥，为了提高放样的精度，半跨拱圈由原设计的 12 分点增加到 32 分点。

　　支架施工法是在桥位处搭设支架，在支架上浇筑桥体混凝土，达到强度后拆除模板、支架。支架施工法尤其适用于两岸桥墩不太高的引桥和城市高架桥，或靠岸边水不太深且无通航要求的中小跨径桥梁。

1. 拱架

　　砌筑石拱桥（或预制混凝土块拱桥）及就地浇筑混凝土拱圈等时，需要搭设拱架，以支承全部或部分拱圈和拱上结构的重力，并保证拱圈的形状符合设计要求。拱架要有足够的强度、刚度和稳定性。同时，拱架又是一种施工临时结构，故要求构造简单，制作容易，节省材料，装拆方便并能重复使用，以加快施工进度，减少施工费用。拱架是有支架施工建造拱桥必不可少的辅助结构。

　　（1）拱架的种类和构造　拱架的种类很多，按使用材料可分为木拱架、钢拱架、竹拱架、竹木拱架及"土牛拱胎"等。

　　木拱架制作简单，架设方便，但耗用木材较多，常用于盛产木材的地区。钢拱架有多种形式，如我国设计制造的工字梁式拱架（适用跨径可达 40m）和桁架式拱架（一般可用于100m 跨径，甚至 180m 以上的跨径）就是其中两种。但大多数是做成常备式构件（又称为万能式构件），可以在现场按要求组拼成所需的构造形式，因它是由多种零件（如角钢制成的杆件、节点板和螺栓等）构成的，故拆装容易，运输方便，适用范围广，利用效率高，节省木材。尽管它具有一次投资较大、钢材用量较多的缺点，但在我国仍得到推广采用。如我国最大跨径的钢筋混凝土箱形拱桥（跨径 170.0m），就是采用钢桁拱架施工的。选定拱架形式一定要贯彻因地制宜、就地取材的原则，以便能降低造价、加快施工进度。如在南方产竹地区，可修建竹拱架或竹木混合拱架（竹拱架跨径达 40m，竹木拱架跨径已达 80m）。在缺乏木材或钢材以及少雨地区，也可用就地取材、简单经济的"土牛拱胎"代替拱架，即先在桥下用土或砂、卵石填筑一个"土胎"（俗称"土牛"），然后在上面砌筑拱圈，砌成之后再将填土撤除即可。革命圣地延安的延河大桥（3 孔净跨 30m 石拱桥），就是采用此法修建的。

　　目前在修建中、小跨径的圬工拱桥时，仍常采用木拱架，木拱架按其构造形式可分为满布式拱架、拱式拱架及混合式拱架等几种。混合式拱架是将梁式支架与满布式拱架结合的方式，用于桥下净空较高、不适于直接搭设满布式拱架的情况。后面主要对前两种拱架形式进行介绍。

　　1）满布式拱架。满布式拱架的优点是施工可靠，技术简单，木材和铁件规格要求较低。缺点是木材用量大，木材及铁件的损耗率也较高；受洪水威胁大，在水深流急、漂流物较多及要求通航的河流上不能采用。

满布式拱架通常由拱架上部（拱盔）、卸架设备、拱架下部（支架）三个部分组成。一般常用的形式有：

① 立柱式（图6-47）。它的上部由斜梁、立柱、斜撑和拉杆组成拱形桁架，又称为拱盔，它的下部由立柱和横向联结系（斜夹木和水平夹木）组成支架，上下部之间放置卸架设备（木楔或砂筒等）。这种支架的立柱数目很多，只适用于桥不太高、跨径不大且无通航要求的拱桥施工。

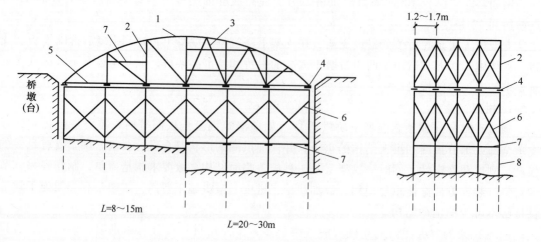

图6-47　满布立柱式拱架

1—弓形木　2—立柱　3—斜撑　4—卸架设备　5—水平拉杆　6—斜夹木　7—水平夹木　8—桩木

② 撑架式。这种拱架的上部与满布立柱式拱架相同，其下部用少数框架式支架加斜撑来代替众多数目的立柱，因此木材用量相对较少，如图6-48所示。这种拱架构造上并不复杂，而且能在桥孔下留出适当的空间，减小洪水及漂流物的威胁，并在一定程度上满足通航的要求。因此，它是实际中采用较多的一种形式。

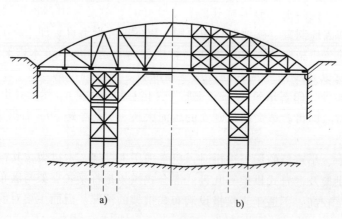

图6-48　满布撑架式拱架

2）拱式拱架。与满布式拱架相比较，拱式拱架不受洪水、漂流物的影响，在施工期间能维持通航，适用于墩高、水深、流急或要求通航的河流。

三铰桁式拱架是拱式拱架中常用的一种形式，其材料消耗率低，但要求有较高的制作水平和架设能力。三铰桁式拱架由两片对称弓形桁架在拱顶处拼装而成，其两端直接支承在墩台所挑出的牛腿上或者紧贴墩台的临时排架上，跨中一般不另设支架，如图6-49所示。应特别注意三铰桁式拱架的纵、横向稳定性，除在结构构造上须加强纵横向联系外，还需设抗风缆索，以加强拱架的整体稳定性。在施工中还应注意对称地砌筑，并加强施工观测。

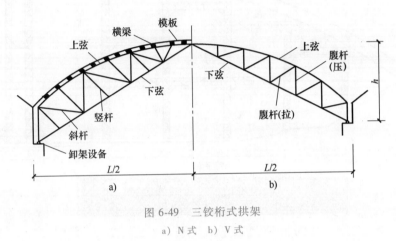

图6-49　三铰桁式拱架

a) N式　b) V式

除了木拱架以外，常用的拱架还有以下几种：

1）钢拱架。钢拱架一般采用桁架式，由单片拱形桁架构成。拱片之间的距离可为0.4m或1.9m。它们可以被拼接成三铰、两铰或无铰拱架。当跨径小于80m时多用三铰拱架，跨径小于100m时多用两铰拱架，跨径大于100m时多用无铰拱架。图6-50所示为两铰钢拱架构造。由于钢拱架多用在大跨径拱桥的建造上，它本身自重大，故在安装时，还需借助临时墩和起吊设备，将它分为若干节段后再拼装而成。施工时再拆除临时墩与钢拱架的联系，施工完毕后，又借助临时墩逐段将它拆除，图6-50b所示为这类拱架的安装示意图。

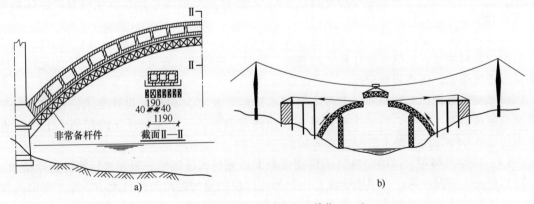

图6-50　两铰钢拱架构造（单位：cm）

2）可移动式钢拱架。当桥位处的常水位较小，河床较平坦时，也可采用可移动式钢拱架。图6-51所示为在修建河南省义马市许沟大桥时所采用的可移动式钢拱架构造。该桥主跨为220m，箱形截面主拱圈的箱宽为9m，分上、下两幅进行现浇混凝土施工。整个拱架由万能杆件拼装而成，待上游半幅拱箱合龙后，再通过滑轨平移至下游半幅处重复使用，从而大大节省人工和材料，缩短了工期。

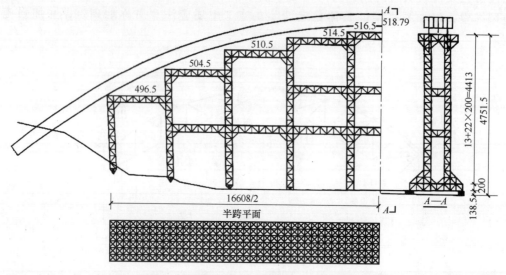

图6-51　可移动式钢拱架构造（单位：cm）

（2）拱架的计算　拱架的计算和其他结构物的计算一样，在正确选择合理计算图式的基础上，首先要求出各杆件的内力，然后根据所求得的内力选择截面或验算预先假定的截面的应力。为了保证拱圈的形状能符合设计要求，拱架还必须有足够的刚度，因此还应对拱架的受弯构件进行挠度验算。

（3）拱架的制作与安装　为了使拱架具有准确的外形和各部尺寸，在制作拱架前，一般要在样台上放出拱架大样。应当注意，放出的拱架大样应计入预拱度。放出大样后就可以制作杆件的样板，以便按样板进行杆件的加工。

杆件加工完毕，一般须进行试拼（1~2片）。根据试拼情况，再对构件做局部修改后即可在桥孔中安装。

满布式拱架一般是在桥孔内逐杆进行安装。三铰桁式拱架都采用整片吊装的方法安装。安装时应及时测量，以保证设计尺寸的准确，同时应注意施工安全。在风力较大的地区，拱架需设置风缆索，以增强稳定性。

拱架安装好后，其轴线和标高等主要技术指标（尺寸）应符合设计要求。拱架上用于拼装或灌筑拱圈（拱肋）的垫木或底模的顶面标高误差，不应大于计算跨径的1/1000，也不应超过0.03m，而且要求圆顺（无转折）。

（4）拱架的卸落　拱圈砌筑（或现浇混凝土）完毕，待达到一定强度后即可拆除拱架。

如果施工情况正常，在拱圈合龙后，拱架应保留的最短时间与跨径大小、施工期间的气温、养护的方式等因素有关。对于石拱桥，一般当跨径在20m以内时为20昼夜；跨径大于20m时为30昼夜。对于混凝土拱桥，按设计强度要求，经混凝土块试压强度的具体情况确定。因施工要求必须提早拆除拱架时，应适当提高砂浆（或混凝土）强度等级或采取其他措施。

2. 拱圈及拱上结构的施工

（1）拱圈的施工　修建拱圈时，为保证在整个施工过程中拱架受力均匀，变形最小，使拱圈的质量符合设计要求，必须选择适当的砌筑方法和顺序。一般根据跨径大小、构造形式等分别采用不同繁简程度的施工方法。

通常，跨径在10m以下的拱圈，可按拱的全宽和全厚，由两侧拱脚同时对称地向拱顶砌筑，但应争取更快的速度，使在拱顶合龙时，拱脚处的混凝土未初凝或石拱桥拱石砌缝中的砂浆尚未凝结。

跨径10~15m的拱圈，最好在拱脚预留空缝，由拱脚向拱顶按全宽、全厚进行砌筑（浇筑混凝土），为了防止拱架的拱顶部分上翘，可在拱顶区段预先压重（一般自拱脚向上砌到1/3矢高左右，就在拱顶 $l/3$ 范围内预压占总数20%的拱石）。待拱圈砌缝的砂浆达到设计强度的70%后（或混凝土达到设计强度），再将拱脚预留空缝用砂浆（或混凝土）填塞。

大、中跨径的拱桥，一般采用分段施工或分环（分层）与分段相结合的施工方法。分段施工可使拱架变形比较均匀，并可避免拱圈的反复变形。分段的位置与拱架的受力和结构形式有关，一般应设置在拱架挠曲线有转折及拱圈弯矩比较大的地方，如拱顶、拱脚及拱架的节点处。对于石拱桥，分段间应预留0.03~0.04m的空缝或设置木撑架，混凝土拱圈则应在分段间设混凝土挡板（端模板），待拱圈砌筑后再用砂浆（或埋入石块、浇筑混凝土）灌缝。分段时拱圈对称施工的顺序一般如图6-52所示。拱顶处封拱（如石拱桥拱顶石的砌筑）必须在所有空缝填塞并达到设计强度后才能进行。另外，还需注意封拱（合龙）时的大气温度是否符合设计要求，设计无明确要求时，宜在气温较低时（凌晨）进行。

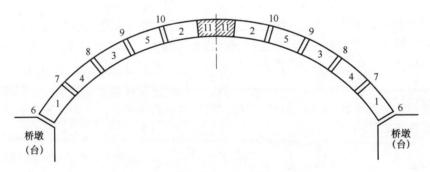

图6-52　分段时拱圈对称施工的顺序

在浇筑拱圈混凝土之前，必须在拱架上立好模板，绑扎或焊接好钢筋骨架。为了保证在整个施工过程中拱架受力均匀和变形最小，必须选择合适的浇筑方法和顺序，并应注意以下几点：

1）跨径小于16m的拱圈或拱肋混凝土，应按拱圈全宽从两端拱脚向拱顶对称地连续浇筑，并在拱脚混凝土初凝前全部完成，如预计不能在限定时间内完成，则应在拱脚预留一个隔缝并最后浇筑混凝土。

2）跨径大于或等于16m的拱圈或拱肋，应沿拱跨方向分段浇筑。分段位置应以能使拱架受力对称、均匀和变形小为原则，对于拱式拱架，宜将分段位置设置在拱架受力反弯点、拱架节点、拱顶及拱脚处；对满布式拱架，宜将分段设置在拱顶、$L/4$ 部位、拱脚及拱架节点处。各段的接缝面应与拱轴线垂直，各分段点应预留间隔槽，其宽度一般为 0.5~1.0m，当安排有钢筋接头时，其宽度尚应满足钢筋接头的要求。如预计拱架变形较小，可减少或不设间隔槽，而采取分段间隔浇筑。

3）间隔槽混凝土，应待拱圈分段浇筑完成后且其强度达到 85% 以上设计强度，并且接缝按施工缝经过处理后，再由拱脚向拱顶对称进行浇筑。拱顶及两拱脚间隔槽混凝土应在最后封拱时浇筑。由于温降对拱圈受力不利，封拱合龙宜尽可能在低温时进行，一般最高温度不超过 15℃，否则需采取一定的措施调整拱圈内力。封拱合龙前，当用千斤顶施加压力的方法调整拱圈应力时，拱圈（包括已浇间隔槽）内的混凝土强度应达到设计强度。

4）浇筑大跨径拱圈时，纵向钢筋接头应安排在设计规定的最后浇筑的几个间隔槽内，并应在浇筑这些间隔槽时再连接。

5）浇筑大跨径拱圈（拱肋）混凝土时，宜采用分环（层）分段法浇筑，也可沿纵向分成若干条幅，中间条幅先行浇筑合龙，达到设计要求后，再按横向对称，分层浇筑合龙其他条幅。其浇筑顺序和养护时间应根据拱架荷载和各环负荷条件通过计算确定，并应符合设计要求。

6）大跨径钢筋混凝土箱形拱圈（拱肋）可采取在拱架上组装并现浇的施工方法。先将预制好的腹板、横隔板和底板放在拱架上组装，在焊接腹板、横隔板的接头钢筋形成拱片后，立即浇筑接头和拱箱底板混凝土，组装和现浇混凝土时应从两拱脚向拱顶对称进行，浇底板混凝土时应按拱架变形情况设置少量间隔缝并于底板合龙时填筑，待接头和底板混凝土达到设计强度的 85% 以上后，安装预制盖板，然后铺设钢筋，现浇顶板混凝土。

7）在多孔连续拱桥中，当桥墩不是按单向推力墩设计时，就应注意相邻孔间对称均匀施工。

（2）拱上结构的施工　拱上结构的施工应在拱圈合龙、混凝土强度达到要求强度后进行，如设计无规定，可按达到设计强度的 30% 以上控制；一般不少于合龙后的 3 昼夜。

拱上结构的施工应避免使主拱圈产生过大的不均匀变形。实腹式拱上结构，应由拱脚向拱顶对称地砌筑。当侧墙砌筑好以后，再填筑拱腹填料及修建桥面结构等。空腹式拱桥一般是在腹孔墩砌完后就卸落拱架，然后再对称均衡地砌筑腹拱圈，以免由于主拱圈的不均匀下沉而使腹拱圈开裂。

在多孔连续拱桥中，当桥墩不是按单向推力墩设计时，还应注意相邻孔间对称均衡施工，避免桥墩承受过大的单向推力。尤其是在裸拱圈上修建拱上结构的多孔连拱更应注意，以免影响拱圈的质量和安全。

（3）拱架的卸落程序

1）卸架程序设计。卸架时间必须待拱圈混凝土达到一定强度后才能进行，为了保证拱圈或整个上部结构逐渐均匀降落，以便使拱架所支承的桥跨结构重力逐渐转移给拱圈自身来承担，因此拱架不能突然卸除，而应按照一定的卸架程序进行。

一般卸架的程序是：对于满布式拱架的中小跨径拱桥，可从拱顶开始，逐渐向拱脚对称卸落，对于大跨径拱圈，为了避免拱圈发生 "M" 形的变形，也有从两边 $L/4$ 处逐次对称地向拱脚和拱顶均匀地卸落。卸架时宜在白天气温较高时进行，这样的条件对卸落拱架工作较方便。

2）卸架设备。卸架设备一般采用木楔和砂筒两种，木楔又可分为：

① 简单木楔（图 6-53a）。它由两块坡度为 1：6~1：10 的斜面硬木楔块件组成。落架时，用铁锤轻敲木楔小头，将木楔取出后，拱架随即下落。它的构造简单，但在敲出时振动较大，容易造成下落不匀。它仅适用于跨径小于 10m 的满布式拱架。

② 双向木楔（图 6-53b）。它由互相垂直的两对简单木楔构成。其优点是不用铁件，载重较大，卸模方便，适用于跨径在 30m 以内的满布式拱架。

③ 组合木楔（图 6-53c）。它由三块楔形木和拉紧螺栓组成。卸载时只需拧松螺栓，木楔则徐徐下降。它的下落比较均匀，可用于跨径 30m 以下的满布式拱架或跨径 20m 以下的拱式拱架。

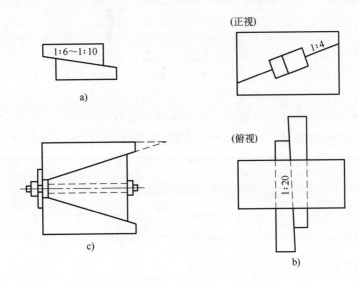

图 6-53　木楔

a）简单木楔　b）双向木楔　c）组合木楔

思 考 题

1. 拱桥的优点和缺点分别是什么？
2. 拱桥的基本组成部分有哪些？
3. 论述按照结构受力不同拱桥的分类及各类拱桥相应的特点。
4. 拱桥的施工方法有哪些？各自的优缺点是什么？

第 7 章 斜拉桥构造与施工

斜拉桥是一种桥面体系以主梁承受轴向力（密索体系）或承受弯矩（稀索体系）为主，支撑体系以拉索受拉和索塔受压为主的桥梁。拉索的作用相当于在主梁跨内增加了若干弹性支承，使主梁跨径显著减小，从而大大减少梁内弯矩、梁体尺寸和梁体重力，使桥梁的跨越能力显著增大。作为一种拉索支撑体系，斜拉桥比梁桥有更大的跨越能力。与悬索桥相比，斜拉桥不需要笨重的锚固装置，抗风性能优于悬索桥。我国自 20 世纪 80 年代开始修建斜拉桥以来，目前已建四座超过千米级的大跨斜拉桥，世界前十大跨斜拉桥见表 7-1。

表 7-1 世界前十大跨斜拉桥

排名	桥 名	国家或地区	主跨跨径/m	主梁	通车时间
1	常泰过江通道	中国江苏	1176	钢桁梁	在建
2	俄罗斯岛大桥	俄罗斯	1104	钢箱梁	2012
3	沪苏长江大桥	中国江苏	1092	钢桁梁	2020
4	苏通大桥	中国江苏	1088	钢箱梁	2008
5	昂船洲大桥	中国香港	1018	混合梁	2009
6	武汉青山长江大桥	中国湖北	938	钢箱梁	2019
7	鄂东长江大桥	中国湖北	926	混合梁	2010
8	嘉鱼长江公路大桥	中国湖北	920	混合梁	2019
9	多多罗大桥	日本	890	混合梁	1999
10	诺曼底大桥	法国	856	混合梁	1995

■ 7.1 斜拉桥总体布置

7.1.1 孔跨布置

斜拉桥按索塔数目可分为独塔双跨式、双塔三跨式和多塔多跨式。其中双塔三跨式斜拉桥是一种最常见的孔跨布置方式。

1. 独塔双跨式斜拉桥

独塔双跨式斜拉桥（图7-1）是一种较常见的孔跨布置方式，由于它的主孔跨径一般比双塔三跨式的主孔跨径小，适用于跨越中小河流和城市通道。

独塔双跨式斜拉桥的边跨跨径 L_1 与主跨跨径 L_2 之比一般为 0.5～0.8，但多数接近 0.66。当两跨相等时，由于失去了边跨及辅助墩对主跨变形的有效约束作用，因而这种形式较少采用。

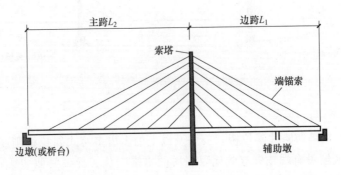

图 7-1   独塔双跨式斜拉桥

图 7-2 所示为独塔无背索斜拉桥。与常规斜拉桥不同，无背索斜拉桥索塔仅有单侧索，索塔结构为在斜拉索索力及自身重力作用下的悬臂梁。为确保主塔处于良好的受力状态，无背索斜拉桥的塔身一般都设计成倾斜的，依靠塔身的自重力矩来平衡斜拉索的倾覆力矩，因此组成了梁塔结构的平衡体系。

图 7-2   独塔无背索斜拉桥

2. 双塔三跨式斜拉桥

双塔三跨式斜拉桥（图7-3）是一种最常见的孔跨布置方式，由于它的主跨跨径可以比较大，一般适用于跨越较大的河流。

在这类桥型中，边跨与主跨的比例选取非常重要，从受力角度来看，边跨跨径 L_1 与主跨跨径 L_2 之比与其整体刚度、端锚索的应力变幅有着很大的关系。当主跨有活荷载时，边跨梁端点的端锚索产生正轴力（拉力），而当边跨有活荷载时，端锚索又产生负轴力（拉力松减），由此引起较大应力幅而产生疲劳问题。当边跨较小时，边跨主梁的刚度较大，边跨拉索较短，刚度也就相对较大，因而此时边跨对索塔的锚固作用就大，主跨的刚度也就相应增大。对于活荷载较小的公路和城市桥梁，合理的 L_1/L_2 为 0.40～0.45，而对于活荷载大的铁路桥梁，L_1/L_2 宜为 $0.20 \sim 0.25$。同样道理，钢斜拉桥的边跨应比相同跨径混凝土斜拉桥的跨径小。

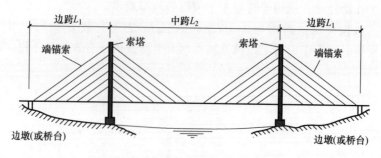

图 7-3　双塔三跨式斜拉桥

3. 多塔多跨式斜拉桥

图 7-4 所示为三塔四跨式斜拉桥。三塔及以上的多塔多跨式斜拉桥刚度较低，根本原因是中间塔的塔顶区域没有端锚索有效地限制塔的水平变位，导致一侧主梁在活荷载作用下，中间塔和主梁的变形及内力过大，在同等跨径、同等荷载的条件下，双塔斜拉桥的中跨跨中挠度要比三塔的小许多。

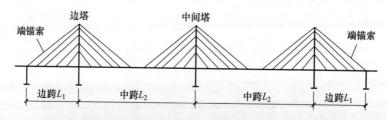

图 7-4　三塔四跨斜拉桥

在活荷载作用下，边跨梁端附近区域会产生很大的正弯矩，并导致梁体转动，伸缩缝易受损，在此情况下，可以通过加长边梁以形成引跨或设置辅助墩的方法予以解决；同时，设辅助墩可以减小拉索应力变幅，提高主跨刚度，又能缓和端支点负反力，是大跨径斜拉桥中常用的方法。斜拉桥辅助墩设置如图 7-5 所示。

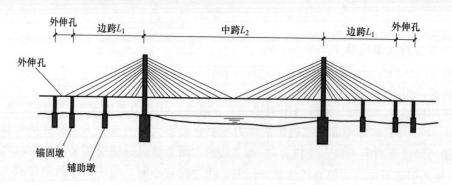

图 7-5　斜拉桥辅助墩设置

7.1.2　索面布置

1. 索面横桥向布置

索面横桥向布置一般有如图 7-6 所示的三种类型：单索面、双索面及多索面。

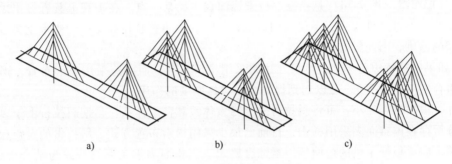

图 7-6　索面横桥向布置形式

a）单索面　b）双索面　c）多索面

采用单索面时，拉索对抗扭没有任何贡献。因此，需要采用抗扭刚度较大的主梁截面。单索面的优点是桥面上视野开阔。采用双索面时，拉索可以抵抗扭矩。尤其是斜向双索面，对桥面梁体抵抗风扭振特别有利。

2. 索面纵桥向布置

索面纵桥向布置形式有扇形、竖琴形、辐射形、星形等，如图 7-7 所示。

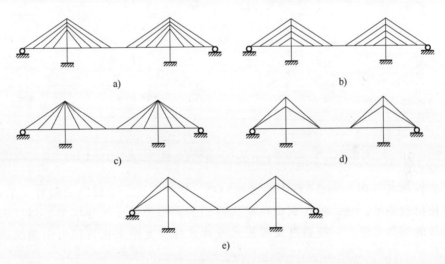

图 7-7　索面纵桥向布置形式

a）扇形　b）竖琴形　c）辐射形　d）星形　e）星形与扇形组合

各自的特点如下：

1）扇形布置（图 7-7a）的斜拉索互不平行，介于辐射形和竖琴形之间，并结合了两者的优点，应用广泛。

2）竖琴形布置（图 7-7b）的斜拉索成平行排列，外形美观，竖向支承力小，在索数少时显得比较简洁。缺点是斜拉索的倾角较小，索的总拉力大，故钢索用量较多。

3）辐射形布置（图7-7c）的斜拉索集中锚固于索塔顶端，沿主梁为均匀分布，而在索塔上则集中于塔顶一点。由于拉索与水平面的平均交角较大，故垂直分力对主梁的竖向支承效果也大，可以节省拉索用钢量。缺点是锚固区构造复杂，有应力集中。

4）星形布置（图7-7d）是指全部拉索锚固在主梁某一点。在美观上具有突出之处，视觉效果良好，不过这种方式，不仅使构造变得复杂，也不符合用拉索弹性支承主梁以减小斜拉桥跨径的原则，因此鲜有采用。

5）如果斜拉桥边跨不大，则可在边跨采用星形布置，而中跨采用扇形布置，形成星形与扇形组合索（图7-7e），可以起到提高全桥整体刚度的作用。

另外，根据索距大小，可将斜拉桥分为稀索体系和密索体系。早期斜拉桥由于多次超静定结构分析存在困难而多采用稀索，目前已很少采用稀索布置方式。斜拉索的索距和主梁的质量有关，应该根据主梁的截面等因素综合确定。当桥面为钢主梁结构或为结合梁结构时，斜拉索标准间距一般取 8~16m，采用混凝土主梁时常取 4~10m。

7.1.3 结构体系

按照塔、梁、墩相互结合的方式，斜拉桥的基本结构体系可划分为漂浮体系、半漂浮体系、塔梁固接体系和塔梁墩固接体系，如图7-8所示。

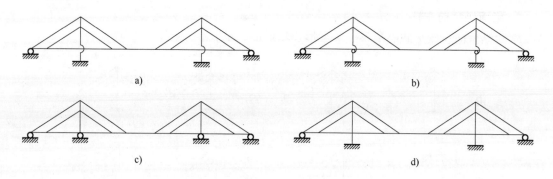

图 7-8 斜拉桥四种基本结构体系

a）漂浮体系 b）半漂浮体系 c）塔梁固接体系 d）塔梁墩固接体系

（1）漂浮体系（图7-8a）　特点是塔墩固接，塔梁分离，主梁除梁端有支承设置外，其余全部用拉索悬吊，是一种在纵向可稍作浮动的多跨弹性支撑连续梁。斜拉索不能对梁提供有效的横向支撑，一般通过设置板式或盆式橡胶支座来抵抗风力引起的横向水平位移。

（2）半漂浮体系（图7-8b）　特点是塔墩固接，塔梁分离，需要在主梁下设置支撑使其成为三跨连续梁。一般设置四个活动支座，以避免由于不对称约束而导致不均衡变位。半漂浮体系斜拉桥水平位移将由斜拉索制约。

（3）塔梁固接体系（图7-8c）　特点是将塔梁固接并支承于墩上，为斜拉索提供多点弹性支承。主梁的内力与挠度同主梁与索塔的弯曲刚度比值有关。这种体系的主梁一般只在一个塔柱处设置固定支座，而其余均为纵向可以活动的支座。

（4）塔梁墩固接体系（图7-8d）　特点是在索塔处不需要设支座，整体刚度大，但是温度内力大。该体系最适用于独塔斜拉桥。

另外，按照塔的高度不同，分为常规斜拉桥和矮塔部分斜拉桥（图7-9）。由于塔高降低后拉索水平倾角减小，对主梁不能提供足够的支撑刚度，故要求主梁的刚度较大。因拉索只提供部分刚度，"部分斜拉桥"由此得名。其受力性能介于梁桥和普通斜拉桥之间。

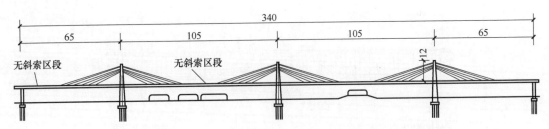

图7-9　矮塔部分斜拉桥（单位：m）

7.2　斜拉桥的构造

7.2.1　主梁的构造

主梁直接承受车辆荷载，是斜拉桥的主要承重构件之一。由于其受拉索的支承作用，受力性能不仅取决于自身的结构体系，还与塔的刚度、梁塔连接方式、索的刚度和索的布置形式等密切相关，所以主梁设计必须综合考虑梁、塔、索三者之间的关系。

主梁按材料的不同分为钢梁、混凝土梁、组合梁及混合梁。这也是混凝土斜拉桥、钢斜拉桥、组合梁斜拉桥及混合梁斜拉桥的区别标志。

1. 钢梁

钢梁一般用在跨径大于500m的斜拉桥上，其价格昂贵，后期养护工作量大，抗风稳定性较差；但跨越能力大，施工速度快，质量可靠。常用的钢主梁截面如图7-10所示。

钢主梁的桥面板一般都采用正交异性板，即在桥面板上焊有单向或双向的开口或闭口加劲肋。斜拉桥钢箱梁就是用这种带纵肋的薄板制成的，且沿纵向每隔几米设一道横隔板，横隔板周边开槽，以便让箱室薄板上的纵肋不间断地穿过。为了装配方便，常将两块或四块开槽的窄条钢板分别和箱室顶板、底板与外腹板匹配，形成和箱室形状相似的框架，然后用一块相对较大的钢板扣在该框架上，通过焊接形成横隔板。横隔板常用10mm或稍厚一点的钢板做成，并设竖向加劲肋以增加其刚度。

对有些山区或内河大跨径的斜拉桥，当采用钢箱梁分段整体运输、吊装有困难时，钢桁梁现场拼装是一种很好的选择，如芜湖长江大桥（图7-11）、上海闵浦大桥等。此种梁多用于双层桥面或公铁两用桥。

2. 混凝土梁

混凝土梁造价低、刚度大、抗风稳定性好，缺点是跨越能力不如钢梁大，施工速度也不如钢梁快，适用于梁桥的横截面形式一般可用于斜拉桥。其中只有T形截面由于抗扭刚度小、锚梁弯矩大，一般不用于混凝土梁。

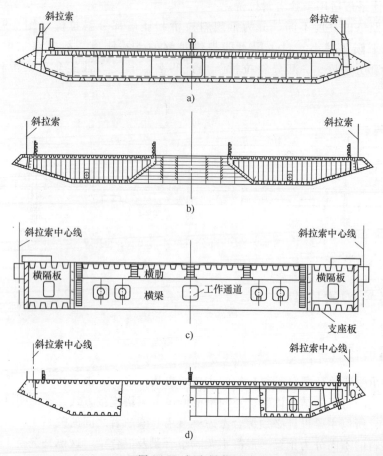

图 7-10 钢主梁截面

a）整体式箱形截面 b）分体式箱形截面 c）边箱梁截面 d）流体型边箱梁截面

图 7-11 芜湖长江大桥

混凝土主梁可采用实心板截面、边箱梁截面（PK 梁）、箱形截面、带斜撑箱形截面和肋板式截面，如图 7-12 所示。

图 7-12a 为实心板截面，其优点是构造简单、建筑高度小、抗风性好，适用于双索面密索体系的窄桥；当板厚较大时，可采用空心板截面。图 7-12b、e 为分离式双箱或双主

肋截面，两个箱或主肋用于承重及锚固斜拉索，其间设置桥面系，优点是施工方便。图 7-12c、d 为闭合箱形截面，抗弯和抗扭刚度很大，适用于双索面稀索体系和单索面斜拉桥。

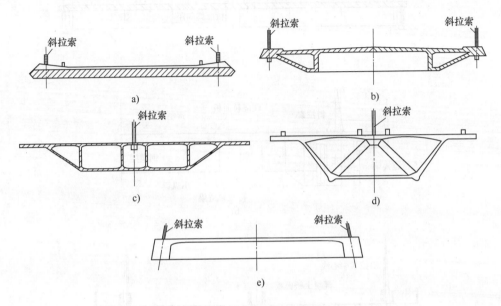

图 7-12　混凝土主梁常用截面形式

a）实心板截面　b）边箱梁截面（PK 梁）　c）箱形截面　d）带斜撑箱形截面　e）肋板式截面

3. 组合梁

组合梁是在钢主梁上用预制或现浇混凝土桥面板代替正常的正交异性钢桥面板。除具有与钢主梁相同的优缺点外，还能节约钢材，且其刚度及抗风稳定性均优于钢主梁。一般认为，组合梁斜拉桥跨径宜为 200～600m。

组合梁主梁截面可采用工字钢或边箱梁加小纵梁形式，也可采用扁平流线型钢箱梁、箱形梁或钢桁梁形式，其典型截面如图 7-13 所示。

钢筋混凝土桥面板的预制厚度不宜小于 250mm，混凝土强度等级不宜小于 C40，板与钢梁间必须通过钢梁顶面的剪力键有效地结合成整体，以能共同工作，如图 7-14 所示。

4. 混合梁

混合梁是指主梁部分用混凝土梁（通常布置在边跨，有的还从边跨延长至中跨的一部分），部分用钢梁（通常在中跨或中跨的大部分）。这种桥型特别适用于边跨跨径与主跨跨径比值较小的情况。预应力混凝土梁与钢梁的连接位置宜选择在弯矩和剪力较小的地方。混合梁典型截面及结合部构造立面如图 7-15 和图 7-16 所示。

该结构的优点是：

1）加大了边跨主梁的刚度和质量，减少了主跨内力和变形。

2）可减少或避免边跨端支点出现负反力。

3）边跨预应力混凝土梁容易架设，主跨钢梁也可较容易地从主塔开始用悬伸法连续架设。

4）减少全桥钢梁长度，降低造价。

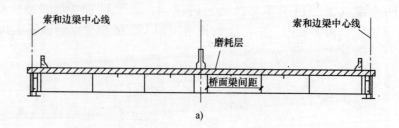

a)

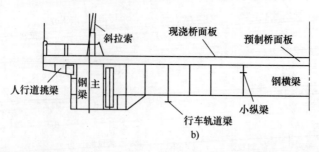

b)

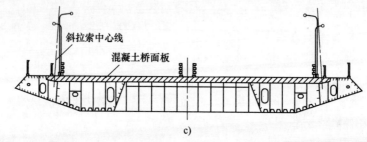

c)

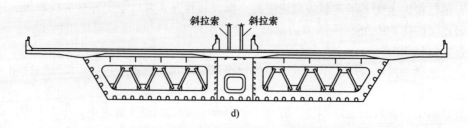

d)

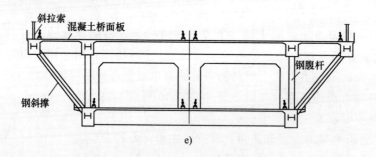

e)

图 7-13　组合梁主梁典型截面

a）工字钢主梁截面　b）边箱梁加小纵梁截面　c）扁平流线型钢箱梁截面

d）箱形梁截面　e）钢桁梁截面

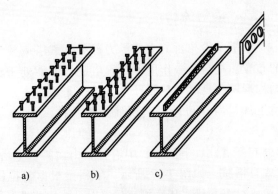

图 7-14　组合梁剪力键

a）标准式 1　b）标准式 2　c）带孔肋板式

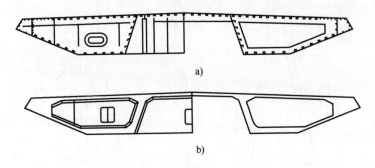

图 7-15　混合梁典型截面

a）钢梁截面　b）混凝土梁截面

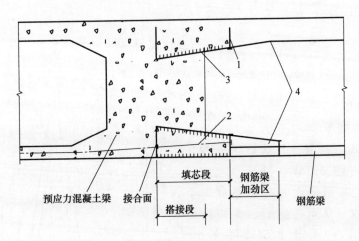

图 7-16　结合部构造立面

1—端板　2—连接钢束　3—剪力键　4—加劲梁

7.2.2　索塔的构造

　　索塔是斜拉桥的主要承力部分。索塔应传力简单明确，适合拉索的布置。在恒荷载作用下，索塔应尽可能处于轴心受压状态。索塔的结构形式、高度、截面尺寸、塔底支承形式，应根据桥位处地质、环境条件、斜拉桥跨径、桥面宽度、拉索布置，以及建筑造型等因素确定。

　　索塔的主要组成部分有下塔柱、下横梁、中塔柱、中横梁、上塔柱、上横梁、斜拉索、人孔等，根据具体造型或有增减，如图 7-17 所示。下横梁根据斜拉桥主梁的体系不同分为受弯承重横梁和非承重横梁。当主梁采用全漂浮体系时，横梁为非承重横梁。

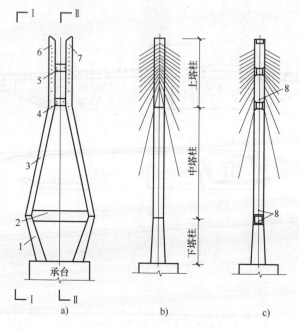

图 7-17　索塔结构

a）索塔立面图　b）Ⅰ—Ⅰ　c）Ⅱ—Ⅱ

1—下塔柱　2—下横梁　3—中塔柱　4—中横梁　5—上横梁　6—上塔柱　7—斜拉索　8—人孔

1. 索塔的造型

　　索塔的纵向造型和相应的受力条件必须同时满足纵向稳定性和运营条件下发挥正常功能的要求。索塔设计要考虑诸如拉索数目、拉索间距和局部条件等所有相关的参数。从顺桥向看，主塔结构形式有单柱式、A 字形和倒 Y 形等，如图 7-18 所示。单柱式主塔构造简单，而 A 字形、倒 Y 形主塔刚度大，能抵抗较大的弯矩。

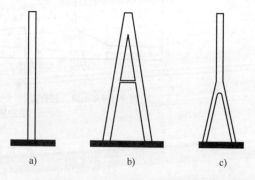

图 7-18　塔柱形式（顺桥向）

a）单柱式　b）A 字形　c）倒 Y 形

从横桥向看，主塔结构形式有单柱式、双柱式、门式、花瓶式、A字形、倒Y形、宝塔式及钻石式等，如图7-19所示。柱式塔构造简单，但承受横向水平力的能力差。单柱式通常用于主梁抗扭刚度较大的单索面斜拉桥。门式塔是两根塔柱组成的门形框架，构造较单柱式塔复杂，但抵抗横向水平力的能力较强。双柱及门式塔一般适用于桥面宽度不大的双索面斜拉桥。A字形和倒Y形主塔的特点是结构横向刚度大，但构造、受力复杂、施工难度大。对于抗风、抗震要求较高的大跨径斜拉桥，经常采用这类形式的主塔结构。

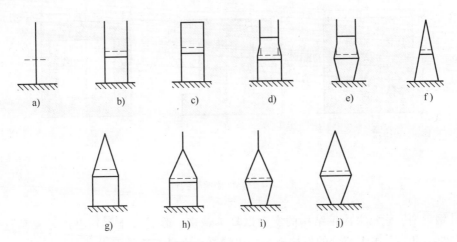

图7-19 塔柱形式（横桥向）

a）单柱式 b）双柱式 c）门式 d）花瓶式1 e）花瓶式2 f）A字形1

g）A字形2 h）倒Y形 i）宝塔式 j）钻石式

2. 索塔的高度

索塔高度不仅与桥梁的主孔跨径有关，也与斜拉索的索面形式、拉索间距和拉索的水平倾角有关。若主塔的高度低，拉索倾角较小，拉索的竖向分力对主梁的支承作用小，因而会增加拉索的数量。若主塔的高度过高，不仅会增加塔柱的材料用量，还会给施工带来困难。根据计算分析和设计实践经验，双塔斜拉桥索塔高（桥面以上索塔的高度）与主跨比宜选用0.15~0.25，独塔斜拉桥的塔高与主跨比宜选用0.30~0.45，并宜使边索与水平线夹角控制在22°~45°。

塔柱之间的横梁一般可分为承重横梁与非承重横梁。承重横梁为设置主梁支座的受弯横梁，以及塔柱转折处的压杆或拉杆横梁；非承重横梁为塔顶横梁和塔柱无转折的中间横梁。

3. 索塔的截面

索塔的截面形状及尺寸可根据斜拉桥结构的强度、刚度、稳定计算的需要和建筑造型要求设计成等截面或变截面。主塔截面按照主塔受力大小、拉索锚固区构造位置和张拉设备所需空间，可采用实心截面或空心截面。对于钢斜拉桥，主塔材料可选用钢材，也可选用混凝土材料；而对于混凝土斜拉桥，一般均采用钢筋混凝土主塔结构。

（1）混凝土索塔 混凝土索塔截面基本上都是矩形。当采用实体塔柱时，斜拉索在塔柱中做交错锚固。因此，塔柱上部的斜拉索锚固区可在塔轴线两侧布置斜拉索锚头的部位各挖一槽口，使截面成为图 7-20b 所示的工字形。实心体索塔（图 7-20a）一般适用于中小跨径的斜拉桥，小跨径时可采用等截面，中等跨径时可采用变截面，而较大跨径斜拉桥一般均采用空心截面（图 7-20c）。

当采用空心塔柱时，斜拉索在塔柱的箱室中锚固，故一般在塔轴线的两侧可以不挖槽口，而是改在箱室内壁增设锚固斜拉索用的锯齿形凸块。混凝土索塔应配置型钢作为劲性骨架，并可作为受力钢筋的一部分。

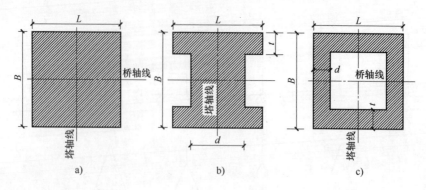

图 7-20 混凝土索塔截面

（2）钢索塔 索塔采用钢结构的实例以日本最多。除了日本因钢材产量较高且考虑地震因素之外，世界各国大部分的斜拉桥多采用混凝土索塔。这是因为对同等外部尺寸截面的塔，混凝土索塔的塔身刚度较钢索塔的要大、造价较低，也可以更方便地塑造出与全桥景观协调的外形。另外，混凝土索塔几乎不需要保养和维修。

大多数钢索塔的截面做成矩形空心箱形，箱室四周的各主壁板上均布有竖向加劲肋，箱室内上下相隔一定的距离设有水平横隔板。图 7-21 所示为一些斜拉桥钢索塔截面示意图。

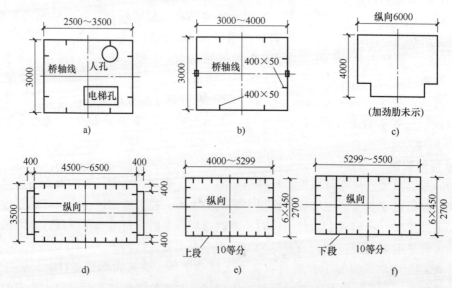

图 7-21 斜拉桥钢索塔截面示意图

7.2.3　拉索体系的构造

1. 拉索的构造

在大跨径斜拉桥中，拉索在构造基本上可分为整体安装的拉索和分散安装的拉索两大类。前者的代表为平行钢丝索配冷铸锚，后者的代表为平行钢绞线索配夹片锚。

（1）平行钢丝索配冷铸锚　平行钢丝索的截面组成和冷铸锚如图 7-22 所示。

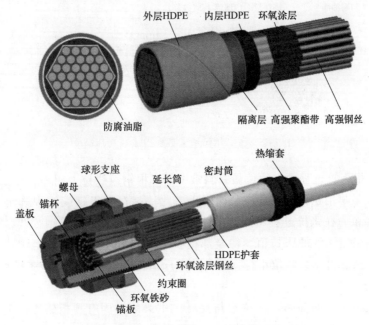

外层HDPE　内层HDPE　环氧涂层

防腐油脂

隔离层　高强聚酯带　高强钢丝

热缩套

球形支座　延长筒　密封筒

螺母

锚杯

盖板

HDPE护套

环氧涂层钢丝

约束圈

环氧铁砂

锚板

图 7-22　平行钢丝索的截面组成和冷铸锚

平行钢丝索配冷铸锚的拉索，在工厂整体制造。平行钢丝由 ϕ5mm 或 ϕ7mm 高强度镀锌钢丝（抗拉强度 $R_y^b = 1600$MPa 左右）组成，一般排列成六角形，表层由玻璃丝布包扎定型后用热挤高密 PE（HDPE）塑造成正圆形截面。这种斜索具有厚镀锌层（锌层 300g/m）和厚 PE 层（厚度 6mm）的双重防腐保护。

然后将钢丝束穿入冷铸锚中，钢丝尾镦头后锚定在冷铸锚的后锚板上，在锚体内分段常温浇灌环氧树脂加铁瓦和环氧树脂加岩粉（辉绿岩）等混合填料，使锚体与钢丝束之间的刚度匀顺变化，避免在索和锚的交界处产生刚度突变。最后将冷铸锚头放入加热炉中加热养生，加热温度约 150℃。由于是在常温下浇铸填料，不同于传统的锌基合金填料的浇铸温度，故相对而言称为"冷铸锚"。冷铸锚的锚固力由锚筒的圆锥体内腔和筒内填料的横向挤压力承受，在正常情况下镦头不受力，只是作为安全储备。

（2）平行钢绞线索配夹片锚　平行钢绞线索截面组成和夹片锚如图 7-23 所示。钢绞线在索中是平行排列的，此种 ϕ15mm 钢绞线为后张法体内预应力无黏结钢绞线（抗拉强度 $R_y^b = 1860$MPa），是将镀锌钢绞线表面涂油（或蜡）后外套两层 PE 管而成。钢绞线成盘运至现场，在现场截取需要长度后除去两端部分长度的套管，逐根安装、张拉，两端裸线由夹片锚固定。

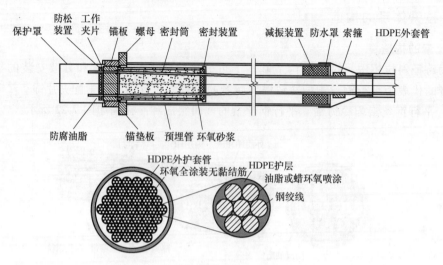

图 7-23　平行钢绞线索截面组成和夹片锚

　　钢绞线在逐根张拉过程中，须使最终斜索中的各根钢绞线拉力相等。此张拉工艺被称为"等值张拉法"，最早由法国弗雷西奈公司提出。此法是在一组钢绞线中选定一"参照线"，对该"参照线"拉力在张拉过程中进行同步精密标定，每张拉一根钢绞线，即按照此"参照线"的标定值确定该线的张拉值。待全部钢绞线张拉完毕后，各根钢绞线的拉力与"参照线"的相同，然后再用大吨位小行程的张拉千斤顶将整索钢绞线同步张拉至预定索力。

　　2. 拉索锚固

　　（1）斜拉索与主梁的锚固　斜拉索与混凝土主梁的锚固有顶板锚固、箱内锚固、斜隔板锚固、梁体两侧锚固、梁底锚固等形式，如图 7-24 所示。具体内容见表 7-2。

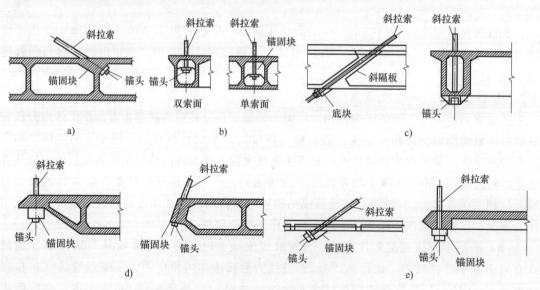

图 7-24　斜拉索与混凝土主梁的锚固形式
a）顶板锚固　b）箱内锚固　c）斜隔板锚固　d）梁体两侧锚固　e）梁底锚固

表 7-2　斜拉索与混凝土主梁锚固的具体内容

序号	锚固形式	构 造 要 点	力 的 传 递	适 用 范 围
1	顶板锚固	以箱梁顶板为基础，向上、下两个方向延伸加厚而成	拉索水平分力传至梁截面，垂直分力由加劲斜杆平衡	箱内具有加劲斜杆的单索面斜拉桥
2	箱内锚固	锚固块位于顶板之下和两个腹板之间，并与它们固接在一起	垂直分力通过锚固块左右的腹板传递	两个分离式单箱的双索面斜拉桥和带有中间箱室的单索面斜拉桥
3	斜隔板锚固	锚头设在梁底外面，也可埋入斜隔板预留的凹槽内	垂直分力由斜隔板两侧的腹板以剪力形式传递	
4	梁体两侧锚固	锚块设在梁底	—	双主梁或板式截面斜拉桥
5	梁底锚固	设在风嘴实体之下或边腹板之下	—	双索面斜拉桥

斜拉索与钢主梁的锚固有锚箱式、锚拉板式、耳板式等形式，如图 7-25 所示。

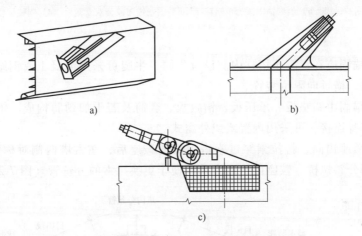

图 7-25　斜拉索与钢主梁的锚固形式

a) 锚箱式锚固　b) 锚拉板式锚固　c) 耳板式锚固

锚箱式锚固应设置锚固梁，斜拉索锚固在锚固梁上，锚固梁用焊接或高强度螺栓方式与主梁连接；锚拉板式锚固应在主梁顶板上或腹板上连接一块厚钢板作为锚拉板，在锚拉板上部开槽，槽口内侧焊接在锚筒外侧，斜拉索锚固在锚筒底部；耳板式锚固应在主梁的腹板上伸出一块耳板，斜拉索通过铰连接在耳板上。

（2）斜拉索在索塔上的锚固　斜拉索与混凝土索塔的锚固宜采用侧壁锚固、钢锚梁锚固、交叉锚固、钢锚箱锚固、鞍座式锚固（骑跨式和回转式）等形式，如图 7-26 所示。

1）实体塔上的交叉锚固，宜在塔柱中埋设钢管，并设置锚垫板。

2）空心塔上的侧壁锚固，应在空心塔柱的壁板内配置预应力筋，索塔预应力筋的布置应避免出现预应力盲区。

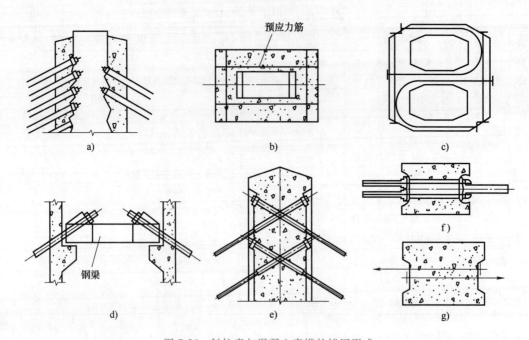

图 7-26　斜拉索与混凝土索塔的锚固形式

a）侧壁锚固　b）侧壁锚固段为单箱截面　c）侧壁锚固段为双箱截面　d）钢锚梁锚固

e）交叉锚固　f）交叉锚固对称布索　g）交叉锚固交叉布索

3）钢锚梁锚固应在混凝土塔柱内侧设置牛腿，牛腿可采用混凝土或钢结构，钢锚梁两端应设置顺桥向、横桥向限位装置。

4）钢锚箱锚固由锚垫板、承压板、锚腹板、套筒及若干加劲肋构成。钢锚箱用剪力键使之与混凝土塔身连接，可采用内置式或外露式。

5）骑跨式鞍座锚固，斜拉索穿过索塔顶部的鞍座后，在索塔两侧对称锚固在主梁上，多用于混凝土部分斜拉桥。鞍座内构造宜采用便于更换拉索的分丝管（图 7-27、图 7-28）。

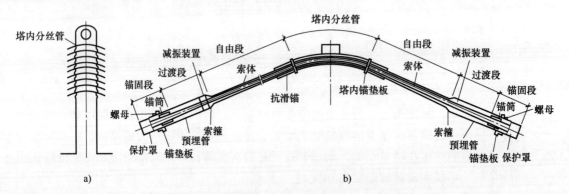

图 7-27　混凝土索塔骑跨式鞍座锚固形式示意图

a）立面图　b）单根拉索示意图

6）回转式鞍座锚固，斜拉索穿过环绕在索塔顶部的鞍座后，在索塔同侧对称锚固在主梁的左右两侧上。鞍座内锚固可采用锚固安全系数高的异形分丝管（图 7-29）。

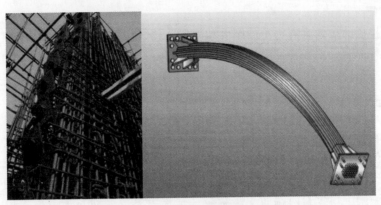

图 7-28　分丝管

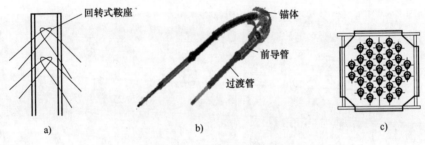

图 7-29　回转式鞍座构造

a）立面图　b）单根拉索　c）鞍座断面构造

斜拉索与钢索塔的锚固形式有鞍座支承式、鞍座锚固式、锚固梁式和支承板式，如图 7-30 所示。

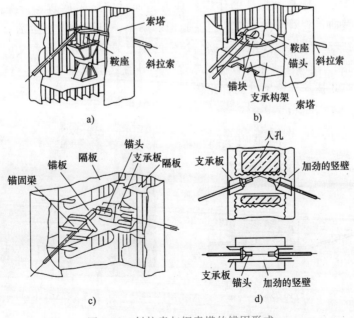

图 7-30　斜拉索与钢索塔的锚固形式

a）鞍座支承式　b）鞍座锚固式　c）锚固梁式　d）支承板式

3. 拉索减振

大跨径斜拉桥的拉索具有很小的刚度和阻尼，拉索往往具有很低的固有频率和极低的模态阻尼比，在外部激励下极易发生意想不到的振动。目前对斜拉桥拉索采取的减振措施主要有以下几种：

（1）气动控制法　通过改变拉索的截面形状获得拉索动力稳定的方法称为气动控制法。该法是将斜拉索原来的光滑表面做成带有螺旋凸纹、条形凸纹、V形凹纹或圆形凹点的非光滑表面，或者在拉索表面设置齿条和涡槽（构造处理示例如图7-31所示），这种形式通过提高斜拉索表面的表面粗糙度，可以破坏水路和轴向流的形成，从而防止涡激共振的产生；拉索表面的凹凸纹还能阻碍下雨时拉索上缘迎风面水线的形成，从而防止雨振的发生。但其对塔、梁在外界激励下导致索两端的支座激振（又称为参数振动）无减振作用，而且由于表面粗糙度的增加，会增大斜拉索对风的阻力。

图 7-31　拉索表面气动控制构造处理

a）2mm 螺旋线　b）凹纹图案

（2）阻尼减振法　阻尼减振法的作用机理就是通过安装阻尼装置，提高拉索的阻尼比从而抑制拉索的振动。它对涡激共振、尾流驰振、雨振，以及由支座激励引起的拉索共振和参数振动都能起到较好的抑制作用。根据与拉索的相互关系，阻尼装置又可分为安装在套管内的内置式阻尼器（图7-32）和附着在拉索之上的外置式阻尼器（图7-33）。采用附加阻尼器方式相对于目前的技术理论条件而言比较经济。

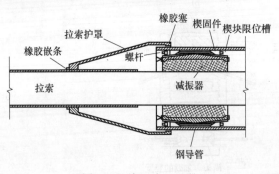

图 7-32　内置式阻尼器

图 7-33　外置式阻尼器

（3）改变拉索动力特性法　采用连接器（索夹）或辅助索将若干根索相互连接起来，

其作用机理是：将长索通过连接的方式转换成相对较短的短索，使拉索的振动基频提高，从而抑制索的振动。这样不仅能防止振动，也能降低雨振及单根索振动发生的概率，但对通常以高阶形式出现的涡激振动的抑制作用不明显。另外，辅助索易疲劳断裂，对桥梁景观有一定影响。

图 7-34 所示为多多罗大桥的制振缆索，最大索长超过 450m。每半个扇面采用 4 道减振缆绳，每道的截面为 $2 \times \phi 30mm$。除此之外，该桥上还兼用了一些阻尼减振器。

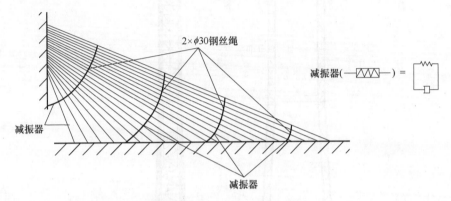

图 7-34　多多罗大桥的制振缆索

■ 7.3　索塔施工技术

一般来讲，钢塔采用预制拼装的方法施工，混凝土塔的施工则有搭架现浇、预制拼装、滑升模板浇筑、翻升模板浇筑、爬升模板浇筑等多种施工方法可供选择。

根据斜拉桥的受力特点，索塔要承受巨大的竖向轴力，还要承受部分弯矩。斜拉桥设计对成桥后索塔的几何尺寸和轴线位置的准确性要求都很高。混凝土塔柱施工过程受施工偏差，混凝土收缩、徐变，基础沉降，风荷载，温度变化等因素影响，其几何尺寸、平面位置将发生变化，如控制不当，则会造成缺陷，影响索塔外观质量，并且产生次内力。因此不管是何种结构形式的索塔，采用哪种施工方法，施工过程中都必须实行严格的施工测量控制，确保索塔施工质量及内力分布满足设计及规范要求。

7.3.1　混凝土索塔施工

1. 劲性骨架

混凝土塔柱内往往需要设置劲性骨架，劲性骨架在工厂分阶段加工，在现场分段超前拼接，精确定位。劲性骨架安装定位后，可供测量放样、立模、钢筋绑扎及斜拉索钢套管定位使用，也可承受部分施工荷载。劲性骨架在倾斜塔柱中，其功能作用更大，它的设计往往结合构件受力需要设置。当倾斜塔柱为内倾或外倾布置时，应考虑在两塔肢之间每隔一定的高度设置受压横杆（塔柱内倾）或受拉横杆（塔柱外倾）以减小斜塔柱的受力和变形，具体的布置间距应根据塔柱构造经过设计计算确定。

具体做法如下：在塔座混凝土顶面预埋劲性骨架固定埋件，将加工好的劲性骨架块件分别焊接在埋件上，并将劲性骨架连接成整体。劲性骨架位于塔柱竖向主钢筋内侧，并稍高于每节段塔柱的主筋。劲性骨架的基本结构如图 7-35 所示。劲性骨架一般采用∠ 100×100×10 角钢以及∠ 75×50×6 角钢（或其他具有足够刚度的型钢）制作。劲性骨架的节段高度一般根据塔式起重机的起重能力、主筋的长度、塔柱节段高等进行划分。

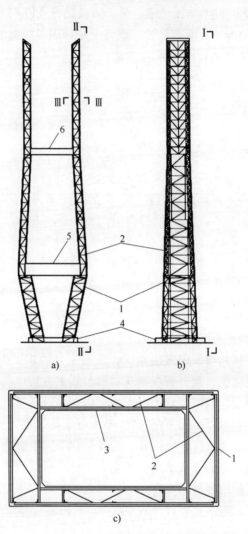

图 7-35　劲性骨架的基本结构

a）Ⅰ—Ⅰ　b）Ⅱ—Ⅱ　c）Ⅲ—Ⅲ

1—索塔外壁　2—劲性骨架　3—索塔内壁　4—承台　5—下横梁　6—上横梁

2. 起重设备

目前大多数索塔施工起重设备均采用塔式起重机辅以人货两用电梯。

（1）塔式起重机　斜拉桥索塔施工中，一般均采用附着式自升塔式起重机，其起重力矩为 600~2500kN·m，起重力可达 100kN 以上，吊装高度可达 150m 以上。典型的塔式起重机结构如图 7-36 所示。实际施工时，可综合索塔构造特点、工期要求、塔柱施工方法等因素来确定应选用的塔式起重机型号和布置方式，塔式起重机的选择应考虑以下几点：

1）塔式起重机性能参数满足施工要求。

2）起重能力和生产效率满足施工进度的要求，匹配合理，功能大小合适。

3）适应施工现场的环境，便于进场、安装架设和拆除退场。

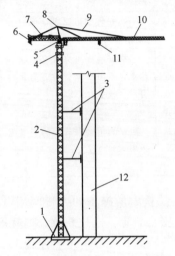

图7-36　附着式自升塔式起重机

1—塔式起重机基座　2—塔式起重机塔身　3—塔式起重机附着　4—顶升套架　5—旋转机构　6—配重　7—平衡臂
8—塔尖（有些型号无此构件）　9—拉杆（有些型号无此构件）　10—起重臂　11—吊钩　12—斜拉桥索塔

塔式起重机常采用如图7-37所示的布置方案，其优缺点见表7-3。

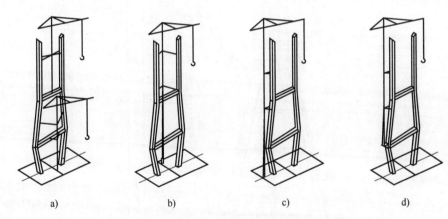

图7-37　塔式起重机布置方案

a）方案1和方案5　b）方案2　c）方案3　d）方案4

表7-3　塔式起重机布置方案及其优缺点

方案编号	方案介绍	优　点	缺　点
1	先在索塔正面架设一台塔式起重机，待上横梁完成以后，再利用此塔式起重机在上横梁上面安装另一台塔式起重机	每台塔式起重机的高度较小	（1）一个索塔需两台塔式起重机 （2）转换塔式起重机影响工期 （3）拆除塔式起重机较困难

（续）

方案编号	方 案 介 绍	优　　点	缺　　点
2	在索塔的正面且靠近索塔处安装一台塔式起重机	一次安装即可完成全部起吊作业	（1）桥面需预留孔以便塔身穿过 （2）需考虑拆除时的特殊要求
3	在索塔的上（下）游方向靠近索塔处安装一台塔式起重机	一次安装即可完成全部起吊作业	（1）桥面不能太宽 （2）需考虑塔式起重机的基础设置
4	在索塔的上（下）游方向中塔柱底部处安装一台塔式起重机	一次安装即可完成全部起吊作业，不需要钢管桩基础，适合承台较小的工况	（1）桥面不能太宽 （2）需考虑塔式起重机的悬臂基础设置
5	先在索塔正面架设一台塔式起重机，待主梁0号块完成后，利用此塔式起重机在0号块上安装另一台塔式起重机	可以利用一台较小的塔式起重机与一台较大的塔式起重机	（1）一个索塔需两台塔式起重机 （2）转换影响工期 （3）上横梁需预留孔 （4）拆除较困难

（2）人货两用电梯　用于斜拉桥索塔施工的人货两用电梯一般有直爬和斜爬两种，主要由轨道架、轿厢、驱动机构、安全装置、电控系统、提升接高系统等几大部分组成，具有构造简单、适用性强、安装可靠等特点，能极大地方便施工人员的上下及小型机具与材料的运输。电梯一般布置在顺桥向索塔的一侧，并附着在塔柱上。电梯布置如图7-38所示。施工中应根据索塔的高度和形状选用合适的电梯。

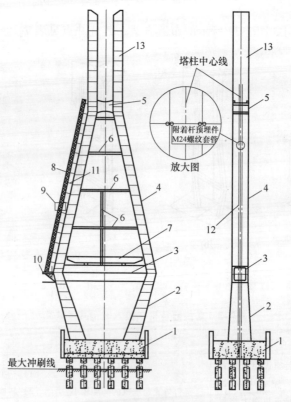

图7-38　电梯布置

1—承台　2—下塔柱　3—下横梁　4—中塔柱　5—上横梁　6—中塔柱横撑　7—主梁　8—电梯钢架
9—电梯箱　10—标准平台　11—附着杆　12—附着杆预埋套　13—上塔柱

3. 索塔施工模板

索塔施工的模板按照结构形式不同可分为提升模板和滑模。提升模板按其吊点不同可分为依靠外部吊点的单面整体提升模板、翻升模板（交替提升多节模板）及本身带爬架的爬升模板（爬模）。滑模因只适用于等截面的垂直塔柱，有较大的局限性，目前已较少采用，而提升模板因适应性强、施工快捷的特点被大量采用。无论采用提升模板还是采用滑模，均可以实现索塔的无支架现浇。

（1）单面整体提升模板　对于截面尺寸相同、外观质量要求一般的混凝土索塔施工，可采用单面整体提升模板，如图 7-39 所示。施工时先制作和组拼模板，分块组装，模板下端夹紧塔壁以防止漏浆，然后进行混凝土全模板高度浇筑，待混凝土达到规定的设计强度后，将模板拆成几块后提升到下一待浇节段并组装，继续施工。单面整体提升模板可分为组拼式钢模和自制钢模。模板一次浇筑分节高度一般为 3~6m。单面整体提升模板施工简便，在无起重机的情况下，可利用索塔内的劲性骨架作为支撑，用手拉葫芦提升。但在索塔截面尺寸变化较大，混凝土接缝质量要求高的情况下，其使用有一定的局限性，目前此法已很少采用。

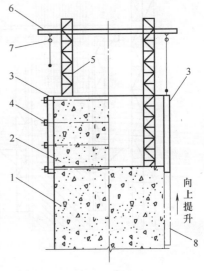

图 7-39　单面整体提升模板示意图
1—已浇索塔　2—待浇节段　3—模板
4—对拉螺杆　5—钢架立柱　6—横梁
7—手拉葫芦　8—模板提升前位置

（2）翻升模板（交替提升多节模板）　每套翻升模板由内模、外模、对拉螺杆、护栏及工作平台等组成，不必另设内外脚手架，如图 7-40 所示。模板分节高度及分块大小，应根据起重设备吊装能力和塔柱构造要求确定。一般情况下，每套模板沿高度方向分为底节、中节和顶节三个分节，每个分节高度为 1~3m。施工时先安装第一层模板，浇筑混凝土，完成第一层基本节段的施工；再以已浇混凝土为依托，拆除已浇节段的下两个分节模板，顶节不拆，向上提升并接于顶节之上，安装对拉螺杆和内撑，完成第二层模板安装。如此由下至上依次交替上升，直至达到设计的施工高度为止。

翻升模板系统依靠混凝土对模板的黏着力自成体系，制造简单，构件种类少，模板的大小可根据施工能力大小灵活选用。混凝土接缝较易处理，施工速度快，能适应各种结构形式的斜拉桥索塔施工，目前被大量使用，特别是折线形索塔使用翻升模板施工更有优势，但此类模板自身不能爬升，要依靠塔式起重机等起重设备提升翻转循环使用，因而对起重设备要求较高。

（3）爬模（本身带爬架的提升模板）　爬模系统一般由模板、爬架及提升系统三大部分组成，根据提升方式不同又可分为倒链手动爬模、电动爬架拆翻模、液压爬模等几种。

爬模系统所配模板一般采用钢模板，且沿竖向将模板分为 3~4 节，模板分节高度根据塔柱构造特点、混凝土浇筑压力、爬架本身提升能力等因素确定，一般分节高度为 1.5~4.5m。

爬架可用万能杆件组拼，也可采用型钢加工，主要由网架和连接导向滑轮的提升结构组成。爬架沿高度方向分为两部分，下部为附墙固定架，包括两个操作平台；上部为操作层工作架，包括两个以上操作平台。爬架总高度及结构形式根据塔柱构造特点、拟配模板组拼高度及施工现场条件综合确定，常用高度一般为 15~20m。

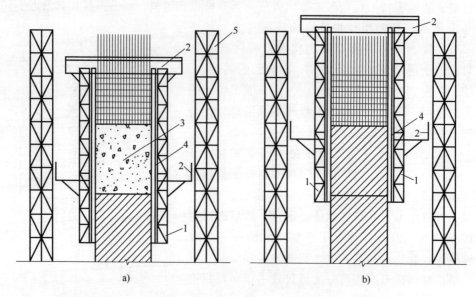

图 7-40　翻升模板布置示意图

a）浇筑混凝土，绑扎钢筋　b）模板交替上升

1—模板桁架　2—工作平台　3—已浇墩身　4—外模板　5—脚手架

　　爬架提升系统由爬架自提升设备和模板拆翻提升设备两部分组成，如图 7-41 所示。爬架自提升设备一般可采用倒链葫芦、电动机或液压千斤顶，模板拆翻提升设备则可采用倒链葫芦、电动葫芦或卷扬机。要求提升速度不可太快，以确保同步平稳。

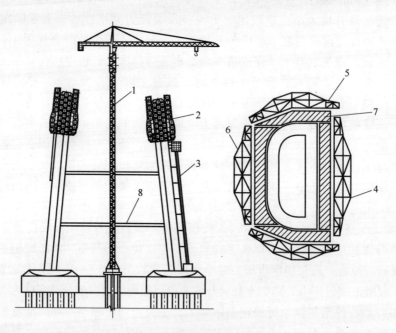

图 7-41　爬模系统示意图

1—塔式起重机　2—爬模　3—电梯　4—1 号爬架　5—2 号爬架　6—3 号爬架　7—活动脚手架　8—临时支架

爬模施工前须先施工一段爬模安装锚固段，俗称爬模起始段。待起始段施工完成后拼装爬模系统，依次循环进行索塔的爬模施工。根据爬模的施工特点，无论采用何种提升方式，相对其他施工方法均有施工速度快、安全可靠、对起重设备要求不高的特点。但此法对折线形索塔适应性较差，故一般在直线形索塔施工中应用较为广泛。

7.3.2 钢索塔施工

钢索塔一般采用预制拼装的方法施工，具有价格昂贵，成桥后对维护保养要求高，施工过程中对起重设备能力及施工精度要求高等特点。

钢索塔施工一般包括工厂分段预制加工和现场吊拼安装两大施工阶段。在制定施工方案时，应对水平运输、垂直运输、起重设备吊装高度、起吊吨位大小等施工因素进行充分的考虑。如日本东神户大桥的钢索塔，100m 以下的钢塔架采用履带起重机或浮吊拼装，100m 以上的则用塔式起重机吊装拼装，如图 7-42 所示。

a)   b)

图 7-42 分段吊装拼装钢索塔

a）履带起重机吊装 b）塔式起重机吊装

塔式起重机吊装方案与履带起重机或浮吊吊装方案的优缺点见表 7-4。具体采用何种吊装方案，需结合每个索塔的实际情况、经济水平等条件综合考虑后确定。

表 7-4 钢索塔吊装方案优缺点比较

方　案	主要优缺点
塔式起重机吊装方案	主要优点： （1）成熟产品，经适当修改即可投入使用 （2）标准设备，适用性强 （3）施工速度快，效率高，安全可靠性好 （4）作用半径大，覆盖面广，可满足所有钢塔柱施工中所有作业要求 主要缺点： （1）一次性投入大，资金回收期较长 （2）需要强大的基础

（续）

方　案	主要优缺点
履带起重机或浮吊吊装方案	主要优点： （1）起重量大，安全性能高 （2）不需要现场安装与拆除，快捷，灵活 （3）成熟产品，可快速投入使用 主要缺点：受索塔高度限制

钢索塔在工厂分段焊接加工完成后，应进行多段立体试拼装，合格后方可出厂。现场安装时，一般采用现场焊接接头、高强度螺栓连接或焊接和螺栓连接混合连接的方式对钢索塔块段进行拼装连接。经过工厂加工制造和立体试拼合格的钢索塔块段，在正式安装时还应进行严格的施工测量控制，并及时用填板或对螺栓孔进行扩孔以调整索塔的轴线和方位，防止加工误差、受力误差、安装误差、温度误差、测量误差的积累。

在自然环境条件下，钢材容易锈蚀，钢索塔的防锈蚀措施一般采用耐候钢材、喷锌或铝层、油漆涂装等多种方法。但国内外绝大部分钢索塔都是采用油漆涂装的办法作为主要防锈蚀措施。一般油漆涂装可使用保持的年限为 10 年。油漆涂料常采用二层底漆，二层面漆，其中三层由加工厂涂装，最后一道面漆由施工安装单位涂装完成。

■ 7.4　主梁施工技术

斜拉桥主梁有钢梁、混凝土梁、组合梁与混合梁等，因其材料和梁体形式不同，有不同的施工方法。大跨径斜拉桥的主梁一般采用悬臂浇筑法或悬臂拼装法，但对于跨径不大的斜拉桥，根据施工条件，也可采用全支架现浇法、顶推法或转体施工法。

7.4.1　悬臂浇筑法

斜拉桥主梁的悬臂浇筑均采用挂篮施工，其施工程序与一般预应力混凝土连续梁基本相同。但由于斜拉桥结构较复杂，超静定次数高，斜拉索位置及各部位尺寸要求精确，以免结构内力发生变化，因此，斜拉桥主梁的悬浇工艺又有其自身的特点。

斜拉桥与一般梁桥相比，主梁高跨比很小，梁体十分纤柔，抗弯能力差，当进行悬臂浇筑施工时，如果仍采用传统的挂篮，由于挂篮自重大，梁塔和拉索将由施工内力控制设计，则很不经济。所以在施工时可利用斜拉桥结构本身的特点，采用在浇筑过程中多次张拉斜拉索的方法，以减轻挂篮荷载，从而减小挂篮的自重，改善梁的受力状况。

斜拉桥主梁施工采用的挂篮形式主要有两种：

（1）后锚点挂篮（图 7-43）　在浇筑一个节段混凝土过程中，挂篮结构和索塔结构无直接关系，挂篮的定位和一个节段的混凝土浇筑过程不需调索。但挂篮需承受全部施工荷载，使浇筑节段长度受到限制，且主梁在施工过程中为悬臂受力，要求有较大的刚度。

（2）前支点挂篮（图 7-44）　前支点挂篮也称为牵索式挂篮，是将挂篮后端锚固在已浇筑梁段上，并将待浇段的斜拉索锚固在挂篮前端，它能充分发挥斜拉索的效用，由斜拉索和已浇筑梁段共同承担待浇节段的混凝土重力。待浇梁段混凝土达到设计要求强度后，拆除斜拉索与挂篮的连接，使节段重力转换到斜拉索上，再前移挂篮。前支点挂篮的优越性在于它使普通挂篮中的悬臂受力变成简支梁受力，使节段悬浇长度及承重能力均大大提高，加快了施工进度。不足之处是在浇筑一个节段混凝土过程中需要分阶段多次调索，施工工艺复杂，挂篮与斜拉索之间的套管定位难度较大。

图7-43　后锚点挂篮

图7-44　前支点挂篮

前支点挂篮一般由承重系统（承载平台）、牵索系统、行走系统、定位系统、锚固系统、模板系统、定位系统、操作平台及预埋件系统等几大系统组成。牵索系统和锚固系统作为前支点挂篮的关键部位，在施工过程中应经常检查，同时牵索系统也是前支点挂篮区别于普通梁桥悬臂式挂篮的核心所在。

非塔梁墩固接的斜拉桥采用悬臂浇筑法施工时，需采取临时固接措施，其方法与梁桥悬臂浇筑法相同。

7.4.2　悬臂拼装法

采用悬臂拼装法进行斜拉桥主梁施工时，其拼装方法根据吊装所用设备不同可分为悬臂起重机、缆索吊机、大型浮吊等拼装法。

图7-45a所示为双塔斜拉桥在采用悬臂拼装法施工时直到全桥合龙之前的全貌，图7-45b所示为其中一座索塔从两侧逐节扩展的过程，它的大体步骤图中说明已给出。

1. 悬臂起重机

相对于一般梁桥，斜拉桥主梁的高度较小，有些自重较大的起重机难以满足施工荷载的要求，因此在选用悬拼起吊设备时需遵循自重轻、稳定性好的原则。三角形起重机便是一种适用于斜拉桥主梁悬拼施工的简便可靠的施工机械，如图7-46所示。

2. 缆索吊机

对于中小跨径斜拉桥，当构件质量不重时，也可采用缆索吊装，并可利用完成的索塔作为安装塔架，利用缆索吊机进行主梁拼装。

3. 大型浮吊

根据所在河流水深等水文条件，适合用大型浮吊安装的斜拉桥，可根据梁段重、水深以及梁段下河水条件来选择大吨位浮吊悬拼主梁。

浮吊和缆索吊机的最大优点是吊机不在梁上，施工荷载小，机动性好，速度快；缺点是专用性强，成本较高。

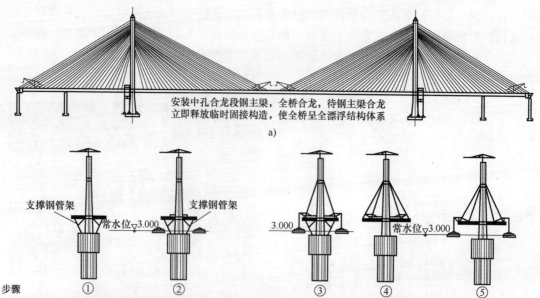

安装中孔合龙段钢主梁，全桥合龙，待钢主梁合龙立即释放临时固接构造，使全桥呈全漂浮结构体系

a)

步骤

①利用塔上塔式起重机搭设0号、1号块件临时用的支撑钢管架；②利用塔式起重机安装好0号及1号块件；③安装好1号块件的斜拉索，并在其上架设主梁悬臂吊机，拆除塔上塔式起重机和临时支撑架；④利用悬臂吊机安装两侧的2号块的钢主梁，并挂相应的两侧斜拉索；⑤重复上一循环直至全桥合龙

b)

图7-45 悬臂拼装法示意图

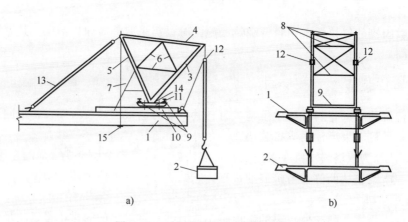

a)   b)

图7-46 三角形起重机构造示意图

a）侧面 b）正面

1—已拼梁段 2—待拼段 3—前杆 4—上弦杆 5—后杆 6—加强杆 7—后撑三角架 8—横联架 9—横联底座
10—钢行走板 11—定位销 12—起重滑轮组 13—后锚变幅滑轮组 14—支承结构 15—后锚

7.5 拉索施工技术

拉索安装可根据塔高、布索方式、索长、索径、索的刚柔程度、起重设备和施工现场状况等综合选择架设方法。拉索的安装步骤一般为：放索（拉索展开）、水平牵引、起吊、梁上安装拉索的张拉端和塔上牵引锚固端安装就位。

7.5.1　索的无应力长度

索的无应力长度是指不承受任何荷载时索的长度，是斜拉桥在施工和设计中计算拉索制作长度的关键参数。拉索的下料长度 L 为索的无应力长度与构造修正长度之和。首先应确定每一根拉索的长度基数 L_0，再对其进行若干的修正即可得到 L，而 L_0 是该拉索上下两个索孔出口处锚板中心的孔间距离。

冷铸锚的无应力长度计算公式如下：

$$L = L_0 - \Delta L_e + \Delta L_f + \Delta L_{ML} + \Delta L_{MD} + 2L_D + 3d \tag{7-1}$$

式中　　ΔL_f——初拉力作用下拉索垂度修正值，规范中此值是以抛物线法简化求出的，表示索的曲线长度与其弦长之差；

ΔL_e——初拉力作用下拉索的弹性伸长修正值，即拉索伸长量 ΔS；

ΔL_{ML}、ΔL_{MD}——由于构造引起的修正量，其总值用 ΔL_M 标识，各分项值可按图 7-47 计算，其中 ΔL_{ML} 及 ΔL_{MD} 取决于该形锚具的最终设定位置，以冷铸锚为例，张拉端锚具的最终位置可设定螺母定位于锚杯的前 1/3 处，固定端可设定螺母定位于锚杯的正中；

L_D——锚固板厚度；

d——钢丝直径。

根据锚具制作厂商家提供的锚具构造尺寸，就可推算出构造所需的拉索长度。

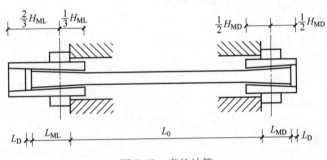

图 7-47　索长计算

若拉索下料时的温度和桥梁设计中取定的标准温度不一致，则在下料时应加温度修正。若采用应力下料，则还应考虑应力下料修正。温度修正和应力下料修正可根据具体情况考虑决定。

拉锚式拉索对长度的要求相当严格。通常，对于短索，要求其误差不大于 30mm；对于长索，则不大于索长的 0.03%。对于重要的桥梁，设计者也可以根据具体情况，制定更高的标准。拉丝式拉索的长度误差要求较宽，但要按宁长勿短的原则掌握。对于大跨径斜拉桥，拉索的制作宜和挂索协调进行，随时注意上一阶段的挂索情况，并根据反馈的信息，对下一阶段的拉索长度做出是否需要调整的决定。

7.5.2　拉索安装起吊设备

1. 塔顶门架

对于长、重索，一般在塔顶设计门架，提供斜拉索起吊的受力支点。设计门架系统时，应考虑斜拉索的重力、拉索的牵引力大小、风阻力等因素。由于塔顶工作空间有限，为操作方便、安全，在塔顶门架周边安装工作平台及安全防护栏杆，悬挂安全网，防止高处坠落等事故发生。所有起吊作业均安排在天气较好的时段内进行，并选择风速较小的天气。

2. 卷扬机及钢丝绳

卷扬机为斜拉索起吊、牵引的重要动力设备。根据施工内容的不同，可分为塔外主起吊卷扬机、塔内牵引卷扬机、梁端牵引卷扬机和辅助牵引卷扬机。钢丝绳一般采用多股不旋转钢丝绳。

3. 塔式起重机

短索施工时一般利用塔柱施工时的塔式起重机，辅助斜拉索起吊。

7.5.3　拉索的塔部安装

一般情况下，可根据斜拉索张拉方式确定拉索的安装顺序，拉索张拉端位于塔部时可先安装梁部拉索锚固端，后安装塔部拉索锚固端；反之，先安装塔部，后安装梁部。

安装斜拉索前应计算出克服索自重所需的拖曳力，以便选择卷扬机、起重机及滑轮组配置方式。塔部安装张拉端时，先要计算出各施工阶段的索力，然后选择适当的牵引工具和安装方法进行拉索安装。由理论分析可知，当矢跨比小于 0.15 时，可以用抛物线代替悬链线来计算曲线长度（图 7-48）。

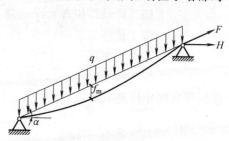

图 7-48　计算模型图

索的垂度公式：

$$f_m = \sqrt{\frac{3(L'-L)L}{8}} \tag{7-2}$$

水平力：

$$H = \frac{qL^2\cos\alpha}{8f_m} \tag{7-3}$$

式中　f_m——计算垂度值；

　　　L——两锚固点之间的距离；

　　　L'——索长；

　　　q——索的重度；

　　　α——索与水平面的夹角。

1. 吊点法

拉索主要利用卷扬机组安装，分为单吊点法和多吊点法。

（1）单吊点法　拉索上桥面后，从索塔孔道中放下牵引绳，连接拉索的前端，在离锚具下方一定距离设一个吊点，索塔吊架用型钢组成支架，配置转向滑轮。当锚头提升到索孔位置时，采用牵引绳与吊绳相互调节，使锚头尺寸准确，牵引至索塔孔道内就位后，穿入锚头固定，如图 7-49 所示。

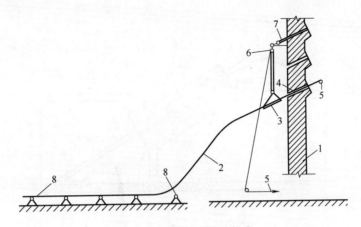

图 7-49 单吊点法安装拉索

1—索塔 2—待安装拉索 3—吊运索夹 4—锚头 5—卷扬机牵引 6—滑轮 7—索孔吊架 8—滚轮

单吊点法施工简便、安装迅速，缺点是起重索所需的拉力大，斜拉索在吊点处弯折角度较大，故一般适应较柔软的短拉索。

（2）多吊点法 同前述单吊点法，只要将单吊点法中的牵引索从预穿索孔中引出即可，多吊点法吊点分散、弯折小，在统一操作指挥下，可使斜拉索均匀起吊，因吊点较多，易使索保持直线状态，两端无须用大吨位千斤顶牵引。

2. 起重机安装法

采用索塔施工时的提升起重机，用特制的扁担梁捆扎拉索起吊。拉索前端由索塔孔道内伸出的牵引索引入索塔拉索锚孔内，下端用移动式起重机提升。起重机安装法操作简单快速，不易损坏拉索，但要求起重机有较大的起重能力，如图 7-50 所示。

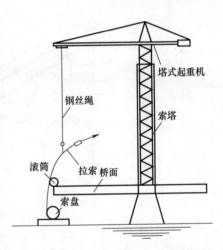

图 7-50 塔式起重机安装法安装斜拉索

7.5.4 拉索的梁部安装

拉索的梁部安装步骤同塔部安装，基本方法有以下两种：

（1）吊点法 在梁上放置转向滑轮，牵引绳从套筒中伸出，用起重机将索吊起后，随锚头逐渐地牵入套筒，缓缓放下吊钩，向套筒口平移，直至将锚头穿入套筒内，如图 7-51 所示。

（2）拉杆接长法 对于梁部为张拉端的拉索安装，采用拉杆接长法比较方便。先加工长度为 1.0m 左右的短拉杆与主拉杆（张拉连接杆）连接，使其总长度超过斜拉索套筒加张拉千斤顶的长度，利用千斤顶多次运动，逐渐将张拉端拉出锚固面，并逐渐拆掉多余的短拉杆，安装锚固螺母，如图 7-52 所示。运用拉杆接长法，要加工一个组合式螺母（张拉连接螺母），采用这个螺母逐步锚固拉杆，直到将锚头拉出锚板后拆除。

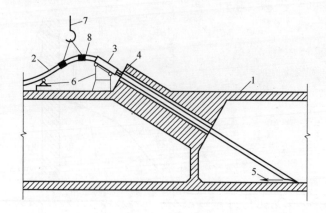

图 7-51　吊点法安装拉索

1—主梁　2—待安装拉索　3—拉索锚头　4—牵引滑轮　5—卷扬机牵引　6—滚轮　7—起重机　8—索夹

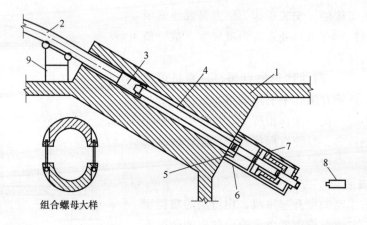

组合螺母大样

图 7-52　拉杆接长法牵引和锚固拉索

1—梁体　2—拉索　3—拉索锚头　4—长拉杆　5—组合螺母　6—撑脚　7—千斤顶　8—短拉杆　9—滚轮

7.5.5　斜拉索张拉与索力量测

1. 斜拉索张拉

斜拉索的张拉一般可分为拉丝式（钢绞线夹片群锚）锚具张拉和拉锚式锚具张拉两种。其中拉锚式锚具张拉因施工操作方便及现场工作量较少等优点被更多地采用。根据设计要求及现场实际情况，有采用塔部一端张拉的，有采用梁部一端张拉的，也有采用塔部、梁部两端张拉的，其中以塔部一端张拉使用最为广泛。

（1）拉丝式夹片群锚钢绞线斜拉索的张拉　对于配装拉丝式夹片群锚锚具的钢绞线斜拉索，挂索时先要在拉索上方设置一根粗大钢缆作为辅助索，拉索的聚乙烯套管先悬挂在辅助索上，然后逐根穿入钢绞线，用单根张拉的小型千斤顶调好每根钢绞线的初应力（图 7-53），最后用群锚千斤顶整体张拉（图 7-54）。新型的夹片群锚拉索锚具，第一阶段张拉使用拉丝方式，调索阶段使用拉锚方式。

图 7-53 单根张拉

图 7-54 整体张拉

（2）拉锚式斜拉索的张拉 拉锚式斜拉索张拉均为整体张拉。根据目前的技术水平，国内外拉索锚具、千斤顶、拉索设计吨位已达到"千吨"级水平，大吨位拉索整体张拉工艺已十分成熟。无论是一端张拉还是两端张拉，一般情况下都需在斜拉索端头接上张拉连接杆，之后使用大吨位穿心式千斤顶实施斜拉索的张拉调索，为方便施工，张拉杆大都采用分节接长，而非整根通长。

2. 索力量测

斜拉索的索力正确与否，是斜拉桥设计施工成败的关键之一，必须有可靠的方法准确量测索力。目前常用的索力量测方法有压力表测定法、压力传感器测定法、磁通量传感器测定法及频率法等，如图 7-55 所示。

a)

b)

c)

图 7-55 索力量测

a）压力传感器测定法 b）磁通量传感器测定法 c）频率法

压力表测定法是利用千斤顶的液压与张拉力之间的直接关系，在张拉过程中通过读取油压，而后换算成索力的测定方法。压力传感器测定法是通过串联一个压力传感器，张拉时直接从传感器的仪表上读取索力。磁通量传感器基于铁磁性材料的磁弹效应原理进行测量，当受到外力作用时，铁磁性材料内部产生机械应力或应变，其磁导率发生相应变化，通过测定磁导率的变化来反映应力（或索力）的变化。频率法是利用索振动频率与索力之间的关系，通过测定频率，间接量测索力的方法。

思 考 题

1. 简述斜拉桥的分类。
2. 简述斜拉桥的组成及其特点。
3. 简述斜拉桥塔柱的类型及其施工方法。
4. 斜拉桥主梁的类型有哪些？有哪几种施工方法？
5. 斜拉桥的减振措施有哪几种？

第8章 悬索桥构造与施工

悬索桥又称为吊桥（Suspension Bridge），是最古老的桥型之一，它主要由主缆、索塔、锚碇、吊索、加劲梁、桥面系等组成，如图8-1所示。其桥面荷载是经加劲梁、吊索传给主缆，再由主缆传至索塔和两端的锚碇，所以主缆、索塔和锚碇是悬索桥的三大主要受力构件，与梁桥不同，这里的加劲梁已不再是主要承重构件，跨径越大，加劲梁相对于具有巨大张力主缆的刚度就越小，加劲梁所分担的活荷载也就越小。由于主缆承受拉力，可用高强钢丝制成；另外，施工时可利用索塔架设主缆，用悬挂法安装加劲梁及桥面系，悬索桥施工不会因为跨径增加而造成很大的难度，这一优点是其他桥型施工无法做到的。所以悬索桥非常适用于大跨结构，目前已建成最大跨的明石海峡大桥为主跨1991m的悬索桥，而且在桥梁史上悬索桥基本一直占据着最大跨。世界典型大跨悬索桥见表8-1。

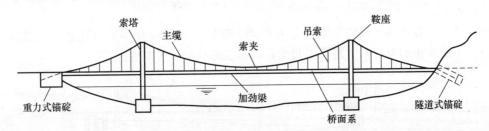

图 8-1 悬索桥的组成

表 8-1 世界典型大跨悬索桥一览

序号	桥名	主跨跨径/m	建成年代	国家
1	恰纳卡莱大桥	2023	在建	土耳其
2	明石海峡大桥	1991	1998 年	日本
3	南京仙新路过江通道	1760	在建	中国
4	双屿门大桥	1756	在建	中国
5	杨泗港长江大桥	1700	2019 年	中国
6	虎门二桥坭洲水道桥	1688	2019 年	中国
7	深中通道伶仃洋大桥	1666	在建	中国
8	舟山西堠门大桥	1650	2009 年	中国

（续）

序号	桥名	主跨跨径/m	建成年代	国家
9	大贝尔特桥	1624	1998 年	丹麦
10	伊兹米特海湾大桥	1550	2016 年	土耳其
11	润扬长江公路大桥	1490	2005 年	中国
12	南京栖霞山长江大桥	1418	2012 年	中国
13	亨伯尔桥	1410	1981 年	英国
14	江阴长江公路大桥	1385	1999 年	中国
15	香港青马大桥	1377	1997 年	中国
16	韦拉扎诺海峡大桥	1290	1964 年	美国
17	金门大桥	1280	1937 年	美国
18	武汉阳逻长江大桥	1280	2007 年	中国

■ 8.1 悬索桥的分类及特点

悬索桥的类型可根据悬吊跨数、主缆锚固方式及支承结构等加以划分。

8.1.1 按悬吊跨数分类

根据悬吊跨数不同，可将悬索桥分为单跨、双跨、三跨以及多跨（四跨、五跨等）悬索桥，其中最常用的单跨和三跨悬索桥的孔跨布置形式如图 8-2 所示。

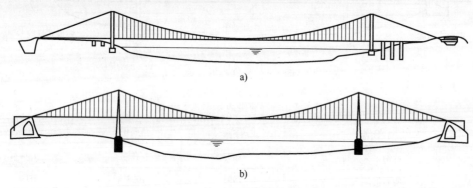

a)

b)

图 8-2　悬索桥的孔跨布置形式

a). 单跨悬索桥　b) 三跨悬索桥

单跨悬索桥常用于高山峡谷地区，两岸地势较高，采用桥墩支撑边跨更为经济，或者道路连接线受限时。就结构特性而言，单跨悬索桥由于边跨主缆的垂度小、长度短，对中跨荷载变形控制更为有利。双跨悬索桥应用较少，在 1000m 以上的大跨径悬索桥中有我国香港青马大桥（1377m）和日本来岛二桥（1020m）这两座。三跨悬索桥因其受力合理，对称的建筑造型也比较符合人们的审美观点，这种布置是目前使用最多的桥型，世界上大跨径悬索桥大多也采用这种形式。

相对于三跨悬索桥而言，四跨或五跨悬索桥又称为多跨悬索桥。这种桥型由于结构柔性大、固有振动频率低，难以满足特大跨径悬索桥的受力及刚度需要，因而实际工程应用非常有限，大跨径结构仅有我国的泰州长江大桥，其跨江主跨采用 2×1080m 的三塔双跨钢箱梁悬索桥。若需要连续大跨布置时，可以采用两个三跨悬索桥通过一个共用锚碇相连的形式，如图 8-3 所示。如日本南、北备赞濑户大桥均就采用了这种布置形式，南备赞濑户大桥跨径（274+1100+274）m，北备赞濑户大桥跨径（274+990+274）m，两者通过一个共用重力式锚碇相连。

图 8-3　悬索桥共用锚碇布设形式

8.1.2　按主缆锚固方式分类

按主缆锚固方式，可将悬索桥划分为地锚式悬索桥和自锚式悬索桥。大多数悬索桥均采用地锚方式锚固主缆，即主缆拉力通过锚碇最终传给大地。在城市桥梁中，由于景观要求或桥头为不适合建造锚碇的软基时，也可以在边跨两端将主缆直接锚固在主梁上，免去建造巨大的锚碇，这种结构就是自锚式悬索桥，其受力特点是利用主梁受压来平衡主缆的水平轴力，设计时可以通过调整矢跨比来调节主梁水平压力的大小，通过合适的锚固位置可为混凝土主梁提供免费的预压应力；主缆拉力的竖向分力需要通过设置拉压支座等构造措施进行平衡。自锚式悬索桥适用跨径受限，已建成的最大跨径是主跨 600m 的鹅公岩轨道专用桥。

8.1.3　按支承结构分类

按加劲梁的支承结构不同，可将悬索桥分为单跨双铰加劲梁悬索桥、三跨双铰加劲梁悬索桥及三跨连续加劲梁悬索桥等，如图 8-4 所示。

三跨双铰加劲梁的布置在受力上较合理，加劲梁的弯矩比较小，对索塔基础不均匀沉降的适应性也较好。但采用非连续的双铰加劲梁时，梁端的角变位和伸缩量以及跨中的最大挠度均较大。对于对变位要求较低的公路桥，采用三跨双铰加劲梁较合理，而对于有铁路通过的悬索桥，应优选连续加劲梁方案。

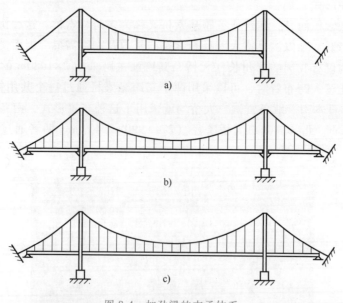

图 8-4　加劲梁的支承体系

a）单跨双铰加劲梁　b）三跨双铰加劲梁　c）三跨连续加劲梁

■ 8.2　悬索桥的总体布置参数

悬索桥的总体布置参数不仅要考虑美观，还要考虑结构受力合理性，主要包括如下内容：

1. 跨径比

跨径比是三跨悬索桥边跨与主跨跨径之比，一般受具体桥位处的地形与地质条件制约，其取值的自由度较小，跨径比一般为 0.25~0.5。研究表明：若主孔跨径及垂跨比确定，则跨径比越小单位桥长所需的钢材质量越大，但减小跨径比可以起到减小加劲梁最大竖向挠度及最大竖向转角的作用。目前世界上已建三跨悬索桥的实例中，跨径比大部分为 0.2~0.4。

2. 垂跨比

在恒荷载作用下，悬索桥的主缆可以近似成抛物线。悬索桥的垂跨比是指主缆在主孔内的垂度与主孔跨径的比值，它是悬索桥设计时需要首先确定的一个重要参数。垂跨比的大小一方面对主缆拉力有很大的影响，因此，它在较大程度上影响主缆截面面积与单位桥长缆索的用钢量；另一方面还对悬索桥的纵向及横向整体刚度有明显的影响，垂跨比越小，主缆中拉力越大，刚度也越大。因此，在实桥设计中，应结合对刚度的要求和主缆用钢量来选取合适的垂跨比，现代地锚式大跨悬索桥主缆垂跨比大多为 1/12~1/9，一般多在 1/10 左右。

3. 宽跨比

宽跨比是指桥梁上部结构的梁宽（或主缆中心距）与主孔跨径的比值。加劲梁的宽度由车道宽度及桥面构造布置等决定。对中小跨径桥梁而言，宽跨比习惯上选用 1/20，但对大跨径桥梁而言该标准过于保守。大跨径悬索桥的宽跨比至今尚无合理而具有科学性的统一标准，设计中主要根据抗风理论分析和风洞试验来验证所取的宽跨比是否具备优良的动力特性。在理论上，当主孔跨径 L 为定值时，宽跨比越大，结构整体刚度越大，特别是横向刚度。据统计，世界大跨径悬索桥的宽跨比大部分为 1/60~1/40。

4. 高跨比

高跨比是指悬索桥加劲梁的高度与主孔跨径的比值。对大跨径悬索桥而言，梁高与跨径基本上没有关系，设计中关键是确保具有优良的动力持性。通常桁架式加劲梁的梁高一般为 8~14m，箱形加劲梁的梁高一般为 2.5~4.5m。

实际上，高宽比和高跨比存在着一定矛盾。在桥面宽度确定以后，梁高小一些，断面的流线型可以好一些，有利于抗风稳定性。但高度太小会导致加劲梁的抗扭刚度削弱太多，容易导致涡振和抖振的发生，产生结构疲劳，使人感到不适及行车不安全，因此还要控制高跨比。

5. 加劲梁的支承体系

加劲梁的支承体系主要有主跨单孔简支、主边跨三孔连续或三跨双铰及两跨简支或连续。一般三跨悬索桥中的加劲梁绝大多数采用三跨双铰加劲梁，即每跨加劲梁的两端分别设置支承体系。这种布置在结构上比较合理，但梁端的角变量和伸缩量及跨中竖向和横向的最大挠度均较大。连续加劲梁的布置形式能减小桥面的变形，对整体抗风及运营平顺性和舒适性均有利，这种布置正在增多，尤其在公铁两用大跨径悬索桥中非常必要。

为了进一步减少跨中挠度和加劲梁伸缩量，1959 年法国坦卡维尔桥首次在主跨中点将主缆和加劲梁固接，这种构造处理可以有效减少在非对称荷载作用下的挠度值，提高纵向位移的复原力，减少正常情况下活荷载引起的振动以及风荷载和地震荷载引起的纵向变位量。后来，日本大岛大桥、东京湾连络桥、白鸟大桥、瑞典的霍加库斯腾桥、丹麦大贝尔特桥和我国的润扬长江公路大桥贵州坝陵河钢桁架悬索桥也都采用这种加设中央扣的方法，在具体构造细节上有的采用大夹具固定，有的采用短斜索和端斜索固接，其做法存在区别，但是实质作用是相同的。

■ 8.3 悬索桥的组成与构造

本书主要针对地锚式悬索桥进行介绍，地锚式悬索桥主要由主缆、锚碇、索塔、加劲梁、吊索、索夹、主索鞍、散索鞍等几部分组成。

8.3.1 主缆

1. 主缆的功能和构造

主缆是悬索桥的主要承重构件之一，以受拉力为主。除承受自重、索夹、吊索、加劲梁等恒荷载外，还承受通过吊索传来的活荷载。另外，主缆还承担一部分横向风力以及温度变化的影响，并将其直接传到索塔顶部。

目前，主缆主要有两类：

（1）钢丝绳主缆 可分为钢绞线和螺旋钢丝绳、封闭式钢绞线索等。钢丝绳主缆弹性模量低，使得桥的变形增大，且不易按设计截面形状压紧，也难以采取有效的防腐措施，所以一般多用于中、小跨悬索桥。

（2）平行钢丝股主缆 一般由直径 5mm 左右的镀锌高强钢丝组成，因其弹性模量高、空隙率低、防腐性能好，所以国内外的大跨悬索桥多采用平行钢丝股主缆。为使主缆的构造同其锚固适应，缆内钢丝应分成许多根丝股；就施工方便讲，各丝股内的钢丝数是相等的；为便于使主缆截面最终被挤压成圆形，预制平行丝股法一般是将丝股先排成正六边形，这样缆内的丝股数目只能是 19、37、61、91、127、169、217、271 等，典型的预制丝股截面如图 8-5 所示。

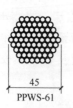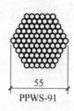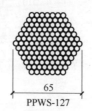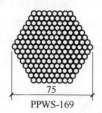

PPWS-61	PPWS-91	PPWS-127	PPWS-169
45	55	65	75

图 8-5 典型的预制丝股截面

早期悬索桥主缆的强度安全系数一般都不低于 2.5，随着技术的进步，为充分发挥材料性能，对恒荷载占比较高的大跨径悬索桥，主缆强度安全系数可以取得略低点，但是一般应在 2.0 以上。在 20 世纪 90 年代，主缆钢丝的强度已达到 1800MPa，目前标准强度 1960MPa 以上的超高强度钢丝业已开始进行研发和应用，主缆直径主要与主缆拉力、材料强度、安全系数等因素有关，考虑施工难度，一般控制主缆直径不超过 1.3m 为宜，悬索桥多采用两根主缆，当拉力很大时，也可考虑采用多根主缆。日本明石海峡大桥采用 2 根直径 1.12m 的主缆，每根主缆由 290 根丝股构成，每根丝股长度约为 4645m、质量约为 92t，丝股由 127 根直径 5.23mm 的预制平行高强钢丝组成，钢丝抗拉强度为 1800MPa。2020 年 12 月 11 日通车的连镇铁路五峰山长江大桥采用 2 根直径 1.3m 的主缆，每根主缆由 352 根丝股构成，丝股由 127 根直径 5.5mm 的预制平行镀锌高强钢丝组成，钢丝抗拉强度不小于 1860MPa，每根丝股长度约为 2000m，质量约为 48.7t。

2. 主缆的制作架设方法

目前，主缆的制作架设方法主要有两种，即空中纺丝法（Air Spinning Method，常简称为 AS 法）和预制平行丝股法（Prefabricated Parallel Wire Strands Method，常简称为 PPWS 法）。

AS 法是将丝股的工作放在以猫道为工作平台的空中去完成，在制丝股的同时也完成了架设。与 PPWS 法相比，它有条件加大每股丝数，相应地也减少了锚头数量和锚室内的锚固面积；但是该法空中送丝作业时间较长，制缆质量易受环境影响，编缆设备一次性投资较高。AS 法是主缆施工使用最早最多的方法，美国及欧洲一些国家惯于采用 AS 法编缆。

PPWS 法的基本原理是在工厂或现场临时厂房内预先将钢丝制成束，然后将其缠绕在卷筒上，运至现场并安装在拉出侧锚碇的钢丝松卷轮上，通过拽拉系统将这些钢丝束拽拉至另一侧锚碇，再进行钢丝束的就位与调整工作。PPWS 法按股拽拉，缩短了编缆中的空中作业时间，质量也较 AS 法容易保证；但受拽拉系统拽拉力的能力限制，每股丝数不能太多。

历史上，PPWS 法的应用较 AS 法晚，它是为提高丝股质量和空中制缆效率而提出的。

最早可追溯到20世纪30年代初美国修建俄亥俄河上两座小跨悬索桥时所用的岸纺法，即它是在桥址附近的河岸上预制平行丝股，然后逐个将丝股拖拉过河再提升到塔顶就位。岸纺法只能看作是现代厂制预制平行丝股法思想的起源，厂制预制平行丝股法首次成功应用于20世纪60年代末美国修建的纽波特桥（主跨487.7m）上。20世纪70年代开始，日本对PPWS法进行了较为系统的研究，并将该法逐渐应用于长跨悬索桥。20世纪80年代后，PPWS法与传统的AS法大有平分秋色之势。20世纪90年代以来，我国所修建的悬索桥基本也都采用了PPWS法。

8.3.2　锚碇

锚碇是对锚块基础、锚块、主缆锚固系统及防护结构的总称。锚碇是悬索桥的主要承重构件，要抵抗来自主缆的拉力，并将其传递给地基。锚碇按受力形式可分为重力式锚碇和隧道式锚碇（也称为隧洞式锚碇），如图8-6所示。重力式锚碇依靠其巨大的重力抵抗主缆拉力，其基础可采用扩大基础、沉井基础、地下连续墙基础等，应根据桥址处地质、地形条件与经济性进行选择。隧道式锚碇的锚体嵌入基岩内，借助基岩抵抗主缆拉力，隧道式锚碇只适合于基岩坚实完整的地区，其他情况下大多采用重力式锚碇。如美国的乔治·华盛顿大桥（1931年）、旧金山-奥克兰海湾大桥（1936年）、英国的福斯公路桥（1964年）、日本的下津井濑户桥和我国丰都长江大桥等的一侧或全部锚碇采用了隧道式锚碇。

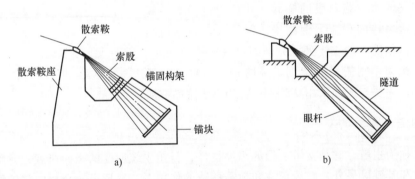

图8-6　锚碇类型

a）重力式　b）隧道式

锚固系统是主缆丝股向混凝土锚体传力的连接及过渡部分，它包括置于混凝土锚体内的锚固系统和与主缆丝股相连的连接系统。根据主缆丝股在锚块中的锚固部位和传力机理，主缆丝股锚固方式可分为前锚式和后锚式（图8-7）两种类型。前锚式就是丝股锚头在锚块前锚固，通过锚固系统将缆力作用到锚体。后锚式即将丝股直接穿过锚块，锚固在锚块后面。前锚式因具有主缆锚固容易，检修保养方便等优点而广泛运用于大跨悬索桥中。美国20世纪60年代修建的New Port悬索桥，采用了后锚式，具体是在锚块中预埋钢管以让丝股穿过直达后锚面。

前锚式锚固系统又分为型钢锚固系统和预应力锚固系统两种类型。型钢锚固系统又有直接拉杆式和前锚梁式。预应力锚固系统（图8-8）按材料不同可分为粗钢筋锚固形式和钢绞线锚固形式。

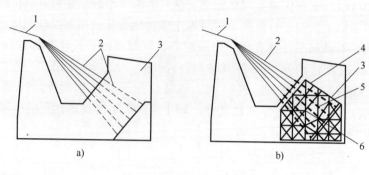

图 8-7　主缆丝股锚固方式

a）后锚式　b）前锚式

1—主缆　2—丝股　3—锚块　4—锚支架　5—锚杆　6—锚梁

　　型钢锚固系统由后背梁和钢拉杆组成，钢拉杆的前端伸出前锚面，与主缆丝股直接销接式连接。传力途径为钢拉杆将丝股拉力传向后背梁，再经后背梁将所受拉力扩散至混凝土锚体，故此施工中要采取隔离措施防止钢拉杆与混凝土黏结。预应力锚固系统常采用 2 束或 4 束大吨位预应力钢绞线，先锚固连接系的根部，再由连接系的前部完成对主缆丝股的锚固。其传力途径为主缆拉力通过连接系传向预应力钢绞线，钢绞线再将该拉力传递至后锚面锚固。钢绞线张拉完毕即可进行孔道压浆，若考虑后期换束，则需采取特别措施防护。锚杆与主缆的连接方式，主要与成缆采用 AS 法还是 PPWS 法而有所区别。

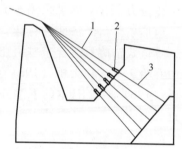

图 8-8　预应力锚固系统

1—丝股　2—螺杆　3—粗钢筋或钢绞线

8.3.3　索塔

　　索塔也称为主塔，它是支承主缆的主要构件，分担主缆所受的竖向荷载，并将其传递到下部的塔墩和基础。另外，在风荷载和地震荷载的作用下，它还可对全桥的总体稳定提供安全保证。

　　以桥面以上的索塔高度为准的话，悬索桥的索塔高度为（1/11~1/9）L，而斜拉桥的索塔高度为（1/5~1/4）L，L 为主孔跨径。因此，对同等跨径桥梁，悬索桥的索塔高度大致仅为斜拉桥的一半。

　　根据所用材料的不同，可将索塔分为钢索塔和混凝土索塔。在 20 世纪 60 年代以前，较大跨径悬索桥都采用钢材来制造，1959 年，法国在主跨 608m 的坦卡维尔（Tancarville）桥上首次使用混凝土来修建索塔，其由于造价优势，之后被欧洲广泛采用，如丹麦的小贝尔特桥（主跨 600m）、英国的恒伯尔（Humber）桥均采用混凝土索塔。20 世纪 90 年代以后，我国所修建的大跨径悬索桥也采用混凝土索塔。

　　在横桥向，按索塔布置形式可将索塔分为桁架式、刚构式和混合式三种，如图 8-9 所示。刚构式简洁明快，可用于钢索塔或混凝土索塔，桁架式和混合式由于交叉斜杆的施工对混凝土结构有较大困难，一般只能用于钢索塔。

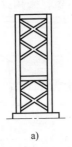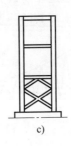

a)　　　　　　　　　　b)　　　　　　　　　　c)

图 8-9　索塔横桥向布置形式

a) 桁架式　b) 刚构式　c) 混合式

在顺桥向，按力学性质可分为刚性塔、柔性塔和摇柱塔三种结构形式。刚性塔可做成单柱形或 A 字形，一般多用于多塔悬索桥中，可提高结构纵向刚度，减小纵向变位，从而减小梁内应力；柔性塔允许塔顶有较大的变位，是现代悬索桥中最常用的索塔结构，一般为塔柱下端做成固接的单柱形式；摇柱塔为下端做成铰接的单柱形式，一般只用于跨径较小的悬索桥。

混凝土索塔多采用刚构式框架结构，一般由两个箱形空心塔柱和若干横系梁组成。根据横系梁的设置情况可分为单层框架和多层框架，根据索塔的横向刚度要求，一般设置 2~4 道横系梁。根据塔柱的竖向外形又分为竖直塔柱和倾斜塔柱，根据塔柱横向截面尺寸的变化规律又可分为等截面塔柱和变截面塔柱。塔柱以受压为主，一般按普通钢筋混凝土结构设计，横系梁是受弯构件，因此一般按预应力混凝土结构设计。

悬索桥索塔施工的难度在于变截面高塔（一般为 95~300m）和横系梁上。高塔柱一般可采用滑模、爬模和翻模技术施工。横系梁施工目前有两种主要方法，一是塔柱施工到一定高度后，吊装横系梁劲性骨架，在劲性骨架上支模，浇筑混凝土，张拉预应力筋。这种方法的优点是节省大量临时支撑杆件，施工速度较快；缺点是施工结束后，不能取出劲性骨架，造成材料浪费。另外一种方法是用万能杆件或军用梁等常备杆件在两立柱间拼搭桁架桥梁，在梁上立模、浇筑混凝土、张拉预应力筋。虎门大桥在施工方案设计中，还曾建议采用两端锚固于塔柱的万能杆件组成的浇筑平台来现浇横系梁，但后来施工也改用第二种方法。

8.3.4　加劲梁

悬索桥加劲梁主要起支承和传递荷载的作用，主要类型有钢桁架梁、扁平钢箱梁以及薄壁预应力混凝土箱梁。钢桁架梁更适合在铁路或公路铁路两用桥中使用，最早在美国被广泛使用，后来也被日本所采用。扁平钢箱梁首先在欧洲被使用，风洞试验表明流线型扁平钢箱梁结构具有更低的风阻系数，在用钢量方面也比钢桁架略占优势，所以也是我国大跨悬索桥加劲梁使用的主要形式。另外，我国修建的主跨 452m 的广东汕头海湾大桥，加劲梁采用了预应力混凝土箱梁，属同类结构最大跨度。

8.3.5　吊索

吊索下端通过锚头与梁体两侧的吊索点连接，上端通过索夹与主缆连接，它是将加劲梁及桥面竖向力向主缆传递的局部受力构件。

吊索从立面布置上有竖直和斜向两种形式，前者最常见，斜吊索（图 8-10）由于构造比较复杂，且疲劳问题还没有研究透彻等原因，目前使用不多，采用这种形式的桥例有英国的塞文桥、亨伯桥、土耳其的博斯普鲁斯Ⅰ桥等。

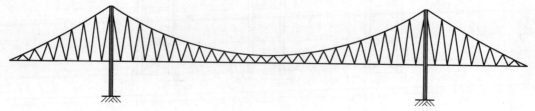

图 8-10　斜吊索布置

吊索通常采用镀锌扭绞钢丝绳，封闭锁口钢丝绳或平行镀锌钢丝束制作，表面涂装油漆或包裹 HDPE 护套防腐。吊索通常按等间距和等截面布置。

吊索与索夹的连接方式有耳板销接式和鞍槽骑跨式两种，如图 8-11 所示。销接式既可用于钢丝绳吊索，也可用于平行钢丝束吊索，我国江阴长江大桥就是采用的这种形式。骑跨式是将钢丝绳吊索跨越索夹预留槽口而吊挂在主缆上，通过槽口的喇叭状构造允许吊索可以在顺桥向有微量的摆幅，以避免由于主梁在活荷载、温度、风荷载等作用下产生的纵向位移引起吊索摆动造成的弯折。

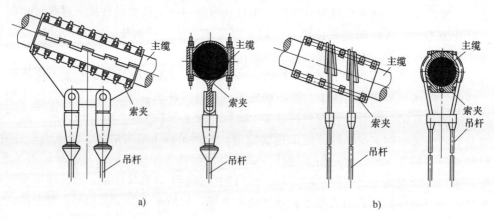

图 8-11　吊索与索夹的连接方式

a）耳板销接式　b）鞍槽骑跨式

8.3.6　索夹

索夹是主缆和吊索连接的关键部件，要求有足够的强度、刚度，在主缆受拉时，索夹不因主缆缩径产生滑动。索夹由铸钢制作，分成左、右两半或上、下两半。安装之后，用高强度螺栓将两半拉紧，使索夹内壁对大缆产生压力，防止索夹沿大缆向低处滑动。

索夹铸钢壁厚一般为 25~35mm，其长度及紧固高强度螺栓的个数依索夹安装部位所受的下滑力大小而定。主塔两侧部位索夹下滑力最大，索夹最长；跨中索夹下滑力最小，索夹也最短。此外，为满足主缆紧固定型需要，在不设吊索的边跨等区段，通常也布设小型紧固索夹。

由于主缆是由多根钢丝组成的柔性体，施工、运营期间在荷载、温度、锚和塔的变位等影响下，主缆会变细、截面面积减小，索夹拉杆的预紧力会有所下降，因此需有计划地定期紧固连接螺栓，以策安全。

8.3.7　主索鞍

　　主索鞍是设置于悬索桥主塔塔顶，用于支撑主缆，并将主缆所受竖向力传向主塔，同时也达到使主缆在塔顶处平缓过渡、减少主缆过塔顶时的弯曲应力的目的，如图 8-12 所示。

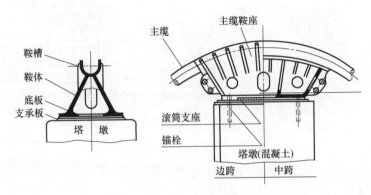

图 8-12　主索鞍构造

　　塔顶主索鞍座主要由鞍槽、座体和底板三部分组成，鞍槽用以直接容纳和支承主缆丝股，纵向呈圆弧状，半径为主缆直径的 8~12 倍；横向呈台阶状，台阶由中央向两侧渐次抬高，与主缆丝股圆形排列相适应，台阶宽度与丝股尺寸相近。座体是鞍座传递竖向压力的主体，直接与鞍槽底部连为一体，它由一道或两道纵主腹板和多道横肋构成，下部与底板相连。底板是预置于塔顶用以支承鞍座座体的部分，它使鞍座反力均匀分布于塔顶。为满足悬索桥施工过程中鞍座预偏复位滑移的需要，底板与座体底板之间需设滑动装置，如滚轴、四氟滑板或其他减摩技术。鞍座常采用全铸或铸焊组合方式制造，由于其结构尺寸大及质量较重，通常在纵向分成两节或三节铸造及吊装施工，但须拼合后整体进行机械加工。

8.3.8　散索鞍

　　散索鞍或散索套设置于锚碇前段，起支承转向及分散丝股便于主缆锚固的作用，即在锚跨一侧将主缆丝股在竖直方向和水平方向散开，引入各锚固点。与塔顶鞍座不同的是，散索鞍在主缆受力或温度变化时要随主缆同步移动，因而其结构形式上又有滚轴式和摆轴式两种基本类型，分别如图 8-13 和图 8-14 所示；也分全铸和铸焊组合两种制造方式。散索套常用于主缆直径较小又不需转向支承时代替散索鞍分束锚固用，整体为喇叭形，为两半拼合的铸钢结构。

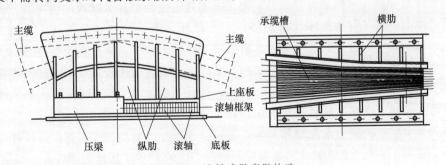

图 8-13　滚轴式散索鞍构造

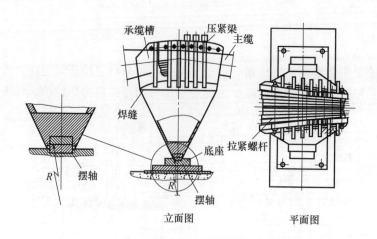

图 8-14　摆轴式散索鞍构造

悬索桥主缆
索股锚碇牵引

■ 8.4　主缆架设

锚碇和索塔工程完成后，紧接着就是主缆架设。主缆工程包括主缆架设前的准备工作、主缆架设、防护及收尾工作等。

8.4.1　主缆架设前的准备工作

主缆架设前，应先安装索鞍（包括主副索鞍、展束锚固索鞍等），安装塔顶吊机或吊架以及各种牵引设施和配套设备，然后依次进行导索、牵引索、猫道的架设，为主缆架设做好准备。

8.4.2　牵引系统

1. 牵引系统的形式

牵引系统是架于两锚碇之间、跨越索塔、用于空中拽拉的牵引设备，主要承担猫道架设、主缆架设以及部分牵引吊运工作。常用的有循环式和往复式两种。

（1）循环式牵引系统　把牵引索的两端插接起来，形成环状闭合索，通过一台驱动装置连续牵引这个闭合索，由滚筒和塔架滑轮等作为支撑和导向，闭合索循环运动，同时将连接其上的钢丝或丝股从一侧锚碇带到另一侧，就实现了主缆钢丝或丝股的输送。

循环式牵引系统又有小循环（图 8-15）和大循环（图 8-16）两种形式，小循环一般是分别在上、下游按竖向设置两套独立的牵引系统，分别完成上、下游侧牵引任务。大循环一般是水平设置，供上、下游牵引使用。实际小循环牵引系统应用较多，大循环仅在每缆丝股根数较少，主缆工程不控制工期的情况下使用，如日本在修建主跨 560m 的大岛大桥时就采用大循环方式架缆，大岛大桥总共有 104 股（每股 127 丝）。

循环式牵引系统的牵引索是靠驱动装置滚筒以摩擦方式驱动，牵引速度连续性好，但牵引力较小，适用于 AS 法主缆架设和悬索桥跨径较小时的 PPWS 法丝股架设。

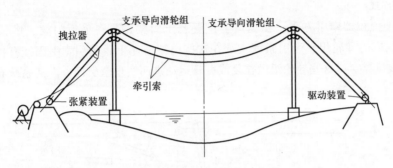

图 8-15　小循环牵引系统示意图

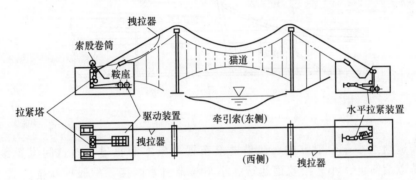

图 8-16　大循环牵引系统示意图

（2）往复式牵引系统　牵引索的两端分别卷入主、副卷扬机，一端用于卷绳进行牵引，另一端用于放绳，牵引索做往复运动，其布置示意图如图 8-17 所示。往复式牵引系统是把钢丝绳直接卷在卷扬机上，其牵引力的大小容易实现，跨径大的悬索桥丝股架设需要较大的牵引力时可采用往复式牵引系统。

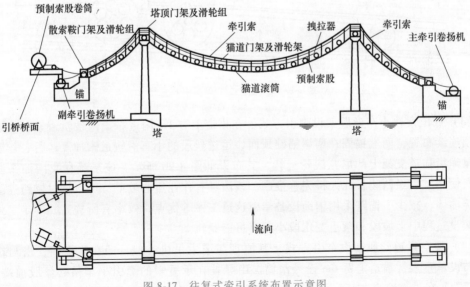

图 8-17　往复式牵引系统布置示意图

2. 牵引方式

（1）门架拽拉器牵引方式　在猫道上设置若干门架，并在猫道门架、塔顶及锚碇门架横梁上安装相应的导轮组，牵引索就支承在这些门架滑轮上，牵引索上固接有拽拉器，通过牵引索带动拽拉器穿过这些导轮组做往复或循环运动进而实现牵引任务。其系统布置如图 8-18 所示。

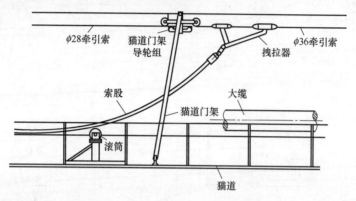

图 8-18　门架拽拉器牵引系统布置示意图

（2）猫道轨道小车牵引方式　在猫道上布置两条木制轨道，轨道间设置滚筒，牵引索运行在猫道滚筒上，小车沿轨道运行，小车与牵引索固接，丝股前端锚头置于小车上，这样通过牵引卷扬机的收放绳，牵引索就带着小车在轨道上做往复运动，如图 8-19 所示。轨道小车丝股架设系统是专为牵引预制丝股而设计的，优点是在猫道面层上运送丝股，降低了高处作业重心而易于操作；构造简单、技术要求低、机加工件较少、造价较低等。

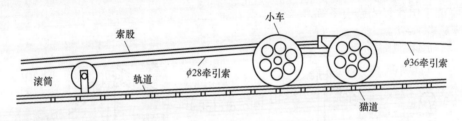

图 8-19　猫道轨道小车牵引示意图

（3）低位索轨小车丝股架设牵引方式　在猫道上方 1m 附近布设两条轨道索，轨道索越过塔顶连续布置，两端锚固在两岸锚碇顶面，运送丝股的小车沿轨道索往复运行，丝股及牵引索尾绳沿猫道支架上的尼龙滚轮运行，其布设如图 8-20 所示。该系统在我国汕头海湾大桥首次使用，后经西陵长江大桥完善推广。该法具有作业重心较低，可以越过锚跨连续牵引至锚碇前墙，减少了锚跨采用辅助设备牵引这道工序等优点，效率有所提高，不足之处是在丝股架设过程中上坡段和索度变化段小车有可能脱轨。

（4）架空索道丝股架设牵引方式　其原理与缆索吊机类似，即在索塔间，塔与锚碇间分段布设承重索，猫道上每 6m 设一滚筒。由悬挂在承重索的牵引小车吊起丝股前端锚头，丝股后端躺在猫道滚筒之上，通过牵引索拽拉小车往复运动实现丝股的牵引。其布设如图 8-21

所示。该系统首次在我国丰都长江大桥使用，其优点是运索小车可以牵引进洞，免去了用滑车辅助牵引至锚碇拉杆的工序；一侧猫道仅需设一根承重索，而且承重索不与猫道连接；该系统构造简单、加工件少、造价较低。不足之处是在塔顶、隧洞口处，需要转换两次牵引小车。该法后来经重庆鹅公岩大桥等大跨悬索桥施工使用而变得更加完善，目前牵引丝股的效率已有所提高。

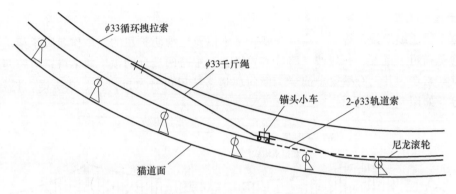

图 8-20　低位索轨小车牵引布设示意图

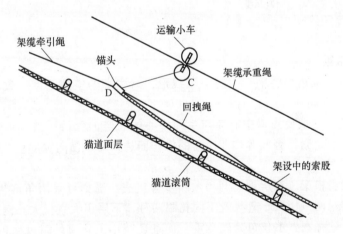

图 8-21　架空索道牵引布设示意图

3. 牵引系统的架设

牵引系统的架设是以简单经济，并尽量少占用航道为原则。通常的方法是先将比牵引索细的先导索渡海（江），再利用先导索将牵引索由空中架设。先导索渡海（江）的方法有水下过渡法、水面过渡法与空中过渡法。

（1）水下过渡法　先导索的前端跨过塔顶与牵引船连接，牵引船驶往彼岸的同时，将先导索从水下带过江，然后由对岸塔顶的提升设备将先导索提升至塔顶，并引向置于锚碇附近的卷扬机，收紧后形成架空导索。该法的缺点是在牵引过程中要进行封航，在海（江）底地形比较复杂和潮水迅猛的场合有较大的危险；优点是施工设备和施工方法简单。

（2）水面过渡法　渡海（江）的先导索每隔一段距离系上一浮子使其在水面上漂浮

着由牵引船牵到对岸。根据潮流情况掌握好时机，此法是安全可行的，但装拆浮子比较麻烦。

（3）空中过渡法　在不封航的情况下，将先导索由空中牵引过海（江）。根据具体情况可以使用气球法、直升机法、无人机法、火箭抛送法或浮吊法等。

8.4.3　猫道

1. 猫道的构造

猫道是供主缆架设，缆索、索夹安装，吊索以及主缆防护用的空中作业脚手架。其主要承重结构是猫道承重索，一般按三跨分离式设置，中跨两端分别锚于两索塔，边跨两端分别锚于锚碇与索塔。其上有横梁、面层、横向通道、抗风吊杆及抗风缆、扶手绳、栏杆立柱、安全网等，如图 8-22 所示。

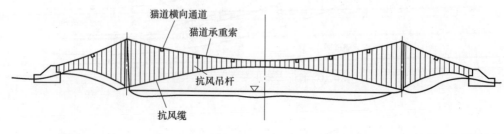

图 8-22　猫道构造

2. 猫道总体布置

（1）纵向布置　猫道面层平行主缆空载线形，与主缆的空载垂度一致，一般距主缆中心为 1.5m 左右。

（2）横向布置　一般使猫道中心线与主缆中心线在竖向保持一致，每侧主缆下独立布置，并根据丝股牵引、紧缆缠丝等作业所需的操作面选择猫道横向宽度，一般为 3~5m。

3. 猫道面层结构

猫道面层一般由横梁、双层钢丝网和木踏步等组成。横梁可采用角钢、槽钢和工字钢，间隔布置。双层钢丝网采用大小直径及不同孔眼两种，下层用大直径大孔钢丝网、上层用小直径小孔钢丝网，这样布置不仅可减轻自重，而且还减小了猫道的阻风面积及所受风荷载，也可防止施工小件坠落。

横向天桥是两侧主缆猫道相互连接过往的通道，为减轻其自重，主体一般制成三角桁架。它的作用是不仅方便施工人员、设备及材料的转移，还可以增强猫道系的整体刚度，可防其被风吹翻。横向天桥的面层及栏杆防护可与猫道面层布置相同。一般在中跨范围内，可设横向天桥 3 道或 5 道，在边跨可设 1 道或 2 道。

当每个猫道的若干根猫道索，由拽拉索引拉架设完之后，即可铺设猫道面层及架设横向天桥。猫道面层结构，一般先将横木和面材预制成可折叠并能卷起的节段，然后由塔顶吊机将它吊到塔顶后，沿着猫道索逐节滑下。在下滑过程中，各节之间进行逐节连接，待全部铺到最后位置时，再将横木固定在猫道索上。然后，再在横木端部装上栏杆立柱，并在立柱上安装扶手索及栏杆横索等。为了架设主缆工作的需要，沿猫道相隔一定距离还设置有门式框架。在猫道面上还铺设有各种管路和照明系统。在两侧猫道之间的横向天桥也可和面层结构一起铺设。在紧缆工作完成后，应该将猫道面层各横梁改为吊在主缆之下，而在进行随后的紧缆、缠丝作业时，仍可以利用已改吊在主缆之下的猫道面层为立足点。

8.4.4 主缆施工方法概述

主缆是悬索桥上的主要受力部件，其架设质量对悬索桥的成桥线形及寿命起决定作用。悬索桥主缆施工顺序为：丝股制作→丝股架设→丝股调整→丝股偏移整形→丝股入鞍→紧缆→待索夹、吊索和加劲梁安装完成后，进行主缆缠丝和涂装。

主缆可根据所用材料和施工方法进行分类。如前所述，除早期悬索桥和小跨径悬索桥采用钢丝绳作为主缆外，现代大跨径悬索桥都采用高强钢丝制作主缆。主缆根据丝股架设方式主要分为两类：空中纺丝法（AS法）和预制平行丝股法（PPWS法）。

1. AS法

所谓AS法，就是先在猫道上将单根钢丝编制成主缆丝股，多束丝股再组成主缆。其施工程序如下：

1）将钢丝卷入专用卷筒运至悬索桥一端锚碇旁，并将其一头抽出，暂时固定在一个梨形蹄铁上，此头称为"死头"。

2）将钢丝继续外抽，套于送丝轮的槽路中，送丝轮则连接在牵引索上。

3）开动卷扬机，牵引索带动送丝轮将钢丝引送至对岸，同样套于设在锚碇处的一个梨形蹄铁上。

4）再让送丝轮带动其返回始端，如此循环多次则可按要求数量将钢丝捆扎成束。

AS法一端锚碇部位的布置如图8-23所示。在这里，不断从卷筒中放钢丝的头称为"活头"，当一束丝股牵引完成后，就将钢丝"活头"剪断，并与"死头"用特制的钢丝连接器相互连接。

依据上述过程，可采取多种方法来提高其工效。从其一开始就被采用的，是沿无端牵引索设置两个送丝轮，将两轮的间距布置成：当一轮从这岸开始驶向对岸时，另一轮正开始从对岸驶向这岸来；在前一轮从对岸驶返时，另一轮就可以从这岸带

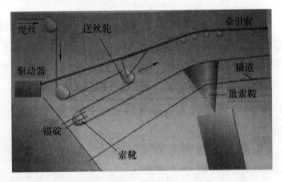

图 8-23 AS法施工示意图

着另外卷筒钢丝的套圈驶向对岸了。这样，可以避免送丝轮在返程时的放空过程。另外，对于送丝轮扣牢在牵引索的两个点，可以不止设一轮，例如美国金门大桥设置4轮，而每轮所设的绕丝槽路也可以不止一条，这样就可以大大提高AS法的架缆效率。

2. PPWS法

所谓PPWS法，就是在工厂或桥址旁的预制场事先将钢丝预制成平行丝股，然后利用拽拉设施将其通过猫道拽拉架设。可认为AS法丝股施工是在现场将单根或几根钢丝（一般根据送丝轮上的丝槽数量决定，可以为4根或8根）由一侧锚碇经索塔输送至另一侧锚碇，每送丝上百根后可捆成丝股，以稳定部分已架设的钢丝，避免单根钢丝缠结，并为就地编制丝股的每根钢丝精确定位和调整。PPWS则是直接将现场或工厂制成的丝股架设，省去了现场

纺缆的工序。由于 PPWS 法架设丝股的质量比 AS 法架设的单根钢丝要大数倍，所需牵引力也大得多，因此一般悬索桥长度在 2500m 以下时采用 PPWS 法比较合适；当悬索桥长度超过 2500m 时，应考虑采用 AS 法。此外，当运输条件不能满足预制平行丝股运输要求时，也应考虑 AS 法。但 AS 法又会受天气影响，大风会刮乱单根钢丝。

3. 锚跨内钢丝束拉力调整

不管是 AS 法，还是 PPWS 法，在主边跨丝股垂度调整后，都必须调整锚跨内丝股的拉力，具体方法为：用液压千斤顶拉紧丝股，并在锚梁与锚具支承面间插入薄片的支承垫板，即可通过丝股的伸长导入拉力。实际控制时是采用伸长量和拉力"双控"。

8.4.5　主缆紧缆

采用紧缆机挤紧主缆，使主缆成为孔隙率为 18%~20% 的圆形截面，并用软钢带将主缆捆紧。主缆挤紧分初整圆和挤紧两步。

1. 主缆初整圆

初整圆的目的是为了下一步挤紧做准备，初整圆在气温稳定的夜间进行。首先在主跨 $L/4$、$L/2$、$3L/4$，边跨 $L/2$ 处确定钢丝束排列无差异，钢丝间是否平行，若有则及时调整。若钢丝束排列无变化，则用直径 10mm 小钢丝绳绕缆两圈，两端用导链滑车连在猫道横梁上，边收紧导链边用木槌敲打，初整圆后用钢带打包捆扎，捆扎间距在 60m 左右，以后以二分法，直到 5m 一道，主缆表面基本平顺，无凹凸不平现象，初整圆的主缆直径孔隙率为 24%~32%。

2. 主缆挤紧

主缆挤紧采用挤缆机进行，挤缆机的工作原理是利用径向布置的若干千斤顶，对主缆施加径向压应力，使其收紧，挤缆机结构如图 8-24 所示。主缆挤紧后的孔隙率目标控制值一般平均为 20%，考虑挤紧捆扎后主缆直径的回弹增大，在挤紧时适当调小缆径，并控制在 18% 左右。

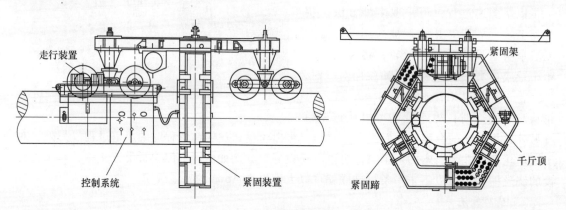

图 8-24　主缆挤缆机结构

挤紧主缆时，可采用四台挤缆机，首先从两主塔向中跨跨中挤紧，然后再从主塔分别向两边跨侧挤紧，挤紧间距可控制在 1m 左右，挤紧后，在挤紧压块前后各用钢带捆扎一道，间距 0.5m。挤紧前应拆除钢丝束的定型包扎带和初整圆的捆扎带。开机前应控制千斤顶的顶压力，挤压块的压应力应小于主缆钢丝的横向允许压应力。在顶压过程中，可采用千斤顶顶压力和主缆直径尺寸双控标准，只要达到其一，即可停机，在挤缆机离开 5m 以后测量主缆的竖向、横向直径，计算孔隙率，直至符合设计要求。

8.4.6 主缆缠丝

紧缆挤圆之后，在索夹、吊索及加劲梁等大部分恒荷载都已加于主缆之后，即可缠丝。缠丝之前先在主缆表面涂铅丹膏，然后用缠丝机缠丝，并随时刮去挤出表面的铅丹膏。缠丝之后在大缆表面涂漆防护。

8.4.7 索夹、吊索安装

索夹和吊索均可在借助施工索道进行安装。

1. 索夹

当主缆形状满足索夹安装要求后，用缆索起重机或者塔式起重机自塔顶向安装位置处吊运索夹。首先将索夹放在猫道上拆分成两半，然后利用起吊装置安装两半索夹，穿好螺杆，人工预控后，再精确调整索夹位置，使用拉伸器对拉杆施加轴力。索夹螺杆的紧固从中间向两边对称进行，分多次完成螺杆轴力设计值：第一次在索夹安装时；第二次在加劲梁吊装完成时；第三次在桥面铺装及永久设施施工完毕。在施工期间，若发现轴力下降值超过设计值的 30% 时，应及时紧固螺栓，使轴力达到设计规定值，确保施工安全。

2. 吊索

吊索起吊由塔顶卷扬机完成，在加劲梁吊装完成后，当吊索长度超过 20m 时必须在其中间位置安装减振架。吊索在吊装过程中易发生扭转，要注意操作安全。吊索的安装，应防止索夹螺栓的松动，保证吊索位置准确。当加劲梁安装后，应防止吊索的偏移，并注意吊索的防锈处理。吊索的防锈和油漆以及索套安装是悬索桥施工的最后工序。

■ 8.5 加劲梁施工

悬索桥的加劲梁主要采用全焊接流线型扁平钢箱梁和栓焊钢桁架梁两种形式。采用预应力混凝土加劲梁的工程实例极少，如我国的汕头海湾大桥。

8.5.1 加劲梁节段架设顺序

加劲梁节段架设顺序是根据架设中索塔和加劲梁的结构特性、人员、机械配备、工作面的开展、运输线路、海象、气象等条件进行综合考虑由设计部门决定的。一般架设顺序可分为两种情况，如图 8-25 所示。

1）从主塔开始，分别向中央和桥台方向推进，在中央段和接桥台段闭合，如图 8-25a 所示。此种架设顺序，在架设过程中主缆和加劲梁的变形较大，架设铰的位置和吊索的张力调整等都比较费功夫。但塔基部位可作为作业基地，架设用的机械、设备的安装，构件的调入、搬运，工作平台、安全设备、通信联络设备、电力设备等的设置都比较方便，海（江）面的使用也仅限于塔基附近。故在设备条件等受限制或海（江）面不能停航等情况下采用这种架设顺序都比较合适。从结构的特点上讲，三跨连续悬索桥也更适合按这种顺序进行架设。其合龙段在主跨中央和桥台处。

2）以主跨中央部位和两个桥台部位为起点，分别向两个主塔方向进行架设，如图 8-25b 所示。这种架设顺序对设备的设置、海（江）面使用都有不便之处，另外在抗风方面也要进行周密的考虑。单跨悬索桥可按这种顺序进行架设。其合龙段一般设在接塔段的相邻节段。

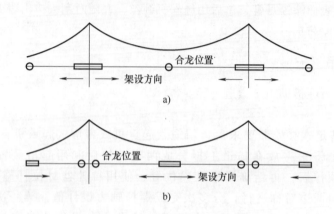

图 8-25　架设顺序和合龙位置
a）从主塔开始向两侧推进　b）从中跨跨中和边跨桥台向主塔推进

8.5.2　钢桁架梁施工

钢桁架梁的施工包括桁架杆件制造、组拼、运输和架设等步骤。其杆件制造、拼装和防腐涂装等作业均与常规钢结构施工要求相同。

1. 架设方法

根据架设单元划分，悬索桥钢桁架梁的架设方法可以分为单根杆件架设、立体节段架设和平面构架架设三类。

1）单根杆件架设法是在工厂完成杆件制造后，直接将杆件运输到现场，将各个杆件吊装到桥上进行组装。这种方法将杆件作为架设单元，其质量轻，可使用小型的架设施工机械，但是由于杆件数目多，现场安装工作量大，施工架设期长，受环境条件影响显著，对安装精度控制不利，在大跨径悬索桥的施工中不太有利，因此除非在平面构架架设法及立体节段架设法无法采用的区段才考虑采用。

2）立体节段架设法是将由 2～4 个节间的桁架面块在工厂组装成立体节段后，由大型驳船等交通工具运输到桥位指定位置再进行逐次连接。这种方式对工期与架设精度是最有利的，根据梁段的输送方式不同又可分为两类：一类是直接将梁段运输到架设位置正下方，利用缆载起重机垂直起吊，该方法会影响桥下船只通航且不适用于潮流很急的水面；另一类是不占用架设位置正下方海面的施工方法，如后方送梁架设法，但需要的架设机具材料较多，同时在合龙后要进行吊索的锚固作业等，对工期与经济均不利。

3）平面构架架设法介于杆件架设法与立体节段架设法之间。其运输、起吊的单元可由多个杆件组成但未形成节段，一般根据运输条件及吊装能力择机采用。

2. 起吊安装方法

悬索桥钢桁架节段的起吊安装方法主要有跨缆起重机吊装法、桥面起重机悬臂拼装架设法、轨索滑移吊装法、缆索吊装法等。

1）跨缆起重机吊装法是采用位于主缆上的缆载起重机或跨缆起重台车直接从运梁驳船上将立体梁节段起吊，缆载起重机支撑在主缆上，直接将运输到梁段位置正下方的梁段提升到位，并与已吊装完成的梁段临时连接，直接将梁段荷载传到主缆上，吊装过程中加劲梁不受力。缆载起重机吊装能力大，在运输条件能够保证的条件下可直接吊装立体节段，利于加快进度、保证质量。

2）桥面起重机悬臂拼装架设法是采用能沿着桁架上弦或纵梁行走的移动式起重机，进行悬臂安装，悬索桥钢桁架梁悬臂安装时与梁桥悬臂安装不同，在每一梁段拼好之后，不是靠梁的已成段来承担其后拼梁段的自重（该自重将对前者产生悬臂弯矩），而是立即将刚拼装好的梁段同其对应的吊索相连，让所有已拼梁段的自重都经由吊索传给主缆，由主缆承担。由于这种方法需要将移动式起重机支撑在上弦杆或纵梁上，桁架在拼装过程中将承受荷载，因此拼装节段块件的质量不宜过重。

3）轨索滑移吊装法是利用悬索桥的永久结构——主缆和吊索作为承重及传力结构，在其下端安装吊鞍与水平轨索，再将水平轨索张紧作为加劲梁的运梁轨道，将加劲梁节段通过运梁小车从岸侧沿索轨水平滑移至跨中完成拼装，由跨中逐段向两岸拼装大桥的钢桁架梁直至全桥贯通。相对于桥面起重机拼装方案，轨索移梁方案可大大减少钢桁架梁的高处拼装作业，既可节省工期和节约投资，又有利于保证施工安全及施工质量。这种架设方法在我国矮寨大桥施工时被首次提出并采用，并取得了很好的施工效果。

4）缆索吊装法是布设一套独立于主缆的缆索吊起吊系统，该缆索吊由承重绳、跑马系统、起吊系统、牵引系统、地锚及塔架等组成。缆索吊起吊梁段后可以沿中跨全跨范围内进行移动，起吊点位置不受限制，其架设速度极快、成本低，成为悬索桥加劲梁吊装的一种可行方案。例如我国四渡河特大桥采用缆索吊装法施工，其设计起吊能力为1600kN，吊装跨径达900m。这种方法的缺点是没有充分发挥悬索桥主缆进行承载吊装的优点，比较适合山区悬索桥施工。

8.5.3 钢箱梁施工

钢箱梁的施工包括箱梁板件单元制造、组拼、运输和梁段架设等阶段。钢箱梁只能采用立体的箱梁节段作为架设单元，采用梁段提升法架设。

钢箱梁吊装就位后，相邻梁段间通过临时连接杆相连接：通常相邻节间连接插销沿纵横向位置调整，跨缆起重机进行高度调整，在无负荷状态下进行连接螺栓的紧固。

无论钢桁架梁还是钢箱梁，在架设阶段都要分多次对索鞍进行顶推，以控制主塔上产生的不平衡力和塔身偏位。在加劲梁完成后，应控制到设计的预拱度，否则需要调整吊索的长度。桥面系施工前，应对吊索进行第一次调整，对索鞍偏移量进行实测，防止误差过大，影响可靠度。待加劲梁安装和桥面系全部完工后，要将各吊索应力调整均匀，桥梁拱度调整到设计位置后，才对钢主梁铆合或栓合（焊连）。

思 考 题

1. 简述悬索桥的分类。

2. 悬索桥结构有什么特点？为什么适合大跨结构？

3. 简述悬索桥的结构构造。

4. 简述悬索桥主缆和加劲梁的施工方法。

第9章 钢梁桥制造技术

■ 9.1 制作准备

9.1.1 概述

钢构件加工前，应建立健全质量保证体系和制造质量检验制度，确保制造全过程的质量管理和控制。应建立健全安全生产管理体系，明确安全责任，严格执行安全操作规程，对制造过程中存在的各种风险源进行分析、评估，并制定防范对策和必要的突发事件应急预案。应建立健全环境保护管理体系，遵守国家环境保护的有关法律法规，减少污染，保护环境。应对使用计量器具进行检定，合格后方可使用，并按有关规定进行操作。制造单位应编制钢结构制造施工组织、制作工艺、焊接工艺、涂装施工等方案，绘制工厂制作图，制订材料采购计划，制定材料存放和管理制度。

9.1.2 施工前主要准备工作

1. 设计图的制作工艺审查

制造单位应对钢结构设计图进行制作工艺审查，如果设计图存在无法制作或制作困难的构造，应及时与设计单位联系，如果需要对设计图进行调整和变更，应由设计单位同意。

2. 钢结构加工制造施工组织编制

应编制钢结构加工制造施工组织方案，进行专家评审，报请相关单位和监理批准。施工组织方案应明确钢结构制作、运输和安装总体方案，质量与安全管理体系，人员安排与资质管理，场地与设备安排，进度安排，质量与安全保证措施。

3. 钢结构制作工艺方案编制

应编制钢结构制作工艺方案，进行专家评审，报请相关单位和监理批准。钢结构制作工艺方案应明确钢结构厂内加工制作的流程、工艺、工装、设备。根据批准的运输安装，合理划分构件的工厂制作单元、运输单元、工地组拼单元和安装单元。明确材料复验、钢材预处理、板单元加工工艺与装备、构件组拼工艺与装备、焊接与螺栓连接施工工艺、变形矫正、构件与焊缝的返修、预拼装或试拼装、涂装工艺，以及各道工序的质量检测方法和质量验收要求。

4. 涂装施工工艺方案编制

应编制涂装施工工艺方案，方案应符合设计文件要求，并应符合《公路桥梁钢结构防腐涂装技术条件》（JT/T 722—2008）的规定。涂装施工工艺方案应报请相关单位和监理批准。

5. 焊接工艺评定试验

应根据设计图和钢结构制作工艺方案，编制焊接工艺评定试验方案，进行焊接工艺评定试验，提供焊接工艺评定试验检测报告和总结报告，进行专家评审，报请参建单位、监理批准。

6. 绘制工厂制作图

钢结构制作单位应根据批准的钢结构制作工艺方案、焊接工艺评定试验方案和设计图，绘制加工制作零件图、板单元组拼图、构件组拼图、钢结构总拼图等工厂制作图。工厂制作图应考虑桥梁纵断面线形、平面线形、横坡、预拱度、焊接变形、边缘加工余量、切割余量、制作温度、施工方法的影响。单元节段和板件划分时，焊缝应避开结构重要受力位置和车轮经常直接作用位置。

■ 9.2 材料

材料应符合设计文件和合同文件的要求，以及现行标准的规定。材料应有材料生产厂家的质量证明文件。钢材、焊接材料、高强度螺栓、圆柱头焊钉和涂装材料应按相关规范的规定进行抽样复验，复验合格后方可使用。

9.2.1 钢材

钢材等级应符合表9-1的规定。钢材应按同一厂家、同一材质、同一板厚、同一出厂状态每10个炉（批）号抽一组试件进行复验。检验项目如下：

1）化学成分：C、Si、Mn、P、S。

2）力学性能：屈服强度 R_{el}、抗拉强度 R_m、伸长率 A、弯曲（180°）、冲击功 KV_2。

3）Z 向性能钢：断面收缩率，Z 向拉伸。

4）有探伤要求的钢板：超声波探伤。

钢材复验批按以下原则进行质量评定：

1）当试验炉（批）号评定合格时，则评定整个检验批为合格。

2）当试验炉（批）号评定为不合格时，在该检验批内再取两个炉（批）号的样品进行试验，按以下原则进行质量评定：

① 若两个试验炉（批）号均合格，则该检验批其余炉（批）号均判定为合格。

② 若两个试验炉（批）号均不合格，则对该检验批剩余的 7 个炉（批）号逐炉（批）进行取样试验，逐炉（批）评定。

③ 若两个试验炉（批）号一个合格一个不合格，在该检验批剩余的 7 个炉（批）号再取两个炉（批）号的样品进行试验，如果两个试验炉（批）号均合格则判定该 7 个炉（批）号合格，否则对该检验批剩余的炉（批）号逐炉（批）进行取样试验，逐炉（批）评定。

表 9-1　钢材等级规定

钢 材 种 类			标准名称及编号
钢级	质量等级	轧制方法和交货状态	
Q355、Q390	B、C、D	热轧	《低合金高强度结构钢》（GB/T 1591—2018）
Q420	B、C		
Q460	B、C		
Q355N	B、C、D、E、F	正火轧制或正火交货	
Q390N、Q420N	B、C、D、E		
Q460N	C、D、E		
Q355M	B、C、D、E、F	热机械轧制	
Q390M、Q420M	B、C、D、E		
Q460M、Q500M、Q550M、Q620M、Q690M	C、D、E		
Q195	—	热轧、控轧或正火	《碳素结构钢》（GB/T 700—2006）
Q215	A、B		
Q235、Q275	A、B、C、D		
Q345q、Q370q	C、D、E	热轧或正火	《桥梁用结构钢》（GB/T 714—2015）
Q345q、Q370q	C、D、E	热机械轧制	
Q420q、Q460q、Q500q	D、E、F		
Q500q、Q550q、Q620q、Q690q	D、E、F	调质	
35 号优质钢、45 号优质钢		热轧或热锻	《优质碳素结构钢》（GB/T 699—2015）
Z15、Z25、Z35		—	《厚度方向性能钢板》（GB/T 5313—2010）
ZG200-400、ZG230-450、ZG270-500、ZG310-570、ZG340-460		—	《一般工程用铸造碳钢件》（GB/T 11352—2009）

9.2.2　焊接材料

焊接材料应与母材相匹配，其型号及规格应根据焊接工艺评定确定。焊接材料应符合以下要求：

1）手工焊用焊条应符合《非合金钢及细晶粒钢焊条》（GB/T 5117—2012）、《热强钢焊条》（GB/T 5118—2012）的规定。

2）CO_2 气体保护焊用实心焊丝应符合《气体保护电弧焊用碳钢、低合金钢焊丝》（GB/T 8110—2008）的规定，药芯焊丝应符合《非合金钢及细晶粒钢药芯焊丝》（GB/T 10045—2018）的规定，CO_2 气体保护焊的气体纯度应不小于 99.5%。

3）埋弧焊用焊丝和焊剂应符合《熔化焊用钢丝》（GB/T 14957—1994）、《埋弧焊用非合金钢及细晶粒钢实心焊丝、药芯焊丝和焊丝-焊剂组合分类要求》（GB/T 5293—2018）、《埋弧焊用热强钢实心焊丝、药芯焊丝和焊丝-焊剂组合分类要求》（GB/T 12470—2018）的规定。

焊接材料应具有生产厂家提供的质量证明书，并按以下方法对其进行抽样检验：

1）首次使用的焊接材料应进行化学成分和熔敷金属力学性能检验。

2）连续使用的同一厂家、同一型号的焊接材料，实心焊丝逐批进行化学成分检验，焊剂逐批进行熔敷金属力学性能检验，药芯焊丝和焊条每一年进行一次熔敷金属力学性能检验。

3）同一型号焊接材料在更换厂家后，首个批号应按照相关标准进行化学成分和熔敷金属力学性能检验。

焊接材料复验项目如下：

1）手工焊条：熔敷金属的化学成分和力学性能（屈服强度、抗拉强度、延伸率、冲击韧性）。

2）实心焊丝：焊丝的化学成分、熔敷金属的化学成分和力学性能（屈服强度、抗拉强度、延伸率、冲击韧性）。

3）药芯焊丝：熔敷金属的化学成分和力学性能（屈服强度、抗拉强度、延伸率、冲击韧性）。

4）埋弧焊焊丝：化学成分（复验 C、Si、Mn、P、S、Cu 元素含量）。

5）埋弧焊焊剂：化学成分（复验 P、S 元素含量），熔敷金属的化学成分和力学性能（屈服强度、抗拉强度、延伸率、冲击韧性）。

焊接材料质量管理应符合《焊接材料质量管理规程》（JB/T 3223—2017）的规定。焊接材料应储存在干燥、通风良好的室内，由专人保管、烘干、发放和回收，并详细记录。对储存期较长的焊接材料，使用前应重新按标准检验。

9.2.3 圆柱头焊钉

圆柱头焊钉的外形尺寸、力学性能应符合《电弧螺柱焊用圆柱头焊钉》（GB/T 10433—2002）的规定，化学成分应符合《冷镦和冷挤压用钢》（GB/T 6478—2015）的规定。圆柱头焊钉用瓷环型式与尺寸应符合《电弧螺柱焊用圆柱头焊钉》的规定。圆柱头焊钉应按 1‰ 的比例进行抽样复验，当同一批次的焊钉数量少于 8000 个时抽取 8 个焊钉进行复验，复验项目和性能应符合《电弧螺柱焊用圆柱头焊钉》的规定。

9.2.4 普通螺栓连接副

普通螺栓连接副应符合《六角头螺栓 C 级》（GB/T 5780—2016）、《六角头螺栓 全螺纹 C 级》（GB/T 5781—2016）、《六角头螺栓》（GB/T 5782—2016）、《六角头螺栓 全螺纹》（GB/T 5783—2016）的规定。

作为永久性连接的普通螺栓，当设计有要求或对其质量有疑义时应进行螺栓实物最小拉力载荷复验，其结果应符合《紧固件机械性能 螺栓、螺钉和螺柱》（GB/T 3098.1—2010）的规定。检查数量：每一规格螺栓抽查 8 个。

9.2.5 高强度螺栓连接副

高强度螺栓连接副应符合《钢结构用高强度大六角头螺栓》（GB/T 1228—2006）、《钢结构用高强度大六角螺母》（GB/T 1229—2006）、《钢结构用高强度垫圈》（GB/T 1230—2006）、

《钢结构用高强度大六角头螺栓、大六角螺母、垫圈技术条件》（GB/T 1231—2006）、《钢结构用扭剪型高强度螺栓连接副》（GB/T 3632—2008）的规定。

高强度螺栓连接副到货后应按如下要求进行复验：

1）组批。螺栓组批：同一性能等级、材料、炉号、螺纹规格、长度（当螺栓长度≤100mm时，长度相差≤15mm；螺栓长度>100mm时，长度相差≤20mm，可视为同一长度）、机械加工、热处理工艺、表面处理工艺的螺栓为一批。螺母组批：同一性能等级、材料、炉号、螺纹规格、机械加工、热处理工艺、表面处理工艺的螺母为一批。垫圈组批：同一性能等级、材料、炉号、规格、机械加工、热处理工艺、表面处理工艺的垫圈为一批。连接副组批：分别由同批螺栓、螺母、垫圈组成的连接副为同批连接副。同批高强度螺栓连接副最大批量为3000套。

2）连接副扭矩系数的复验按批抽取8套，8套连接副的扭矩系数平均值为0.11~0.15，标准差不大于0.01。

3）螺栓、螺母和垫圈的尺寸、外观及表面缺陷的复验抽样方案按《紧固件 验收检查》（GB/T 90.1—2002）的规定执行。

9.2.6　涂装材料

涂装材料的品种、规格、技术性能指标应符合设计图和合同文件的要求，有完整的出厂质量合格证明文件和出厂检验证明资料。涂装材料应性能可靠、防蚀性强、耐候性好，其防护年限应满足设计图的规定。涂装材料应符合设计文件、《公路桥梁钢结构防腐涂装技术条件》（JT/T 722—2008）的要求。涂装材料应具有生产厂家提供的质量证明书和质量检验试验资料。

■ 9.3　零件加工

零件加工是将钢材从原材料，经切割、折边、弯曲、冷压、热压、焊接等多种加工方法后形成成品，这些加工方法可概括为冷加工和热加工。

打磨　校正

钢材受加工外力的作用会产生变形，外力越大，则变形越大。当加工的外力小于材料弹性极限，这时产生的变形是弹性变形。当加工的外力达到材料屈服点时，材料产生永久性变形，即塑性变形。这种塑性变形正是人们所需要的加工成形。当加工外力达到材料极限强度，材料由于变形过大，将产生断裂。

9.3.1　加工准备

1. 材料准备

（1）钢材准备　根据施工详图中材料清单表算出各种材质、规格的材料净用量，加上一定数量的损耗，提出材料采购计划。钢材的损耗率一般为3%~6%，实际损耗率应根据工程的结构形式、构件特点、技术要求等综合考虑。

（2）焊接材料准备　焊接材料应采取择优、定点选购的原则。同时，应直接从厂家进货，减少中间环节。焊材供应部门应根据焊材型号（或牌号）、规格、数量编制采购计划，并经有关部门（负责人）批准。特殊焊接材料应由焊接主管人员和材料采购人员共同选购。

2. 技术准备

（1）施工图审查　施工图审查的目的主要是审查设计的安全性、合理性、经济性以及能否满足加工图的要求。

（2）施工详图设计　钢结构工程的施工详图设计一般由加工单位负责进行。目前，国内一些大型工程基本采用这种做法。为适应这种新的要求，一项钢结构工程的加工制作，一般应遵循的加工顺序如图 9-1 所示。

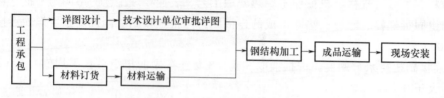

图 9-1　钢结构工程的加工顺序

为了尽快采购（定购）钢材，一般应在详图设计的同时定购钢材。这样，在详图审批完成时钢材即可到达，立即开工生产。

（3）工艺规程设计　对于普遍通用性的问题，可不必单独制定工艺规程，可以制定工艺守则，说明工艺要求和工艺过程，作为通用性的工艺文件用于指导生产过程。工艺规程是钢结构制造中主要的和根本性的指导性技术文件，也是生产制作中最可靠的质量保证措施。因此，工艺规程必须经过一定的审批手续，一经制定就必须严格执行，不得随意更改。

（4）其他技术准备

1）工号划分：根据产品的特点、工程的大小和安装施工进度，将整个工程划分成若干个生产工号（或生产单元），以便分批投料，配套加工，配套出成品。

2）编制工艺流程表：从施工详图中摘出零件，编制出工艺流程表（或工艺流程卡），工艺流程表就是反映这个过程的工艺文件。

3）配料与材料拼接：根据来料尺寸和用料要求，可统筹安排合理配料。当工程设计对拼接无具体要求时，焊接 H 型钢的翼缘板、腹板拼接缝应尽量避免在同一断面处，上下翼缘板拼接位置应与腹板拼接位置错开 200mm 以上。翼缘板拼接长度不应小于 2 倍板宽；腹板拼接宽度不应小于 300mm，长度不应小于 600mm，如图 9-2 所示。

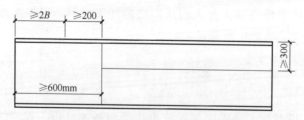

图 9-2　H 型钢的翼缘板、腹板拼接要求

注：B 为翼缘板宽度，尺寸单位为 mm。

3. 资源准备

（1）设备、仪器准备　钢结构生产为工业化流水作业，机械设备使用程度高，牵涉到的仪器仪表类型分布非常广泛；仪器仪表是否正常工作直接影响生产的顺利进行。在批量生产前，需对将投入的设备、仪器仪表等进行检修、调试，确保投入时处于正常工作状态，符合产品加工精度需求。

（2）工装夹具准备　钢结构构件形式一般都比较复杂，生产中的组拼、拼装等加工工序均需要在通用或专用工装胎架上完成。不同构件的加工方法不同，所需的工装夹具也不一样。所以在进行构件生产前，应根据所需加工的构件特点和生产工艺文件的要求，准备好加工所需的各种工装夹具。

（3）检验、测量仪器准备　检验、测量仪器主要用于钢结构生产作业时的度量、产品检验和其他辅助工作。它是钢结构按设计要求进行产品科学化生产的依据，实际的生产中应用非常广泛，基本上覆盖了钢结构生产的所有加工工序。

9.3.2　放样和号料

1. 放样的概念

放样就是在正确识图的基础上，根据产品的结构特点、施工要求等条件，按一定比例（通常取 1∶1）准确绘制出结构的全部或部分投影图，并进行结构的工艺处理，有时还要进行展开和必要的计算，最后获得施工所需要的数据、样杆、样板和草图。

2. 放样的内容和方法

（1）放样的内容

1）复核施工详图。详细复核施工详图所表现的构件各部分的投影关系、尺寸及外部轮廓形状（曲线或曲面）是否正确并符合设计要求。

2）结构处理。在不违背原设计要求的前提下，依工艺要求进行结构处理。图 9-3 所示为某一焊接 H 型钢桁架，腹杆与弦杆直接相贯焊，如图 9-3a 所示。由于桁架外形尺寸大，整体组装后无法运输；根据桁架的构造特点，决定在不降低桁架原设计强度的条件下，将桁架改为图 9-3b 所示的腹杆与桁架弦杆牛腿连接的节点形式。改进后的桁架可以在安装现场进行整体组装，改善了生产条件，提高了效率，也保证了桁架质量。

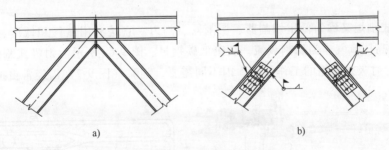

a)　　　　　　　　　　　　　　b)

图 9-3　焊接 H 型钢桁架节点处理

3）算料与展开。利用放样图，结合必要的计算，求出构件用料的真实形状和尺寸，有时还要画出与之连接的构件的位置线，即相互位置关系。

4）设计胎膜。依据构件加工要求，利用放样图的形状和尺寸，设计所需胎模的形状和尺寸。

5）为后续工序做准备。为后续工序提供数据资料，即绘制供号料、划线用的草图，制作各类加工样板、样杆和样箱。

（2）放样的方法　钢桥放样常用的方法有：实尺放样、光学放样、计算机放样等。而实尺放样是各种放样方法的基础。在放样划线时，常用的工具有划针、直尺、圆规、角尺、曲线尺、粉线、墨线、样冲、手锤等。

3. 号料的概念

利用样板、样杆、号料图及放样得出的数据，在板料或型钢上画出零件真实的轮廓和孔口的真实形状，以及与之连接构件的位置线、加工线等，并标注出加工符号，这一工作过程称为号料。号料是一项细致而重要的工作，必须按有关的技术要求进行。同时，还要着眼于产品的整个制造工艺，充分考虑合理用料，灵活而又准确地在各种板料、型钢及成形零件上进行号料画线。

9.3.3　切割下料

钢材切割下料常用的方法有气割、剪切、冲切和锯切等，具体采用哪一种切割方法，应根据切割对象、切割设备能力、切割精度、切割表面质量要求以及经济性等因素综合考虑。

1. 气割

（1）手工气割设备

1）焊炬又称为气焊枪或风焊枪。按可燃气体与氧气混合方式不同可分为射吸式和等压式两种。射吸式焊炬如图9-4所示，焊嘴如图9-5所示，焊嘴可根据不同需要进行更换。

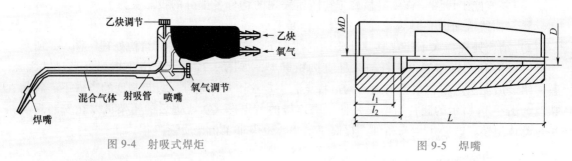

图 9-4　射吸式焊炬　　　　　　　　　　　图 9-5　焊嘴

2）射吸式割炬又称为低压切割器、切割器、割刀。它是利用氧气和低压、中压乙炔作为热源，以及高压氧气作为切割氧流，切割低碳钢材。图9-6a所示为射吸式割炬外部结构，图9-6b所示为射吸式割炬的工作原理。因不同需要，割嘴（图9-7）需经常更换。

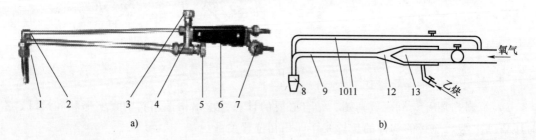

图 9-6　射吸式割炬

1—割嘴螺母　2—割嘴接头　3—切割氧开关　4—中部整体　5—预热氧开关　6—手柄　7—乙炔开关
8—割嘴　9—混合气体　10—切割氧气管　11—射吸管　12—喷嘴　13—喷射管

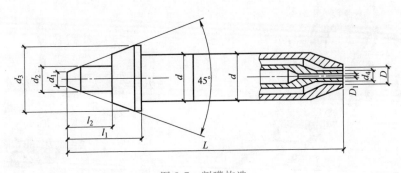

图 9-7 割嘴构造

3）等压式割炬如图 9-8 所示，图 9-8a 所示为等压式割炬外部结构，图 9-8b 所示为等压式割炬的工作原理。

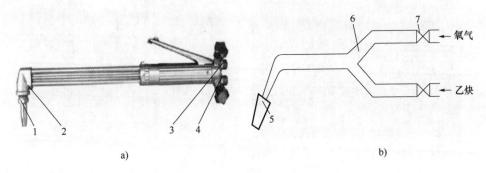

图 9-8 等压式割炬

1—割嘴螺母　2—割嘴接头　3—氧气接头螺母　4—乙炔接头螺母
5—割嘴　6—混合气体　7—调节门

（2）半自动气割机　半自动气割机是一种最简单的机械化气割设备，一般由一台小车带动割嘴在专用轨道上自动地移动，但轨道的轨迹需要人工调整。半自动气割机最大的特点是轻便、灵活、移动方便。CG1-100 型双割炬小车式半自动气割机如图 9-9 所示。

（3）仿形气割机　仿形气割机是一种高效率的半自动气割机，可以方便而又精确地气割出各种形状的零件。仿形气割机的结构形式有两种：一种是门架式，另一种是摇臂式。其工作原理主要是利用靠轮沿样板仿形带动割嘴运动，靠轮分为磁性和非磁性两种。

图 9-10 所示为 CG2-150 摇臂仿形气割机，它是采用磁轮跟踪靠模板的方法进行各种形状零件及不同厚度钢板的切割，行走机构采用四轮自动调平，可在钢板和轨道上行走，移动方便，固定可靠，适合批量切割钢板件。

（4）数控气割机　数控气割机是随着计算机技术的发展，在钢板切割中使用的一项新技术，这种气割机可省去放样划线等工序而直接切割。多头数控直条气割机是一种高效率的条板切割设备，纵向割炬可以根据需要配置，一次可同时加工多块条板。图 9-11 所示为上海通用重工集团有限公司生产的 ZT 系列多头数控直条切割机。

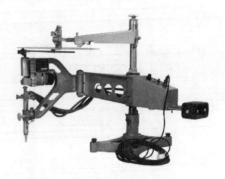

图 9-9　CG1-100 型双割炬小车式半自动气割机　　　图 9-10　CG2-150 摇臂仿形气割机

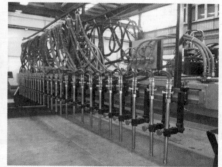

图 9-11　ZT 系列多头数控直条切割机

2. 气割工艺与方法

气割时预热火焰用中性焰，这是氧气、乙炔混合比为 1：1~1：2 时燃烧所形成的火焰，在中性焰中既无过量的氧又无游离碳。常见的气割方法见表 9-2。

表 9-2　常见的气割方法

类　型	简　图	说　明
气割薄钢板 （<4mm）	气割方向　25°~45°　4	采用较小火焰，割嘴向气割反方向倾斜，以增加气割厚度，气割速度要快
气割中厚板	气割方向　10°~20°	预热火焰要大，气割气流长度要超过工件厚度，预热时割嘴与工件表面成 10°~20° 倾角，使割件边缘均匀受热，气割时割嘴与工件表面保持垂直，待整个断面割穿后移动割嘴，转入正常气割，气割将要到达终点时，应略放慢速度，使切口下部完全割断

（续）

类　型	简　图	说　明
气割钢管		气割时如逆时针转动管子，则将割嘴偏离顶面一段位置，使气割点的气线与割嘴轴线成 15°~25°，熔渣沿内、外管壁同时落下
气割坡口		用双割炬或三割炬气割坡口，割炬在前用于气割直边，割炬在后用于气割上、下部的斜边

3. 等离子切割

等离子切割是利用高温、高冲击力的等离子弧为热源（产生温度高达 20000~30000℃ 等离子弧），将被切割的材料局部迅速熔化，同时，利用压缩产生的高速气流的机械冲刷力，将已熔化的材料吹走，从而形成狭窄切口的切割方法。它属于热切割性质，这与氧-乙炔焰切割在本质上是不同的。它是随着割炬向前移动而完成工件切割，其切割过程不是依靠氧化反应，而是靠熔化来切割材料。图 9-12 所示为数控水下等离子切割机，图 9-13 所示为数控等离子切割机。

图 9-12　数控水下等离子切割机　　　　　图 9-13　数控等离子切割机

4. 机械切割

根据切割原理的不同，机械切割可分为三大类：剪切、锯切（锯床锯切、摩擦锯切）和冲压下料。

（1）剪切　剪切是指利用上下两剪刀的相对运动来切断钢材。机械剪切速度快，效率高，能剪切厚度小于30mm的钢材，其缺点是切口比较粗糙，下端有毛刺。剪板机、联合冲剪机和型钢冲剪机等机械属于此类，龙门式斜口剪床如图9-14所示。

（2）锯切　锯切可分为两类：一类是利用锯片的切削运动把钢材分离，切割精度好，常用于角钢、圆钢和各类型钢的切割，弓锯床、带锯床和圆盘锯床等机械属于此类；另一类是利用锯片与工件间的摩擦发热使金属熔化而被切断，此类机械中的摩擦锯床切割速度快，但切口不光洁，噪声大，如砂轮切割机切割不锈钢及各种合金钢等，卧式数控带锯床如图9-15所示。

（3）冲压下料　冲压下料是指利用冲模在压力机上把板料的一部分与另一部分分离的加工方法。对成批生产的零件或定型产品，应用冲压下料可提高生产效率和产品质量。

图9-14　龙门式斜口剪床

图9-15　卧式数控带锯床

5. 管材切割加工

（1）概述　在钢桥中，管结构得到了广泛应用，特别在空间钢结构中应用更为广泛，如网架结构、桁架结构、多面体空间刚架结构、张弦结构等。这些结构中构件的形状通常为圆钢管、方钢管、矩形管等，这些构件通过节点或直接相贯连接在一起而形成各种结构。

（2）管子车床切割加工　管子车床切割加工是按构件的加工长度，进行钢管的下料、坡口一次性成形的加工方法。目前使用的管子车床有两种：一种是管子普通切割车床，它是通过人工操作来完成进给、定位，如图9-16所示；另一种是管子数控切割车床，它是通过机械推动完成进给、定位和切割加工。管子数控切割车床具有加工质量好、切割精度高的特点，常用于管径较大钢管的加工，如图9-17所示。

图9-16　管子普通切割车床

图9-17　管子数控切割车床

（3）多维数控相贯线切割机切割加工　多维数控相贯线切割机切割加工是按构件的加工长度，进行管材端部平端口或相贯口的下料、坡口一次性成形的加工方法。与普通机械切割的最大不同之处是能够进行变角度坡口的加工（相贯线切割）。多维数控相贯线切割机不仅可用于加工圆钢管，还适用于方钢管的加工，如图9-18所示。

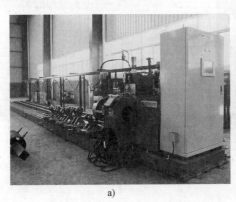

a)　　　　　　　　　　　　　　　b)

图9-18　HID-600EH型六维数控相贯线切割机

9.3.4　边缘加工

1. 加工部位

在钢桥构件加工中，当设计图有要求时或下列部位一般需要进行边缘加工。

1）吊车梁翼缘板。

2）支座支承面。

3）焊接坡口。

4）尺寸要求严格的加劲板、隔板、腹板和有孔眼的节点板等。

5）有配合要求的部位。

6）设计有要求的部位。

2. 常用加工方法

常用的边缘加工方法主要有铲边、刨边、铣边、碳弧气刨、气割和坡口机加工等。

（1）铲边　对加工质量要求不高，并且工作量不大的边缘加工，可以采用铲边。铲边有手工铲边和机械铲边两种。手工铲边的工具有手锤和手铲等。机械铲边的工具有风动铲头等。

一般手工铲边和机械铲边的构件，其铲线尺寸与施工图尺寸要求不得相差1mm。铲边后的棱角垂直误差不得超过弦长的1/3000，且不得大于2mm。

（2）刨边　刨边使用的设备是刨边机，需切削的钢板固定在工作台上，由安装在移动刀架上的刨刀来切削钢板的边缘。刀架上可以同时固定两把刨刀，以同方向进刀切削，也可在刀架往返行程时正反向切削。刨边加工有刨直边和刨斜边两种。刨边加工的加工余量随钢板的厚度、切割方法的不同而不同，一般的刨边加工余量为2~4mm。刨边机床如图9-19所示。

（3）铣边　铣边机（图9-20）利用滚铣切削原理，对钢板焊前的坡口、斜边、直边、U形边能同时一次铣削成形，比刨边机提高工效1.5倍，且能耗少，操作维修方便。铣边的加工质量优于刨边的加工质量。

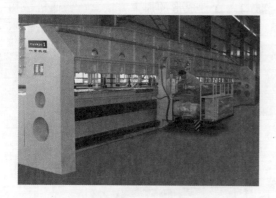

图 9-19　BBJ 数控刨边机床

图 9-20　PX-90W 坡口铣边机

9.3.5　成形加工

成形加工常用两种方式：热加工、冷加工。热加工即把钢材加热到一定温度后进行加工的方法，冷加工是使钢材在常温下进行加工。成形加工按成形方法的不同可分为切割成形、机械加工成形、弯曲成形、模压成形、铸造成形等。

1. 板材弯曲成形加工

板材的弯曲成形加工也称为卷圆或滚圆，卷圆是在卷板机上进行的，它主要用于卷制各种容器、建筑结构用冷成形直缝焊接钢管、锅炉锅筒和高炉等。在卷板机上卷圆时，板材的弯曲是由上滚轴向下移动时所产生的压力来达到的。卷板机按上辊受力类型分为闭式和开式；按辊轴数目及布置形式分为三辊对称式、三辊不对称式、四辊对称式和四辊不对称式，如图 9-21 所示；按辊轴位置调节方式分为上调式和下调式。

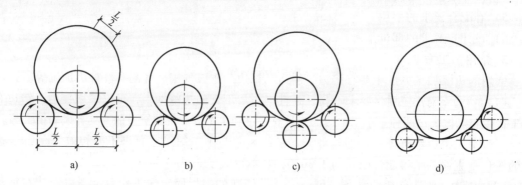

图 9-21　卷板机按辊轴数目及布置形式分类
a）三辊对称式卷板机　b）三辊不对称式卷板机　c）四辊对称式卷板机　d）四辊不对称式卷板机

钢板弯曲时由于辊轴之间有一定距离 S，使得钢板在两端有一直边，对于这一直边可采取预弯方法或直边预留方法。板材在卷板机上卷圆时，板的两端卷不到的部分称为直边，其大小与卷板机的类型和卷曲形式有关，如图 9-22 所示。当采用直边预留时，在卷圆后割掉直边，以达到整圆的要求。

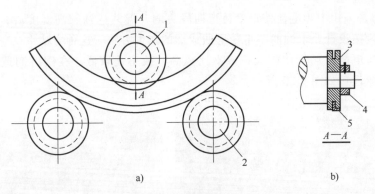

a)   b)

图 9-22   卷板机的不同卷曲形式与直边

a）三辊对称式卷板机   b）三辊不对称式卷板机

1—辊轮 1   2—辊轮 2   3—模具   4—压紧装置   5—角钢

2. 管材弯曲成形加工

在钢桥中，管材弯曲成形加工应用非常广泛，其弯曲加工方法可根据被弯曲管材的截面尺寸和弯曲半径不同，分为型弯、压弯和中频弯三种。

1）管材型弯成形加工是应用最为广泛的弯曲加工方法之一。典型的型弯成形加工设备型号为 CDW24S-500。该设备为下调式三辊型材弯曲机，它不仅适用于圆钢管的弯曲，还可用于圆钢、方管、槽钢、板材等的弯曲加工，如图 9-23 所示。

图 9-23   下调式三辊型材弯曲机

2）目前，对于截面尺寸比较大的管材弯曲成形加工，一般都采用了大型油压机（需配置有专用成形模具）进行加工。即在油压机上，结合成形模具，按被弯曲管材的设计曲率半径，进行逐步压弯成形的加工过程，这称为管材压弯成形加工。图 9-24 所示为钢管在大型油压机上压弯成形加工。

图 9-24   钢管压弯成形加工

3）中频弯是采用中频电流使钢管待弯曲段急剧升温并达到较高温度后，在外力作用下使钢管待弯曲段按设计要求的曲率半径弯曲成形的加工方法。这种方法也是一个逐步式的成形过程。中频弯电能消耗量比较大，成本比较高，效率比较低，在钢桥制造领域一般不常用。管材中频弯设备如图 9-25 所示。

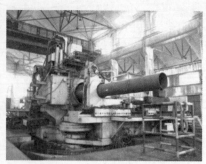

图 9-25　管材中频弯设备

3. 型材弯曲成形加工

常用的型材包括工字钢、槽钢、H 型钢、角钢、圆钢和其他异形截面钢材。其中圆钢弯曲成形可采用管材弯曲成形的方法，相对比较简单。

型材弯曲成形的方法一般有手工弯曲和机械弯曲两种。其中机械弯曲又包括卷弯、回弯、压弯和拉弯等几种。实际生产中常采用回弯和压弯。

型材的回弯成形是在型材弯曲机上（如 CDW24S-500 型弯曲机）进行，它是利用成形模具进行型材弯曲的一种加工方法，如图 9-26 所示。先将被弯曲型材固定在弯曲模具上，模具转动后型材沿模具旋转方向成形，通过调节型弯曲机辊轴间间距来实现弯曲曲率半径。

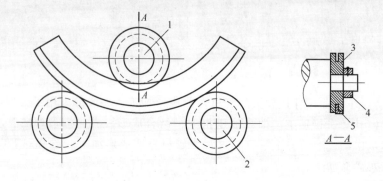

图 9-26　型材回弯加工原理

1—辊轮 1　2—辊轮 2　3—模具　4—压紧装置　5—角钢

压弯是指在压力机上，利用模具借助压力机的压力进行压弯，使型材产生弯曲变形。型材在弯曲成形时，应使用成形样板，对弯曲变形进行检查，防止过弯等质量缺陷。

9.3.6　制孔

1. 制孔方法

制孔加工在钢结构制造中占有一定的比例，尤其是高强度螺栓的采用，使孔加工在数量和精度要求上都有了很大的提高。

制孔通常有钻孔和冲孔两种方法。钻孔是钢结构制造中普遍采用的方法，能用于任何规格的钢板、型钢的孔加工。钻孔的原理是切削，孔的精度高，对孔壁损伤较小。冲孔一般只用于较薄钢板和非圆孔的加工，而且要求孔径一般不小于钢材的厚度。冲孔生产效率虽高，但由于孔的周围产生冷作硬化、孔壁质量差等原因，在钢结构制造中已较少采用。

2. 钻孔加工

常用的钻孔加工方法有划线钻孔、钻模钻孔、数控钻孔。

（1）划线钻孔　钻孔前先在构件上划出孔的中心线和直径，在孔的圆周上（90°位置）打四只冲眼，作为钻孔后检查用。孔中心的冲眼应大而深，在钻孔时作为钻头定位用。划线工具一般采用划针和钢尺。

（2）钻模钻孔　当批量大，孔距精度要求较高时，采用钻模钻孔。钻模有通用型、组合型和专用型三种。

（3）数控钻孔　近年来，数控钻孔的发展更新了传统的钻孔方法，数控钻孔无须在工件上划线、打冲眼，整个加工过程都是自动进行的，钻孔效率高，精度高。特别是数控三维多轴钻床的开发和应用，其生产效率比摇臂钻床提高了几十倍，它与锯床等设备形成生产线，是钢结构加工的发展方向。图 9-27 所示为数控三维钻床。

图 9-27　数控三维钻床

9.3.7　构件组装与焊接

组装也称为拼装、装配、组立，是把加工完成的半成品和零件按设计图规定的运输单元，装配成构件或者部件；是钢结构制作中最重要的工序之一。图 9-28 和图 9-29 所示分别为焊接 H 型钢构件组装和焊接箱形构件组装的照片。

图 9-28　焊接 H 型钢构件组装

图 9-29　焊接箱形构件组装

常用钢结构组装方法有地样法、仿形复制装配法、胎模装配法、立装法、卧装法等。

1. 组装方式

按组装时构件位置划分，钢结构的组装方式主要有正装、倒装和卧装。正装和倒装又称为立装。正装是指构件在组装中所处的位置与其使用时的位置相同；倒装是指构件在组装中所处的位置与其使用时的位置相反，如图9-30所示。

图9-30　桥梁构件倒装法组装

卧装是指构件按其使用位置垂直旋转90°，使它的侧面与工作台相接触而进行组装。卧装是组装中最常用的方法。

2. 零件定位

组装时常用的定位方法有划线定位、样板定位和定位元件定位三种。组装时对零件的各种角度位置，通常采用样板定位，如图9-31所示。定位元件定位是用一些特定的定位元件构成空间定位点或定位线，来确定零件的位置，定位挡板定位如图9-32所示。

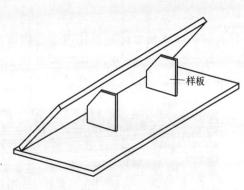

图9-31　样板定位

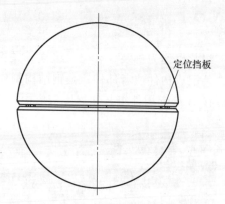

图9-32　定位挡板定位

3. 构件夹紧

在钢构件的组装中，夹紧主要是通过各种组装夹具来实现的。为获得较好的夹紧效果和组装质量，进行构件夹紧时，必须对所用夹具的类型、数量、作用位置及夹紧方式等做出正确、合理的选择。

4. 组装定位焊

组装定位焊用于固定各零件间的相互位置，以保证整个结构构件得到正确的几何形状和尺寸。

9.3.8　构件矫正

1. 矫正原理及方法

矫正即对构件的一定几何形状进行整形，其原理都是利用钢材的塑性、热胀冷缩的特性，以外力或内应力作用迫使钢材反变形，消除钢材的弯曲、翘曲、凹凸不平等缺陷，以达到矫正的目的。

矫正按加工工序可分为原材料矫正、成形矫正、焊后矫正；按矫正时外因来源可分为机械矫正、火焰矫正、高频热点矫正、手工矫正、热矫正；按矫正时温度不同可分为冷矫正、热矫正。

2. 冷矫正

（1）板材多辊矫平机矫正　板材多辊矫平机由上下两列辊轴组成，通常有 5~11 个工作辊轴，如图 9-33 所示。下列为主动辊，通过轴承和机体连接，由电动机带动旋转，但位置不能调节。上列为从动辊，可通过手动螺杆或电动升降装置进行垂直调节，来改变上下辊列间的距离，以适应不同厚度钢板的矫平。

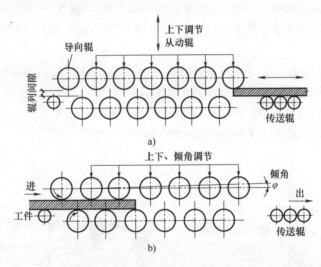

图 9-33　板材多辊矫平机示意图

a）上下辊列平行矫平机　b）上辊列倾斜矫平机

（2）焊接 H 型钢矫正机矫正　焊接 H 型钢矫正机矫正是采取反向弯曲的方法，利用矫正机的辊轮，迫使焊接变形后的 H 型钢翼缘板发生反变形，达到平直及一定几何形状要求，使构件符合技术标准的加工方法。图 9-34 所示为焊接 H 型钢矫正机矫正。

（3）液压机或压力机矫正　液压机或压力机矫正是在液压机或压力机上，利用专用模具进行变形构件的反变形加工，使之达到平直及一定几何形状要求。液压机

图 9-34　焊接 H 型钢矫正机矫正

或压力机矫正是逐步式的加工过程，矫正效率低，一般在机械自动矫正机无法实现的情况下采用。如焊接 H 型钢截面比较大时（一般截面高度 $H>3000mm$），翼缘板的焊接变形可采取液压机或压力机矫正。

3. 热矫正

热矫正按加热方式的不同可分为圆点加热矫正法、带状加热矫正法和楔形加热矫正法三种。

（1）圆点加热矫正法　圆点加热矫正法是在板材产生变形的地方，用氧-乙炔焰做圆环游动，使之均匀地加热成圆点状。火圈温度到 800℃ 时，即用铁锤锤击其周围。随着火圈温度的下降，锤击也渐轻缓。锤击的位置由火圈附近移至火圈中央部位，但必须用方锤头衬好，以免敲瘪火圈。火圈至暗红时停止锤击，待冷却至 40~50℃ 时再进行锤击，以消除其内应力。

（2）带状加热矫正法　带状加热矫正法又称为条状加热法或线状加热法，是用氧-乙炔焰做直线往返游动以及呈波形向前游动，使加热形状呈带状或条状。这种方法的特点是横向收缩比纵向收缩量约大 3 倍，掌握运用得当，能用较小的加热面积获得良好的效果，工作效率比圆点加热矫正法提高 1 倍，具有无局部凸起、消耗工时少和加热面积小等优点。

（3）楔形加热矫正法　楔形加热矫正法又称为三角形加热法，通常应用此法矫正 T 型钢构件和板自由边缘的变形（俗称宽边）。加热温度为 750~850℃，最高不超过 900℃。楔形加热矫正法的原理就是将"宽边"的金属加热后，使多余的板料挤压到热金属处，使该材料变厚，使"宽边"缩短。楔形加热矫正法如图 9-35 所示。

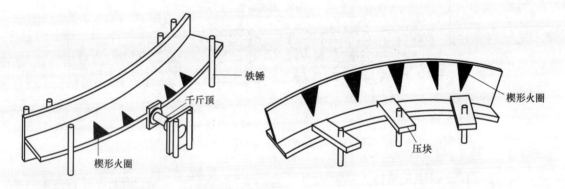

图 9-35　楔形加热矫正法

9.3.9　端部加工

构件端部支承面要求刨平顶紧和构件端部截面精度要求较高时，都必须进行端部加工（即端部铣平加工）。常用端部机械加工方法有铣削加工、刨削加工和磨削加工。端部加工要求包括：

1）端面铣床加工用盘形铣刀，在高速旋转时，可以上下左右移动对构件进行铣削加工，对大面积部位也能高效率地进行铣削。柱端面铣后顶紧接触面应有 75% 以上的面积贴紧，用 0.30mm 塞尺检查，其塞入面积不得大于 25%，边缘最大间隙不应大于 0.8mm。图 9-36

所示为端面铣削加工。

图 9-36　端面铣削加工

2）刨削加工时直接在工作台上用螺栓或压板装夹工件的注意事项如下：

① 多件划线毛坯同时加工时，装夹中心必须按工件的加工线找正到同一平面上，以保证各工件加工尺寸的一致。

② 在龙门刨床上加工重而窄的工件，且需偏于一侧加工时，应尽量采取两件同时加工或一侧加配重，以使机床的两边轨道负荷平衡。

③ 在刨床工作台上装夹较高的工件时，应加辅助支承，以使装夹牢固和防止加工中工件变形。

④ 必须合理装夹工件，以工件迎着走刀方向和进给方向的两个侧边紧靠定位装置，而另两个侧边应留有适当间隙。

3）刀具和加工余量应根据工件材料和加工要求决定。

9.4　钢箱梁制造

钢箱梁制造与安装划分为三个阶段，即板单元制造、梁段制造、桥位连接。其工艺流程为：板单元制造→钢箱梁梁段连续匹配组焊及预拼装→下胎→下胎扫尾并安装附属结构预埋件→涂装→存放→节段运输→节段吊装定位→梁段焊接连接→桥位涂装→交付。

钢箱梁架设场景

9.4.1　钢箱梁制造的主要内容

1. 钢箱梁板单元划分

钢箱梁板单元划分应满足以下原则：

1）在满足施工图设计要求的前提下，综合考虑市场上能够供应的钢板规格、批量及采购的经济适宜性，采用定板尺寸；同时在对板单元划分时，尽可能将板单元划分大些，以减少拼接焊缝数量，为主桥钢结构制造质量创造良好的基础。

2）主桥板单元划分内容主要有顶板单元、底板单元、侧腹板单元和纵向腹板以及横隔板单元，这些板单元划分应充分考虑钢板的轧制方向，特别是单向板，其主受力方向应与轧制方向保持一致。

3）在进行板单元划分时，顶板单元、底板单元、腹板单元和横隔板单元拼接焊缝可为十字形或 T 字形，当为 T 字形时，其交叉点间距不得小于 200mm，如图 9-37 所示；且腹板单元的纵向接焊缝宜布置在受压区。

4）板单元的拼接缝还应避开 U 形肋和纵向筋板焊缝位置。

2. 钢箱梁顶板、底板单元钢板铺设方法

钢箱梁主跨、边跨钢板顶、底板单元钢板铺设均以桥梁跨径方向为主（图 9-38），且钢板的轧制方向宜与桥主受力方向保持一致。

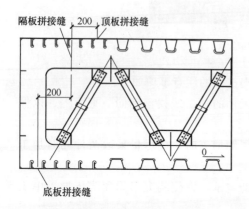

图 9-37 T 字形接头错开示意图

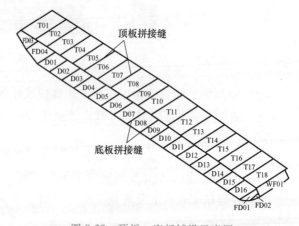

图 9-38 顶板、底板铺设示意图

板单元的铺设有很多种，在进行板单元的铺设时，主要考虑以下几方面的因素：

1）板单元铺设应根据市场上常用规格划分，尽可能减少钢板的规格总数。

2）板单元的铺设方向以设计文件要求为主，尽可能减少拼接缝焊缝。

3. 钢箱梁制造段二次划分

钢箱梁制造段二次划分时，应满足以下原则：

1）制造段应根据梁段构造特点，并应满足设计要求的条件进行划分。

2）在满足运输条件情况下，制造段划分的尺寸应尽可能大，以减少现场焊接工作量。

3）梁段制造段的划分不仅要满足工艺要求，还应考虑经济适宜性。

主梁钢箱梁制造段的划分是在原设计梁段基础上进行的进一步细化，应根据结构特点，充分考虑制作、安全运输及安装等因素，对桥梁进行纵横向节段划分。以某大跨径拱桥钢箱梁为例，沿宽度方向梁段可以一分为二，即每一段制造段宽度为钢箱梁宽度的 1/2。例如 34m 宽的标准梁段，制造段的宽度为 17m，划分如图 9-39 和图 9-40 所示。沿长度方向制造段的划分为每一设计梁段进行等分，也是分为 2 段制造段。例如 10.5m 长的标准梁段，工厂制造段长度为 5.25m；10.5m×34m 标准梁段，工厂分为 4 段制造段的外形尺寸均为 5.25m×17m。

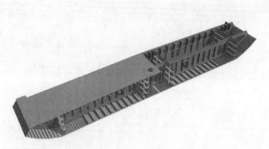

图 9-39　钢箱梁制造段划分总体布置

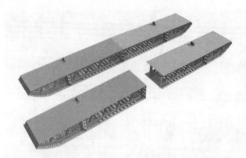

图 9-40　标准梁段构造

4. 板单元制造

顶板单元、底板单元、腹板（中腹板、边腹板）单元、横隔板（吊点横隔板、实腹式横隔板、空腹式横隔板）单元和风嘴顶板单元、风嘴导风板单元、风嘴底板单元、风嘴隔板单元等，各板单元制造均采用专用的工装设备在车间内完成。

5. 梁段制造

板单元制造完成后，在设置了桥梁竖向线形和横向预拱线形的整体组装胎架上进行梁段的整体组装、焊接、预拼装，采用多节段梁段连续匹配组装、焊接和预拼装同时完成的工艺方法。

在梁段制造中，按照"底板→中腹板→两侧横隔板→边腹板→风嘴块体→顶板"的顺序，实现立体阶梯形推进方式逐段组装与焊接。组装时，以胎架为外胎，以横隔板为内胎，重点控制桥梁的线形、钢箱梁几何形状和尺寸精度、相邻接口的精确匹配等。

9.4.2　梁板单元制造工艺

1. 板单元制造工艺

板单元制造按照"钢板矫平及预处理→数控精确下料→零件加工（含 U 形肋制造）→胎型组装→反变形焊接→局部修整"的顺序进行。

2. 顶板、底板单元制造工艺要点

（1）板单元组装　顶（底）板单元 U 形肋采用高精度定位组装胎架进行定位组装，严格控制 U 形肋纵、横向位置，特别是横隔板位置的 U 形肋间距。U 形肋组装胎架采用机床轨道的形式，具有横向自动定位的功能。板单元组装时钢板靠挡角定位；U 形肋纵向采用端挡定位，横向用梳形卡具定位，保证 U 形肋中心距偏差在 ±0.5mm 之内。垂直方向设置螺旋丝杠使梳形卡具向下将 U 形肋与底板顶紧，保证 U 形肋与底板的组装间隙小于 0.5mm。

（2）反变形焊接工艺（图 9-41）　为保证 U 形肋与底板焊接的熔深，以及减小焊接变形及焊后火焰修整量，在板单元反变形焊接胎上进行船形焊，既保证了焊缝的熔深，又保证了板单元焊后的平面度。采用 U 形肋焊接试板断面检验焊缝熔深是否达到设计要求。

（3）样板检查　为保证板单元 U 形肋间距满足横隔板要求，除采用上述的工艺、工装外，还将采用专用样板检查（图 9-42）控制横隔板位置的 U 形肋间距，样板自由落入率必须达到 100%，样板要重点检查横隔板组装的位置。

图 9-41 反变形焊接工艺

图 9-42 样板检查

（4）底板单元制造工艺流程，如图 9-43 所示。

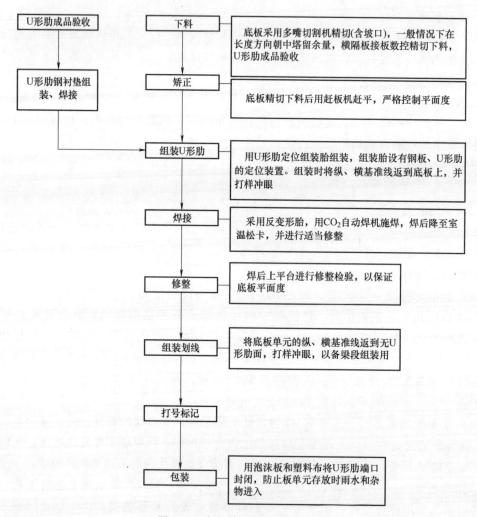

U形肋成品验收	
↓	
下料	底板采用多嘴切割机精切(含坡口)，一般情况下在长度方向朝中塔留余量，横隔板接板数控精切下料，U形肋成品验收
U形肋钢衬垫组装、焊接	
矫正	底板精切下料后用赶板机赶平，严格控制平面度
组装U形肋	用U形肋定位组装胎组装，组装胎设有钢板、U形肋的定位装置。组装时将纵、横基准线返到底板上，并打样冲眼
焊接	采用反变形胎，用CO_2自动焊机施焊，焊后降至室温松卡，并进行适当修整
修整	焊后上平台进行修整检验，以保证底板平面度
组装划线	将底板单元的纵、横基准线返到无U形肋面，打样冲眼，以备梁段组装用
打号标记	
包装	用泡沫板和塑料布将U形肋端口封闭，防止板单元存放时雨水和杂物进入

图 9-43 底板单元制造工艺流程

9.4.3 横隔板单元制造

实腹式横隔板制造工艺如图 9-44 所示。

```
┌─────────┐    隔板采用数控切割机精切下料(隔板采用二次切割工艺,
│  下料   │──  先切圈孔,组焊劲板并校正后,再切槽口),精确预留焊
└─────────┘    接和修整收缩量;肋板、人孔围板采用多嘴切割机精切
               下料;吊耳板预留镗孔余量
     │
┌─────────┐
│  矫正   │──  严格控制平面度和直线度
└─────────┘
     │
┌─────────┐
│  加工   │──  焊接坡口也可机加工,人孔和管线孔围板压型;吊耳板
└─────────┘    镗孔
     │
┌─────────┐
│  拼板   │──  自动焊拼板,无损探伤
└─────────┘
     │
┌─────────┐    以横隔板二次切割定位基准线精确划出加劲肋位置线,
│  组焊   │──  在专用平台上进行组装,对称施焊,严格控制焊接变形,
└─────────┘    以减小修整量
     │
┌─────────┐
│组焊人孔 │──  用CO₂半自动焊机对称施焊,严格控制焊接变形
│围板等   │
└─────────┘
     │
┌─────────┐
│  修整   │──  严格控制热量的输入,修整全过程在平台上进行
└─────────┘
     │
┌─────────┐    在水下等离子切割机上以二次切割定位基准线精确定位
│二次精切外│── 后切除横隔板外轮廓及U形肋槽口
│  轮廓   │
└─────────┘
     │
┌─────────┐    精确划线后使用角度样板安装吊耳;焊后使用超声波锤
│吊耳安装 │──  击焊缝,消除焊接内应力
└─────────┘
     │
┌─────────┐
│ 转入总拼 │
└─────────┘
```

CO_2 半自动焊机对称施焊,严格控制焊接变形

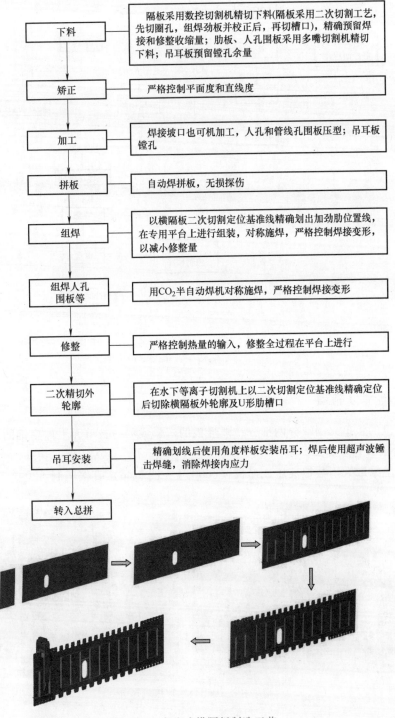

图 9-44 实腹式横隔板制造工艺

9.4.4 中腹板、边腹板单元制造

中腹板、边腹板单元制造工艺流程如图 9-45 所示。

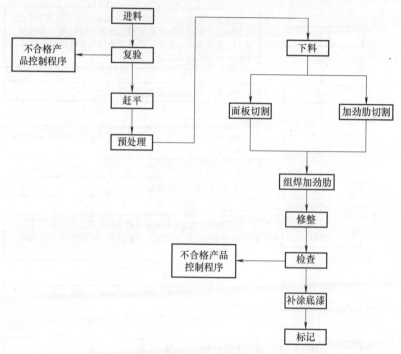

图 9-45 中腹板、边腹板单元制造工艺流程

9.4.5 风嘴部分制造

风嘴部位的板单元制造分两部分：弧形板的弯弧成形、板单元上球扁钢的焊接。

1. 风嘴底板弯弧加工

弯弧加工采取大型数控液压成形机（3600T）（图 9-46）直接压制。

图 9-46 大型数控液压成形机

该液压机最大钢管弯弧长度可达 12m，不仅适用于圆钢管的成形，也适用于板的弯弧成

形，主桥风嘴弧形可以整板直接弯弧成形。

2. 风嘴板单元制造

风嘴部分弧形板单元的制造基本上同顶（底）板相似，就是在板单元上依次安装纵向球扁钢，所不同的是弧形板单元呈弧形，所以在进行球扁钢安装时，必须保证各弧度上的球扁钢方向与弧形板的径向线一致。

弧形板球扁钢与弧板单元的焊接采取 CO_2 气体保护焊，由中间向两侧对称施焊，焊后检测并矫正，其外形尺寸形位公差必须符合设计要求。最后是标记标识，以备组装方便。

3. 风嘴块体组装

风嘴块体由顶板单元、底板单元、隔板单元、导风板及边腹板单元组成。图 9-47 所示为风嘴块体制造工艺流程。

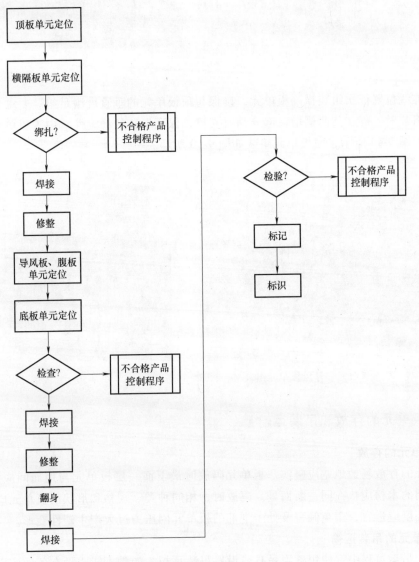

图 9-47　风嘴块体制造工艺流程

4. 风嘴块体组拼工艺

顶板单元组装：将检验合格的顶板单元吊上胎架，定对基准线位置后固定在胎架上；在顶板单元上划出横隔板单元组装（图9-48）基准线，划线由板中心向两侧对称依次划出。

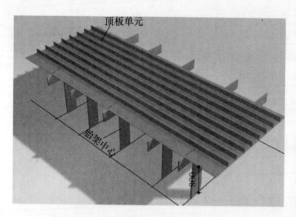
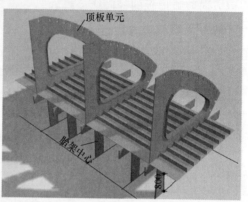

图 9-48　横隔板单元组装

按基准线位置依次组装横隔板单元，确保与顶板单元的垂直度满足组装要求。在进行横隔板单元组装时，需在其两侧增设部分临时支撑，保证组装的稳定性。中腹板单元和导风板单元组装如图9-49所示，底板单元组装如图9-50所示。

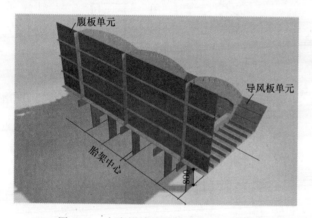
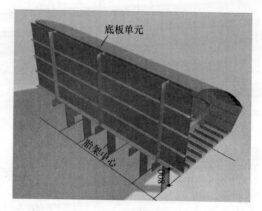

图 9-49　中腹板单元和导风板单元组装　　　　　　图 9-50　底板单元组装

9.4.6　板单元的存放和吊装运输

1. 板单元的存放

板单元的存放场地地基应坚实。板单元码放时最下面一层板单元与地面间应加垫木楞，层与层之间的木楞应垫在同一断面处。码放时，相同种类、规格和形状的板单元应码放在一起。码放高度应适宜，避免倾覆及处于下部的板单元因压力过大产生塑性变形。

2. 板单元的吊装运输

板单元吊运过程中宜使用磁力吊具或设置吊装耳板，如果不能或没有条件使用磁力吊具而采用对板边或坡口易造成损伤的刚性吊具时，吊装部位必须加垫保护。板单元在吊运过程中应尽量避免永久变形和损伤。起吊时要找准板单元重心。

9.4.7 梁段制造工艺

1. 梁段制造总体顺序安排

钢箱梁全部制造段在胎架上进行匹配（预）拼装，根据要求可以一次性拼装，也可以分批次多轮拼装。每一轮次梁段拼装后与下一轮次连接的相邻梁段留下，参与下一轮次的匹配拼装；依次类推，完成全部钢箱梁的拼装。

2. 梁段制造工艺流程

梁段制造工艺流程如图 9-51 所示。

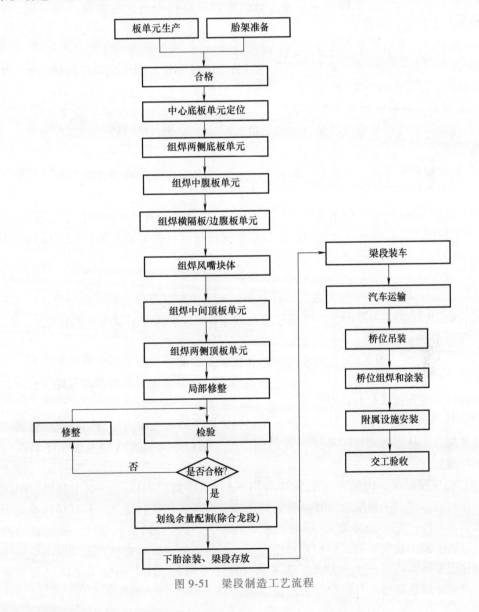

图 9-51 梁段制造工艺流程

钢箱梁焊缝
局部修整 1

钢箱梁焊缝
局部修整 2

3. 梁段制造段拼装胎架总体要求

为确保钢箱梁各制造段的组装质量满足设计图要求，组装胎架设计应满足下列总体要求：

1）根据施工设计图上提供的数值设计胎架纵向线形，钢箱梁的纵向线形通过调整胎架支撑面高差来实现，考虑钢箱梁受焊接收缩变形和重力的影响，在胎架横向设置适当的预拱度。

2）在胎架上设置纵、横基准线和基准点，以控制梁段的位置及高度，确保各部分尺寸和立面线形。胎架外设置独立的基准线、基准点，形成测量网，以便随时对胎架和梁段线形进行检测。

3）胎架基础必须有足够的承载力，确保在使用过程中不发生沉降，并要有足够的刚度，避免在使用过程中变形。

4）胎架应满足运梁车进出方便和安全的要求。

5）每批（轮）次梁段下胎后，应重新对胎架进行设置、测量，做好检测记录，确认合格后方可进行下一批（轮）次的组拼。

4. 预拱度、余量设置及复位段设置

1）梁段纵向线形根据监控单位提供数值后预设上拱度；横向设置焊接反变形，以保证成桥线形。

2）梁段设有余量端，在余量端留有 20mm 切割余量，待梁段整体组装后，预拼时匹配切割。

3）梁段预拼时合龙段和相邻梁段拉开 50mm，梁段余量可留至桥位合龙时配切。

4）梁段制作复位段参与下一轮次梁段制作及预拼，以此保证相邻轮次梁段线形的匀顺过渡，保证相邻梁段接口匹配。

5. 梁段装焊

各板单元及风嘴单元制造完成后，在总拼胎架上进行多节段连续匹配装焊。梁段装焊采用"正装法"，以胎架为外胎，以横隔板为内胎，各板单元按纵、横基准线就位。

6. 节段总拼

（1）组焊底板（图 9-52）　将中心底板板块置于胎架上，使其横、纵基准线在无日照影响的条件下与胎架上的基准线精确对正，将其固定。然后依次对称组焊两侧底板板块，组装时应按设计宽度预留焊接收缩量。

（2）组焊中腹板（图 9-53）　横向定位以标志塔上的标志线为基准；纵向定位要确保组装时基准端与底板平齐。采用吊线锤方法保证每个端口的垂直度（要考虑由于制造线形产生的倾斜量）。

（3）组焊横隔板、边腹板（图 9-54 和图 9-55）　横向定位以顶板 U 形肋槽口中线间距为基准并适当考虑横隔板立位焊接收缩量的影响。横隔板的安装重点是控制横隔板间距及与箱梁底板的角度（应考虑冲势），同时兼顾横隔板上边缘 2% 的横向坡度。横隔板的整体施焊严格按照焊接工艺规程规定的焊接顺序进行，以便有效地控制焊接变形和减小焊接残余应力。为保证单隔板梁段的整体刚度，工艺上设置工艺隔板，工艺隔板与梁段仅做少量间断焊，但应有足够的强度，然后组焊边腹板。

图 9-52　组焊底板

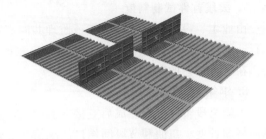

图 9-53　组焊中腹板

图 9-54　组焊横隔板

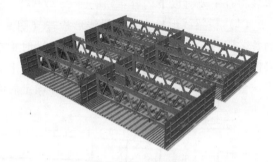

图 9-55　组焊边腹板

（4）组焊风嘴块体　在无日照影响时依次组焊风嘴块体（图 9-56），组焊时除对准基准线外，还应用经纬仪和水平仪监测半宽及横坡。焊接与圆弧底板之间的角焊缝，并完成中腹板上嵌补段的组焊。组焊时纵向块体顶板纵肋之间用工艺连接板连接。

（5）组焊顶板单元（图 9-57）　从桥中线向两侧依次对称组焊中间顶板两拼板块，先施焊中间纵向对接焊缝，然后依次对称焊接其余纵向对接焊缝。在水准仪的监测下组装顶板以控制箱体高度。

图 9-56　组焊风嘴块体

图 9-57　组焊顶板单元

（6）组焊吊耳板及吊耳加劲板　组装 150mm 吊耳板并焊接，焊接时采取两侧对称分步的焊接方法控制角变形，焊接完成且无损探伤合格后使用超声波锤击设备对焊缝做消除应力处理。最后组焊吊耳加劲板。

（7）整体焊接顺序　为保证板单元整体组装尺寸配合需要，同时避免节段整体焊接约束应力过大，整体焊接顺序及焊接方向应遵循顶板、底板纵向焊缝同向焊接，同类焊缝对称焊接，箱体先内后外、先下后上、由中心向两边施焊的原则。焊接工程师可根据现场施焊情况适当调整焊接顺序。

7. 梁段首件试制制度

由业主、设计、加工、施工、监理共同商定首制梁段。首制梁段要求严格按照施工工艺执行，梁段制作完成后召开内部总结会，检验工艺合理性、可操作性，然后召开专家评审会。在完善工艺的基础上再批量生产。

8. 钢箱梁工厂预拼装

每轮梁段整体组焊完成后直接在胎架上进行预拼装检查，重点检查桥梁纵向线形、梁段纵向累加长度、扭曲和节段间端口匹配情况等。根据工艺要求，梁段预拼装检查前应解除胎架对梁体的约束，使梁段处于自由状态。钢箱梁采取多梁段整体组拼或预拼装工艺，工厂预拼装检查主要有以下内容：

（1）桥梁线形检查　桥梁线形检查（图9-58）以纵向中心线处的理论标高为基准，检测各梁段两端横隔板处的实际标高值；同时检查预拼梁段中心线的旁弯。通过检查各梁段两端横隔板处的左右标高值，判断各梁段的水平状态及扭曲情况。将梁段吊点隔板处中心线作为检查线，检查各梁段的累加长度，并确定后续梁段的补偿量。

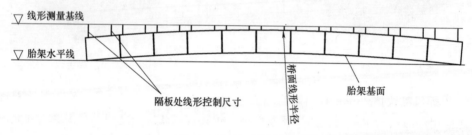

图9-58　桥梁线形检查

（2）梁段间端口的匹配精度检查　除检查桥梁线形外，还必须检查梁段间连接构件的匹配情况。梁段间端口连接应重点检查边腹板、中腹板处梁高；相邻中腹板、边腹板对位偏差；底板平斜对接转角偏差、板边错边量、顶板纵肋错边量等。

（3）坡口间隙检查　钢箱梁节段间接口的间隙必须严格控制，过大的间隙会增大焊接收缩量，而间隙过小容易造成焊缝熔不透。因此规定合理坡口间隙是保证钢箱梁质量的一个重要手段。一般规定节段接口间隙最小值为6mm，其允许偏差范围为0~4mm，节段连接的其他要素都必须以此展开。因此，在整体组装时采取间隙定位工艺板，确保间隙尺寸。在顶板、底板处确定若干个间隙定位点，用于间隙检查。如果间隙小于规定值，则应进行修正。修正完毕后，检查板边的错边量是否小于1mm，最后将所有数据记录在检验表中。

（4）预拼装检查测量要求

1）各梁段的标高、长度等重要尺寸的测量，应避免日照影响，并记录环境温度。

2）测量用钢带或钢尺在使用前应与被检测工作同条件存放，使两者温度一致，钢带或钢尺应定期进行检定。

3）测量用水准仪、经纬仪、仪表等一切量具均需经二级计量机构检定。使用前应校准，并按要求使用。

4）操作人员应经专门培训，持证上岗，并实行定人定仪器操作。

5）钢尺测距所用拉力计的拉力应符合钢尺说明书的规定。

6）预拼装时，利用胎架区域的测量坐标系统进行现场检测。

思 考 题

1. 钢梁桥加工前应编制哪些方案？
2. 钢结构零件加工的工序一般有哪些？
3. 号料的作用是什么？一般有哪几种方法？
4. 制孔有哪几种方法？主要采取哪一种方法？
5. 请简述钢梁板单元制作工艺。

参 考 文 献

[1] 徐伟. 桥梁施工 [M]. 北京：人民交通出版社，2008.

[2] 邵旭东. 桥梁工程 [M]. 5 版. 北京：人民交通出版社股份有限公司，2019.

[3] 魏红一. 桥梁施工及组织管理：上册 [M]. 2 版. 北京：人民交通出版社，2008.

[4] 黄绳武. 桥梁施工及组织管理：上册 [M]. 北京：人民交通出版社，1999.

[5] 葛俊颖. 桥梁工程：上 [M]. 北京：中国铁道出版社，2007.

[6] 赵廷衡. 桥梁钢结构细节设计 [M]. 成都：西南交通大学出版社，2011.

[7] 沈祖炎，陈扬骥，陈以一等. 钢结构基本原理 [M]. 北京：中国建筑工业出版社，2000.

[8] 叶见曙. 结构设计原理 [M]. 4 版. 北京：人民交通出版社股份有限公司，2018.

[9] 姚玲森. 桥梁工程 [M]. 北京：人民交通出版社，1985.

[10] 顾安邦. 桥梁工程：下册 [M]. 北京：人民交通出版社，2000.

[11] 张明君. 城市桥梁工程 [M]. 北京：中国建筑工业出版社，1998.

[12] 雷俊卿. 桥梁悬臂施工与设计 [M]. 北京：人民交通出版社，2000.

[13] 徐岳，王亚君，万振江. 预应力混凝土连续梁桥设计 [M]. 北京：人民交通出版社，2000.

[14] 叶国铮，姚玲森，李秩民. 道路与桥梁工程概论 [M]. 北京：人民交通出版社，1999.

[15] 范立础. 预应力混凝土连续梁桥 [M]. 北京：人民交通出版社，1988.

[16] 中国铁路总公司. 客货共线铁路桥涵工程施工技术规程：Q/CR 9652—2017 [S]. 北京：中国铁道出版社，2017.

[17] 铁道部经济规划研究院. 铁路预应力混凝土连续梁（刚构）悬臂浇筑施工技术指南：TZ 324—2010 [S]. 北京：中国铁道出版社，2010.

[18] 中华人民共和国交通运输部. 公路桥涵施工技术规范：JTG/T 3650—2020 [S]. 北京：人民交通出版社股份有限公司，2020.

[19] 中华人民共和国交通运输部. 公路钢筋混凝土及预应力混凝土桥涵设计规范：JTG 3362—2018 [S]. 北京：人民交通出版社股份有限公司，2018.

[20] 周孟波. 斜拉桥手册 [M]. 北京：人民交通出版社，2004.

[21] 陈明宪. 斜拉桥建造技术 [M]. 北京：人民交通出版社，2004.

[22] 范立础. 桥梁工程：上册 [M]. 3 版. 北京：人民交通出版社股份有限公司，2017.

[23] 邵长宇. 索承式组合结构桥梁 [M]. 北京：人民交通出版社股份有限公司，2017.

[24] 金成棣. 预应力混凝土梁拱组合桥梁：设计研究与实践 [M]. 北京：人民交通出版社，2001.

[25] 王文涛. 刚构-连续组合梁桥 [M]. 北京：人民交通出版社，1995.

[26] 唐先习，梁金宝. 桥梁施工 [M]. 北京：机械工业出版社，2014.

[27] 刘丽珍. 桥梁上部施工技术 [M]. 北京：人民交通出版社，2011.

[28] 罗建华，付润生. 桥梁施工技术 [M]. 成都：西南交通大学出版社，2009.

[29] 陈宝春，陈友杰，赵秋. 桥梁工程 [M]. 3 版. 北京：人民交通出版社股份有限公司，2017.

[30] 强士中. 桥梁工程：上册 [M]. 2 版. 北京：高等教育出版社，2011.

[31] 强士中. 桥梁工程：下册 [M]. 2 版. 北京：高等教育出版社，2011.

[32] 雷俊卿，郑明珠，徐恭义. 悬索桥设计 [M]. 北京：人民交通出版社，2002.

[33] 周孟波. 悬索桥手册 [M]. 北京：人民交通出版社，2003.

[34] 李迎九. 千米跨度高速铁路悬索桥建造技术现状与展望 [J]. 中国铁路，2019（9）：1-8.

[35] 刘宗华. 土耳其 Izmit 海湾大桥主塔基础设计与施工构思 [J]. 施工技术，2012，41（17）：11-

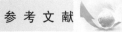

13；20.

［36］陈伯蠡. 中国焊接钢桥的发展［J］. 电焊机，2007，37（3）：1-5.

［37］曾宪武，王永珩. 桥梁建设的回顾和展望［J］. 交通世界，2003（9）：28-33.

［38］钱冬生，陈仁福. 大跨悬索桥的设计与施工［M］. 成都：西南交通大学出版社，2015.

［39］闫勇. 山区大跨径悬索桥加劲梁轨索滑移法架设及控制技术［D］. 成都：西南交通大学，2015.

［40］方联民，谢立新，喻波. 矮寨大桥施工技术创新［J］. 公路工程，2016，41（6）：308-313.

［41］王勇. 丰都长江大桥施工方法及新技术研究［D］. 成都：西南交通大学，2002.

［42］姜宏，周翰斌. 跨海桥梁深水设置基础建造技术进展［J］. 广东公路交通，2019，45（1）：31-37.

［43］交通部第一公路工程总公司. 公路施工手册：桥涵　上册［M］. 北京：人民交通出版社，2000.

［44］交通部第一公路工程总公司. 公路施工手册：桥涵　下册［M］. 北京：人民交通出版社，2000.

［45］方明山. 20世纪桥梁工程发展历程回顾及展望［J］. 桥梁建设，1999（1）：58-60；72.

［46］项海帆. 21世纪世界桥梁工程的展望［J］. 土木工程学报，2000，33（3）：1-6.

［47］陈宝春，刘君平. 世界拱桥建设与技术发展综述［J］. 交通运输工程学报，2020，20（1）：27-41.

［48］韦建刚，陈宝春. 国外大跨度混凝土拱桥的应用与研究进展［J］. 世界桥梁，2009（2）：4-8.

［49］陈伟，李明. 桥梁施工临时结构设计［M］. 北京：中国铁道出版社，2002.

［50］陈宝春. 钢管混凝土拱桥设计与施工［M］. 北京：人民交通出版社，1999.

［51］郑霜杰. 桥梁工程施工技术［M］. 武汉：华中科技大学出版社，2018.

［52］王井春. 桥涵施工［M］. 成都：西南交通大学出版社，2010.

［53］刘世忠. 桥梁施工［M］. 北京：中国铁道出版社，2010.

［54］贾亚军. 桥梁施工技术［M］. 北京：中国水利水电出版社，2012.

［55］王海良，董鹏. 桥梁工程施工技术［M］. 北京：人民交通出版社，2013.

［56］盛洪飞. 桥梁墩台与基础工程［M］. 哈尔滨：哈尔滨工业大学出版社，2005.

［57］罗娜. 桥梁工程概论［M］. 2版. 北京：人民交通出版社，2013.

［58］季文玉. 铁路桥梁施工［M］. 北京：中国铁道出版社，2012.

［59］潘国安. 桥梁转体施工关键技术研究及应用［J］. 价值工程，2017，36（10）：128-130.

［60］袁磊涛. 混凝土结构转体连续梁施工技术［J］. 中国高新科技，2018（18）：61-63.

［61］张志国. 土木工程概论［M］. 武汉：武汉大学出版社，2014.

［62］万明坤，项海帆，秦顺全，等. 桥梁漫笔［M］. 北京：中国铁道出版社，2015.

［63］牛和恩. 虎门大桥工程：第二册　悬索桥［M］. 北京：人民交通出版社，1998.